Analysen und Dokumente

Band 59

Wissenschaftliche Reihe des Stasi-Unterlagen-Archivs
im Bundesarchiv

Anita Krätzner-Ebert

Dimensionen des Verrats

Politische Denunziation in der DDR

Mit 10 Abbildungen

Vandenhoeck & Ruprecht

Bibliografische Information der Deutschen Nationalbibliothek:
Die Deutsche Nationalbibliothek verzeichnet diese Publikation in der Deutschen
Nationalbibliografie; detaillierte bibliografische Daten sind im Internet über
https://dnb.de abrufbar.

© 2023, Vandenhoeck & Ruprecht,
Robert-Bosch-Breite 10, D-37079 Göttingen, ein Imprint der Brill-Gruppe
(Koninklijke Brill NV, Leiden, Niederlande; Brill USA Inc., Boston MA, USA;
Brill Asia Pte Ltd, Singapore; Brill Deutschland GmbH, Paderborn, Deutschland;
Brill Österreich GmbH, Wien, Österreich)
Koninklijke Brill NV umfasst die Imprints Brill, Brill Nijhoff, Brill Hotei, Brill Schöningh, Brill Fink, Brill mentis, Vandenhoeck & Ruprecht, Böhlau, V&R unipress und Wageningen Academic.

Alle Rechte vorbehalten. Das Werk und seine Teile sind urheberrechtlich geschützt.
Jede Verwertung in anderen als den gesetzlich zugelassenen Fällen bedarf der vorherigen
schriftlichen Einwilligung des Verlages.

Umschlagabbildung: Aktendeckel aus der Ablage der MfS-Bezirksverwaltung Dresden
(Bildnachweis: Bundesarchiv/Stasi-Unterlagen-Archiv)

Druck und Bindung: Hubert & Co Göttingen
Printed in the EU

Vandenhoeck & Ruprecht Verlage | www.vandenhoeck-ruprecht-verlage.com

ISSN 2198-1108
ISBN 978-3-525-30214-9

Inhalt

1. Einleitung 7
   1.1 Forschungsstand 15
   1.2 Zur Diskussion des Begriffs »Denunziation« und seine Verwendung für die DDR-Forschung 22

2. Quellenlage und methodisches Vorgehen 33

3. Systembedingungen für die Denunziation in der DDR 43
   3.1 Dienstvorschriften und Herrschaftspraxis 44
   3.2 Welche Normverletzungen werden denunziert? 51

4. Denunziation als kommunikatives Handeln 59
   4.1 Briefe als Kommunikationsform der Denunziation 62
   4.2 Denunziatorische Anrufe – Meldungen per Telefon 78
   4.3 Denunziation auf der Dienststelle/persönliche Meldung 96
   4.4 Denunziation nach Aufforderung – kommunikative Aspekte institutionalisierter Zusammenarbeit 106
   4.5 Zwischenfazit: Spontanes Handeln oder institutionalisierte Spitzeltätigkeit? Kommunikative Aspekte der Denunziation 136

5. IM-Fallgruppen nach ihrem Denunziationsgehalt 139

6. Denunziation in verschiedenen sozialen Kontexten 173
   6.1 Denunziation in der Familie 177
   6.2 Denunziation am Arbeitsplatz 188
   6.3 Denunziation im Freundeskreis 198
   6.4 Denunziation in der Nachbarschaft 207
   6.5 Denunziation von Fremden 216
   6.6 Denunzianten aus der Bundesrepublik 224
   6.7 Zwischenfazit: Gesellschaftliche Bedingungen für das soziale Gefüge der Denunziation 231

7. Selbstgeäußerte Motive für eine Denunziation 235

8. Strafrechtliche Konsequenzen denunziatorischen Handelns nach der Wiedervereinigung 249

9. Zusammenfassung 257

Anhang 269
  Abkürzungsverzeichnis 270
  Literaturverzeichnis 272
  Quellenverzeichnis zu den Abbildungen 285
  Ortsregister 286
Danksagung 287

1. Einleitung

Im September 1987 klingelte das Telefon beim Volkspolizeikreisamt (VPKA) in Döbeln, einer Stadt im Dreieck der sächsischen Metropolen Dresden, Karl-Marx-Stadt (Chemnitz) und Leipzig. Dort kam es zu folgendem Anruf[1]:

Volkspolizist (VP): Notruf 110.
Anrufer (A): Ja, guten Abend. Ich hab' eine Information für Sie. Nehmen Sie sich einen Stift zur Hand.
VP: Ich höre.
A: Aus [Postleitzahl], [Ort], [weiblicher Vorname Nachname], die fährt am Mittwoch, den 14. nach Berlin-West zu Besuch, sie kommt nicht wieder.
VP: Mm [bejahend]. Und wer sind Sie denn?
A: Ja [unwillig].
VP: Ich kann das vertraulich behandeln.
A: Ja, wollte mir nicht …
VP: Sie wollen anonym bleiben?
A: Ja.
VP: Es wäre natürlich schöner, wenn Sie nicht anonym blieben, weil das erhärtet würde. Wollen sie nicht?
A: Ja, nein.
VP: So, die Person heißt [Vorname Nachname]?
A: Ja.
VP: Und die wohnt wo?
A: [Ort].
VP: Und welche Nummer?
A: Oh …
VP: Das wissen Sie nicht? Am Mittwoch, den 14.10. und sie würde nicht wiederkommen? Auf was begründet sich denn das?
A: Hat sie sich geäußert. Im Freundeskreis. Im engen.
VP: Naja gut. Ich werde das beachten. Ich bedanke mich für den Hinweis.
A: Bitte.

Der Anruf ist auf einem Tonband überliefert, das in der Außenstelle Leipzig des Stasi-Unterlagen-Archivs aufbewahrt wird. Ein kleiner Zettel liegt dem Tonträger bei, auf dem vermerkt wurde, in welchem Monat der Anruf in der Dienststelle einging. Das Ministerium für Staatssicherheit (MfS) überprüfte den Fall. Zwei Karteien legte die Staatssicherheit über diese Frau an. Beide lassen vermuten, dass der Anschuldigung durchaus nachgegangen wurde, es aber anscheinend für das MfS keine Anhaltspunkte gab, dass die beschuldigte Frau wirklich im

---

1 BArch, MfS, BV Leipzig, Tb 114.

Westen bleiben wollte. Ob sie trotzdem zu ihrem Besuch fahren durfte, ist nicht bekannt. Wenn doch, so blieb sie nicht in Westberlin, denn darüber würden Karteikarten oder Vorgänge Auskunft geben. Die Staatssicherheit vermutete den Schwager der Beschuldigten als Anrufer, klären konnte sie dies jedoch nicht. So blieben die Hintergründe dieses Telefonats unklar. Die Frau und ihr Schwager wurden in den Karteien der Staatssicherheit gespeichert – ebenso wie der Anruf. Auf der Karteikarte wurde außerdem vermerkt, dass man die Materialien dazu im »Ordner ungeklärt/87« abgelegt habe.[2] Zusätzliche Informationen zu diesem Anruf, zu der beschuldigten Frau und zum Anrufer, zu dessen Motiv und die Hintergründe der Denunziation lassen sich aus den Akten auch nach intensiver Recherche nicht rekonstruieren. Dieser Anruf bei der Volkspolizei in Döbeln wirft eine Reihe von Fragen auf, die im Hinblick auf diese Studie beispielhaft erläutert werden sollen.

Zunächst ließe sich die Frage stellen, ob es sich bei dem Anruf überhaupt um eine Denunziation handelt. Auch wenn man dies spontan bejahen würde, soll dennoch definiert werden, wie im Folgenden der Begriff »Denunziation« bezogen auf das System der Deutschen Demokratischen Republik (DDR) verstanden wird. Die Klärung eines pejorativen Begriffs wie »Denunziation« ist alles andere als einfach, sie ist aber grundlegend für diese Untersuchung.

Der Anruf unterscheidet sich von einer »normalen Anzeige«, eine fundierte Begriffserörterung kann die Gesichtspunkte hierfür offenlegen und zugleich klären, wie sich das Wortfeld »Denunziation« und »Denunziant«[3] im Laufe der Zeit bis hin zu unserem heutigen Verständnis verändert hat. Zugleich soll dargelegt werden, wie sich die begriffliche Prägung auf die DDR anwenden lässt. Eine definitorische Festlegung läuft vor allem darauf hinaus, dass in dieser Studie politische Denunziationen, also Denunziationen, die sich auf politische oder politisch instrumentalisierbare Abweichungen bezogen, untersucht werden sollen.

Obwohl der Mann im angeführten Beispiel beim Volkspolizeikreisamt Döbeln anrief, landete der Mitschnitt des Gesprächs in den Unterlagen des MfS. Die heterogene Quellenlage in den Beständen des Stasi-Unterlagen-Archivs, aber auch in den Landesarchiven wirft die Frage auf, welche Archivalien mit einem thematischen Bezug zur Denunziation überhaupt nutzbar sind und welche Perspektiven und Grenzen diese Archive, in denen Unterlagen zur DDR vorhanden sind, für die Erforschung der Denunziation setzen. Über das Phänomen »Denunziation« in der DDR existieren verschiedene Mutmaßungen. Sie reichen von der Behauptung, die DDR sei ein Staat von Denunzianten und Spitzeln gewesen[4], bis hin zur These, Denunziationen habe es ganz überwiegend im Rahmen der Tätigkeit

---

2 BArch, MfS, BV Leipzig, AG XII, VSH-Kartei.
3 Im weiteren Text wird das generische Maskulinum verwendet, sobald nicht konkrete Personen beschrieben werden.
4 Peter Wensierski: Deutsche Denunzianten Republik. In: Der Spiegel 28 (2015), S. 40–42.

von Inoffiziellen Mitarbeitern (IM) aber kaum durch Privatpersonen gegeben.[5] Allerdings bewegen sich solche Thesen häufig im Bereich der Vermutungen, nur selten werden sie auf eine empirische Grundlage gestellt. Die Perspektive wird zudem von moralischen Werturteilen, sowohl über den Akt der Denunziation selbst als auch über die Denunzianten, bestimmt.

Diese Studie gibt einen Überblick über die Denunziationsgelegenheiten in der DDR. Sie zeigt, an wen sich denunziationswillige Personen wandten und welche Institutionen als Anlaufpunkte zur Verfügung standen. Es werden die juristischen und sonstigen normativen Grundlagen ebenso untersucht wie die Vorschriften für den Umgang der Institutionen mit den Zuträgern. Die Handhabung der Denunziationen jenseits dieser Vorgaben, die Abweichungen und das Verhältnis dieser Einrichtungen zu ihren Informationsgebern werden dabei einbezogen. Die Mitteilenden sprachen darüber hinaus auch andere Einrichtungen jenseits der Volkspolizei und Staatssicherheit an, dies soll ebenso untersucht werden. Zugleich wird thematisiert, welche Delikte überhaupt denunziert wurden. »Republikflucht«, wie im Eingangsbeispiel, als »Delikt« liegt auf der Hand, aber darüber hinaus kommunizierten die Zuträger auch andere Beobachtungen, von denen sie glauben, dass sie die angesprochenen Einrichtungen interessierten.

Denunziationen sind nur im systemischen Kontext zu begreifen, der vom individuellen Anteil der Denunzierenden an der Verratshandlung abzugrenzen ist. Deswegen fragt die Studie nach der konkreten Erscheinungsform der Denunziation und versucht dabei, sehr nahe an den Quellen zu arbeiten. Mithilfe dessen, was vom Denunziationsakt überliefert ist, soll eine Phänomenologie der politischen Denunziation in der DDR entwickelt werden.[6] Diese begreift die Denunziation als Form der politischen Kommunikation.[7]

---

5 Gisela Diewald-Kerkmann: Denunziant ist nicht gleich Denunziant. Zum Vergleich des Denunzianten während der nationalsozialistischen Herrschaft und dem Inoffiziellen Mitarbeiter des Ministeriums für Staatssicherheit der DDR. In: Klaus Behnke, Jürgen Wolf (Hg.): Stasi auf dem Schulhof. Der Missbrauch von Kindern und Jugendlichen durch das Ministerium für Staatssicherheit. Hamburg 2012, S. 63–73, hier 70.

6 Zur Einführung in die phänomenologische Protosoziologie nach Max Weber und Alfred Schütz vgl. Rainer Schützeichel: Soziologische Kommunikationstheorien. Konstanz u. a. ²2015, S. 79.

7 Dieses Kriterium greifen bereits andere Studien zur politischen Kommunikation oder zur Denunziation im Speziellen auf. Vgl. Stephan Merl: Politische Kommunikation in der Diktatur. Deutschland und die Sowjetunion im Vergleich. Göttingen 2012; Olga Galanova: Anrufe von Bürgern beim Ministerium für Staatssicherheit. Zu kommunikativen Strukturen und situativer Realisierung der Denunziation. In: Anita Krätzner (Hg.): Hinter vorgehaltener Hand. Studien zur historischen Denunziationsforschung. Göttingen 2015, S. 111–126; Holger Zaunstöck: Das Milieu des Verdachts. Akademische Freiheit, Politikgestaltung und die Emergenz der Denunziation in Universitätsstädten des 18. Jahrhunderts. Berlin 2010, S. 21 ff.; Michaela Hohkamp, Christiane Kohser-Spohn: Die Anonymisierung des Konflikts. Denunziationen und Rechtfertigungen als kommunikativer Akt. In: Magnus Eriksson, Barbara Krug-Richter (Hg.): Streitkulturen. Gewalt, Konflikt und Kommunikation in der ländlichen Gesellschaft (16.–19. Jahrhundert). Köln u. a.

Kommunikation wird hier begriffen als die Übertragung von Informationen von einem Sender an einen Empfänger. Das Medium, mit dem die Information übertragen wird, bestimmt den Denunziationsprozess nachhaltig. Die Person, die denunzieren will, muss sich für einen oder mehrere Übermittlungswege entscheiden und ist an die Möglichkeiten und Grenzen dieses Mediums gebunden. Die Zielrichtung der Kommunikation, ihr Gestaltungsspielraum und der Interaktionsrahmen ändern sich deutlich, je nachdem, welches Medium der Denunzierende wählt. Dabei bestimmt das Übertragungsformat den jeweiligen Direktheitsgrad der Kommunikation bis hin zur Interaktion und Steuerungs- und Überprüfungsmöglichkeit durch die angesprochene Instanz.[8] Der Brief mit seinem typischen Phasenverzug bedeutet, dass keine direkte Kommunikation stattfinden kann. Das Telefon lässt zwar ein Gespräch zu, vermeidet aber die unmittelbare Begegnung von Sender und Empfänger, während bei einer Anzeige auf der Dienststelle Denunziant und Adressat der Denunziation in eine direkte Face-to-Face-Situation treten.[9] Anhand dieser verschiedenen Kommunikationswege werden feste Handlungsmuster, aber auch Freiheiten, Gestaltungs- und Maskierungsmöglichkeiten, der Umgang mit und das Reagieren auf die Denunziation erläutert. Ein besonderes Augenmerk der Studie liegt auf der Analyse der institutionalisierten Denunziation, deren bekannteste Form die Informationsweitergabe durch Inoffizielle Mitarbeiter der Staatssicherheit ist. Ihre Darstellung nimmt in dieser Studie einen breiten Raum ein. Auch wenn in den Kapiteln 5 und 6 schwerpunktmäßig denunziatorische Kommunikation im Rahmen von IM-Vorgängen behandelt wird, soll der IM-Kontext die hier zu leistende Analyse nicht vollständig bestimmen, vielmehr soll das kommunikative Handeln und die Entstehung von Denunziation in verschiedenen sozialen Kontexten auch jenseits der Perspektive des geheimpolizeilichen Apparats betrachtet werden.

In IM-Vorgängen findet sich eine spezielle Kommunikationsform der Denunziation, in denen regelmäßige Treffen und Berichterstattung erfolgten oder dies zumindest das Ziel war. In der vorliegenden Arbeit sollen Fallgruppen gebildet werden, die sich hinsichtlich der Denunziationspraxis und des Kommunikationsverhaltens der Inoffiziellen Mitarbeiter und ihres Verhältnisses zu den Offizieren des Ministeriums für Staatssicherheit unterscheiden. Ganz deutlich hervorzuheben ist, dass die hier entwickelte Analyse lediglich als ein erster Aufschlag für eine qualifizierte historisierte IM-Forschung dienen soll. Im normativ-bürokratischen Format der IM-Vorgänge treten wiederkehrende Handlungs- und Kommunikationsmuster auf, die in dieser Studie beschrieben und kategorisiert werden. Dabei wird

---

2003, S. 389–415; Dietlind Hüchtker: »Da hier zu vernehmen gekommen ...« Gerüchte und Anzeigen am badischen Oberrhein im Ancien Régime. In: Sowi 27 (1998), S. 93–99.

8 Vgl. Schützeichel, Soziologische Kommunikationstheorien, S. 19 ff.

9 Zum historischen Wandel der Kommunikationsformate und dem Potenzial für die Forschung s. Jörg Meier: Kommunikationsformen im Wandel. Brief – Email – SMS. In: Werkstatt Geschichte 60 (2012), S. 58–75.

der Versuch unternommen, sich von den MfS-Kategorien zu lösen (die sich im Übrigen im Laufe der vierzig Jahre des Bestehens dieses geheimpolizeilichen Apparats auch änderten), um eine Betrachtung nach weiterführenden Kriterien zu ermöglichen. Aber auch eine solche kategorisierende Vorgehensweise kann nicht allen auftretenden Einzelfällen gerecht werden. Deswegen sollte die Studie vor allem als Plädoyer für eine qualitative Betrachtung verstanden werden – und erhebt nicht den Anspruch auf eine abschließende Klärung des Untersuchungsgegenstandes.

In einem nächsten Schritt wird Denunziation in verschiedenen sozialen Kontexten analysiert.[10] Dafür untersucht die Studie Hintergründe und Auswirkungen der Denunziationen bezogen auf die Beziehung zwischen der denunzierenden und den denunzierten Personen. In diesem Kapitel können aus naheliegenden Gründen fast nur Denunziationen betrachtet werden, die nicht anonym oder pseudonym, sondern unter Offenlegung der Identität abgegeben wurden. Ohne eine Betrachtung des gesellschaftlichen Zusammenhanges ist eine Denunziation als sozialer Akt nicht erklärbar. Jemand beging eine tatsächlich oder vermeintlich abweichende Handlung, eine andere Person erlangte davon vermeintliche oder tatsächliche Kenntnis und beschloss, dies an eine staatliche oder gesellschaftliche Sanktionsinstanz zu melden. Mit der Analyse von Denunziationshandlungen in verschiedenen sozialen Kontexten rücken weniger die Herrschaft, die Durchherrschtheit oder der Eigensinn der Beherrschten[11] in den Fokus des Interesses, sondern gesellschaftliche Bindungskräfte, die sowohl durch das abweichende Verhalten als auch durch die Denunziation tangiert wurden. Das soziale Gefüge

---

10 Diese Ansätze verfolgen u. a. Ela Hornung und Christoph Thonfeld in ihren Studien. Hornung unterscheidet zwischen Denunziationen im persönlichen Umfeld (Nachbarschaft, Nachbarwohnung, Wohnzimmer, gemeinsame Wohnung), Denunziationen im weiteren Umfeld (Gasthaus, Geschäft, Amt, Universität Dienstzimmer, Zug usw.) und Denunziationen im militärischen Umfeld (Schreibstube, »auf der Stube«); sie bezieht sich vor allem auf Fälle aus der NS-Militärjustiz. Vgl. Ela Hornung: Denunziation als soziale Praxis. Fälle aus der NS-Militärjustiz. Wien u. a. 2010. Christoph Thonfeld untersucht anhand der theoretischen Modelle Foucalts »Mikrophysik der Macht« und Alf Lüdtkes »Herrschaft als soziale Praxis« die Denunziation in der NS- und Nachkriegszeit in ders.: Sozialkontrolle und Eigensinn. Denunziation am Beispiel Thüringens 1933 bis 1949. Köln u. a. 2003.

11 Mit dem Konzept, Herrschaft als soziale Praxis zu betrachten, wurde in der Zeitgeschichtsforschung versucht, sich von institutionen- und politikgeschichtlichen Ansätzen zu lösen und die Gesellschaft als Ganzes (sowohl der Herrschenden als auch der Beherrschten) in den Blick zu nehmen. Die Grundidee von Alf Lüdtke wurde in den vergangenen 25 Jahren von zahlreichen Forschern aufgegriffen und auf mikro- und makrohistorische Untersuchungsgegenstände angewendet. Vgl. Alf Lüdtke: Herrschaft als soziale Praxis. In: ders. (Hg.): Herrschaft als soziale Praxis. Historische und sozial-anthropologische Studien. Göttingen 1991, S. 9–63; Thomas Lindenberger: Die Diktatur der Grenzen. Zur Einleitung. In: ders. (Hg.): Herrschaft und Eigen-Sinn in der Diktatur. Studien zur Gesellschaftsgeschichte der DDR. Köln u. a. 1999, S. 13–44; Ralph Jessen: Die Gesellschaft im Staatssozialismus. Probleme einer Sozialgeschichte der DDR. In: Geschichte und Gesellschaft 21 (1995) 1, S. 96–110.

einer Gesellschaft setzt sich aus Bereichen zusammen, die durch unterschiedlich ausgeprägte Bindungen und Loyalitäten gekennzeichnet sind. Eine Denunziation innerhalb der Familie war wegen der sozialen Nähe zweifellos tabuisierter als am Arbeitsplatz oder von Fremden beispielsweise in der Straßenbahn. Am Beispiel von Denunziationen innerhalb unterschiedlicher gesellschaftlicher Kontexte lässt sich u. a. auch zeigen, wie die Staatsmacht mit diesen Faktoren umging und welche Erwartungen sie damit verknüpfte. Diese differenzierte durchaus ihren Umgang mit der Information und dem Geschehen je nach dem Umstand der Informationsübermittlung – es war also nicht unwichtig, wer als Zuträger auftrat. Für die Untersuchung der Frage, wie sich Denunziation in verschiedenen sozialen Kontexten gestaltete, werden Denunziationen in der Familie, im Kollegenkreis, unter Freunden und Nachbarn, aber auch unter Fremden untersucht. Im eingangs angeführten Beispiel äußerte der Anrufer auf Nachfrage, dass er von den Fluchtabsichten erfahren habe, weil sie im engeren Freundeskreis geäußert wurden. Er gehörte also entweder selbst dazu oder war mit jemandem aus diesem Kreis bekannt. Verifizierbar ist dieser Sachverhalt nicht, dennoch ergeben sich bei der Bewertung einer Denunziation im engeren Freundeskreis andere Gesichtspunkte als bei einer Selbstcharakterisierung des Anrufers als Außenstehender. Im Kapitel über die Denunziation in verschiedenen sozialen Kontexten wird daher das Augenmerk darauf gelegt, wie die eigene soziale Stellung im Handlungskontext von den Denunzierenden thematisiert wurde, beispielsweise um der Anzeige Glaubwürdigkeit zu verleihen oder auf eine bestimmte Motivlage zu verweisen. Zugleich soll anhand der Fälle, bei denen das möglich ist, geprüft werden, welche Auswirkungen eine Denunziation auf das interpersonelle Beziehungsverhältnis hatte. Hier erweist sich die Quellenlage in den meisten Fällen allerdings als unergiebig, deshalb können dazu nur sehr selten Aussagen gemacht werden.

Außerdem werden zwei Sonderfälle betrachtet: die Denunziation aus der Bundesrepublik und die fingierte Denunziation, die aus taktischen Gründen durch die Staatssicherheit vorgetäuscht wurde. Bei einer Denunziation, bei der sich die Denunzierenden nicht auf dem Staatsgebiet der DDR befanden, ist der Handlungskontext ein völlig anderer und wirft insbesondere Fragen bezüglich der Motivation für ein solches Handeln auf. Zudem sind spezifische Kommunikationsmuster zu beleuchten, die von der Position des Denunzierenden abhängig sind, von seiner Haltung zur DDR, zu ihrem Sicherheitsapparat und zur offiziellen Ideologie, von seinem Bedürfnis, sich Aufmerksamkeit und Glaubwürdigkeit zu verschaffen und auch vom sozialen Zusammenhang, aus dem die Anzeige erstattet wurde. Interessanterweise hat die Staatssicherheit bei fiktiven Denunziationen häufig solche aus der Bundesrepublik nachgeahmt und deren Stil und Argumentationsstrategie übernommen. Und obwohl der Staatsapparat, wie gezeigt werden wird, ein ambivalentes Verhältnis zur Denunziation hatte, war es doch für einige Ermittlungen taktisch unabdingbar, auf sie zurückgreifen zu können.

Die Studie wird keine Quantifizierung des Phänomens »Denunziation« bieten können. Aufgrund der diffusen Quellenlage und der großen Überlieferungslücken, die sich immer wieder offenbaren (siehe Kapitel 2), ist dies auch nicht zu leisten. Nicht jede Denunziation fand ihren Niederschlag in den Akten; die Staatssicherheit, die Volkspolizei und die Sozialistische Einheitspartei Deutschlands (SED) hatten kein einheitliches System, um Denunziationen zu erfassen, abzulegen oder zu archivieren. Das vorliegende Projekt lässt sich vielmehr als Gegenentwurf zu einer quantitativen Studie verstehen. Vergleichslinien zu anderen Epochen und Systemen lassen sich vor allem durch qualitative Betrachtungen ziehen, die das kommunikative Handeln und den sozialen Kontext einbeziehen.

Die Beschäftigung mit Denunziationen kreist häufig um die Frage nach der Motivation der Denunzianten. Das liegt vor allem daran, dass angesichts der negativen Konnotation des Begriffs, die noch ausführlich in einem eigenen Unterkapitel (Kapitel 1.2) behandelt wird, zugleich ein moralisch negativ besetztes Motiv unterstellt wird. Für eine tiefgreifende und unvoreingenommene Analyse ist es jedoch unerlässlich, diese Bewertung auszublenden und das Material unvoreingenommen unter dem Aspekt, ob und wie sich die Denunzianten selbst zu ihren Motiven äußern, zu befragen. Auch die Staatsmacht, die eine Denunziation entgegennahm, knüpfte gewisse Erwartungen an das Motiv der Denunzierenden, auch dann, wenn es ermittlungstechnisch keine Rolle spielte. Das Projekt hinterfragt quellenkritisch, ob sich Motive auch jenseits der in den Quellen festgehaltenen Selbstrechtfertigungen der Denunzierenden benennen lassen und welche Anhaltspunkte sich hierfür bieten.

Als die Forschungsabteilung des Bundesbeauftragten für die Unterlagen des Staatssicherheitsdienstes der ehemaligen DDR das Projekt »Denunziation – Alltag und Verrat in der DDR« initiierte, formulierte sie zunächst zwei Ziele: die plakativ-moralisierende Betrachtung der IM aufzubrechen sowie ihr Handeln differenziert zu kontextualisieren und anderen Formen der Denunziation und Mitwirkung gegenüberzustellen.[12] Es erschien angesichts der vorangegangenen Forschungen erstaunlich, dass dies dahin nicht oder nur unzureichend geschehen war[13]. Das Übergewicht, dass die IM in der hier vorliegenden Studie haben, liegt zum einen in diesem Forschungsanliegen des Projekts begründet, zum anderen darin, dass auch jenseits der IM-Akten ein Großteil der dokumentierten Denunziationen auf Inoffizielle Mitarbeiter zurückging. Die institutionalisierte Denunziation im Rahmen von IM-Vorgängen ist vom MfS zudem ungleich systematischer dokumentiert worden als einzelne spontane Denunziationshandlungen und

---

12 Ausschreibungstext »Denunziation – Alltag und Verrat in der DDR«. Dieser Ausschreibungstext ist online nicht mehr verfügbar.
13 Vgl. auch das Plädoyer für eine historisierende IM- und Denunziationsforschung von Ilko-Sascha Kowalczuk: Stasi konkret. Überwachung und Repression in der DDR. München 2013, S. 209–246. Ilko-Sascha Kowalczuk leitete auch das Forschungsprojekt beim Bundesbeauftragten für die Stasiunterlagen.

dominiert damit die Überlieferung. Spontane Denunziationen ohne institutionelle Anbindung werden aber schwerpunktmäßig in den Kapiteln 4 und 6 behandelt und können so als Vergleichsmaßstab herangezogen werden.

Gemäß § 13 Abs. 5 Stasi-Unterlagen-Gesetz (StUG) haben Personen, die bei der Staatssicherheit denunziert wurden, das Recht, die Identität der Denunzianten zu erfahren, allerdings mit der Einschränkung, dass die Denunziation schriftlich erfolgt sein muss und »der Inhalt der Denunziation geeignet war, dem Betroffenen Nachteile zu bereiten«. Bemerkenswert ist, dass der Begriff des Denunzianten nur an dieser Stelle im Gesetz auftaucht, mit dem die Herausgabe von Namen geregelt wird, und nicht auch in § 6 bei den Begriffsbestimmungen, der die anderen Personenkategorien definiert.[14] Möglicherweise hat sich der Gesetzgeber hier zu stark an den Kategorien der Staatssicherheit orientiert und so die persönliche Aktivität von Hinweisgebern und ihre Bedeutung nicht ausreichend gewichtet. Dies sorgte auch bei den Kommentatoren des Gesetzes für Fragen. Weder lassen sich die Denunzianten als »Dritte« klassifizieren[15], noch können sie als Mitarbeiter, etwa als eine Sonderform der IM, gelten.[16] 1992 formuliert Hans-Heinrich Trute in einem Aufsatz zu Recht: »An der eigenständigen Figur des Denunzianten in § 13 Abs. 5 StUG zeigen sich Typisierungsprobleme im Umgang mit einer Wirklichkeit, die zum Zeitpunkt des Erlasses des Gesetzes nur in Umrissen bekannt war.«[17] Zu diesem Zeitpunkt führten die Enthüllungen über die Inoffiziellen Mitarbeiter dazu, dass die Denunziation als Phänomen der DDR-Geschichte, wenn sie nicht im Zusammenhang mit einer Inoffiziellen Mitarbeit stand, in den Hintergrund trat. Die fehlende Begriffsbestimmung und unklare Zuordnung des Denunzianten im Stasi-Unterlagen-Gesetz blieb bei den Novellierungen des Gesetzes bis heute unverändert. Zugleich, und das ist erstaunlich, werden im betreffenden Paragrafen nur schriftliche Denunziationen genannt. Der Umgang mit der Identität von Personen, die am Telefon oder persönlich auf Dienststellen denunziert haben, ist nicht geregelt. Tatsächlich war besonders in den frühen 1990er-Jahren das Phänomen der Denunziation in der DDR jenseits

---

14 In den anfänglichen Entwürfen zum Stasiunterlagengesetz fanden die Denunzianten noch keinen Platz, erst kurz bevor das StUG verabschiedet wurde, nahm man sie in § 13 auf. Für die Auskunft aus dem Archiv der DDR-Opposition der Robert-Havemann-Gesellschaft danke ich Petra Söllner. Vgl. Hansjörg Geiger: Stasi-Unterlagen-Gesetz. Mit Erläuterungen für die Praxis. Köln 1993, S. 71.
15 Klaus Stoltenberg: Die historische Entscheidung für die Öffnung der Stasi-Akten – Anmerkungen zum Stasi-Unterlagen-Gesetz. In: Deutsch-Deutsche Rechts-Zeitschrift 3 (1992) 3, S. 65–72, hier 71.
16 Albert Engel: Rechtsprechung und Kommentierung. In: Dagmar Unverhau (Hg.): Das Stasi-Unterlagen-Gesetz im Lichte von Datenschutz und Archivgesetzgebung. Münster 1998, S. 83–94, hier 90.
17 Hans-Heinrich Trute: Die Regelungen des Umgangs mit den Stasi-Unterlagen im Spannungsfeld zwischen allgemeinem Persönlichkeitsrecht und legitimen Verwendungszweck. In: Juristenzeitung 21 (1992), S. 1043–1054, hier 1048.

der förmlichen IM-Tätigkeit nicht im Fokus der öffentlichen Aufmerksamkeit. Die Forschungsliteratur – insbesondere zur Denunziation – erklärte sie zu einem Randphänomen[18], ohne eine breite und fundierte Auseinandersetzung mit der Empirie zu leisten. Stattdessen wurde diese Marginalisierung immer wieder reproduziert, ohne sie durch neue Forschungen auf den Prüfstand zu stellen.[19]

1.1 Forschungsstand

Zu Beginn der wissenschaftlichen Aufarbeitung beider deutschen Diktaturen wählten Historikerinnen und Historiker häufig politikgeschichtliche Ansätze, um die Herrschaft zu erklären. Diese konzentrierten sich auf die Logik der Gewaltausübung und darauf, wie ein diktatorisch-bürokratischer Staat Verfolgung und Repression organisierte. Dem liegt die Auffassung von einer beherrschten Gesellschaft zugrunde, in der individuelles Handeln stark eingeschränkt ist. Erst nach und nach öffneten sich die Forschungsfelder, rückten Opfer- und Tätergruppen in den Vordergrund und wurde nach Erklärungsmodellen für angepasstes wie auch abweichendes Verhalten gesucht. Solche gesellschaftsgeschichtlichen Ansätze Fragen nach der inneren Verfasstheit von Bevölkerungsgruppen, nach Loyalitäten und Zusammenhalt und nehmen differierende Bereiche der Gesellschaft in den Blick. Das Phänomen der Denunziation bewegt sich gleichsam am Schnittpunkt zwischen Gesellschaft und Herrschaft, seine Betrachtung erlaubt es, Herrscher und Beherrschte nicht bloß als sich gegenüberstehende Akteure wahrzunehmen, sondern ihre Verknüpfungen zu betrachten.[20] Ein gesellschaftsgeschichtlicher Ansatz kann beispielsweise erhellen, welches Mitwirkungspotenzial der Herrschaftsausübung aus der Bevölkerung erwuchs und wie sich Spielräume und individuelles Verhalten jenseits von Normen und institutionellem Handeln entfalteten. Die NS-Forschung widmete sich dem Gegenstand der Denunziation erst spät, leistete dann aber Pionierarbeit zu diesem vielschichtigen Thema.[21] Nach

---

18 Gisela Diewald-Kerkmann: Politische Denunziation im NS-Regime oder Die kleine Macht der Volksgenossen. Bonn 1995, S. 10.
19 Vgl. u. a. Diewald-Kerkmann: Denunziant ist nicht gleich Denunziant, S. 63–70. Dieser Aufsatz erschien das erste Mal 1998 und Gisela Diewald-Kerkmann wiederholt seither ihre Thesen.
20 Lüdtke, Herrschaft als soziale Praxis; Lindenberger, Die Diktatur der Grenzen; Jessen, Die Gesellschaft im Staatssozialismus; Robert Gellately: Gestapo und Terror. Perspektive auf die Sozialgeschichte des nationalsozialistischen Herrschaftssystems. In: Alf Lüdtke (Hg.): »Sicherheit« und »Wohlfahrt«. Polizei, Gesellschaft und Herrschaft im 19. und 20. Jahrhundert. Frankfurt/M. 1992, S. 371–392; Thonfeld: Sozialkontrolle und Eigensinn, S. 28; Jakob Nolte: Demagogen und Denunzianten. Denunziation und Verrat als Methode polizeilicher Informationserhebung bei den politischen Verfolgungen im Vormärz. Berlin 2007, S. 54.
21 Als erstes großes Projekt und Pilotstudie gilt das Forschungsvorhaben am Institut für Zeitgeschichte »Bayern in der NS-Zeit«, das sich in seinen sechs Bänden auch mit der Denunziation und deren Auswirkungen beschäftigt. Peter Hüttenberger: Heimtückefälle vor dem Sondergericht

dem Umbruch in Ostdeutschland und der Beschäftigung mit einem scheinbar perfekt durchorganisierten Spitzelsystem in der DDR[22] erweiterte sich das Spektrum der Denunziationsforschung, die jetzt neben dem Nationalsozialismus[23] auch etwa den Vormärz[24] oder die Französische Revolution[25] in den Blick nahm. Das Beispiel der DDR diente dabei wiederholt als Vergleichsobjekt – sei es nun, um die Effektivität der Geheimpolizei zu bewerten, den Grad der Überwachung der Bevölkerung zu bemessen oder soziologische und ethische Sachverhalte zu erörtern. Das Thema der Denunziation im SED-Staat selbst lag aber bis zur Konzeptualisierung des vorliegenden Projekts brach.

Eine weit verbreitete These besagt: »Politische Denunziationen, die spontan und freiwillig, ohne unmittelbaren Auftrag oder Auftraggeber von Privatpersonen ausgelöst wurden, scheinen für die Staatssicherheit der ehemaligen DDR eine untergeordnete Rolle gespielt zu haben.« Ein Erklärungsversuch war, »dass sich das SED-Regime – im Gegensatz zum Nationalsozialismus – nicht auf eine vergleichbar breite Zustimmung und freiwillige Mitarbeit der Bevölkerung stützen konnte«.[26]

München 1933–1939. In: Martin Broszat, Elke Fröhlich, Anton Grossmann (Hg.): Bayern in der NS-Zeit. Bd. IV. München u. a. 1981, S. 435–526. Dazu lieferte Broszat den ersten Aufsatz mit grundlegenden Forschungsbeobachtungen, vgl. Martin Broszat: Politische Denunziation in der NS-Zeit. Aus Forschungserfahrungen im Staatsarchiv München. In: Archivalische Zeitschrift 73 (1977), S. 221–238.

22 Konkret beziehen sich zum ersten Mal Robert Gellately und Sheila Fitzpatrick auf die Aufdeckungen der Stasiüberwachungen als Motivation, die Denunziation näher zu untersuchen. Sheila Fitzpatrick, Robert Gellately: Introduction to the Practices of Denunciation in Modern European History. In: dies. (Hg.): Accusatory Practices. Denunciation in Modern European History 1789–1989. Chicago 1997, S. 1–21, hier 3.

23 Diewald-Kerkmann: Politische Denunziation im NS-Regime; Inge Marßolek, René Ott: Bremen im 3. Reich. Anpassung – Widerstand – Verfolgung. Bremen 1986; Inge Marßolek: Die Denunziantin. Helene Schwärzel 1944–47. Bremen 1993 (1993 erschien basierend auf diesen Recherchen außerdem ein Fernsehfilm »Die Denunziantin«, bei dem Thomas Mitscherlich Regie führte); dies., Olaf Stieglitz (Hg.): Denunziation im 20. Jahrhundert: Zwischen Komparatistik und Interdisziplinarität. Köln 2001; Thonfeld: Sozialkontrolle und Eigensinn; Stephanie Abke: Sichtbare Zeichen unsichtbarer Kräfte. Denunziationsmuster und Denunziationsverhalten 1933–1949. Tübingen 2003; Claudia Bade: »Die Mitarbeit der gesamten Bevölkerung ist erforderlich!« Denunziation und Instanzen sozialer Kontrolle am Beispiel des Regierungsbezirkes Osnabrück 1933–1949. Osnabrück 2009.

24 Michael Schröter (Hg.): Der willkommene Verrat. Beiträge zur Denunziationsforschung. Weilerswist 2007; Michaela Hohkamp, Claudia Ulbrich: Wege zu einer inter- und intrakulturellen Denunziationsforschung. In: dies. (Hg.): Der Staatsbürger als Spitzel. Denunziation während des 18. und 19. Jahrhunderts aus europäischer Perspektive. Leipzig 2001, S. 9–23; Nolte: Demagogen und Denunzianten; Zaunstöck: Das Milieu des Verdachts.

25 Christiane Kohser-Spohn: Das Private wird politisch. Denunziationen in Straßburg in der Frühphase der Französischen Revolution. In: Hohkamp, Ulbrich: Staatsbürger als Spitzel, S. 213–269.

26 Diewald-Kerkmann: Denunziant ist nicht gleich Denunziant, S. 70.

Diese These kam bereits in den frühen 1990er-Jahren auf,[27] ist bis heute dominant und wird häufig als Referenz herangezogen. Sie beinhaltet zwei Grundaussagen: Die Denunziation im Nationalsozialismus sei ein Massenphänomen gewesen und sie habe sich vor allem aus der breiten Zustimmung der Bevölkerung gespeist. In der DDR sei das nicht der Fall gewesen, hier habe es kaum oder nur wenig spontane Denunziationen gegeben. Doch selbst die Frage, ob es sich bei der Denunziation in der NS-Diktatur um ein Massenphänomen gehandelt habe, ist nicht zweifelsfrei geklärt. Untersuchungen zur ländlichen Gesellschaft im Nationalsozialismus bestätigten dies offenbar nicht.[28] Vergleicht man die empirischen Grundlagen, stellt man fest, dass die Samples der untersuchten Fälle eher begrenzt sind. In der ersten quantitativen Studie zur Denunziation unternahm Reinhard Mann den Versuch, anhand einer Auswertung von Karteisystemen der Gestapo verifizierbare Aussagen zum Umfang von Denunziationen zu treffen. Aus über 5 000 Karteikarten (ca. 70 % der Kartei war überliefert) wählte er eine Stichprobe von 827 Fällen aus, von denen er 26 % der aufgenommenen Fälle als Anzeigen aus der Bevölkerung identifizieren konnte.[29] Anhand von wenigen Fällen signifikante Steigerungen von Denunziationen in einzelnen Jahren abzulesen, erscheint aufgrund der geringen absoluten Zahlen häufig eher spekulativ, so zum Beispiel in der Studie von Diewald-Kerkmann, die zwar einen Anstieg der Denunziationen im Kreis Lippe von vier (1933) auf 17 (1934) bzw. 51 Fälle (1935) feststellen konnte. Ein Massenphänomen lässt sich anhand solcher Größenordnungen ohnehin nicht ablesen, zumal hier – wie nahezu überall – Überlieferungslücken bestehen.[30] Wie in der Untersuchung von Diewald-Kerkmann konnten für die meisten thematisch einschlägigen Arbeiten auch nur relativ geringe Fallzahlen herangezogen werden. Es wurde darauf verwiesen, dass die realen Zahlen aufgrund von Dunkelziffern entsprechend höher lägen und eine nur bruchstückhafte Auswahl an Archivalien vorhanden sei. In die Darstellungen flossen auch die Aussagen ehemaliger NS-Funktionäre ein, die nach 1945 von einem signifikanten Anstieg denunziatorischer Handlungen seitens der Bevölkerung berichteten. Die Forschung übernahm oftmals solche Annahmen, auch ohne eine repräsentative empirische Datenbasis.[31] Obwohl die wenigen empirischen Befunde nicht bestätigten, dass nach 1933 Denunziationen in der Bevölkerung

---

27 Wenngleich Rainer Eckert darauf hinwies, dass das Phänomen der nicht institutionalisierten Denunziation noch ein offenes Forschungsfeld darstellte; ders.: »Flächendeckende Überwachung«. Gestapo und Stasi – ein Vergleich. In: Der Spiegel Spezial 1 (1993), S. 165–167.
28 Abke: Sichtbare Zeichen, S. 384.
29 Reinhard Mann: Protest und Kontrolle im Dritten Reich. Nationalsozialistische Herrschaft im Alltag einer rheinischen Großstadt. Frankfurt/M. 1987, S. 78 ff.
30 Diewald-Kerkmann: Politische Denunziation im NS-Regime, S. 67.
31 Bernward Dörner: NS-Herrschaft und Denunziation. Anmerkungen zu Defiziten in der Denunziationsforschung. In: Historical Social Research 26 (2001) 2/3, S. 55–69, hier 61 ff. (abrufbar unter doi.org/10.12759/hsr.26.2001.2/3.55-69, letzter Zugriff: 2.2.2023).

stark zunahmen, wurde diese These weiterhin vertreten.[32] Ausschlaggebend hierfür war u. a. der Runderlass des Reichsministeriums des Innern aus dem April 1934, in dem zu einer »Bekämpfung des Denunziantentums« aufgerufen wurde. Er belegt, dass die große Zahl der Denunziationen zumindest von einem Teil der NS-Machtelite als politisch und sozial kontraproduktiv angesehen wurde. Auf der anderen Seite gibt es Aussagen beispielsweise von Rudolf Heß, die nahelegen, dass anderen Funktionsträgern vor allem der Schutz der Anzeigewilligen am Herzen lag.[33] Diese Ambivalenz des NS-Systems gegenüber dem Phänomen der Denunziation wurde in der Forschung durchaus thematisiert. Gleichzeitig wurden die Bemühungen zu deren Eindämmung als deutliches Indiz dafür interpretiert, dass es zu einer »Flut« von Denunziationen gekommen sei, ohne dass es umfassend gelungen wäre, die Ausmaße wirklich quantitativ zu fassen und zu beziffern. Einen Anstieg der Zahl der Anzeigen – möglicherweise auch der politischen Anzeigen – müsste nicht zuletzt auch im Verhältnis zur Situation in der Weimarer Republik betrachtet werden.

Ein methodisches Grundproblem der Denunziationsforschung besteht zudem darin, dass nicht verschriftlichte, mündliche Aussagen nur schwer bis gar nicht nachvollziehbar sind und auch die entsprechenden Kommunikationswege in den Akten nicht immer benannt werden.[34] Letztendlich bleiben trotz des vergleichsweise guten Forschungsstandes Zweifel, ob es sich bei der Denunziation im Nationalsozialismus wirklich um ein »Massenphänomen« handelte, zumal auch unklar bleibt, was dieser Begriff überhaupt bedeuten soll. Mikrohistorische Erhebungen wie die über die norddeutsche Stadt Stade relativieren diese Annahme eher.[35]

So schwierig es bereits ist, konkrete quantitative Befunde für die Zeit des Nationalsozialismus zu nennen, umso schwieriger ist es, valide komparative Feststellungen zu treffen. Das Phänomen der Denunziation steht ja im Kontext etwa von Mentalitätsfragen und vor allem auch von Fragen des politischen Konsenses bzw. Dissenses in verschiedenen Gesellschaften und Herrschaftssystemen.[36] Auch im Hinblick auf die Erforschung der DDR-Gesellschaft bilden quantitative Befunde oftmals die Grundlage für die Thesenbildung. In diesem Zusammenhang von Bedeutung ist vor allem die Debatte um die Inoffiziellen Mitarbeiter und deren

---

32 Ebenda, S. 63 f. Außerdem konstatiert bspw. Claudia Bade anhand einer Gestapo-Kartei der Stadt Osnabrück, dass dort keine signifikanten Anstiege von Denunziationen zwischen 1933 und 1945 zu verzeichnen sind. Vgl. Claudia Bade: Die Osnabrücker Gestapo-Kartei. In: Historical Social Research 26 (2001) 2/3, S. 235–238.
33 Diewald-Kerkmann: Politische Denunziation im NS-Regime, S. 23.
34 Bernward Dörner: »Heimtücke«. Das Gesetz als Waffe. Kontrolle, Abschreckung und Verfolgung in Deutschland 1933–1945. Paderborn 1998, S. 107.
35 Abke: Sichtbare Zeichen, S. 384.
36 Karl-Heinz Reuband: Denunziation im Dritten Reich. Die Bedeutung von Systemunterstützung und Gelegenheitsstrukturen. In: Historical Social Research 16 (2001) 2/3, S. 219–234 (abrufbar unter https://doi.org/10.12759/hsr.26.2001.2/3.219-234 (letzter Zugriff: 2.2.2023)).

Zahl, die sich in den vergangenen Jahren zunehmend verschärfte.[37] Im Unterschied zu den Forschungen zur NS-Zeit, die Denunziation und Spitzeltätigkeit zumeist voneinander abgrenzten, neigten diejenigen, die das Phänomen für die DDR thematisierten, dazu, Denunziation mit der Tätigkeit von Inoffiziellen Mitarbeitern gleichzusetzen und nicht zwischen spontanem Handeln aus eigenen Antrieb und institutionell organisiertem Informantentum zu differenzieren.[38]

Fast alle Studien, die sich mit Denunziationen beschäftigen, nehmen das Beziehungsgefüge der Gesellschaft in den Blick. Fragen, ob in sozialen Hierarchien von »oben« nach »unten« denunziert wird oder ob Denunziation eher horizontal verläuft, stehen im Zentrum vieler Studien. Früh konstatierte die Forschung, dass vor allem Angehörige »unterer« und »mittlerer« Schichten zur Denunziation neigen und diese häufig auf Personen höherer Hierarchieebenen gerichtet ist. Dies meint, dass der Arbeiter eher seinen Vorgesetzten anzeigen würde als andersherum. Mallmann und Paul charakterisierten ausgehend von diesen Annahmen Denunziation als ein »Unterschichtenphänomen«[39], Broszat beobachtete während seiner Analysen Verratshandlungen von kleinbürgerlichen Personen[40], während Diewald-Kerkmann vor allem die »Normalbürger« als Denunzianten identifizierte, aber ein »deutliches soziales Gefälle« zwischen Denunziant und Denunziertem wahrnahm.[41] Wieder stellt sich angesichts der empirischen Grundlagen der Studien die Frage nach der Vergleichbarkeit und der Repräsentativität solcher Aussagen. Thonfeld beobachtete Denunziationen im »sozialen Nahbereich« und sah sie vor allem im »unteren, durchschnittlichen Gesellschaftssegment«.[42] Diese These entspricht den Beobachtungen von Abke, die weniger ein Gefälle im sozioökonomischen Status beobachtete, sondern eher Ähnlichkeiten zwischen anzeigender und angezeigter Person sah.[43] Im Zuge dieser Bewertungen darf nicht außer Acht gelassen werden, wie sich die Bevölkerung demografisch zusammensetzte: Der Anteil an Arbeitern und Angestellten war

---

37 Kowalczuk: Stasi konkret, S. 209–246. Mehr zur Debatte um die IM im Kapitel 4.4 und 5.
38 Gabriele Altendorf: Denunziation im Hochschulbereich der ehemaligen DDR. In: Günter Jerouschek, Inge Marßolek, Hedwig Röckelein (Hg.): Denunziation. Historische, juristische und psychologische Aspekte. Tübingen 1997, S. 183–206; Hans-Joachim Maaz: Das verhängnisvolle Zusammenspiel intrapsychischer, interpersoneller und gesellschaftlicher Dynamik – am Beispiel der Denunziation in der DDR. In: ebenda, S. 241–257; Clemens Vollnhals: Denunziation und Strafverfolgung im Auftrag der »Partei«. Das Ministerium für Staatssicherheit in der DDR. In: Friso Ross, Achim Landwehr (Hg.): Denunziation und Justiz. Historische Dimensionen eines sozialen Problems. Tübingen 2000, S. 247–281.
39 Klaus-Michael Mallmann, Gerhard Paul: Herrschaft und Alltag. Ein Industrierevier im Dritten Reich. Bonn 1991, S. 233. Diese These stützt auch Gellately; vgl. ders.: Die Gestapo und die deutsche Gesellschaft. Die Durchsetzung der Rassenpolitik 1933–1945. Paderborn 1993, S. 233.
40 Broszat: Politische Denunziation in der NS-Zeit, S. 225.
41 Diewald-Kerkmann: Politische Denunziation im NS-Regime, S. 127.
42 Thonfeld: Sozialkontrolle und Eigensinn, S. 362.
43 Abke: Sichtbare Zeichen, S. 315.

deutlich höher als der akademischer Berufe. Vor diesem Hintergrund müssen vermeintliche statistische Auffälligkeiten interpretiert werden.[44] Zugleich fallen Funktionsträger recht häufig aus diesen Statistiken heraus, da sie durch ihre Befugnisse in der Lage waren, Repressionen auszuüben, ohne dass dies als Denunziation gewertet würde. Es liegt in den Definitionsansätzen begründet, dass vor allem das Verhalten von Privatpersonen in den Blick genommen und die politische Verfolgung, die aus einer Institution heraus erfolgte, nicht als Denunziation angesehen wird. Für die DDR ergaben sich ähnliche Fragestellungen. Dabei war jedoch von Bedeutung, dass – bezüglich der Inoffiziellen Mitarbeiter – häufig ähnliche sozioökonomische Lagen verglichen wurden (z. B. innerhalb der Ärzteschaft, innerhalb der Hochschulen oder unter den katholischen Priestern), die nur begrenzt Rückschlüsse auf generelle gesellschaftliche Mechanismen zulassen.[45] Die meisten IM erfüllten den Auftrag der Staatssicherheit zur Überwachung innerhalb eines Betriebes oder im Berufsumfeld, in dem nur bedingt ein gesellschaftlicher Mikrokosmos abgebildet wird. Auch in diesem Zusammenhang stellt sich wieder die Frage nach der Repräsentativität des untersuchten Milieus im Verhältnis zur allgemeinen Bevölkerung. Auch in der DDR waren Funktionsträger Akteure der Repressionsausübung, ohne dabei IM sein zu müssen oder jemanden offiziell anzuzeigen. Dies thematisiert u. a. Renate Hürtgen in ihrer Untersuchung über Ausreiseantragsteller. Sie verortet überwiegend IM in »der Leitungsebene und unter den Ingenieuren und Ökonomen«.[46] Die Diskussion um die Einordnung der Rolle von Sicherheitsbeauftragten in Betrieben[47] und über die Frage, wie bestimmte Personenkategorien der Staatssicherheit realhistorisch zu bewerten seien, verweist auf die Grenzen quantitativer Betrachtungen auf der Grundlage hochaggregierter statistischer Daten von Verfolgungsbürokratien jenseits der jeweiligen konkreten historischen Kontexte.[48]

In der DDR-Aufarbeitung hat sich der öffentliche Diskurs zeitweise so entwickelt, dass eine Relativierung von Verantwortung befürchtet oder ein moralischer Freispruch derjenigen angenommen werden musste, die nicht mit dem Etikett

---

44 Gerhard Paul: Private Konfliktregulierung, gesellschaftliche Selbstüberwachung, politische Teilhabe? Neuere Forschungen zur Denunziation im Dritten Reich. In: Archiv für Sozialgeschichte 42 (2002), S. 380–402, hier 393; Thonfeld: Sozialkontrolle und Eigensinn, S. 362.
45 Vgl. u. a. Francesca Weil: Zielgruppe Ärzteschaft. Ärzte als inoffizielle Mitarbeiter des Ministeriums für Staatssicherheit. Göttingen 2008, S. 281 ff.; Gabriele Altendorf: Denunziation im Hochschulbereich; Gregor Buß: Katholische Priester und Staatssicherheit. Historischer Hintergrund und ethische Reflexion. Münster 2017.
46 Renate Hürtgen: Ausreise per Antrag. Der lange Weg nach drüben. Eine Studie über Herrschaft und Alltag in der DDR-Provinz. Göttingen 2014, S. 224.
47 Ulrike Schulz: Simson. Vom unwahrscheinlichen Überleben eines Unternehmens 1856–1993. Göttingen 2013; Renate Hürtgen: Zwischen Disziplinierung und Partizipation. Vertrauensleute des FDGB im DDR-Betrieb. Köln 2005, S. 234.
48 Kowalczuk: Stasi konkret, S. 228 ff.; Deutscher Bundestag, Drucksache 17/13331, Kleine Anfrage v. 26.4.2013; Deutscher Bundestag, Drucksache 17/13581, Antwort v. 16.5.2013.

»Denunziant« oder »IM« einzuordnen waren. Fruchtbarer für Betrachtung der Machtpartizipation von Akteuren wäre es, sich von solchen Kategorien ein Stück weit zu lösen. Vor allem Inoffizielle Mitarbeiter des Ministeriums für Staatssicherheit haben eine Stigmatisierung erfahren, die dazu führte, dass medial und juristisch vor allem darüber gestritten wurde, ob jemand als IM bezeichnet werden darf.[49] Das war insbesondere dann fragwürdig, wenn die betreffende Person in ihrer offiziellen Funktion das Herrschaftssystem nicht nur aktiv unterstützte, sondern möglicherweise sogar ein Teil des Apparates war. In diesem Zusammenhang ist zu betonen, dass eine thematische Fokussierung auf Denunziationen durch Privatpersonen weder für die Zeit des Nationalsozialismus noch der DDR ehemalige Funktionsträger von ihrer Verantwortung für die Umsetzung von Repressionen freispricht.

In der zeithistorischen Forschung wird Denunziation bisher selten als Teil der politischen Kommunikation behandelt, obwohl diese Herangehensweise Vorteile im Hinblick auf die Quellen und das Verständnis der eigentlichen Denunziationshandlung bieten kann. Untersuchungen zum Vormärz und zur Frühen Neuzeit analysieren hingegen teilweise Anzeigehandlungen unter kommunikationstheoretischen Fragestellungen und vermögen damit vorhandene Stereotype über Motive von Denunzianten, ihre soziale Herkunft und der Verständigungsstrategie der Denunzianten aufzubrechen.[50] Die Kommunikationsanalyse eignet sich besonders für komparatistische Fragestellungen, um Anzeigeformate zu untersuchen, die nur wenig variierten, oder sie anderen Mitteilungsformen gegenüberzustellen.[51] Auf diese Weise lässt sich die Denunziation von anderen Kommunikationsformaten abgrenzen oder die Gemeinsamkeiten herausarbeiten. Die Forschung zur politischen Kommunikation konzentriert sich bisher sehr stark auf Wirkung und Inhalt von Propaganda und Massenmedien, wie im Kapitel 4 näher erläutert wird.[52] Die Betrachtung privater Kommunikation in Krisensituationen, beispielsweise anhand von Feldpostbriefen[53] oder Gerüchten, kann durchaus strukturelle Verbindungen zur Denunziation aufzeigen.[54] Ob Denunziation allerdings verstärkt

---

49 Ebenda.
50 Zaunstöck: Das Milieu des Verdachts, S. 21 ff.; Hohkamp, Kohser-Spohn: Die Anonymisierung des Konflikts; Hüchtker: »Da hier zu vernehmen gekommen ...«.
51 Galanova: Anrufe von Bürgern; Merl: Politische Kommunikation in der Diktatur.
52 Zum Beispiel: Michael Meyen: Denver Clan und Neues Deutschland. Mediennutzung in der DDR. Berlin 2003.
53 Jens Ebert: Feldpostbriefe aus Stalingrad. November 1942 bis Januar 1943. Göttingen 2003.
54 Abke: Sichtbare Zeichen, S. 334 ff.; Eric Selbin: Gerücht und Revolution. Von der Macht des Weitererzählens. Darmstadt 2010. Einen guten Überblick der Abgrenzung vom Gerücht zu anderen Kommunikationsformen gibt Florian Altenhöner: Kommunikation und Kontrolle. Gerüchte und städtische Öffentlichkeiten in Berlin und London 1914/1918. München 2008, S. 3–19. Zum Thema »Gerüchte« läuft außerdem derzeit ein Forschungsprojekt mit dem Titel »›Man hört, man spricht‹: Informal Communication and Information ›From Below‹ in Nazi

in Krisensituationen auftritt, ist fraglich; einige Forscher bewerten sie schlicht als anthropologische Konstante.

1.2 Zur Diskussion des Begriffs »Denunziation« und seine Verwendung für die DDR-Forschung

Bis ins 19. Jahrhundert war der Begriff »Denunziation« vor allem in der juristischen Fachsprache ein terminus technicus, der synonym zur »Anzeige« gebraucht wurde.[55] Daneben existierte auch eine negative Wortbedeutung, die außerhalb des Rechtswesens verwendet wurde. Diese Konnotation verdrängte im Laufe des 19. Jahrhunderts den wertneutralen Begriff. Zunehmend wurde »Denunziation« zu einer schändlichen, verurteilenswerten Handlung; dem Denunzianten wurden niedere Motive unterstellt.[56] Die Forschung verwendete unterschiedliche Definitionsansätze, um zum einen die »Denunziation« von einer legitimen Strafanzeige abzugrenzen und zum anderen die Motive und die Rahmenbedingungen für Denunziationen zu erklären.[57] Dazu stehen, wie noch öfter erwähnt werden wird, drei Beteiligte einer Denunziation im Fokus der meisten Untersuchungen: Der Denunziant, der Denunzierte und die Einrichtung, an die sich die Denunziation richtet.[58]

Einen frühen Definitionsversuch für die NS-Forschung legte Martin Broszat vor. Er bezeichnete die Denunziation als »die nicht durch Amtspflicht oder Gesetzesnorm gebotene, vielmehr freiwillig erfolgte Anzeige eines angeblichen oder wirklichen Verhaltens, das aus der Sicht des NS-Regimes zu missbilligen war, mit dem Ziel der Bestrafung dessen, gegen den sich die Anzeige richtete«.[59] Sheila Fitzpatrick und Robert Gellately hoben die Spontanität als besonderes Indiz für eine Denunziation hervor: »[…] denunciation may be defined as spontaneous

---

Europe« am Institut für Zeitgeschichte München; www.ifz-muenchen.de/aktuelles/themen/man-hoert-man-spricht/ (letzter Zugriff: 2.2.2023).

55 Dieses Kapitel beruht zu großen Teilen auf zwei Aufsätzen, die in den Jahren 2014 und 2015 als Zwischenergebnisse des Projekts veröffentlicht wurden; s. Anita Krätzner: Zur Anwendbarkeit des Denunziationsbegriffs für die DDR-Forschung. In: dies. (Hg.): Hinter vorgehaltener Hand, S. 153–164; dies.: Politische Denunziation in der DDR – Strategien kommunikativer Interaktion mit den Herrschaftsträgern. In: Totalitarismus und Demokratie 11 (2014), S. 191–206. Zur Begriffsbedeutung von »Denunziation« s. ausführlich Arnd Koch: Denunciatio. Zur Geschichte eines strafprozessualen Rechtsinstituts. Frankfurt/M. 2006, S. 1–11; Michael Schröter: Wandlungen des Denunziationsbegriffs. In: ders. (Hg.): Der willkommene Verrat, S. 33–70.

56 Schröter: Wandlungen, S. 34; Koch: Denunciatio, S. 5.

57 Einen instruktiven Überblick über die unterschiedlichen Definitionen bietet: Koch: Denunciatio, S. 7–11.

58 Bernhard Schlink: Der Verrat. In: Schröter (Hg.): Der willkommene Verrat, S. 13–31, hier 14.

59 Broszat: Politische Denunziation in der NS-Zeit, S. 221.

communications from individual citizens to the state (or any other authority such as the church) containing accusations of wrongdoing by other citizens or officials and implicitly or explicitly calling for punishment.«[60] Die Geschichtswissenschaft orientierte sich häufig an dieser Definition. Allerdings, so bemerkt Arnd Koch, lassen sich die Kriterien Freiwilligkeit und Spontanität nicht zur Abgrenzung der Denunziation von einer »legitimen Anzeige« verwenden, die ja ebenso aus freien Stücken und ungeplant vorgebracht werden kann.[61] Die »Freiwilligkeit« und »Spontanität« als Definitionsgrundlage für den Begriff »Denunziation« vorauszusetzen, stellt vor allem der Versuch dar, die Denunziation von einer regelmäßigen Zusammenarbeit mit einer Geheimpolizei abzugrenzen – die Tätigkeit von Informanten und Vertrauensleuten der Gestapo galt in der NS-Forschung meist nicht als Denunziation.[62] Habe jemand im Auftrag gehandelt, so sei der Verrat weder freiwillig noch spontan erfolgt; der Denunziant hingegen habe seine Anzeige eher aus eigenem Antrieb getätigt.

Es erweist sich allerdings als schwierig, »freiwillige« und »spontane« Denunziationen anhand des Motivs von einer Spitzeltätigkeit abzugrenzen. Ein »spontaner« Denunziant kann durchaus aus den gleichen Motiven gehandelt haben wie ein geheimpolizeilich angeleiteter Spitzel. Jedoch sind die Gründe für die Zuträgerschaft nur schwer zu rekonstruieren, wie im Kapitel 7 ausführlich erläutert wird. Versuche Gerhard Sälters, nur denjenigen als Denunzianten zu kennzeichnen, der nicht von der denunzierten Tat betroffen war, laufen ins Leere, wenn man bedenkt, dass bei schweren Straftaten wie zum Beispiel bei Kindesmissbrauch oder gar Tötungsdelikten nicht nur »Geschädigte« ein Delikt anzeigen sollten und dies – auch außerhalb von Diktaturen – gesellschaftlich allgemein befürwortet wird.[63]

Einige Forschungsarbeiten zur DDR-Geschichte setzen »Denunziation« mit der Inoffiziellen Mitarbeit gleich.[64] Allerdings bleibt dabei außer Acht, dass die Kategorisierung zum Inoffiziellen Mitarbeiter durch das MfS noch nichts darüber aussagt, ob jemand einen anderen Menschen auch wirklich – im Sinne der oben wiedergegebenen Definition von Fitzpatrick/Gellately – denunziert hat. Wiederum andere Studien versuchen die inoffizielle Mitarbeit von der Denunziation abzu-

---

60 Fitzpatrick, Gellately: Introduction, S. 1.
61 Koch: Denunciatio, S. 7. Einen guten Überblick über die Entwicklung der Definition von Denunziation gibt außerdem: Renate Blickle: Denunziation. Das Wort und sein historisch-semantisches Umfeld: Delation, Rüge, Anzeige. In: Hohkamp, Ulbrich (Hg.): Der Staatsbürger als Spitzel, S. 25–59. Die »Freiwilligkeit« sehen auch andere Autoren als Komponente der Denunziation, z. B. Gerhard Sälter: Denunziation – Staatliche Verfolgungspraxis und Anzeigeverhalten der Bevölkerung. In: Zeitschrift für Geschichtswissenschaft 47 (1999) 2, S. 153–165, hier 154; Hornung: Denunziation als soziale Praxis, S. 21; Fitzpatrick, Gellately: Introduction.
62 Diewald-Kerkmann: Politische Denunziation im NS-Regime, S. 24–27.
63 Sälter: Denunziation, S. 154; Koch: Denunciatio, S. 9.
64 Vollnhals: Denunziation und Strafverfolgung im Auftrag der »Partei«; Altendorf: Denunziation im Hochschulbereich; Maaz: Das verhängnisvolle Zusammenspiel, S. 242.

grenzen[65] – vor allem im Hinblick auf die Frage, ob die Denunziation »spontan« und »freiwillig« erfolgt sei. Allerdings räumt auch Gisela Diewald-Kerkmann ein, dass keine systematischen Forschungsergebnisse über das Verhältnis von »spontanen« und institutionalisierten Zuträgerschaften in der DDR vorlägen.[66]

Bei der Frage, ob eine Anzeige als Denunziation gewertet wird, müssen gesellschaftliche Normen bezüglich dieses Verhaltens einbezogen werden – sowohl die der Zeitgenossen als auch derjenigen, die sie aus heutiger Sicht untersuchen. Aufgrund der moralisch negativen Konnotation des Begriffs ist es nicht möglich, die Denunziation als wertneutralen Begriff zu definieren – jedenfalls nicht in Abgrenzung zur legitimen Anzeige. Wenn also vermutet werden kann, dass ein erheblicher Teil der DDR-Gesellschaft eine Tat als Denunziation gewertet hätte, dann sollten wir dies auch unter heutigen Gesichtspunkten entsprechend einordnen – auch wenn man dabei an methodische Grenzen stößt.[67] Es wird bei dieser Bewertung aber kaum eine Rolle spielen, ob der Verrat durch einen freiwilligen, spontanen Akt erfolgte oder im Rahmen regelmäßiger Spitzeldienste verübt wurde. Beiden Handlungen liegt ein Verstoß gegen gesellschaftliche Normen und oftmals auch ein Vertrauensbruch zugrunde.

Für Mitglieder der SED ergab sich eine besondere Situation. Das Parteistatut der SED verpflichtete ein Parteimitglied zur »Wachsamkeit gegenüber Partei- und Volksfeinden«[68] und forderte SED-Mitglieder implizit dazu auf, Fehlverhalten zu melden. Die Funktionäre der Partei unterlagen diesen Regeln im strengeren Maße als einfache Mitglieder, obwohl der Grundsatz im Prinzip für jeden galt, der ein Parteibuch der SED besaß. »Mangelnde Wachsamkeit« war in den 1950er- und 1960er-Jahren ein Vorwurf mit großer politischer Tragweite und potenziellen Sanktionsfolgen im Rahmen eines Parteiverfahrens.[69] Die politische Überwachung oblag zunächst der SED, die grundsätzlich in allen gesellschaftlichen Bereichen sowohl ihre Mitglieder als auch die Arbeitskollegen und die Wohnbereiche unter Kontrolle zu halten hatte. Das bedeutete insbesondere, Auffälliges zu melden – auch wenn die Partei nicht alle Bereiche in der Realität tatsächlich durchdrungen hatte. Ein Automatismus der Denunziation ergibt sich daraus zwar nicht zwangsläufig, aber nicht nur das Statut, sondern auch der Alltagspraxis in der SED sah de facto eine Meldepflicht bei deviantem Verhalten vor. »Auffällige« Vorgänge sollten

---

65 Sälter: Denunziation, S. 156; Diewald-Kerkmann: Denunziant ist nicht gleich Denunziant, S. 70.
66 Diewald-Kerkmann: Denunziant ist nicht gleich Denunziant, S. 70.
67 Schröter: Der willkommene Verrat, S. 203.
68 Statut der Sozialistischen Einheitspartei Deutschlands (20.–24.7.1950). In: Dokumente der Sozialistischen Einheitspartei Deutschlands. Bd. 3. Berlin 1952, S. 162–176, hier 175; Statut der Sozialistischen Einheitspartei Deutschlands (22.5.1976). In: Dokumente der Sozialistischen Einheitspartei Deutschlands. Bd. 16. Berlin 1980, S. 82–110.
69 Die verschiedenen Phasen der Parteiverfahren und die Entwicklung der Parteikontrollkommissionen stellt Thomas Klein dar. Ders.: »Für die Einheit und Reinheit der Partei«. Die innerparteilichen Kontrollorgane der SED in der Ära Ulbricht. Köln u. a. 2002.

der Partei bekannt gemacht werden und in der regelmäßigen Berichterstattung des Parteiapparates auftauchen.[70] Was dazu zählte, war allerdings nicht genau definiert. Im Berichtswesen der SED tauchten sowohl Einzelmeinungen als auch politische Straftaten oder scheinbare Banalitäten auf. Der Anspruch, immer ein »Ohr bei den Bürgern« haben zu wollen, ließ sich im Alltag manchmal nur schwer umsetzen.[71] Eine Denunziation innerhalb der Partei traf auf niedrigere Hürden als eine Anzeige bei Polizei und Staatssicherheit. Gleiches galt für die FDJ und andere Massenorganisationen wie den Freien Deutschen Gewerkschaftsbund (FDGB), die ebenfalls Adressaten von Denunziationen sein konnten. Die Verpflichtung, politisch nonkonformes Verhalten zu melden, bestand für Funktionäre dort genauso – abgesehen davon, dass diese in vielen Fällen auch gleichzeitig Mitglieder der SED waren.

Bei bestimmten Delikten war schon die Nichtanzeige strafbar. Das galt auch für einige politische Straftaten, am bekanntesten war dies beim Tatbestand »Ungesetzlicher Grenzübertritt«.[72] Dies erhöhte den Druck, solche Taten anzuzeigen, enorm, auch wenn in der Praxis Strafverfahren wegen »Nichtanzeige« wohl eher selten waren.[73] Diese Norm diente dazu, die Anzeigebereitschaft zu erhöhen. Der Straftatbestand der »Nichtanzeige« besaß vor allem abschreckenden Charakter und erfüllte somit den Zweck, die Angst vor einer etwaigen Bestrafung wegen »Mitwisserschaft« aufrechtzuhalten. Die meisten Bürger der DDR wussten nicht, dass nur relativ wenige Verurteilungen aufgrund dieses Paragrafen erfolgten, fürchteten sich aber vor Bestrafungen und anderen Nachteilen, beispielsweise beruflicher Art. Bei der Bewertung von Denunziationen muss deshalb in Rechnung gestellt werden, dass das System die Anzeige bestimmter Delikte vorschrieb. Dagegen ist abzuwägen, wie stark die gesellschaftliche Norm, solche Dinge nicht anzuzeigen, wirkte.

---

70 Zu den Parteiinformationen bisher ausführlich: Mario Niemann: »Schönfärberei und Schwarzmalerei«. Die Parteiinformationen der SED. In: Detlev Brunner, ders. (Hg.): Die DDR – eine deutsche Geschichte. Wirkung und Wahrnehmung. Paderborn u. a. 2011, S. 159–185.
71 Andrea Bahr: Parteiherrschaft vor Ort. Die SED-Kreisleitung Brandenburg 1961–1989. Berlin 2016, S. 94.
72 § 26 Strafrechtsergänzungsgesetz (1957): Nichtanzeige von Staatsverbrechen und § 225 StGB DDR (1968): Unterlassung einer Anzeige. Im Absatz 4 heißt es: »Die Anzeige ist bei einer Dienststelle der Sicherheitsorgane oder der Staatsanwaltschaft der Deutschen Demokratischen Republik zu erstatten. Die Anzeige kann erforderlichenfalls auch bei einem anderen staatlichen Organ erstattet werden.« Vgl. Andrea Schurig: »Republikflucht« (§§ 213, 214 StGB/DDR). Gesetzgeberische Entwicklung, Einfluss des MfS und Gerichtspraxis am Beispiel von Sachsen. Berlin u. a. 2016.
73 So jedenfalls eine Stichprobe in Akten der Hauptabteilung IX. Selbst Juristen äußerten immer wieder Bedenken, die »Nichtanzeige« unter Strafe zu stellen – sogar schon in den 1950er-Jahren. Vgl. Gerhard Stiller: Das Problem der Nichtanzeige von Verbrechen. Potsdam 1957. Ms.; Irmgard Eisermann, Heinrich Löwenthal: Gedanken zur tatbestandsmäßigen Neufassung der Staatsverbrechen. In: Neue Justiz 10 (1956) 18, S. 552–554, hier 554.

Der Begriff »Denunziation« wird mitunter auch für Handlungen verwendet, die nicht dem beschriebenen Grundmuster entsprechen (jemand zeigt jemanden bei einer übergeordneten Instanz an), sondern darin bestehen, jemanden zu verleumden, öffentlich bloßzustellen und herabzuwürdigen.[74] Es handelt sich gleichsam um eine zweite pejorative Wortbedeutung[75], die jedoch nicht ignoriert werden darf, weil sie, wahrscheinlich aufgrund der stark negativen Konnotation des Begriffs, in der Publizistik häufig verwendet wird.

Häufig geht es beim aktuellen Gebrauch der Worte »Denunziation« oder »Denunziant« in den Medien darum, bestimmte gesellschaftliche Anzeigepraktiken als gesellschaftsabträglich zu brandmarken. Ein Schwerpunkt der Berichterstattung über mutmaßliche Denunziation konzentriert sich dabei auf die Anzeige von Ordnungswidrigkeiten. Ein Beispielfall ist der sogenannte »Knöllchen-Horst« (den Titel verliehen ihm die Medien) – ein Frührentner aus Osterode. Dieser Mann aus dem Südharz hatte »zehntausende« Verkehrssünder wegen Ordnungswidrigkeiten, beispielsweise Falschparken, angezeigt. Als sich der zuständige Landkreis weigerte, seine Anzeigen zu bearbeiten, zog der Mann vor Gericht. Dieses bescheinigte dem Mann »Denunziantentum«, auch weil er keine »schützenswerten Eigeninteressen« verfolge.[76] In einem anderen Verfahren sprach ihm ein Gericht Schmerzensgeld zu, da er mehrfach beleidigt wurde – u. a., weil er einen Rettungshubschrauber wegen Falschparkens anzeigte, dessen Notfallteam gerade einen Mann mit einem Herzinfarkt behandelte.[77] Den Begriff »Denunziant« aber sah das Gericht offenbar nicht als beleidigend an.

---

74 Zum Beispiel: Jochen Staadt: Das Beste von Freunden. Denunziation als Rezension. H-Soz-u-Kult setzt Cyber-Mobbing fort. In: Zeitschrift des Forschungsverbundes SED-Staat 31 (2012), S. 188–197.

75 Auch der Duden gibt die »öffentliche Verurteilung« als zweite Wortbedeutung an. Vgl. Duden. Deutsches Universalwörterbuch. Mannheim u. a. 2007, S. 389. Im Wörterbuch der deutschen Gegenwartssprache (DDR) wird die zweite Wortbedeutung nicht rezipiert, dort bedeutet »denunzieren«: »jmdn. aus niedrigen, meist egoistischen Beweggründen anzeigen, verdächtigen«. Wörterbuch der deutschen Gegenwartssprache. Bd. 1. Berlin 1980, S. 788. Der Duden 1980 (DDR) erklärt »denunzieren« als »aus niederen, meist persönl[ichen] Motiven Beweggründen anzeigen, verleumden« (S. 118). Im DDR-Duden von 1957 wird der Begriff definiert als »aus niederen Beweggründen angeben« (S. 120). Vgl. auch Blickle: Denunziation, S. 31.

76 Gericht bescheinigt »Knöllchen-Horst« Denunziantentum. In: Spiegel Online v. 25.9.2013; www.spiegel.de/panorama/knoellchen-horst-von-gericht-als-denunziant-charakterisiert-a-924538.html (letzter Zugriff: 2.2.2023).

77 Ungewöhnlich hingegen ist auch die Bearbeitung von Ordnungswidrigkeiten von Einsatzfahrzeugen nicht. In der Schweiz wurde darüber diskutiert, ob Rettungswagen oder Einsatzwagen der Feuerwehr und Polizei, die die Höchstgeschwindigkeit überschreiten, zur Kasse gebeten werden sollen; in Wismar kam es zu einer Debatte darüber, ob polizeiliche Dienstfahrzeuge Geldbuße wegen falschen Parkens bezahlen sollten – in diesem Fall hatte auch ein Bürger das Ordnungsamt verständigt. Vgl. Eine Ermahnung tut's auch. In: Taz v. 2.4.2014; Schweiz macht Rettungskräfte zu Temposündern. In: Spiegel Online v. 22.4.2014; www.spiegel.de/auto/aktuell/schweiz-rettungskraeften-droht-strafe-bei-blaulicht-einsatz-a-965526.html (letzter Zugriff: 2.2.2023).

Ebenso erhalten Portale mediale Aufmerksamkeit, die technische Möglichkeiten (beispielsweise Apps oder Webseiten) zur Verfügung stellen, damit Ordnungswidrigkeiten wie das Falschparken oder illegale Müllablagerungen angezeigt werden können. Besonders eine Anwendung geriet in Verruf, die sich für ihre Crowdfunding-Aktion erst »Straßensheriff« und später »Wegeheld« nannte. Sie sollte den Anruf beim Amt ersetzen; es ließen sich Verkehrssünder notieren und das Foto mit dem Beweis ihres Vergehens hochladen. Das Ordnungsamt konnte, musste den Hinweisen aber nicht nachgehen. Zum einen sollte das Vergehen öffentlich gemacht, zum anderen die Ordnungswidrigkeit bestraft werden.[78] Auch in anderen Ländern existieren solche Apps, in Großbritannien beispielsweise die Anwendung »UK Car Park Management«, in der laut der Internetplattform »Computerworld« ca. 10 £ Belohnung für die Meldung eines Parkvergehens gezahlt werden, was erhebliche Anreize für ein Anzeigeverhalten setzt.[79]

Das Land Berlin versucht durch Meldeportale sowohl Ordnungswidrigkeiten wie illegale Müllablagerungen und Falschparker zu verfolgen, aber auch das Zweckentfremdungsgesetz, das u. a. die Vermietung nicht genehmigter Ferienwohnungen untersagt, durchzusetzen. Dafür zeigt mancher wenig Verständnis, es ist gar die Rede von der »Blockwart-App«.[80] Dass Berlin die Portale zur Überprüfung des Ferienwohnungsverbots einsetzt, kommentierte die »Frankfurter Allgemeine Zeitung« (FAZ) mit der Schlagzeile »Die Hauptstadt setzt auf Denunzianten«.[81] Der Rundfunk Berlin-Brandenburg (rbb) startete eine nicht repräsentative Onlineumfrage, bei der am 22. April 2016 um 9.40 Uhr 52 % der Teilnehmer positiv auf eine Onlineunterstützung des Ferienwohnungsverbots reagierten (»52 % sagen: Diese Unterstützung der Berliner ist völlig in Ordnung.«), 13 % sich der Aussage anschlossen: »Problematisch, aber leider nicht zu umgehen« und 35 % den vorgegebenen Satz befürworteten: »Das ist Denunziantentum und geht zu weit.«[82]

All diese Beispiele zeigen, dass private Anzeigen von Ordnungswidrigkeiten im öffentlichen Raum teilweise kritisch gesehen und als Denunziation bezeichnet werden. In den Leserkommentaren der Onlinemedien findet sich bei dieser Thematik nicht selten die Feststellung, dass Deutschland schon immer ein Land der Denunzianten gewesen sei. Häufig wird auch auf den sprichwörtlichen »größten

---

78 Ulf Poschardt: Der Netz-Pranger bringt den Denunzianten zurück. In: Die Welt online v. 7.4.2014; www.welt.de/kultur/article126677084/Der-Netz-Pranger-bringt-den-Denunzianten-zuruock.html (letzter Zugriff: 2.2.2023).
79 Denunziant 2.0. User verpetzen Falschparker gegen Geld. In: Computerworld v. 14.2.2017.
80 Frank Senftleben: In zehn Bezirken können Sie jetzt die Blockwart-App nutzen. In: BZ Online v. 30.6.2016; https://www.bz-berlin.de/archiv-artikel/in-zehn-bezirken-koennen-sie-jetzt-die-blockwart-app-nutzen (letzter Zugriff: 10.2.2023).
81 Die Hauptstadt setzt auf Denunzianten. In: FAZ v. 11.6.2016, S. 21.
82 Voting: Sollen Bürger illegale Ferienwohnungen anonym melden? rbb-online v. 22.4.2016 (letzter Zugriff: 22.4.2016).

Lump« verwiesen.[83] Es wird in zweierlei Hinsicht eine Abwertung vorgenommen, wenn Anzeigen dieser Art als Denunziation eingeordnet werden: Zum einen werden die Vergehen als minder schlimm und deren Anzeige als gesellschaftlich nicht akzeptiert betrachtet. Zum anderen werden die Anzeigenden oder die, die hierfür technische Mittel zur Verfügung stellen, mit dem abwertenden Begriff »Denunziant« belegt. Das kann bis zur öffentlichen Bloßstellung von Personen gehen, die solche Ordnungswidrigkeiten anzeigen. Und hierbei spielt die Verwendung des Begriffs »Denunziation« eine entscheidende Rolle. Das Wort ist nicht nur negativ aufgeladen, es verweist auch auf die allgemein abgelehnte Praxis zweier Diktaturen (genauso wie der Begriff »Blockwart-App«, bei dem dies noch offensichtlicher ist), obwohl die bloße Anzeige von Falschparkern letztlich wenig mit den politischen Denunziationen in der NS-Zeit oder in der DDR zu tun hat. Der Anzeige von Ordnungswidrigkeiten und Gesetzesverletzungen haftet in vielen Gesellschaften – nicht nur im deutschen Sprachraum – etwas Anrüchiges an, obwohl Strafverfolgungsbehörden und Ordnungsämter auf private Anzeigen angewiesen sind.

Die Grundstruktur von Handlungen, die mit dem Begriff »Denunziation« bezeichnet werden, ist relativ ähnlich: Eine Privatperson erstattet über das Fehlverhalten einer anderen Person Anzeige bei einer übergeordneten (nicht unbedingt staatlichen) Instanz und diese Handlung wird als moralisch fragwürdig angesehen. Die pejorative Prägung des Begriffs liefert aber per se keine klaren definitorischen Kriterien. Es ist zu fragen, inwieweit das Delikt als sanktionierungswürdig galt (historisch gesehen) und gelten kann (im heutigen Sinne). Hier hilft es, die Verhältnismäßigkeit von Deliktschwere und Sanktionsfolgen in den Blick zu nehmen und im Sinne Arnd Kochs und Michael Schröters die Normendiskrepanz zu betrachten. Arnd Koch bemerkt dazu: »[…] keiner der im historiografischen Schrifttum unternommenen Definitionsversuche wird der Komplexität des Denunziationsbegriffs gerecht. Erforderlich ist vielmehr eine umfassende Abwägung verschiedener Faktoren, zu denen neben den bisher genannten Topoi auch die Akzeptanz der verletzten Norm sowie das Vorhandensein der Solidaritätspflichten zwischen Anzeigeerstatter und Angezeigtem zählen.«[84] Er schlägt eine Annäherung an den Begriff »Denunziation« vor, indem die Unverhältnismäßigkeit zwischen der Sanktion und dem angezeigten Verhalten herausgearbeitet wird. Auch Michael Schröter macht auf die Normendiskrepanz aufmerksam, die sich bei einer Denunziation zwischen dem Delikt und der Bestrafung ergibt.[85] Die Beurteilung des angezeigten Vergehens trägt somit zur Schärfung des Begriffs

---

83 »Der größte Lump im ganzen Land, das ist und bleibt der Denunziant.« Zu dem Ausspruch, der fälschlicherweise Hoffmann von Fallersleben zugeschrieben wird, s. Anita Krätzner: Einleitung. In: dies. (Hg.): Hinter vorgehaltener Hand, S. 7–20, hier 7.
84 Koch: Denunciatio, S. 11.
85 Schröter: Der willkommene Verrat, S. 203–226.

bei. Es ist zum Beispiel allgemeiner Konsens, dass bei schweren Verbrechen wie einem Mord der Anzeigende nicht als Denunziant bezeichnet werden kann.[86] Diese Differenzierung soll im Folgenden auch für den hier zugrundeliegenden Begriff der Denunziation gelten.

Für die DDR-Zeit gilt, dass insbesondere die Anzeige von politischen oder quasipolitischen Vergehen als Denunziation gewertet wird. Nicht nur klassische »Delikte« im Sinne des Strafgesetzbuches zählen dazu, sondern auch politische Abweichungen ohne einen entsprechenden Straftatbestand (wenn z. B. jemand Westsender hörte) oder vermeintlich unpolitische Delikte, die politisch instrumentalisiert wurden (wenn z. B. ein Mitglied einer Landwirtschaftlichen Produktionsgenossenschaft (LPG) aufgrund einer Hausschlachtung wegen »Diebstahls von Volkseigentum« belangt werden konnte).[87] Politische Dimensionen von Fehlverhalten ergaben sich zum Beispiel auch, wenn ein Ehebruch zur Entfernung aus einer beruflichen Funktion führte oder für eine Erpressung genutzt wurde. »Delikte« oder Normabweichungen, die sich in der DDR als politisch oder quasipolitisch werten ließen und/oder bei denen die zu erwartende Sanktion die Verhältnismäßigkeit (nach Koch und Schröter) vermissen ließ, waren u. a. illegaler Waffenbesitz, Staatsverleumdung, staatsfeindliche/staatsgefährdende Propaganda und Hetze, Republikflucht(-absichten), Bildung einer illegalen Organisation bzw. die Mitgliedschaft in ihr, Spionage, Sabotage, staatsgefährdende Gewalttakte, Behinderung staatlicher Organe, Fahnenflucht, Schmuggel, »Asozialität«, systemkritische Äußerungen, Hören und Sehen westlicher Sender, unerwünschte (West-)Kontakte oder der Besitz von Westzeitschriften. Die Anzeige solcher Delikte und Verfehlungen in der DDR wurde und wird gemeinhin als Denunziation gewertet.

In der DDR existierten unterschiedliche Empfänger von Denunziation. Der offenkundigste Adressat politischer Denunziationen war das Ministerium für Staatssicherheit. Darüber hinaus gab es noch weitere Institutionen, an die sich DDR-Bürger wenden konnten, um Personen bei der Staatsmacht anzuzeigen. Eine zentrale Anlaufstelle war dabei die Volkspolizei, deren Rolle als Empfänger von Denunziationen die Forschung bisher vernachlässigt hat. Die »Freiwilligen Helfer der Volkspolizei«[88] gelten dabei als unterste Stufe polizeilicher Überwachung. Bisherige Studien konnten nicht genau klären, wie stark die Bevölkerung die Volkspolizei als Denunziationsempfänger adressierte.[89] Gleiches gilt für die

---

86 Koch: Denunciatio, S. 8.
87 Ebenda.
88 Als solche werden zivile Helfer der Volkspolizei bezeichnet.
89 Zur Rolle der Volkspolizei bisher am umfangreichsten: Thomas Lindenberger: Volkspolizei. Herrschaftspraxis und öffentliche Ordnung im SED-Staat 1952–1968. Köln u. a. 2003; außerdem zur Rolle der freiwilligen Helfer Gerhard Sälter: Loyalität und Denunziation in der ländlichen Gesellschaft der DDR. Die freiwilligen Helfer der Grenzpolizei im Jahr 1952. In: Schröter (Hg.): Der willkommene Verrat, S. 159–184. Auch Heidrun Budde konstatiert, dass die Denunziationen an den Abschnittsbevollmächtigten und die Volkspolizei in Bezug auf die

Zusammenarbeit von Volkspolizei, SED und Staatssicherheit. Wenn Straftaten oder andere Normverletzungen, die den Zuständigkeitsbereich des MfS berührten, bei der Volkspolizei angezeigt wurden, erging oft eine Meldung an die Staatssicherheit.

Auch andere Behörden konnten Empfänger von Denunziationen sein. Bei Wohnungsstreitigkeiten wurden in einigen Fällen denunziatorische Hinweise zum Beispiel über Wohnungsbesetzungen an die Abteilung Wohnungspolitik beim Rat des Bezirkes oder beim Rat des Kreises gegeben. Die Bestrafung der Ordnungswidrigkeiten nahm durchaus politischen Charakter an, wenn zum Beispiel das MfS diese Fälle instrumentalisierte oder sie in Verbindung mit vermeintlichen »staatsfeindlichen Aktivitäten« standen.[90] Die SED, die Freie Deutsche Jugend (FDJ) und der Freie Deutsche Gewerkschaftsbund (FDGB) standen in Betrieben und Bildungseinrichtungen als erster Ansprechpartner für denunziatorische Handlungen zur Verfügung, ohne dass die Hürde, sich schriftlich, telefonisch oder persönlich an eine Behörde oder staatliche Instanz zu wenden, überwunden werden musste. In diesen Fällen gab meistens der zuständige Funktionsträger die Meldung über das Vergehen an übergeordnete Gremien oder aber auch an die Staatssicherheit bzw. die Volkspolizei weiter, die möglicherweise eine Strafverfolgung einleiteten. Das Berichtswesen der SED, der FDJ und des FDGB gibt aber kaum Aufschluss darüber, inwieweit Denunziationen Ausgangspunkte für Informationsberichte von Partei- und Massenorganisationen bildeten.[91]

Bei dem Begriff »Denunziation« handelt es sich in den meisten Fällen um eine Fremdzuschreibung – in der Regel aus der Sicht der Betroffenen, sofern sie davon Kenntnis hatten, und durch die Gesellschaft, aber nur selten auch durch die Institution, die davon profitierte. Eine wissenschaftliche Betrachtung des Phänomens der Denunziation sollte möglichst nüchtern und intersubjektiv nachvollziehbar sein, sie kann die moralisch wertende Komponente des Begriffs aber nicht ignorieren. Dabei sollten allerdings unhinterfragte Vorannahmen nicht dominieren, weil das

---

Systemstabilisierung stark unterschätzt wurden, vgl. dies.: Der Spitzelapparat der Deutschen Volkspolizei. In: Verwaltungsrundschau 4 (2010), S. 123–126. Während Budde die Zuträger als »heimlichen Club der Schwätzer und Aufpasser« in vielen Teilen der DDR-Gesellschaft vermutet, glaubt Renate Hürtgen, die Volkspolizei oder das MdI hätten sich häufig nur auf »zuverlässige Kader« stützen können. Vgl. Heidrun Budde: Ein Appell an das Böse und seine Folgen. In: Deutschland Archiv 43 (2010) 4, S. 640–650, hier 642 und Renate Hürtgen: Denunziation als allgemeine Selbstverständlichkeit. In: Deutschland Archiv 44 (2010) 5, S. 873 f., hier 873.

90 Udo Grashoff: Schwarzwohnen. Die Unterwanderung der staatlichen Wohnraumlenkung in der DDR. Göttingen 2011, S. 23.

91 Renate Hürtgen thematisiert die Vertrauensleute des FDGB in den Betrieben. Sie spricht zwar die enge Verzahnung zwischen der Gewerkschaft und dem MfS an und zeichnet Beispiele nach, in denen Vertrauensleute des FDGB gleichzeitig IM der Staatssicherheit waren – die tagtäglichen Informationswege streift sie aber nur am Rande. Vgl. Hürtgen: Zwischen Disziplinierung und Partizipation, S. 249–254. Hedwig Richter bescheinigt dem regelmäßigen Berichtssystem von Partei- und Massenorganisationen explizit eine hohe denunziatorische Qualität, vgl. Hedwig Richter: Die Effizienz bürokratischer Normalität. Das ostdeutsche Berichtswesen in Verwaltung, Parteien und Wirtschaft. In: Krätzner (Hg.): Hinter vorgehaltener Hand, S. 127–135.

eine ergebnisoffene Analyse verunmöglichen würde. Anders als beispielsweise sogar im Duden angenommen, lassen sich die Beweggründe für eine Anzeige nicht als Grundlage für eine Definition verwenden, denn die Motive für eine Denunziation sind nur schwer zu ermitteln, wie letztlich auch die vorliegende Studie zeigen wird. In vielen Fällen liegt vermutlich ein Motivgeflecht vor, so dass ein »negatives« bzw. moralisch fragwürdiges Motiv, so man es denn benennen könnte, nicht als einziger Handlungsimpuls bestimmt werden kann. In der Forschung spielt gleichwohl eine Analyse der Motive bei begrifflichen Zuordnungen eine Rolle, beispielsweise bei der Frage, ob V-Leute oder IM Denunzianten seien oder nicht. Die persönlichen Motive, so bemerkt Gisela Diewald-Kerkmann, stünden beim organisierten Spitzel eher im Hintergrund, während sie beim Denunzianten entscheidend seien.[92] In der Geschichtswissenschaft werden dem Denunzianten häufig »niedere«, »unlautere« oder »eigennützige« oder auch verknappt »private« Motive unterstellt.[93] Das führt zu Vernachlässigung von politisch-ideologischen Überzeugungstätern, die sich mit dem System identifizierten.[94] Da die Motive aus den Quellen, die vom Denunzianten produziert wurden, nicht ohne Weiteres herauszulesen sind und diese in der Regel nur das widerspiegeln, was der Denunziant offenbaren will, taugt das Motiv nicht zur Begriffsbildung.

Den Begriff »Denunziation« für eine wissenschaftliche Studie zu benutzen, kann Bürde und Chance zugleich sein. Der Zusatz »politisch«, um die Denunziation näher zu beschreiben, zielt dabei auf eine Fokussierung auf Delikte und »Verfehlungen«, die als politische Abweichungen zu qualifizieren sind, und ermöglicht eine Abgrenzung zu »gewöhnlichen«, unpolitischen Straftaten und Normverletzungen. Gleichwohl weisen die Fallgruppen an den Rändern fließende Übergänge auf. So werden in der Studie wiederholt auch Anzeigen von Wirtschaftsdelikten betrachtet, die sich an der Grenze zum politischen Delikt bewegten. Die Bezeichnung »politische Anzeige« wäre dem Untersuchungsgegenstand nicht gerecht geworden, da hier auch andere Informationsweitergaben als die einer klassischen Anzeige bei der Polizei verhandelt werden sollen. Ein Anruf bei der Staatssicherheit oder ein persönliches Gespräch mit einem Parteifunktionär sowie eine Information im Rahmen der Tätigkeit als Inoffizieller Mitarbeiter des MfS erfüllen selten die Kriterien einer Anzeige, können aber zuweilen als Denunziationen gewertet werden und sind deshalb ebenfalls Gegenstand der Untersuchung.

Obwohl wie erläutert vorrangig die politische und die politisch instrumentalisierte Denunziation in der folgenden Studie untersucht werden soll, wird der Einfachheit halber nur der Begriff »Denunziation« verwendet. Insbesondere das

---

92 Diewald-Kerkmann: Politische Denunziation im NS-Regime, S. 24.
93 Hornung: Denunziation als soziale Praxis, S. 21; Diewald-Kerkmann: Politische Denunziation im NS-Regime, S. 136 ff., Abke: Sichtbare Zeichen, S. 348; Katrin Dördelmann: Die Macht der Worte. Denunziationen im nationalsozialistischen Köln. Köln 1997, S. 37.
94 Koch: Denunciatio, S. 9.

Kapitel 3 über die Herrschaftspraxis und das Spektrum der angezeigten Normverletzungen unterstreicht die politische Dimension der Begriffsverwendung. Es soll deutlich machen, dass eine fortwährende Reflexion über die kontextuelle Einordnung des Begriffs »Denunziation« notwendig ist und dieser deswegen nur in diesem Zusammenhang und nicht im landläufigen Sprachgebrauch benutzt wird.

2. Quellenlage und methodisches Vorgehen

Regionalgeschichtliche und mikrohistorische Untersuchungen bilden wichtige Ansatzpunkte sowohl für sozialgeschichtliche Erkundungen zur DDR-Geschichte als auch für die Denunziationsforschung zu anderen Epochen. Die Studien suchen eine Schnittstelle zwischen aussagekräftigen, wenn auch nicht immer repräsentativen Regionalbedingungen und einer Überlieferungslage, die weitergehende Schlüsse und Tiefenbohrungen zulässt. Das vorliegende Werk leistet weniger eine mikrohistorische Feinuntersuchung wie beispielsweise andere Projekte mit lokalhistorischem Zugriff[1], vielmehr bietet eine Eingrenzung der Quellenbasis auf die ehemaligen DDR-Bezirke Schwerin, Frankfurt/Oder und Leipzig die Möglichkeit einer Vorsortierung und Orientierung bei der Quellensuche. Diese Auswahl garantierte eine breite Überlieferungsbasis und lieferte die ersten Anhaltspunkte für eine qualifizierte Recherche. Sie bieten einen Querschnitt struktureller Merkmale, die für die gesamte DDR exemplarisch sind. Der Bezirk Schwerin im Nordwesten der DDR besaß eine lange agrarische Tradition. Er war einer der einwohnerschwächsten Bezirke mit einer sehr geringen Einwohnerdichte und durch seine ländliche Struktur geprägt. Zwar gelang es der SED, Industriezentren an einigen Standorten des Bezirks zu etablieren, dennoch dominierte die Landwirtschaft die Region.[2] Im Bezirk Frankfurt/Oder spielte die Nähe zur Hauptstadt Berlin, an dessen östliche Grenze sich der Bezirk anschloss, hier eine wesentliche Rolle im Alltag der Bevölkerung. Wirtschaftlich bildeten sowohl Schwedt als auch Eisenhüttenstadt die wichtigsten Industriestandorte, während andere Kreise primär agrarisch geprägt waren. Die Einwohnerdichte war jedoch höher als im Bezirk Schwerin.[3] Wichtig für die Strukturen insbesondere auch der staatlichen Überwachung in den Bezirken waren die Außengrenzen der DDR:

---

1 Beispielhaft ist hierfür das Projekt zur Herrschaft und Gesellschaft im Kreis Halberstadt, das von Roger Engelmann bearbeitet wird. Vgl. ders.: Eine Regionalstudie zu Herrschaft und Alltag im Staatssozialismus. In: Jens Gieseke (Hg.): Staatssicherheit und Gesellschaft. Studien zum Herrschaftsalltag in der DDR. Göttingen 2007, S. 167–186; Hürtgen: Ausreise per Antrag; Bahr, Parteiherrschaft vor Ort; Christian Halbrock: »Freiheit heißt, die Angst verlieren«. Verweigerung, Widerstand und Opposition in der DDR: Der Ostseebezirk Rostock. Göttingen 2015; Andrew I. Port: Die rätselhafte Stabilität der DDR. Berlin 2010.

2 Als Regionalstudien zum Bezirk Schwerin vgl. u. a. Caroline Fricke: Politisch bedingte Konflikte von Jugendlichen im Bezirk Schwerin 1971–1989. Potsdam 2012 (Hochschulschrift), S. 52–69.

3 Oliver Werner: Die Etablierung der staatlichen Bezirksverwaltungen in Brandenburg und der übrigen DDR. Forschungsstand und Forschungsperspektiven. In: ders., Detlef Kotsch, Harald Engler (Hg.): Bildung und Etablierung der DDR-Bezirke in Brandenburg. Verwaltung und Parteien in den Bezirken Potsdam, Frankfurt/Oder und Cottbus 1952–1960. Berlin 2017, S. 57–64.

Schwerin grenzte im Westen an die Bundesrepublik Deutschland[4], Frankfurt/ Oder an Polen. Der Industriebezirk Leipzig wies keine Grenzlage auf. Die Bezirkshauptstadt Leipzig galt aber als Messe- und Universitätsstadt neben Ostberlin als internationales Zentrum der DDR. Im Bezirk befanden sich wichtige Betriebe der Energiewirtschaft, der chemischen Industrie und des Maschinenbaus.[5]

Die Eingrenzung auf diese drei Bezirke half, die Überlieferungssituation auszuloten. Eine mikrohistorische Tiefenbohrung nach regionalgeschichtlichen Aspekten wurde indes nicht vorgenommen. Die in dieser Untersuchung aufgeführten Fallbeispiele wurden lediglich hinsichtlich ihrer Signifikanz ausgewählt, um Zusammenhänge exemplarisch zu verstehen und einzuordnen. Die Quellenauswahl und -analyse wird mithin durch einen hermeneutischen und nicht durch einen quantitativen Ansatz bestimmt. Zu Beginn des Projektes wurde der Versuch unternommen, ein quantitativ aussagekräftiges Sample zusammenzustellen, aufgrund der diffusen Überlieferungslage, die keine adäquate Einschätzung der Repräsentativität des Materials erlaubte, scheiterte dies jedoch. Im Folgenden werden Recherchewege beschrieben, mit denen Denunziationsfälle im Archivmaterial aufgefunden wurden, die immerhin signifikante Einblicke in das Spektrum möglicher Denunziationshandlungen in unterschiedlichsten Fallkonstellationen geben.

Ausgangspunkt war die Grundannahme, dass die Institutionen auf Bezirksebene, die als Empfänger von Denunziationen fungieren konnten (also die regionalen Gliederungen des SED-Parteiapparats, die Räte der Bezirke sowie die Bezirksstellen von Volkspolizei und Staatssicherheit), auch Quellen zu diesen Denunziationen überliefert haben müssten. In Bezug auf die Schwerpunktsetzung der Studie, eine Analyse der Denunziation als Kommunikationshandlung vorzunehmen und darauf aufbauend eine Phänomenologie zu entwickeln, sondierte das Projekt zunächst, inwieweit Überrestquellen zu Denunziationshandlungen, d. h. insbesondere die dabei verwendeten Medien, in den Beständen der genannten Empfänger zu finden waren. Die Suche fokussierte sich damit auf die Briefe, die Mitschnitte und Protokolle der Anrufe, die aufgenommenen Anzeigen und auf die Aktennotizen zu den an die Dienststellen übermittelten Denunziationen.

Die Quellenerhebung bildete den ersten Schritt zur weiteren Untersuchung der Denunziationsfälle. Deren Einordnung sowie die Analyse von Sprache und situativem Kontext schufen die Basis für die Klassifikation der politischen Denun-

---

4 Zur Grenze im Bezirk Schwerin bisher umfassend Sandra Pingel-Schliemann: »Ihr könnt doch nicht auf mich schießen!«. Die Grenze zwischen Lübecker Bucht und Elbe 1945 bis 1989. Schwerin 2013.
5 Zum Bezirk Leipzig u. a. Christian Rau: Stadtverwaltung im Staatssozialismus. Kommunalpolitik und Wohnungswesen in der DDR am Beispiel Leipzigs (1957–1989). Stuttgart 2017, S. 38 ff.; Christian Kurzweg: Parteiherrschaft und Staatsapparat. Der Bezirk Leipzig 1945/52–1990. In: Ingrid Grohmann (Hg.): Bewegte sächsische Region. Vom Leipziger Kreis zum Regierungsbezirk Leipzig. Halle/S. 2001, S. 255–276.

ziation als einer Sonderform der politischen Kommunikation. Die aufgefundenen Überrest- und ergänzenden Berichtsquellen dienten aber nicht nur der Analyse des denunziatorischen Kommunikationsprozesses und der Rekonstruktion des Sprachhandelns der denunzierenden Person und der empfangenden Stelle. Im zweiten Schritt wurden diese Quellen genutzt, um das Verhältnis zwischen denunzierender und denunzierter Person sowie das weitere Beziehungsumfeld zu rekonstruieren. Auf dieser Grundlage konnte eine Analyse der Denunziation in verschiedenen sozialen Kontexten vorgenommen werden. Dies erforderte eine intensive Recherche zu den weitergehenden Ermittlungen in den Überlieferungen der betreffenden Institutionen. Im Folgenden sollen die Archivbestände, in denen Quellen zum Denunziationsgeschehen recherchiert wurden, überblicksmäßig vorgestellt werden.

Die Überlieferungen der Bestände der Bezirks- und Kreisleitungen der SED erwiesen sich als recht homogen strukturiert. In den Landesarchiven Schwerin und Potsdam sind die SED-Bestände durch eine Retrokonversion der Karteien des ehemaligen Bezirksparteiarchivs zugänglich, in Leipzig sind fast alle Bestände der SED noch durch die originalen Karteien recherchierbar. Die Akten der SED sind nach der ursprünglichen Ablage sortiert – und somit als Teilbestände der jeweiligen Struktureinheiten des Parteiapparats zugänglich. Die Bezirksparteiarchive archivierten das Material nach verbindlichen einheitlichen Kriterien (Rahmentektonik, Registraturordnung Einheitsaktenplan). Längst nicht alle Informationen, die bei der SED anfielen, wurden langfristig aufbewahrt. Es fand gleichsam eine Verdichtung statt, sobald regelmäßige Berichtszyklen einzelner Bereiche an übergeordnete Stellen etabliert wurden, woraufhin das Ausgangsmaterial offenbar kassiert wurde. Das bedeutet aber auch, dass es oft schwer zu beurteilen ist, inwieweit die SED der ursprüngliche Empfänger der Denunziation war. Die Bestände der ehemaligen Bezirksparteiarchive gliederten sich nach verschiedenen Ablageperioden (1952–1967, 1968–1976, 1977–1981, 1982–1986)[6]. Der formale bürokratische Aufwand stieg zwar mit den Jahren und es wurde mehr Papier

---

6 Die verschiedenen Perioden des Archivguts der SED wurden mit den Großbuchstaben A–F durchnummeriert, in der Tektonik wurde für gewöhnlich die römische Zahl IV an den Anfang gestellt. Es gibt Archive, die die alte Tektonik beibehalten haben, andere Archive haben nur die Bestandsbezeichnung übernommen und fortlaufende Nummern vergeben (z. B. SED BL Schwerin 3811 oder SED BL Leipzig IV D 2/04/270 – hier ist die alte Tektonik ablesbar). Für die Bezirksparteiarchive galten zentrale Richtlinien, nach welchen Kriterien Akten zu archivieren waren; vgl. Volker Schubert: Die Grundorganisationen als Organisationsbasis der SED – ihre Entwicklung und der Umgang mit der Überlieferung im Sächsischen Hauptstaatsarchiv Dresden. In: Sächsisches Staatsministerium des Innern (Hg.): Bewertung, Erschließung und Benutzung von SED-Beständen in den Archiven der Neuen Bundesländer. Dresden 2002, S. 17–31. Zur Tektonik und den entsprechenden Richtlinien außerdem https://www.bundesarchiv.de/sed-fdgb-netzwerk/benutzung.html (letzter Zugriff: 2.2.2023) und Katrin Beger: Bestandsbildung des Bezirksparteiarchivs der SED Gera. In: Reiner Merker (Hg.): Archiv, Forschung, Bildung. Fünfzehn Jahre Thüringer Archiv für Zeitgeschichte »Matthias Domaschk«. Berlin 2009, S. 39–49.

produziert, in Bezug auf die Frage nach der Denunziation an die SED sind jedoch lediglich die Jahrgänge von 1952 bis 1967 teilweise ertragreich – besonders die 1950er-Jahre. Danach finden sich deutlich weniger Spuren von Denunziationen in den SED-Akten, was im Umkehrschluss nicht bedeutet, dass die Denunziationen abgenommen hätten. Vielmehr dürften die Bezirksparteiarchive das Material bei der Archivierung später weitaus stärker nach Aktenplänen sortiert haben als in den 1950er- und frühen 1960er-Jahren. Und dort fanden Denunziationen an die SED keinen Platz. Erst 1963 wurde die erste einheitliche Richtlinie zum Aufbau des Archivwesens der SED-Parteiarchive erlassen, die im Laufe der Jahre sowohl für die zentralen Bestände als auch für die Bezirke, Kreis- und Grundorganisationen immer wieder überarbeitet wurde.[7] Grundsätzlich lag der Schwerpunkt der Archivierung auf Protokollen von Delegiertenkonferenzen, Parteiaktivtagungen, Mitgliederversammlungen und Leitungssitzungen sowie auf Arbeitsplänen, Informationsberichten, Einschätzungen und Analysen.[8] Das »Tagesgeschäft« hingegen findet sich kaum dokumentiert, weil für die betreffenden Materialien keine entsprechende Aufbewahrungspflicht bestand.[9]

Bei Denunziationen strafrechtlicher Relevanz gab die SED die Bearbeitung häufig an die Polizei oder die Staatssicherheit weiter und die Dokumente verblieben dann nur selten im eigenen Bestand. Deswegen sind in den Akten der SED vor allem solche Vorgänge überliefert, bei denen die Denunziation von Parteimitgliedern eine Rolle spielt, und zwar in den Ablagen der Parteikontrollkommissionen, die aber sehr oft aus datenschutzrechtlichen Gründen für die Benutzung gesperrt sind. In den sonstigen SED-Akten finden sich nur wenige Dokumente, die an die SED gerichtete Denunziationen betreffen, sei es nun an einen Parteisekretär oder an die Kreis- oder Bezirksleitung.

Die »Informationsgewinnung« der SED lässt sich mithilfe der SED-Archive kaum rekonstruieren, obwohl gerade die Analysen und Informationsberichte der Partei eines besonderen Augenmerks bedürften.[10] Diese dienten dazu, die übergeordneten Parteiinstanzen über Vorkommnisse zu informieren, um eine schnelle Reaktion zu ermöglichen. Geschrieben wurden sie teilweise täglich oder wöchentlich (an Wahltagen etwa mit detaillierten Informationen zu Nichtwäh-

---

7 Christoph Stamm: Wem gehören die Akten der SED? Die Auseinandersetzung um das Zentrale Parteiarchiv der Sozialistischen Einheitspartei Deutschlands nach 1990. Düsseldorf 2019, S. 21.
8 Büro des Politbüros (Hg.): Arbeitsrichtlinien für die Parteiarchive der SED. Berlin 1978, S. 7–10.
9 Einheitsaktenplan der Sozialistischen Einheitspartei Deutschlands, Ausgabe C, hrsg. vom Büro des Politbüros, Stand: Januar 1987; https://landesarchiv.thueringen.de/media/landesarchiv/2Aufgaben/Projekte/lath-hstaweimar_sed_bpa_kl_arnstadt_ar_nr.3963_1.pdf (letzter Zugriff: 2.2.2023).
10 Dazu auch bereits Richter: Die Effizienz; Niemann: »Schönfärberei und Schwarzmalerei«; Bahr: Parteiherrschaft vor Ort, S. 89 ff.

lern und Benutzern der Wahlkabine sogar stündlich[11]), manchmal monatlich, je nachdem, wie die Organisationseinheit zur Berichterstattung verpflichtet war. Der Entstehungskontext dieser Berichte bleibt oft unklar. Ihre Verfasser formulierten nicht immer eigene Beobachtungen, sondern schrieben Berichte mithilfe von Informationen, die von anderen Parteimitgliedern, aber auch von Personen aus deren Umfeld übermittelt wurden. Informationsweitergaben, die man eventuell als Denunziationen qualifizieren kann, fanden demnach schon im Vorfeld dieser Berichterstattung statt. Jenseits weniger Ausnahmen, bei denen sich Denunziationen in SED-Beständen abbilden, ist die Überlieferungslage für die vorliegende Fragestellung in den Landesarchiven nicht ergiebig. Bestände der Gewerkschaften und anderer Massenorganisationen sind selten vollständig überliefert und noch viel seltener komplett erschlossen. Stichproben in den Akten der Massenorganisationen führten zu keinerlei Ergebnissen. Mit den Kaderakten ehemaliger Betriebe konnte auch nicht gearbeitet werden.[12]

Ähnliche Feststellungen wie für die Überlieferung der SED lassen sich für die der Räte der Kreise, der Städte und der Bezirke treffen. Selbst wenn davon auszugehen ist, dass sich denunziationswillige Personen an diese Einrichtungen gewandt haben, bildet sich dies kaum in den Überlieferungen ab. Eine Ausnahme wäre der für die Wohnungspolitik zuständige Bereich. In dessen Akten befinden sich in einigen Landesarchiven viele Eingaben, die zwar größtenteils keinen denunziatorischen Charakter tragen, ein geringer Teil enthält aber Beschwerden über unliebsame Nachbarn und Wohnungsinhaber.[13]

Die Bestände der Volkspolizei sind ähnlich unergiebig wie die anderen Überlieferungen der Landesarchive. Die Akten sind zwar an einigen Stellen recht umfangreich – das gilt besonders für die Archive im Freistaat Sachsen. (In Mecklenburg-Vorpommern hingegen wurden die strafrechtliche Ermittlungsverfahren betreffenden Fallakten der Volkspolizei in den 1990er-Jahren weitestgehend kassiert, weil sie rechtsstaatswidrig zustande gekommen seien.[14]) Ab und zu enthalten die Rapporte der Volkspolizei Hinweise auf Denunziationen, aber nur sehr selten geht aus diesen Berichten zweifelsfrei hervor, woher die Erstinformation

---

11 Richter: Die Effizienz, S. 132–134.
12 Was genau mit den Kaderakten verschiedener Betriebe passiert ist, bleibt größtenteils Spekulation. Sind die Kaderakten vom hauptamtlichen Partei- und Gewerkschaftsapparat vergleichsweise gut überliefert, lassen sich Archivierungswege der nach 1990 verstaatlichen oder geschlossenen Betriebe kaum nachvollziehen. Hinzu kam die Öffnung der Kaderakten 1990 für die Mitarbeiter, die Schriftstücke entfernen oder ihre Kaderakte mit nach Hause nehmen durften. Eine Mitteilung von 2007 verweist auf einen Großbestand an Kaderakten von der Treuhand veräußerter Betriebe (ca. 100 Kilometer Akten), die durch verschiedene private Unternehmen verwaltet wurden und in Rentenfragen herangezogen werden, vgl. http://archivnachrichten. blogspot.de/2007/07/unterlagen-ehemaliger-ddr-betriebe.html (letzter Zugriff: 2.2.2023).
13 Grashoff: Schwarzwohnen, S. 26–28.
14 Georg Herbstritt: Fundstück. Bereinigung der DDR-Kriminalakten in Mecklenburg-Vorpommern abgeschlossen. In: Horch und Guck 10 (2001) 4, S. 34 f.

stammt, d. h., ob Ausgangspunkt von Ermittlungen die Anzeige einer Person bei einer Volkspolizeidienststelle oder einem Abschnittsbevollmächtigten (ABV) gewesen ist. Auch deswegen eignen sich die Rapporte nicht für eine systematische Untersuchung von Denunziationen, die sich an die Volkspolizei richteten. Ebenso wenig konnten Karteien oder ähnliche Findhilfsmittel der Volkspolizei ermittelt oder gar eingesehen werden, die das Anzeigegeschehen abbilden.

Als ergiebig hingegen erweist sich die vielfältige Überlieferung des Ministeriums für Staatssicherheit. Andere Institutionen – die SED, die Volkspolizei etc. – und die zuständigen Endarchive kassierten planmäßig Unterlagen in ihren Beständen nach bestimmten Kriterien, sodass die meisten Fallakten und Materialien, die den Verwaltungsalltag widerspiegeln, weitgehend ausgesondert wurden und nur hochrangige Dokumente wie Protokolle, Dienstvorschriften und Berichtsreihen, die nur begrenzt Einblick in das Alltagsgeschäft und die unmittelbare Interaktion bieten, überliefert wurden. Die operativen Akten des MfS bilden gleichsam einen Gegenpol, weil hier die spezifischen Fallakten der Geheimpolizei überliefert sind.

Für die vorliegende Studie wurde zunächst eine breit angelegte empirische Auswahl aus der Operativen Hauptablage der Abteilungen XII (archivierte IM-Akten, operative Vorgänge, operative Personenkontrollen, Gruppenvorgänge, allgemeine Personenablage)[15] der Bezirksverwaltungen Schwerin, Frankfurt/Oder und Leipzig vorgenommen. Sie bezog sich auf vier Archivierungsjahrgänge (1955, 1965, 1975 und 1985) und umfasste insgesamt ca. 700 Akteneinheiten, die aus den Archivregistrierbüchern per Zufallsstichprobe ausgewählt wurden. Diese umfangreich angelegte Stichprobe war zwar nicht geeignet, eine repräsentative Aussage darüber treffen, wie viele Ermittlungen des MfS ihren Ursprung in einer Denunziation hatten, sie förderte jedoch zahlreiche Fälle zutage, die die Grundlage für exemplarische qualitative Analysen bildeten. Letztlich ergab sich aufgrund der schieren Masse des gesichteten Materials eine ausreichende Signifikanz, zumindest im Hinblick auf das Spektrum der erfassten unterschiedlichen Handlungskonstellationen, die qualitativ untersucht werden konnten.

Für die Entwicklung einer Typologie von Inoffiziellen Mitarbeitern anhand von Fallgruppen und zur Beschreibung der Kommunikation im Rahmen institutionalisierter Zuträgerschaft wurden zudem zusätzlich ca. 100 IM-Akten eingesehen, die in den späten 1980er-Jahren archiviert wurden. Dieser späte Zeitraum wurde gewählt, um auch solche IM zu erfassen, die über einen sehr langen Zeitraum mit dem MfS zusammengearbeitet hatten. Aus den Daten der Archivregistrierbücher ergeben sich Hinweise auf die Laufzeit eines Vorgangs, aber keine exakten Angaben über die tatsächliche Zeit der Zusammenarbeit.

Zugleich wurden die Findhilfsmittel des Stasi-Unterlagen-Archivs nach Überresten von Denunziationshandlungen durchforstet. Da eine archivische Erschließung

---

15 Zur Operativen Hauptablage s. Roland Lucht (Hg.): Das Archiv der Stasi. Begriffe. Göttingen 2015, S. 162.

nach inhaltlich-thematischen Gesichtspunkten im Ablagesystem des MfS nicht gegeben war, ist eine solche Recherche in den Operativen Hauptablagen, dem Kernbereich der Fallakten des MfS, bisher nur sehr eingeschränkt möglich – im Unterschied zum »Verwaltungsschriftgut«, das bis 1990 in den Diensteinheiten lag und inzwischen nahezu vollständig erschlossen ist. Als besonders hilfreich erwies sich daher, dass die Außenstelle des BStU in Schwerin im Rahmen eines Pilotprojekts begonnen hatte, auch die Operative Hauptablage der Bezirksverwaltung auf die archivisch übliche Weise in der BStU-eigenen Datenbank SAE (»Sachaktenerschließung«)[16] inhaltlich zu erschließen. Aus diesem Grund war die entsprechende Recherche in der Außenstelle Schwerin um ein Vielfaches ergebnisreicher als in den anderen Außenstellen, bei denen in der Operativen Hauptablage lediglich personenbezogen recherchiert werden kann.[17] In Schwerin konnten besonders viele originale Denunziationsbriefe inklusive der Briefumschläge in den noch zu MfS-Zeiten archivierten operativen Akten gefunden werden. Es zeigt sich hier, wie wichtig die themenbezogene Erschließung der Unterlagen für die historische Forschung bei den Beständen des Stasi-Unterlagen-Archivs jenseits bekannter prominenter Fälle ist. Das gilt insbesondere dann, wenn der Blick auf die unbekannten Beispiele politischer Denunziationen in der DDR gerichtet ist.

Über die beiden beschriebenen Recherchewege, die Sichtung einer größeren Zufallsauswahl von Akten aus den Operativen Hauptablagen und die Nutzung der sachthematischen Erschließung der MfS-Bestände konnte eine substanzielle empirische Basis von Denunziationsfällen ermittelt werden. Zugleich gab es im MfS teilweise spezielle Karteien, die für die vorliegende Untersuchung genutzt werden konnten. Hier ist insbesondere eine Kartei aus dem Bereich »Büro der Leitung« der Bezirksverwaltung Leipzig mit der Bezeichnung »Eingaben, Besuche und Anrufe beim MfS«[18] zu nennen, die Karteikarten über Personen enthält, die sich als Privatpersonen an die Stasi-Bezirksverwaltung in Leipzig wandten. Solche Karteien sind nur vereinzelt überliefert (beispielsweise in Suhl und im Zentralarchiv in Berlin[19]), doch wenn sie vorliegen, sind sie für das Denunziationsthema von besonderem Wert, weil sie viele Hinweise auf spezifische Fälle enthalten, die Ansatzpunkte für weitere Recherchen bieten. Im Falle der genannten Kartei aus Leipzig liegen insgesamt 3 540 Karteikarten, hauptsächlich aus den 1980er-Jahren, vor, von denen etwa 10 % eine Denunziation betreffen. Aber auch diese

---

16 So der Stand beim Ausscheiden der Verfasserin aus dem BStU im Jahr 2018.
17 Von den archivierten Ablagen sind im gesamten Stasi-Unterlagen-Archiv 5 % sachthematisch erschlossen, in der Außenstelle Schwerin hingegen waren es über 30 % (Stand Oktober 2016); BStU (Hg.): Zwölfter Tätigkeitsbericht für die Jahre 2013 und 2014. Berlin 2015, S. 23.
18 Bei der Zitation dieser Kartei (BdL 193) kann nicht auf einzelne Karteikarten verwiesen werden, da sie nicht paginiert ist, sondern nur über Nachnamen sortiert wurde. Dieser darf aus Datenschutzgründen nicht zitiert werden.
19 Auskunft der Außenstelle Suhl und des Stasi-Unterlagen-Archivs Berlin. Eine diesbezügliche Anfrage wurde an alle Außenstellen des Stasi-Unterlagen-Archivs gestellt.

Kartei ließ sich nicht, ebenso wenig wie die restlichen Quellenbestände, für eine quantitative Analyse auswerten, da sich in der Gegenprobe Erfassungslücken offenbarten. In den Aktenbeständen fanden sich durchaus Fälle, in denen sich Personen mit Anzeigen an die Bezirksverwaltung Leipzig wandten, aber in der Kartei nicht auftauchen. Es können deshalb beispielsweise auf der Grundlage dieser Kartei – entgegen der ursprünglichen Vermutung – keine Aussagen darüber gemacht werden, wie oft am Tag oder in der Woche Personen beim MfS anriefen oder persönlich vorsprachen.

Weitere für das Denunziationsthema aufschlussreiche Quellen waren Tonbänder und Kassetten, mit denen Anrufe beim Ministerium für Staatssicherheit aufgezeichnet wurden. Diese Datenträger bilden überwiegend den Überlieferungsstand von 1989 ab. Ältere Aufzeichnungen sind selten, da die Tonträger von der Staatssicherheit im Normalfall nach der Abschrift immer wieder überspielt wurden.[20] Nur in besonderen Ausnahmefällen, beispielsweise um eine Stimme auf Dauer zu sichern, wurden die Tonträger längerfristig aufbewahrt. Außer in den Außenstellen Leipzig und Berlin sind nur sehr wenige dieser Quellen überliefert. Zugleich sind sehr viele Tonbänder und Kassetten von eingehenden Anrufen beim MfS im Bestand »Büro der Leitung« aus der MfS-Zentrale vorhanden. Auch wenn es sich bei dieser Art Überrestquellen um eine auf die Endphase konzentrierte Zufallsüberlieferung handelt, geben sie einen ausgesprochen authentischen Einblick in das Anrufsgeschehen bei der Staatssicherheit. Es ist im Detail nachvollziehbar, welche Fragen beispielsweise die Offiziere vom Dienst stellten und wie der Gesprächsverlauf war. Nicht zuletzt eröffnen Tonträger, weil sie das Gespräch akustisch festhalten, intensivere Möglichkeiten zur Analyse der Gesprächssituation und der Kommunizierenden.

Die Archivierung und Erschließung der Tonträger, auch der ehemaligen Bezirksverwaltungen, erfolgt zentral im Stasi-Unterlagen-Archiv in Berlin. Häufig kamen die Kassetten und Tonbänder weitgehend kontextlos ins Zentralarchiv und konnten oft keinem konkreten Fall zugeordnet werden. Nur wenn ein Tonträger aus einer Akte entnommen wurde, also vor 1989 zusammen mit einem Vorgang archiviert worden war, ließ sich die Zugehörigkeit bestimmen. In den meisten Fällen jedoch musste die Tonaufnahme angehört und inhaltlich ausgewertet werden, um weitere Recherchen in Angriff nehmen zu können. Doch förderten auch weitere Recherchen nur im Ausnahmefall zusätzliches Material zutage, was wohl an der teilweise unzulänglichen Beschriftung der Tonträger liegt.[21] Für gewöhnlich steht die Überlieferung der Tonträger für sich, lediglich der

---

20 Ilko-Sascha Kowalczuk: Telefongeschichten. Grenzüberschreitende Telefonüberwachung der Opposition durch den SED-Staat – eine Einleitung. In: ders., Arno Polzin (Hg.): Fasse dich kurz! Der grenzüberschreitende Telefonverkehr der Opposition in den 1980er Jahren und das Ministerium für Staatssicherheit. Göttingen 2015, S. 17–172, hier 125.
21 Auskunft von Katri Jurichs, Sachgebietsleiterin Audioüberlieferung des Stasi-Unterlagen-Archivs.

Aufnahmeort und das Aufnahmejahr sind fast immer bekannt. Sogar ob es sich um eine Aufnahme der Staatssicherheit oder der Volkspolizei handelt, wird meist erst aus dem Gesprächsinhalt deutlich.[22] Die Beschriftungen und die grundlegenden Angaben (z. B. Aufnahmeort und -datum) sind, sofern ersichtlich, in der Erschließungsdatenbank des Stasi-Unterlagen-Archivs SAE wiedergegeben. Weitere Angaben, beispielsweise zu den Personen, über die während des Anrufs gesprochen wurde, mussten erschlossen und gegebenenfalls recherchiert werden.[23]

Eine systematische Untersuchung, die alle Denunziationen zu einem bestimmten Zeitraum – auch regional begrenzt – erfassen würde, war aufgrund der Vielfalt der Kommunikationswege und der Institutionen, an die sich Denunzianten richten konnten, und wegen der erkennbar bruchstückhaften Überlieferung nicht realisierbar. Diese unzulängliche Überlieferungslage in wichtigen Bereichen, in denen ein (oftmals mündliches) Denunziationsgeschehen vermutet werden kann, verunmöglichte umfassende quantitative Feststellungen zum Gesamtphänomen der Denunziation in der DDR.

Aufgrund der relativ guten Überlieferung im Bereich des MfS, die eine Vielzahl von schriftlichen Zeugnissen unterschiedlichster Herkunft birgt, konnten jedoch vielfältige Quellen ermittelt werden, die substanzielle Rückschlüsse auf Phänomenologie, Kommunikationsstrukturen, soziale Kontexte und den Umgang mit politischer Denunziation in der DDR zulassen. Überlieferungen anderer Archive ergänzen an der einen oder anderen Stelle die Befunde aus dem Stasi-Unterlagen-Archiv.

---

22 Weitere Informationen zur Audioüberlieferung des MfS finden sich in folgendem Fachbeitrag: Silvia Oberhack, Katri Jurichs, Elke Steinbach: Die Töne der Staatssicherheit – die Audioüberlieferung des MfS. In: Info 7 25 (2010) 2, S. 10–14.

23 Weitere Projekte, die sich mit den Tonaufnahmen der Staatssicherheit beschäftigen, sind u. a. Jens Niederhut: Stimmen der Diktatur. Tonaufnahmen von politischen Prozessen im Stasi-Unterlagen-Archiv. In: Zeithistorische Forschungen 15 (2018) 1, S. 128–142. Karin Bijsterveld, Professorin an der Universität Maastricht, bereitet derzeit eine Veröffentlichung zur Stimmbank der Staatssicherheit vor: https://www.maastrichtuniversity.nl/news/stasi%E2%80%99s-ears-are-burning (letzter Zugriff: 2.2.2023). Außerdem entstanden diverse Mediensammlungen mit Tonmitschnitten. Vgl. u. a. Elke Kimmel, Marcus Heumann (Hg.): Abgesang der Stasi. Die letzten Monate der Staatssicherheit im Originalton. CD. 55 Min. Berlin 2015.

3. Systembedingungen für die Denunziation in der DDR

Grundgerüst für eine Denunziation bildet die Norm, an der sich die Anzeige orientiert. Ohne sie hat die Denunziation keine Grundlage. Die Denunzianten reagieren also auf die Normen im Rahmen des sozialen, gesellschaftlichen und normativem Gefüges[1] und repräsentieren sich, ihre sozialen Beziehungen und ihr Verhältnis zur Obrigkeit.[2] Das Staatsgefüge, seine Gesetze und Normen – auch die, die unterhalb einer strafbaren Handlung liegen (in der DDR beispielsweise der Empfang von westlichen Sendern) – bestimmen die Grundlage sowohl für eine Abweichung von der Norm als auch für die Meldung dieser Abweichung. Was nicht tatsächlich oder vermeintlich verboten war, konnte nicht gemeldet bzw. angezeigt werden.

Der SED-Staat bereitete der Denunziation im doppelten Sinne den Boden. Zum einen schuf er Gesetze und Normen, die definierten, was als abweichend zu werten war. Zum anderen stattete er seine Sicherheitsinstitutionen mit großer Macht aus. Die zahlreichen Verhaftungen in den späten 1940er-Jahren bis in die 1960er-Jahre hinein schufen ein Klima der Angst. Die stalinistischen Methoden und die damit einhergehende willkürliche Repression wirkten bis in die späte DDR auf die Gesellschaft.[3] Schon seit der Zeit der Sowjetischen Besatzungszone und der folgenden Gründung der DDR stand der Sicherheitsapparat als Denunziationsempfänger zur Verfügung und nutzte in den frühen Jahren – vor allem durch die Zusammenarbeit mit den sowjetischen Behörden – sein Repressionspotenzial in voller Härte aus. Die politische Strafjustiz in der DDR gilt als sehr gut erforscht, zahlreiche Studien haben sich sowohl den rechtlichen Grundlagen und ihrer Entstehung sowie ihrer Umsetzung gewidmet. Besonders detailreich setzt sich Moritz Vormbaum mit der Entwicklung des Strafrechts und mit der politischen Strafjustiz auseinander.[4]

---

1 Zaunstöck, Das Milieu des Verdachts, S. 54.
2 Friso Ross: Justiz im Verhör. Kontrolle, Karriere und Kultur während der Diktatur von Primo de Rivera (1923–1930). Frankfurt/M. 2006, S. 53.
3 Vgl. Heike Amos: Justizverwaltung in der SBZ/DDR. Personalpolitik 1945 bis Anfang der 50er Jahre. Köln 1996; Johannes Raschka: Justizpolitik im SED-Staat. Anpassung und Wandel des Strafrechts während der Amtszeit Honeckers. Köln 2000; Petra Weber: Justiz und Diktatur. Justizverwaltung und politische Strafjustiz in Thüringen 1945–1961. München 2000; Bettina Weinreich: Strafjustiz und ihre Politisierung in der SBZ und DDR bis 1961. Frankfurt/M. 2005.
4 Moritz Vormbaum: Das Strafrecht der Deutschen Demokratischen Republik. Tübingen 2015, S. 116 ff.

Im Folgenden wird dargestellt, welches Denunziationsangebot die Sicherheitsinstitutionen der DDR ihren Bürgern machten. Die Aufnahme von Anzeigen durch Volkspolizei und MfS regelten deren Dienstvorschriften. Grundtenor dort war: Jede Anzeige muss ernstgenommen, alle Anzeigestellenden angehört werden. Der Alltag sah hingegen manchmal anders aus; das wird in dem Kapitel zur Denunziation als kommunikative Handlung ausführlich erörtert. Die Systembedingungen bildeten die normative Grundlage, auf der Denunziationen behandelt werden sollten, im Anschluss daran werden das Strafrecht erläutert und denunzierte »Delikte«[5] erklärt.

3.1 Dienstvorschriften und Herrschaftspraxis

Denunziationen funktionieren nicht ohne konkrete Denunziationsangebote der staatlichen bzw. der (geheim-)polizeilichen Stellen. Es ist zu unterscheiden, ob diese Offerten offensichtlich unterbreitet oder Denunziationen sogar eingefordert wurden, oder ob Personen lediglich davon ausgingen, dass an diesen Stellen ihre Hinweise willkommen wären.

Jeder Staat ist auf Anzeigen aus der Bevölkerung zur Verbrechensbekämpfung angewiesen. In der DDR empfing u. a. die Volkspolizei Anzeigen. Das »Gesetz über die Aufgaben und Befugnisse der Deutschen Volkspolizei« von 1968 – vorher existierten noch formal die Polizeiverwaltungsgesetze aus der Weimarer Zeit – wies in der Präambel darauf hin, dass es ein Grundsatz sei, »mit der Bevölkerung eng zusammenzuarbeiten und die Bereitschaft der Bürger, insbesondere der freiwilligen Helfer der Deutschen Volkspolizei zu fördern, bei der Gewährleistung der sozialistischen Gesetzlichkeit, der Rechtssicherheit und Ordnung verstärkt mitzuwirken«.[6] Auf welche Art und Weise eine Anzeige aufgenommen wurde, unterschied sich nicht grundlegend von den Verfahren der Polizeien in anderen Systemen. Im Schulungsmaterial für Volkspolizisten, das im Laufe der Jahre erweitert wurde, wird die Vorgehensweise ausführlich beschrieben. Es werden zum einen formale Richtlinien (Formulare, Sprache usw.) eingeführt und zum anderen Regeln für die Befragung der Anzeigestellenden erklärt.[7] Das Kapitel »besondere Anzeigen« geht darauf ein, wie bei telefonischen, schriftlichen, vertraulichen oder anonymen bzw. pseudonymen Anzeigen vorzugehen sei. Hier wurde festgelegt, dass eine Anzeige an keine bestimmte Form gebunden sei, außerdem habe »jeder Bürger […] das Recht, eine Anzeige mündlich oder schriftlich beim Staatsanwalt

---

5 Der Terminus »Delikt« wird hier ohne Wertung für das mitgeteilte tatsächliche oder vermeintliche Fehlverhalten verwendet. Er sagt nichts darüber aus, ob die Autorin es ebenfalls als sanktionierungswürdig ansieht oder nicht.
6 Gesetz über die Aufgaben und Befugnisse der Deutschen Volkspolizei v. 11.6.1968.
7 Ministerium des Innern: Die Anzeigenaufnahme und die Prüfung des Sachverhalts. Berlin 1966.

oder den Untersuchungsorganen, insbesondere der Deutschen Volkspolizei, zu erstatten. Er kann die vertrauliche Behandlung seiner Anzeige fordern.«[8] Im Schulungsmaterial für die Polizisten wurde mehrfach darauf hingewiesen, dass es wichtig sei, den Bürger und sein Anliegen ernst zu nehmen und für die Aufnahme der Anzeige eine vertrauensvolle Atmosphäre zu schaffen.

Die Aufnahme einer Anzeige bei der Volkspolizei erfolgte mit den dafür vorgesehenen Formularen; das gängige Anzeigeformular trug die Bezeichnung KP 81 und enthielt neben der Nennung der Dienststelle die Daten (Ort, Zeit, Delikt) der Straftat und einen längeren Freitext für die Beschreibung der Anzeige.

Telefonische Anzeigen mussten nicht zwingend in dieser Form aufgenommen werden. Der Volkspolizist, der sie entgegennahm, hatte im Formular zu vermerken, dass es sich um eine »fernmündliche Anzeige« handelte. In Fällen einer schriftlichen nichtanonymen Anzeige sollte überprüft werden, ob es sich um den tatsächlichen Absender handelte, der sich an die Polizei gewandt hatte. Das Ergebnis der Rücksprache und die persönlichen Angaben waren in die vorgesehenen Formulare (z. B. KP 81) zu übertragen. Der Freitext sollte in diesem Fall Verweise auf den Brief enthalten. Generell waren die Formulare dafür gedacht, alle relevanten Informationen festzuhalten und weiterzuleiten. Eine »vertrauliche Anzeige« sollte zunächst auf dem gleichen Formular festgehalten werden, danach war eine offizielle Anzeige von Amts wegen zu fertigen, die nur der Polizist unterschrieb und aus der der Name des Anzeigestellers nicht hervorgehen sollte. Erst bei Übergabe der Akten an den Staatsanwalt sollte die vertrauliche Anzeige als Duplikat in einem gesondert verschlossenen Umschlag überreicht werden. Ein Schulungsbuch der Volkspolizei bezeichnet anonyme und pseudonyme Anzeigen als Ausnahmefälle. Trotzdem galt die Anweisung, diese Meldungen genauso wie »normale« Anzeigen zu behandeln. Lediglich im Formular sollte vermerkt werden, dass sie anonym oder pseudonym erfolgt sind. Anonyme Briefe sollten gemeinsam mit dem Briefumschlag gesichert werden, um später mögliche Spuren auszuwerten.[9]

Das feingegliederte Überwachungssystem versuchte auch außerhalb der Strukturen der Staatssicherheit, die Anzeigeerstattung zu begünstigen und möglichst viele »bürgernahe« Ansprechpartner aufzubieten, an die sich die Menschen wenden konnten, wenn sie von einer Tat Kenntnis hatten. Diese Funktion sollten die Abschnittsbevollmächtigten (ABV) der Volkspolizei und die freiwilligen Helfer erfüllen. Die Volkspolizisten waren dazu angehalten, sich jederzeit offen gegenüber einer Anzeige zu zeigen und dem Bürger zu signalisieren, dass die Pflicht zur Anzeige bestehe und die Volkspolizei zu jeder Tages- und Nachtzeit Anzeigen entgegennehme. Wenn eine Anzeige auflief, sollte der Polizist sofort Meldung an den zuständigen Offizier erstatten und nötige Schritte zur

---

8 Ebenda, S. 12.
9 Ministerium des Innern: Die Anzeigenaufnahme. Berlin 1972, S. 41.

VPKA X-Stadt, Abt. K	X-Stadt	, den 23.04.1972
Aufnehmende Dienststelle	Ort	
174/72	07.00 Uhr	
Tgb.-Nr.	Uhrzeit	
24.04.1972 Sch.	ja, gez. Re.	ja, gez. Dp
Statist. E-Beleg gefertigt am: Sign.:	Fahndung	KT-Einsatz

Verdächtigt: unbekannt	Straftat: Diebstahl sozialistischen Eigentums	Rechtsgrundlage: §§ 158, 161 StGB
	Begehungsweise: Zerschlagen einer Fensterscheibe und Einsteigen	
Geschädigt: KG X-Stadt	Gegenstand (Art, Marke, Nr.): 2 Raumheizlüfter RHL I Nr. 5594 und 9473, Bargeld und Zigaretten der Sorten "Sonne" und "Caneo"	Neuwert: 2450,- Zeitwert: 2450,- Gesamtschaden: ca. 2500,-
Zeuge(n): keine	Tatzeit (Wochentag, Datum, Uhrzeit): Sonnabend/Sonntag 22.04.1972 19.00 Uhr bis 23.04.1972 06.15 Uhr	
	Tatort/Fundort: Konsumverkaufsstelle 130 X-Stadt, Querfurter Str. 17	

1. Ich bin darüber unterrichtet, daß die von mir nachfolgend erstattete Anzeige als Zeugenvernehmung Verwendung finden kann. Ich wurde entsprechend §§ ....62..und..30...... StPO über meine Aussagepflicht, mein Aussageverweigerungsrecht und meine Aussageverweigerungspflicht sowie über die strafrechtlichen Folgen einer vorsätzlich unrichtigen oder unvollständigen Aussage belehrt und zur Wahrheit ermahnt. Ich bin über das Recht der Beschwerde gemäß § 91 StPO belehrt worden."

* Nichtzutreffendes streichen   Unterschrift des Anzeigenden

Anzeige

Der/Die	Verkaufsstellenleiterin	Inge	Dünnbier, geb. Groß
	z. Z. ausgeübte Tätigkeit	Vorname	Zuname
geboren/in	18.03.1935 in X-Stadt	VIII 0637566	
		PA-Nummer	
Hauptwohnung	A-Dorf Krs. X-Stadt	5734	
		Telefon	
Nebenwohnung			
Anschrift der Arbeitsstelle	KG X-Stadt	2971	
		Telefon	

zeigt an:
(Sachverhalt umseitig)

KP 81 (91/11) Ag 106/803/71

Abb. 1: Die Musteranzeige KP 81 dargestellt in einem Schulungsbuch des MdI

Ergreifung des Täters einleiten (Fahndung oder Ähnliches). Im Alltag der DDR dürften die meisten Bürger ihre Anzeigen bei der Volkspolizei erstattet haben. Die Telefonnummer des Notrufs und der Sitz des Volkspolizeikreisamtes waren bekannt.[10] An die Staatssicherheit wandten sich die Personen, wenn sie glaubten, dass das MfS eher reagieren würde. Politische Denunziationen gingen bei beiden Institutionen gleichermaßen ein; das geht aus den überlieferten weitergeleiteten Informationen hervor. Nicht selten verwies die Staatssicherheit die Personen an die Volkspolizei[11] oder es beschwerten sich Anzeigesteller, dass ihnen dort nicht in ihrem Sinne weitergeholfen worden war. So fragte beispielsweise ein MfS-Mitarbeiter einen Anrufer: »Wieso haben Sie sich bis jetzt noch nicht an die VP gewandt, die ist doch zuständig für sowas?« Woraufhin dieser antwortete: »Hab ich doch schon! Hab ich doch schon! Mein ABV hat dauernd zu mir gesagt, wir können da nichts machen.«[12] Nun hoffte er, dass sein Anliegen beim MfS auf mehr Gehör stoßen würde.

Die Mitarbeiter des MfS waren ebenso angehalten, Anzeigen, vor allem politischer Natur, anzunehmen. Vor allem in den 1950er-Jahren, unmittelbar nach dem 17. Juni 1953, versuchte das Staatssekretariat für Staatssicherheit[13] durch Patenschaften und Veranstaltungen in Betrieben für Zustimmung zu seiner Arbeit zu werben und die Bürger zu erhöhter Wachsamkeit und zur Mitarbeit anzuhalten. Ernst Wollweber, Leiter des Staatssekretariats bzw. Ministeriums für Staatssicherheit von 1953 bis 1957, trat häufig bei solchen Veranstaltungen selbst auf, er galt als sehr guter Redner. Seine Vorträge trugen Titel wie »Helft alle mit – Über die Arbeit des Staatssicherheitsdienstes in der DDR«. Zahlreiche Wanderausstellungen, Veröffentlichungen und Filme warnten die DDR-Bürger vor der Agententätigkeit, die aus dem Westen gesteuert würde, und vermeldeten »Erfolge« bei der Verhaftung von Spionen.[14] Das sollte zu Zustimmungserklärungen von Belegschaftsangehörigen führen, aber auch mit dem Verweis auf die westliche Bedrohung eine Identifikation mit der Arbeit der Staatssicherheit schaffen. Die Verpflichtungserklärungen der IM nahmen zu dieser Zeit teilweise auf diesen Topos Bezug. Die Ausstellungen und Filme hatten das Ziel,

---

10 Alle Ostberliner Telefonbücher stehen auf den Internetseiten der Landesbibliothek Berlin in digitalisierter und volltexterschlossener Form zur Verfügung. Vgl. https://digital.zlb.de/viewer/cms/147/ (letzter Zugriff: 2.2.2023).

11 Dies lässt sich beispielsweise an der Kartei des Büros der Leitung in Leipzig oder den überlieferten Tonbandmitschnitten von Anrufen ablesen. Vgl. BArch, MfS, BV Leipzig, Kartei BdL 193.

12 BArch, MfS, BV Berlin, Ka 43 a.

13 Als Reaktion auf den 17. Juni 1953 wurde das Ministerium für Staatssicherheit zum Staatssekretariat heruntergestuft; im November 1955 erlangte es wieder den Status eines Ministeriums.

14 Karl Wilhelm Fricke, Roger Engelmann: »Konzentrierte Schläge«. Staatssicherheit und politische Prozesse in der DDR 1953–1956. Berlin 1998; Ronny Heidenreich, Daniela Münkel, Elke Stadelmann-Wenz: Geheimdienstkrieg in Deutschland. Die Konfrontation von DDR-Staatssicherheit und Organisation Gehlen 1953. Berlin 2016, S. 276 ff.

die »Wachsamkeit« zu erhöhen – nicht nur gegen mutmaßliche Spione, sondern überhaupt gegen alle »Staatsfeinde«. Auch in den 1970er- und 1980er-Jahren pflegte die Staatssicherheit den Kontakt zur Bevölkerung, beispielsweise durch Patenschaften mit Schulen. Die Barrieren bezüglich ihrer Tätigkeit abzubauen sowie Schülerinnen und Schüler für eine Laufbahn als Offizier zu gewinnen, waren Hauptanliegen dieser Zusammenarbeit von Schulen und MfS.[15] Dennoch zeigte sich die Stasi nicht so »bürgernah« wie die Volkspolizei. Die Absicht war, dass sich anzeigewillige Menschen zunächst an die Volkspolizei wenden sollten, die dann bei einem Großteil der politischen Delikte ohnehin die Geheimpolizei informierte. Es ist davon auszugehen, dass die Bezirksverwaltungen und Kreisdienststellen der Staatssicherheit die Menschen erst einmal abschreckten. Die Adressen der Dienststellen waren vor Ort als Stasi-Objekte bekannt und wurden von den meisten Personen gemieden. Wenn jemand doch bei der Staatssicherheit anrief, an der Pforte erschien oder einen Brief an das MfS schickte, waren aber die diensthabenden Offiziere verpflichtet, das Anliegen ernst zu nehmen.[16] Oft ging es dann aber nicht um Anzeigen an die Staatssicherheit, sondern um Auskunft über verschiedene Angelegenheiten. In den häufigsten Fällen wandten sich Bürger an das MfS, wenn sie sich über die Ablehnung von Besuchsreisen oder Ausreiseanträgen beschwerten, Auskunft über mutmaßlich inhaftierte Familienangehörige erwarteten, Wiedereingliederungsschwierigkeiten nach der Haft hatten oder sich über die Behandlung durch MfS-Mitarbeiter empörten. Aber auch Denunziationswillige wandten sich direkt an das MfS.[17]

Von allen, die mit dem MfS in Kontakt traten, wurden die Personalien registriert, sämtliche »Vorkommnisse« wurden durch den Offizier vom Dienst (OvD) in den Lagefilmen[18] vermerkt und die Personalien aufgenommen.[19] Dies konnte auch der Fall sein, wenn jemand das Gelände betrat, weil er nicht wusste, dass es

---

15 Ein Beispiel findet sich in einer Filmaufnahme des Besuchs eines MfS-Offiziers im Rahmen einer Patenschaft mit der Schule aus dem Bezirk Erfurt, in der der Offizier einen elfjährigen Jungen fragte: »Was willst denn du einmal werden? Willst du auch VPler werden oder Armee werden [sic!] oder Staatssicherheit? Was willst denn du mal werden? Das musst du bald wissen, Mensch!«; BArch, MfS, ZAIG, Fi 132.

16 Bearbeitung der Eingaben der Bürger an das MfS (undatiert). BArch, MfS, BdL, Dok 3199; Diplomarbeit der Juristischen Hochschule (JHS) des MfS von Günter Bernd: Welche generellen Voraussetzungen bzw. Anforderungen sind als eine wirkungsvolle Vorbeugung und Bekämpfung des feindlichen Mißbrauchs der Eingabentätigkeit in der politisch-operativen Arbeit zu stellen?; BArch, MfS, JHS Nr. 20995, S. 13.

17 Von den etwas über 3 540 Karteikarten der nicht vollständigen und nicht repräsentativen Kartei »Eingaben, Besuche und Anrufe beim MfS« der BV Leipzig hatten nur ca. 10 % ein Anliegen mit Anzeigecharakter; BArch, MfS, BV Leipzig, Kartei BdL 193.

18 Ein Lagefilm bezeichnet ein Protokoll einer Diensteinheit über auftretende aktuelle Geschehnisse.

19 Ordnung zur Gewährleistung der Sicherheit und Ordnung beim Betreten und Befahren der Dienstobjekte des Ministeriums für Staatssicherheit – Rahmenbetretungsordnung v. 20.12.1984; BArch, MfS, BdL, Dok 5086.

sich um Gebäude des MfS handelte, so beispielsweise ein Betrunkener, der im Jahr 1984 auf die Rasenfläche vor der Bezirksverwaltung Leipzig uriniert hatte und den daraufhin das MfS an die Volkspolizei übergab.[20] Aber auch die Personalien von Personen, deren Anliegen das MfS abwies, erfasste es für gewöhnlich. Die meisten Fälle verwies das MfS zuständigkeitshalber an andere Einrichtungen; so etwa Ausreiseanträge oder Anträge auf Besuchsreisen. Betrafen allerdings diese Meldungen Sachverhalte, für die das MfS zuständig war, so vermerkte der Offizier vom Dienst dies nicht nur im Lagefilm, sondern verfasste auch einen Bericht an die zuständige Diensteinheit. War aus Sicht des MfS schnelles Eingreifen notwendig, veranlasste dies der OvD, vor allem mithilfe der Volks- oder Transportpolizei.

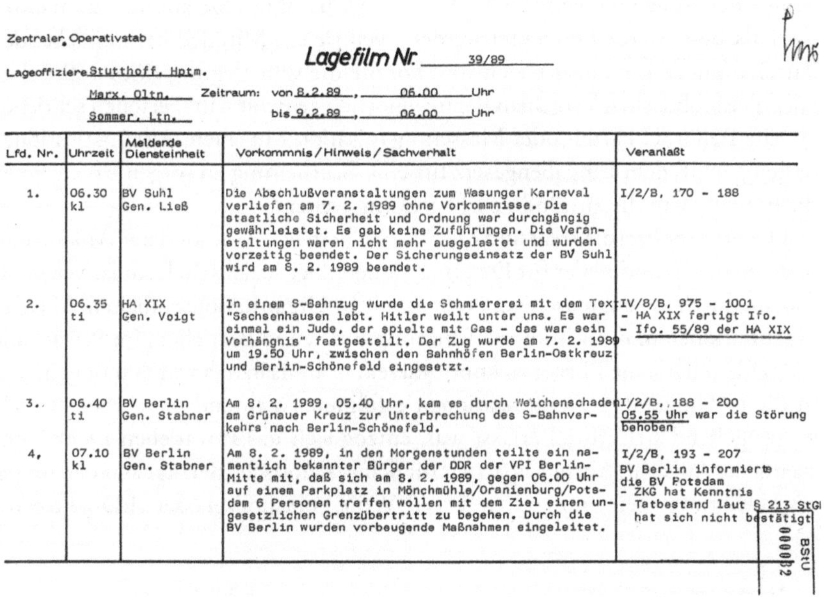
Zentraler Operativstab

Lagefilm Nr. 39/89

Lageoffiziere Stutthoff, Hptm.
Marx, Oltn. Zeitraum: von 8.2.89, 06.00 Uhr
Sommer, Ltn. bis 9.2.89, 06.00 Uhr

Lfd. Nr.	Uhrzeit	Meldende Diensteinheit	Vorkommnis / Hinweis / Sachverhalt	Veranlaßt
1.	06.30 kl	BV Suhl Gen. Ließ	Die Abschlußveranstaltungen zum Wasunger Karneval verliefen am 7. 2. 1989 ohne Vorkommnisse. Die staatliche Sicherheit und Ordnung war durchgängig gewährleistet. Es gab keine Zuführungen. Die Veranstaltungen waren nicht mehr ausgelastet und wurden vorzeitig beendet. Der Sicherungseinsatz der BV Suhl wird am 8. 2. 1989 beendet.	I/2/B, 170 - 188
2.	06.35 ti	HA XIX Gen. Voigt	In einem S-Bahnzug wurde die Schmiererei mit dem Text "Sachsenhausen lebt. Hitler weilt unter uns. Es war einmal ein Jude, der spielte mit Gas - das war sein Verhängnis" festgestellt. Der Zug wurde am 7. 2. 1989 um 19.50 Uhr, zwischen den Bahnhöfen Berlin-Ostkreuz und Berlin-Schönefeld eingesetzt.	IV/8/B, 975 - 1001 - HA XIX fertigt Ifo. - Ifo. 55/89 der HA XIX
3.	06.40 ti	BV Berlin Gen. Stabner	Am 8. 2. 1989, 05.40 Uhr, kam es durch Weichenschaden am Grünauer Kreuz zur Unterbrechung des S-Bahnverkehrs nach Berlin-Schönefeld.	I/2/B, 188 - 200 05.55 Uhr war die Störung behoben
4.	07.10 kl	BV Berlin Gen. Stabner	Am 8. 2. 1989, in den Morgenstunden teilte ein namentlich bekannter Bürger der DDR der VPI Berlin-Mitte mit, daß sich am 8. 2. 1989, gegen 06.00 Uhr auf einem Parkplatz in Mönchmühle/Oranienburg/Potsdam 6 Personen treffen wollen mit dem Ziel einen ungesetzlichen Grenzübertritt zu begehen. Durch die BV Berlin wurden vorbeugende Maßnahmen eingeleitet.	I/2/B, 193 - 207 BV Berlin informierte die BV Potsdam - ZKG hat Kenntnis - Tatbestand laut § 213 StGB hat sich nicht bestätigt

BStU 000032

Abb. 2: Lagefilm des Zentralen Operativstabs Februar 1989 über die Meldung der Volkspolizeiinspektion Berlin-Mitte, dass eine Anzeige eines möglichen Fluchtversuchs eingegangen ist.

Interessant ist, anders als bei der »normierten« Anzeige bei der Volkspolizei, die Bezeichnung, die das MfS für Denunziationen verwendete. Für die Mitarbeiter der Staatssicherheit waren dies meist weder »Denunziationen« und auch nur selten »Anzeigen«. Es existierten im Sprachschatz andere Begriffe, unter denen Denunziationen subsummiert wurden, in der Regel waren es neutrale Formu-

20 BArch, MfS, BV Leipzig, Kartei BdL 193.

lierungen wie »Informationen«[21], »Mitteilungen«[22], »Besucher«[23], »Anliegen«[24] oder »Hinweise«[25]. In einigen Fällen wurden schriftlich abgegebene Denunziationen als Eingabe verstanden und als solche bearbeitet oder lediglich mit dem Begriff »Eingabe« betitelt, aber als »normale« Anzeige behandelt.[26] Eingaben waren eigentlich »Bitten und Beschwerden«, die für gewöhnlich Probleme mit der Verwaltung und Obrigkeit betrafen. Hauptsächlich ging es um Wohnungs- und Versorgungsfragen und um Beschwerden bei unnötiger und als ungerecht empfundener Bürokratie.[27] Es gab Eingaben, die denunziatorischen Charakter trugen. So kam es vor, dass beispielsweise bei Wohnungsstreitigkeiten ins Feld geführt wurde, dass andere Menschen Wohnungen besetzt hätten oder ihre Lebensweise nicht der »sozialistischen« Norm entspräche. Beschwerden über SED-Mitglieder trugen teilweise einen doppelten Charakter: Sie konnten zum einen eben als Beschwerde betrachtet werden, weil sie ein Mitglied der herrschenden Partei anprangerten, aber gleichwohl konnte die Offenlegung eines politischen oder quasipolitischen Vergehens denunziatorisch gemeint sein. Personen schrieben an jede Behörde, Partei- oder Massenorganisation Eingaben. Alle Institutionen hatten gemäß dem Eingabengesetz für eine Bearbeitung zu sorgen bzw. leiteten die Eingaben an die zuständige Einrichtung weiter.[28]

Die Volkspolizei als erste und die Staatssicherheit als »besondere« Anlaufstelle bildeten die Grundpfeiler für Denunziationen. Der sozialistische Staat versuchte zudem, durch ein engmaschiges Netz von SED-Organisationseinheiten, Massenorganisationen und mithilfe von Ordnungskräften in Betrieben, im Privat- und Freizeitbereich seine Bürger zu kontrollieren. Grundsätzlich war es möglich, dass in dieser Umgebung Denunziationen erfolgten. Während das Arbeitsumfeld weitestgehend strukturell erfasst war, entzog sich das Privatleben nicht selten staatlicher Aufsicht. Ansprechpartner für denunziatorische Belange standen immer zur Verfügung – sei es nun durch den ABV, die Volkspolizei oder SED-Sekretäre.

21 Bericht v. 16.6.1983; BArch, MfS, BV Leipzig, BdL, Dok 2007, Bl. 14.
22 Information v. 7.11.1973; BArch, MfS, BV Frankfurt, AOP 398/75, Bl. 25.
23 Bericht v. 30.8.1985; BArch, MfS, BV Leipzig, BdL, Dok 1884, Bl. 48.
24 Bericht v. 28.6.1985; ebenda, Bl. 7.
25 Meldung v. 24.7.1982; BArch, MfS, ZKG 1232, Bl. 25.
26 Bearbeitung der Eingaben der Bürger an das MfS; BArch, MfS, BdL, Dok 3199.
27 Vgl. Felix Mühlberg: Bürger, Bitten und Behörden. Geschichte der Eingabe in der DDR. Berlin 2004; Ina Merkel: »... in Hoyerswerda leben jedenfalls keine so kleinen viereckigen Menschen.« Briefe an das Fernsehen der DDR. In: Alf Lüdtke, Peter Becker (Hg.): Akten. Eingaben. Schaufenster. Die DDR und ihre Texte. Berlin 1997, S. 279–310; Jonathan R. Zatlin: Ausgaben und Eingaben. Das Petitionsrecht und der Untergang der DDR. In: ZfG 45 (1997) 10, S. 902–917; Merl: Politische Kommunikation in der Diktatur, S. 82–100.
28 Zatlin: Ausgaben und Eingaben; vgl. außerdem die Diplomarbeit der JHS: Günter Bernd: Welche generellen Voraussetzungen bzw. Anforderungen sind an eine wirkungsvolle Vorbeugung und Bekämpfung des feindlichen Mißbrauchs der Eingabentätigkeit in der politisch-operativen Arbeit zu stellen?; BArch, MfS, JHS Nr. 20995, S. 13.

»Vertrauensvolle« Gespräche dürften im niedrigschwelligen Nahbereich immer wieder stattgefunden haben; die Quellenlage hierzu ist aber sehr dürftig. Die Gespräche und Ausgangssituationen sind nur selten dokumentiert.[29]

3.2 Welche Normverletzungen werden denunziert?

Wie bereits erläutert werden in dieser Studie hauptsächlich politische oder politisch instrumentalisierte »Vergehen« untersucht. Kriminelle Delikte wie Diebstähle, Raub oder Mord gehören nicht zum Forschungsgegenstand. Es gibt jedoch Überschneidungen unpolitischer und politischer Vorwürfe, zum Beispiel Straftaten, die als Wirtschaftsvergehen behandelt wurden und auch in den Fokus der Geheimpolizei gerieten, oder (vermeintliche) »Asozialität«, die zur Maßregelung von Regimegegnern ausgenutzt werden konnte. Zugleich gibt es zeitliche Besonderheiten, in denen bedingt durch die politische Lage bestimmte (unpolitische) Straftaten ein ungewöhnlich hohes Strafmaß erfuhren und damit auch politisch instrumentalisiert wurden.[30]

Die angezeigten Taten betrafen tatsächliche oder vermeintliche, manchmal auch nur beabsichtigte Normabweichungen. Auch lediglich geplante »Delikte« waren unter Umständen im Sinne von Vorbereitungshandlungen strafbar, so zum Beispiel die Vorbereitung einer »Republikflucht« oder die Androhung einer »Demonstrativhandlung«. Das Strafgesetzbuch der DDR stellte bei »Republikflucht« auch den Versuch und die Vorbereitung unter Strafe. Hier orientierte sich das Strafgesetzbuch der DDR an sowjetischen Normen. »Der Vorsatz des Täters musste sich nach der DDR-Strafrechtswissenschaft nicht im Detail auf den konkreten Erfolg eines Tatbestands beziehen, vielmehr sollte es ausreichen, wenn der Täter einen Willen zur Begehung der Straftat aufwies und über die Art derselben im Klaren war.«[31] Doch die Absicht einer Flucht ohne konkrete Vorbereitungshandlungen ist in der Realität nur schwer zu beweisen, wenn nicht schon mit konkreten Vorbereitungen begonnen wurde. Aber das bedeutet nicht, dass nicht Sanktionierungen jenseits von gerichtlicher Strafbarkeit folgen konnten. Wurden also beabsichtigte Normabweichungen denunziert, konnten Staatssicherheit, Volkspolizei oder Abteilung Inneres beispielsweise Reisesperren ins Ausland verhängen, um eine Tat im Voraus zu verhindern. Hier liegt weder ein konkretes »Delikt« noch eine »Strafe« im Sinne einer Verurteilung vor. Alle Bürger, die Reisen in die Bundesrepublik, nach Westberlin oder ins westliche Ausland aus beruflichen oder familiären Gründen beantragten, betraf die Überprüfung vor einer Genehmigung und dieselbe konnte durch eine Denunziation

---

29 Vgl. Kapitel 1.2 und 2.
30 Vgl. Kapitel 1.2. zur Begriffsklärung.
31 Vormbaum: Das Strafrecht der Deutschen Demokratischen Republik, S. 293.

verhindert werden. So war es möglich, dass eine unbedachte Äußerung dazu führte, jemanden als illoyal einzustufen und der Parteisekretär, die Betriebsgewerkschaftsleitung (BGL) oder das Wohnumfeld die Person so einschätzte, dass deren Auslandsreise nicht genehmigt wurde. Doch inwieweit dem Ganzen eine Denunziation vorausging, lässt sich aus den überlieferten Akten meist nicht zweifelsfrei herauslesen, vor allem, wenn in der Nachbarschaft oder im Kollegenkreis eine bestimmte Einstellung oder Äußerung nur mündlich weitergegeben wurde. Sie konnten in Auskunftsberichte einfließen, die bei bestimmten Anlässen, wie beispielsweise der Antragsstellung auf eine Auslandsreise oder der Übernahme in eine Geheimhaltungsstufe am Arbeitsplatz, eingefordert wurden.[32]

Für gewöhnlich beruhen die Denunziationen beabsichtigter Normabweichungen – außer bei konkreten Ankündigungen – eher auf Vermutungen im Zusammenhang mit Einstellungen und Haltungen zum Gesellschaftssystem in der DDR oder auf der Beobachtung eines Lebensstils, der sich dadurch auszeichnet, dass zum Beispiel West-Pakete ankommen oder westliche Waren konsumiert werden bzw. Kleidung aus West-Produktion getragen wird. Zusätzlich zu den beabsichtigten oder vermuteten Delikten konnten auch lediglich vermeintliche Delikte zur Anzeige gebracht werden. Die Überlieferung lässt nur schwer erkennen, ob den Denunzianten das bewusst war. Vor allem durch das Weitertragen von Gerüchten ist es möglich, dass jemand etwas zu Anzeige brachte, was gar nicht passiert war. Letztlich lief die Ermittlungsarbeit von Polizei und Staatssicherheit darauf hinaus, den Wahrheitsgehalt der Denunziation zu überprüfen und damit die Anzeige auf eine gesicherte Grundlage zu stellen. Indem die Menschen angehalten waren, Verdächtiges zu melden, war auch Falschmeldungen Tür und Tor geöffnet. Die Frage, ob jemand absichtlich eine andere Person wider besseres Wissens einer Tat bezichtigte, die diese gar nicht begangen hatte, oder ob jemand in dem Glauben war, dass es sich um ein tatsächliches Geschehen handelte, ist nicht immer zweifelsfrei zu klären. Die Person, die eine Tat anzeigte, musste zwar ihre Ausführungen untermauern, aber keine gerichtsfesten Beweise vorlegen. So fragten beispielsweise die Mitarbeiter der Volkspolizei oder der Staatssicherheit während einer telefonischen Anzeige: »Wo haben Sie denn das gehört?«[33] Beweise sammelte aber dann das zuständige Untersuchungsorgan.

Der Unterschied zwischen der Anzeige eines vermeintlichen und eines tatsächlichen Delikts stellt sich als eklatant dar und hat auf die Analyse des Beziehungsverhältnisses zwischen denunzierender Person und der angezeigten Person sowie auf mögliche Motive entscheidenden Einfluss. Ebenso schwierig ist die

---

32 Roger Engelmann: Ermittlung, operative. In: Roger Engelmann u. a. (Hg.): MfS-Lexikon. Begriffe, Personen und Strukturen der Staatssicherheit der DDR. Berlin 2021, S. 80; Andreas Schmidt: Auskunftsperson (AKP). In: ebenda, S. 47; Angela Schmole: Hauptabteilung VIII. Beobachtung, Ermittlung, Durchsuchung, Festnahme. Berlin 2011, S. 77 ff.
33 BArch, MfS, BV Berlin, Tb 128.

Feststellung, wenn die Denunziation auf einem über Dritte weitergegebenen Gerücht beruhte. Alles, was jemand nicht aufgrund eigener Beobachtung als Fehlverhalten identifizierte, konnte spekulativ sein. Dennoch war es im Sinne der Staatssicherheit, der Volkspolizei oder der SED legitim, Gerüchte über eine Tat zur Anzeige zu bringen. Sie waren sogar in ihrer Ermittlungstätigkeit darauf angewiesen, dass nicht nur direkte Zeugen ein Geschehnis meldeten.[34] Doch der Weg vom Geschehnis bis zur Kenntnisnahme durch Nicht-Beteiligte kann immer auch mit einem Informationsverlust oder einer Informationsverzerrung verbunden sein, die es durch die ermittelnden Stellen zu rekonstruieren galt.

Obwohl schon in Bezug auf die Diskussion des Begriffs Denunziation aufgegriffen wurde, dass das, was als Delikt bezeichnet wird, nicht immer auch ein Delikt im (geheim)polizeilichen Sinne war, kann grob unterschieden werden zwischen Normen und Gesetzen, die gebrochen werden. Soziologen unterscheiden zwischen abweichendem Verhalten, das kriminell ist (z. B. Diebstahl), abweichendem Verhalten, das nicht kriminell ist (z. B. Ehebruch) und kriminellem Verhalten, das nicht immer als abweichend gilt (z. B. »Schwarzarbeit«, die von der Gesellschaft weitgehend toleriert wird).[35] Eine Analogie ließe sich bei politisch abweichendem Verhalten in der DDR erkennen. Auch bei politischen Straftaten lassen sich Delikte feststellen, die für das Gros der DDR-Gesellschaft als wenig oder gar nicht sanktionierungswürdig galten oder bei denen der angedrohte Strafrahmen eine Verhältnismäßigkeit vermissen ließ.[36] Die unterschiedliche Wahrnehmung einer politischen Tat hing wahrscheinlich maßgeblich von der jeweiligen Einstellung zur DDR-Gesellschaftsordnung ab, ebenso von den eigenen sozialen und familiären Verhältnissen. Ein SED-Mitglied in Führungsposition hatte wahrscheinlich eine höhere Identifikation mit dem politischen Strafrecht als jemand, der sich innerlich oder offen von den Verhältnissen in der DDR distanzierte.

Diese Abstufung lässt sich nur bedingt auf politische Straftaten anwenden, die im Vordergrund dieser Studie zur Denunziation stehen sollen. Während die Verfolgung und Bestrafung krimineller Delikte gesellschaftlich akzeptiert waren, gab es politische Straftaten, die auf mehr oder auf weniger Zustimmung stießen. Ein Beispiel dafür wäre die sogenannte Republikflucht. Zum einen wurde die dauerhafte Teilung Deutschlands von einem Großteil der Bevölkerung hingenommen, aber nicht als »richtig« akzeptiert – vor allem nicht in ihren Auswirkungen auf die Beschränkung der Freizügigkeit, der Reisefreiheit und den Problemen, die es für Familien mit sich brachte, wenn ein Teil der Familie in der DDR und ein anderer Teil in der Bundesrepublik wohnte. Zwar war beispielsweise Ende

---

34 Zum Gerücht ausführlich Altenhöner: Kommunikation und Kontrolle; Selbin: Gerücht und Revolution.
35 Vgl. Siegfried Lamnek: Theorien abweichenden Verhaltens I. »Klassische« Ansätze. Paderborn [8]2007, S. 14 f.
36 Vgl. Koch: Denunciatio, S. 7.

der 1950er-Jahre bis zum Mauerbau ein Teil der Menschen besorgt über die Fluchtwelle in den Westen, da sie die DDR ökonomisch destabilisierte. Sie waren sich aber bewusst, dass Flucht eine Reaktion auf die politischen, sozialen und wirtschaftlichen Verhältnisse in der DDR bildete.[37] Den Mauerbau empfanden die meisten Menschen als falsch – und somit auch die Schüsse an der Grenze.[38] Auch die Bestrafung der sogenannten Republikflucht wurde nur bedingt als gerechtfertigt angenommen. Bei den »Wirtschaftsverbrechen«, die politisch verfolgt wurden, sieht die Gemengelage anders aus. Zwar stießen sie allgemein auf Ablehnung und deswegen auch auf Forderung nach Bestrafung, waren aber doch auch in einigen Bereichen geduldet. In den 1950er-Jahren war der ländlichen Bevölkerung vielerorts bewusst, dass beispielsweise »Schwarzschlachtungen« weniger der Bereicherung Einzelner diente als der Versorgung der Familie. Sich über die Betriebe mit Gütern des täglichen Bedarfs zu versorgen, wurde zwar häufig geduldet, war aber trotzdem verpönt.[39] Andere politische Strafnormen, wie »Staatsfeindliche Hetze« (§ 106 StGB) oder »Öffentliche Herabwürdigung staatlicher Organe« (§ 220 StGB), lagen ebenso im Grenzbereich der gesellschaftlichen Akzeptanz. Wenn zum Beispiel im privaten Bereich negative Äußerungen zur DDR fielen, war die Meldung einer solchen Tat ein Tabubruch.[40]

Die Bezeichnung »politisches Strafrecht« ist nicht unumstritten[41], zeichnet sich aber im allgemeinen Verständnis dadurch aus, dass es auf den politischen Machterhalt der herrschenden Partei/Gruppe ausgelegt ist, im Fall der DDR auf den politischen Machterhalt der SED.[42] Bis 1957 bildeten verschiedene Gesetze und Befehle die Grundlage der politischen Strafverfolgung in der DDR. Der Befehl der Sowjetischen Militäradministration Nr. 160 (»Über die Verantwortung

---

37 Damian van Melis, Henrik Bispinck (Hg.): »Republikflucht«. Flucht und Abwanderung aus der SBZ/DDR 1945 bis 1961. München 2006, S. 114 f.
38 Anita Krätzner: Die Universitäten der DDR und der Mauerbau 1961. Leipzig 2014, S. 245; Erwin Wilkens: Kirchliche und theologische Situation in der DDR nach dem 13. August 1961. In: Mitteilungen zur kirchlichen Zeitgeschichte 5 (2011), S. 129–158; Patrick Major: Vor und nach dem 13. August 1961. Reaktionen der DDR-Bevölkerung auf den Bau der Berliner Mauer. In: Archiv für Sozialgeschichte 39 (1999), S. 325–354.
39 Davon zeugt u. a. der umgedeutete Ausspruch Erich Honeckers »Aus den Betrieben ist noch viel mehr rauszuholen«, mit dem humoristisch Bezug auf den Diebstahl in den Betrieben genommen wurde. Vgl. Richard Schröder: Vom Gebrauch der Freiheit. Gedanken über Deutschland nach der Vereinigung. Stuttgart 1996, S. 53.
40 Das zeigen zahlreiche Bemerkungen gegenüber mutmaßlichen Denunzianten, die im Folgenden noch näher ausgeführt werden.
41 Vgl. Karl Wilhelm Fricke: Politik und Justiz in der DDR. Zur Geschichte der politischen Verfolgung 1945–1968. Köln 1979; Wolfgang Schuller: Geschichte und Struktur des politischen Strafrechts in der DDR bis 1968. Ebelsbach 1980; Falco Werkentin: Politische Strafjustiz in der Ära Ulbricht. Berlin 1995. Eine übersichtliche Erklärung zur politischen Strafjustiz und deren Entwicklung bieten außerdem Klaus Marxen und Gerhard Werle: Die strafrechtliche Aufarbeitung von DDR-Unrecht. Eine Bilanz. Berlin u. a. 1999, S. 40–55.
42 Vgl. Marxen, Werle: Die strafrechtliche Aufarbeitung, S. 40.

für Sabotage- und Diversionsakte«), der eher wirtschaftlich ausgerichtet war, dessen politischer Charakter und politische Auslegung allerdings im Laufe der Zeit an Bedeutung gewann, stand am Anfang des politischen Strafrechts in der sowjetischen Zone.[43] Die Wirtschaftsstrafverordnung trat am 20. Oktober 1948 in Kraft und konnte auch angewandt werden, um Enteignungen vorzunehmen – vor allem geschah das durch die »Aktion Rose« im Jahr 1953.[44] Verurteilungen aus politischen Gründen waren außerdem durch die Kontrollratsdirektive Nr. 38 (»Verhaftung und Bestrafung von Kriegsverbrechern, Nationalsozialisten und Militaristen und Internierung, Kontrolle und Überwachung von möglicherweise gefährlichen Deutschen«) möglich, die auch gleichzeitig zur Einziehung des Vermögens bemüht wurde.[45] Der Artikel 6 Absatz 2 der DDR-Verfassung stellte außerdem »Boykotthetze« und »Kriegshetze« unter Strafe, mit dem systematisch Andersdenkende verfolgt werden konnten, beispielsweise politisch abweichende Äußerungen, Widerstandshandlungen, Betätigungen der Zeugen Jehovas[46] oder auch Spionage und »Republikflucht«.[47] Zusätzlich wurden politisch abweichende Äußerungen ab 1955 auch nach § 131 des Strafgesetzbuches als Staatsverleumdung bestraft. Der Besitz von Waffen u. Ä. war außerdem durch den Kontrollratsbefehl Nr. 2 vom 7.1.1946 strafbar. Unter anderem für Verurteilungen nach dem 17. Juni 1953 wurde der § 125 des Reichsstrafgesetzbuches (Landfriedensbruch) bemüht.[48]

1958 trat das Strafrechtsergänzungsgesetz in Kraft, das das politische Strafrecht neu ordnete.[49] Es konkretisierte nach Sichtweise der DDR-Justiz den Artikel 6 der Verfassung der DDR[50], darüber hinaus stellten die §§ 13 bis 26 des Strafrechtsergänzungsgesetzes die vorher durch die eingangs erläuterten Beschlüsse und Gesetzen verfolgten Delikte unter Strafe. Konkret waren das Staatsverrat, Spionage, Sammlung von Nachrichten, Verbindungsaufnahme, staatsgefährdende Gewaltakte, Angriffe gegen örtliche Organe der Staatsmacht, staatsgefährdende Propaganda und Hetze, Staatsverleumdung, Abwerbung, Diversion, Sabotage, Begünstigung und Nichtanzeige. »Republikflucht« wurde in § 8 des Passgesetzes

---

43 Vgl. Schuller: Geschichte und Struktur des politischen Strafrechts in der DDR, S. 8.
44 Vgl. Klaus Müller: Die Lenkung der Strafjustiz durch die SED-Staats- und Parteiführung der DDR am Beispiel der Aktion Rose. Frankfurt/M. 1995.
45 Vgl. Vormbaum: Das Strafrecht der Deutschen Demokratischen Republik, S. 60.
46 Vgl. Gerald Hacke: Die Zeugen Jehovas im Dritten Reich und in der DDR. Feindbild und Verfolgungspraxis. Göttingen 2011, S. 213 ff.
47 Vgl. Vormbaum: Das Strafrecht der Deutschen Demokratischen Republik, S. 130.
48 Vgl. Marxen, Werle: Die strafrechtliche Aufarbeitung, S. 40 ff; Schuller: Geschichte und Struktur des politischen Strafrechts in der DDR, S. 8 ff.
49 Strafrechtsergänzungsgesetz v. 11.12.1957 (in Kraft getreten am 1.2.1958).
50 »Boykotthetze gegen demokratische Einrichtungen und Organisationen, Mordhetze gegen demokratische Politiker, Bekundung von Glaubens-, Rassen-, Völkerhaß, militaristische Propaganda sowie Kriegshetze und alle sonstigen Handlungen, die sich gegen die Gleichberechtigung richten, sind Verbrechen im Sinne des Strafgesetzbuches.« (Verfassung der Deutschen Demokratischen Republik v. 7.10.1949).

in der Fassung vom 11.12.1957 unter Strafe gestellt.[51] Abgelöst wurde das Strafrechtsergänzungsgesetz von 1957 durch das Strafgesetzbuch (StGB) von 1968[52], das erstmals alle Strafrechtsnormen bündelte und systematisierte – auch die politischen. In den Jahren 1974, 1977 und 1979 wurden verschiedene Normen des StGB durch drei Strafrechtsänderungsgesetze novelliert.

Im 2. Kapitel des StGB normierten die §§ 96 bis 109 die schwereren politischen Straftatbestände (Hochverrat, Spionage, Sammlung von Nachrichten, landesverräterischer Treuebruch, staatsfeindliche Verbindungen, Terror, Diversion, Sabotage, staatsfeindlicher Menschenhandel, staatsfeindliche Hetze, staatsfeindliche Gruppenbildung, Staatsverbrechen, die gegen ein anderes sozialistisches Land gerichtet sind, Gefährdung internationaler Beziehungen). Das 8. Kapitel führte Straftaten gegen die staatliche Ordnung auf, hier wären die ebenfalls zum politischen Strafrecht zählenden §§ 212 bis 223 zu nennen (Widerstand gegen staatliche Maßnahmen, ungesetzlicher Grenzübertritt, Beeinträchtigung staatlicher oder gesellschaftlicher Tätigkeit, Rowdytum, Zusammenrottung, Vereinsbildung zur Verfolgung gesetzeswidriger Ziele, ungesetzliche Verbindungsaufnahme, Staatsverleumdung – später öffentliche Herabwürdigung, Missachtung staatlicher und gesellschaftlicher Symbole, Beschädigung öffentlicher Bekanntmachungen).[53]

Auch abweichendes, aber nicht strafbares Verhalten bot denunziatorisches Potenzial. Ein Beispiel war die Zugehörigkeit zu einer Glaubensgemeinschaft; nicht nur die Zeugen Jehovas waren in den 1950er-Jahren verboten, auch aus der Mitgliedschaft in einer protestantischen oder katholischen Gemeinde, den regelmäßigen Besuch von Gottesdiensten oder wie Wahrnehmung kirchlicher Angebote durch Jugendliche konnte ein beruflicher oder schulischer Nachteil erwachsen. Die Verfolgungspraxis der SED gegenüber den Kirchen veränderte sich im Laufe der DDR-Zeit immer wieder; gab es beispielsweise 1952/53 Ausschlüsse von Hochschulen oder Oberschulen aufgrund des offenen Bekenntnisses zur Jungen Gemeinde, wurde die Bekämpfung in den kommenden Jahren eher subtiler. Die Ablehnung der Jugendweihe aus religiösen Gründen zum Beispiel führte dennoch bis in die 1980er-Jahre zu Nachteilen.[54] Gleiches galt, wenn Kinder oder Jugendliche nicht Mitglied bei den Jungen Pionieren oder der FDJ waren.[55] Scheinbar »falsche« soziale Zugehörigkeiten wurden bereits in der Schule

---

51 van Melis, Bispinck: »Republikflucht«, S. 48.
52 Strafgesetzbuch der DDR v. 12.1.1968.
53 Vormbaum: Das Strafrecht der Deutschen Demokratischen Republik, S. 493.
54 Markus Anhalt: Die Macht der Kirchen brechen. Die Mitwirkung der Staatssicherheit bei der Durchsetzung der Jugendweihe in der DDR. Göttingen 2016.
55 Die bisher gelungenste Studie über dieses Thema legte Tina Kwiatkowski-Celofiga vor, die verschiedene Diskriminierungsmethoden sowohl kontextualisiert als auch Besonderheiten in der Entwicklung während der DDR-Zeit ausführlich und mit anschaulichen Beispielen erläutert. Vgl. dies.: Verfolgte Schüler. Ursachen und Folgen von Diskriminierung im Schulwesen der DDR. Göttingen 2014.

kontinuierlich thematisiert und ebenso im beruflichen oder nachbarschaftlichen Umfeld. Nicht der gesellschaftlichen Norm zu entsprechen barg Denunziationspotenzial. Nicht nur in Auskunftsberichten thematisierten Verfasser von Berichten konfessionelle Bindungen, auch wandten sich immer wieder Personen an die Sicherheitsbehörden, um Aktivitäten der Kirche anzuzeigen.[56]

Abweichungen wurden aufmerksam beobachtet, zum Beispiel nicht zu den Wahlen zu gehen bzw. die Wahlkabine zu benutzen oder offen Kandidaten durchzustreichen. Es gab nicht nur Wahlhelfer, die über Abweichungen zu berichten hatten; Agitationsgruppen versuchten, säumige Bürger zum Gang zur Urne zu bewegen und alle hatte etwaige Störungen im Ablauf oder abwertende Meinungsäußerungen zu melden. Dass die Wahl weder frei, noch geheim, noch gleich war und durch die Einheitswahlliste keine Wahlmöglichkeiten bestanden, war den Menschen in der DDR bewusst. Das Fernbleiben von der Wahl war zwar an sich nicht strafbar, wurde aber registriert und auch denunziert – ebenso abwertende Meinungsäußerungen zu den Wahlen, vor allem in den 1950er- und frühen 1960er-Jahren.[57]

Ein wiederkehrendes Thema der Denunziationen stellte der Kontakt in die Bundesrepublik, nach Westberlin oder ins westliche Ausland dar. Ein Verbot dieser Kontakte bestand für Angehörige der NVA, des Ministeriums des Innern (MdI) und des MfS sowie sonstige Geheimnisträger, die dies auch schriftlich zu versichern hatten. Wurde solch eine Verbindung trotzdem gehalten und dies bekannt, folgten meistens dienstliche und disziplinarische Bestrafungen. Argwöhnisch beäugt wurden der Westkontakt, Pakete von »drüben« oder ein westlicher Lebensstil auch bei »Zivilisten«. Selbst scheinbare Kleinigkeiten konnten zu einer Denunziation führen. So meldete sich beispielsweise im Juni 1986 eine Frau, die beim Stadtbezirksvorstand der Gesellschaft für Deutsch-Sowjetische-Freundschaft arbeitete, bei der Bezirksverwaltung der Staatssicherheit in Leipzig, weil an der Schule ihrer Tochter ein Poesiealbum aus westlicher Produktion aufgetaucht war. Es ist zwar davon auszugehen, dass keine weiteren Konsequenzen daraus folgten, die Frau gab aber trotzdem zu Protokoll, dass die Eltern des Kindes, das das Poesiealbum besaß, kirchlich gebunden seien.[58]

Auch der Empfang von Westsendern im Radio oder Fernsehen galt als abweichendes Verhalten, wenngleich auch dies nie unter Strafe gestellt war – obwohl Anfang der 1960er-Jahre im Rahmen der »Ochsenkopfaktion« gegen Menschen vorgegangen wurde, die nach Westen ausgerichtete Antennen auf den Dächern

---

56 BArch, MfS, BV Leipzig, Kartei BdL 193.
57 Hedwig Richter: Mass Obedience. Practices and Functions of Elections in the German Democratic Republic. In: Ralph Jessen, Hedwig Richter (Hg.): Voting for Hitler and Stalin. Elections under 20th Century Dictatorships. Frankfurt/M. 2011, S. 103–124.
58 BArch, MfS, BV Leipzig, Kartei BdL 193.

hatten.⁵⁹ Bis in die 1980er-Jahre hinein tauchte der Westkontakt als ein Thema von Denunziationen auf, ob nun als direkter Kontakt bei Besuchen von Verwandten in der DDR, bei Treffen während der Leipziger Messe oder indirekt durch Postsendungen. Die Staatssicherheit überprüfte hauptsächlich eventuelle Fluchtpläne oder Verdachtsmomente nachrichtendienstlicher Verbindungsaufnahmen oder Ähnliches. Die Musik, Freizeitgestaltungen, Mode und Unterhaltungskultur der Bundesrepublik und allgemein des Westens erfreuten sich in der DDR großer Beliebtheit.⁶⁰ Private Westkontakte waren nicht strafbar, der Staat misstraute aber den bestehenden Verbindungen zwischen Ost und West. Nicht nur Denunzianten meldeten dies von sich aus, auch die Überwachung von Post- und Telefonkommunikation durch die Staatssicherheit zielte auf diese Kontakte ab.

Die Schwerpunkte von denunziatorischen Inhalten veränderten sich im Laufe der Jahre, dies ergab die Analyse der Quellen. Einflussfaktoren waren zum einen die Strafgesetzgebung bzw. die Strafverfolgung und deren öffentliche Wahrnehmung und eine Propagierung und Veränderung der Normen hinsichtlich dessen, was nicht strafrechtlich relevant war, aber trotzdem als abweichend galt – also wie ausgeführt zum Beispiel kirchliche Bindungen oder Westkontakte. Gerade in den Anfangsjahren der DDR wurden öffentliche Schauprozesse breit ausgewertet, die wiederum in die Gesellschaft hineinwirkten und auf die sich die Denunzianten bezogen. In den 1970er- und 1980er-Jahren wandelte sich dies. Es wurden zwar ähnliche Vergehen denunziert, aber in einer anderen Gewichtung. Viel stärker thematisierten die Denunzierenden westliche Kontakte, die westliche Ausrichtung einzelner Personen und mögliche »Republikflucht-« bzw. Ausreiseabsichten. Während in den 1950er-Jahren außerdem noch etliche vermeintliche oder tatsächliche ehemalige Nazis angezeigt wurden, nahm diese Zahl spürbar ab. Der Besitz von rechtsextremen Devotionalien wurde gemeldet, das Aufspüren ehemaliger Altnazis jedoch spielte in den Denunziationen der 1970er- bis 1980er-Jahre kaum noch eine Rolle.

---

59 Ann-Marie Göbel: Krisen-PR im »Schatten der Mauer«. Der 13. August 1961 in den DDR-Zentralorganen. In: Anke Fiedler, Michael Meyen (Hg.): Fiktionen für das Volk. DDR-Zeitungen als PR-Instrument. Berlin 2011, S. 165–193, hier 167; Franziska Kuschel: Schwarzhörer, Schwarzseher und heimliche Leser. Die DDR und die Westmedien. Göttingen 2016.
60 Gerd Dietrich: Kulturgeschichte der DDR. Göttingen 2018.

4. Denunziation als kommunikatives Handeln

Die Untersuchungen zur Kommunikation in der DDR, seien sie kommunikationstheoretisch, linguistisch oder sozialhistorisch, konzentrieren sich vor allem auf die Medien, vornehmlich die Zeitungen[1], auf öffentliche Erklärungen und politische Programme[2], auf das Eingabewesen, dem sich einige historische Studien widmeten[3], sowie auf die formelhafte Sprache im Berichtswesen. Dazu hat sich ein eigenes Untersuchungsfeld zu Sprache und Texten der Stasi herausgebildet.[4] Bettina Bock analysiert beispielsweise, auf welche Textmuster die IM, die gewissermaßen »blind« ihre Berichte verfassten, zurückgriffen.[5] Die Sprache der öffentlichen Texte und des Berichtswesens wird gemeinhin als sehr formelhaft und rituell beschrieben, sie besteht nicht selten aus Aneinanderreihungen von Substantivierungen.[6] Die private Kommunikation hingegen ist von der Forschung weitgehend vernachlässigt worden.[7] Das ist zum einen der Überlieferungssituation geschuldet, in der öffentliche Texte und jene Schreiben, die Eingang in das

---

1 Vgl. z. B. Michael Meyen, Anke Fiedler: Fiktionen für das Volk. DDR-Zeitungen als PR-Instrument. Münster 2011.

2 Ralph Jessen: Diktatorische Herrschaft als kommunikative Praxis. Überlegungen zum Zusammenhang von »Bürokratie« und Sprachnormierung in der DDR-Geschichte. In: Lüdtke, Becker: Akten. Eingaben. Schaufenster, S. 57–75.

3 Mary Fulbrook kommt dabei zum durchaus zweifelhaften Schluss, es habe sich aufgrund des ausgeprägten Eingabewesens bei der DDR um eine »partizipatorische Diktatur« gehandelt. Vgl. dies.: Ein ganz normales Leben. Alltag und Gesellschaft in der DDR. Darmstadt 2008.

4 Christian Bergmann: Die Sprache der Stasi. Ein Beitrag zur Sprachkritik. Göttingen 1999; Steffen Pappert: Verschlüsseln und Verbergen durch Fachsprache? Zur Transformation von Alltagssprache in die Sprache des MfS. In: ders., Melani Schröter, Ulla Fix (Hg.): Verschlüsseln, Verbergen, Verdecken in öffentlicher und institutioneller Kommunikation. Berlin 2008, S. 291–313.

5 Bettina Bock: »Blindes« Schreiben im Dienste der DDR-Staatssicherheit. Eine text- und diskursanalytische Untersuchung von Texten der inoffiziellen Mitarbeiter. Bremen 2013. Dazu außerdem Steffen Pappert: Formulierungsarbeit und ihre »Folgen«. Ein Vergleich zwischen öffentlicher und geheimer Kommunikation in der DDR. In: Off the Wall 1 (2010), S. 24–34.

6 Ulla Fix: Rituelle Kommunikation im öffentlichen Sprachgebrauch der DDR und ihre Begleitumstände. In: Gotthard Lerchner (Hg.): Sprachgebrauch im Wandel. Anmerkungen zur Kommunikationskultur in der DDR vor und nach der Wende. Frankfurt/M. 1992, S. 11–16, hier 13; Horst Dieter Schlosser: Die deutsche Sprache in der DDR zwischen Stalinismus und Demokratie. Historische, politische und kommunikative Bedingungen. Köln 1999, S. 176; Jessen: Diktatorische Herrschaft als kommunikative Praxis.

7 Ansätze dazu finden sich am ehesten noch in den Forschungen von Ruth Reiher und Antje Baumann. Vgl. dies. (Hg.): Vorwärts und nichts vergessen. Sprache in der DDR. Berlin 2004; Ruth Reiher: Der »Brief« im DDR-Corpus. In: Kari Keinästö u. a. (Hg.): Herausforderung

Berichtswesen fanden, zugänglicher waren, als die private Kommunikation, die aus quellentechnischen und datenschutzrechtlichen Gründen weniger intensiv untersucht werden kann. Die Edition der Telefongespräche von Oppositionellen in der DDR von Ilko-Sascha Kowalczuk und Arno Polzin ist die erste umfassende Veröffentlichung, in der auch private Gesprächsinhalte und -abläufe dokumentiert werden. Selbst wenn man beachtet, dass sich die Gesprächspartner zum Teil darüber bewusst waren, dass sie von der Staatssicherheit abgehört wurden und die Gesprächsstrategie davon beeinflusst wurde[8], ist erstmals ein systematischer Einblick in einen Teil der privaten Kommunikation möglich, der nicht nur aus historischer, sondern auch aus linguistischer und kommunikationstheoretischer Perspektive für die zukünftige Forschung von Bedeutung sein könnte.

Denunziationen in der DDR waren dadurch, dass sie sich an einen Empfänger richteten, der Macht ausübte oder Bestrafungen vornehmen konnte, nicht der privaten Kommunikation zuzuordnen. Sie fand nicht zwischen zwei Privatpersonen statt, sondern war maßgeblich beeinflusst von dem Ungleichgewicht, das zwischen beiden Gesprächsteilnehmern herrschte. Auf der einen Seite stand die Privatperson, die Informationen zur Verfügung stellen wollte. Auf der anderen Seite befand sich die sanktionierende Instanz, die die Informationen bekam und verarbeiten sollte[9]. Diese Instanz war darum bemüht, sowohl über die Zuträger als auch über den übermittelten Sachverhalt so viel wie möglich in Erfahrung zu bringen. Aber sie verbarg ihr eigenes Wissen vor der Privatperson. Die Kommunikation zwischen beiden Parteien verläuft dadurch asymmetrisch und mit sehr verschiedenen Intentionen.[10]

Das folgende Kapitel wird einen Blick auf den kommunikativen Akt richten und zeigen, wie sich diese unterschiedlichen Intentionen abbildeten und auf welche Art Informationen bewusst oder unbewusst weitergegeben wurden. Dabei wird es nicht vorrangig um die Frage des angezeigten »Fehlverhaltens«, also nicht unbedingt um den Gegenstand der Denunziation gehen, sondern vielmehr darum, wie sich die beiden Gesprächspartner darüber austauschten und was sie gleichermaßen im Kommunikationsprozess über sich selbst preisgaben. Vier Kommunikationsarten sollen hierbei im Fokus stehen:

1. Die Denunziation mittels eines Briefes, die in Abwesenheit des Adressaten formuliert wurde und die gewöhnlich damit vollzogen wurde, dass der Schreiber oder die Schreiberin den verschlossenen Briefumschlag in einen Briefkasten warf.

Sprache und Kultur. Helsinki 2012, S. 77–94. Zum grenzüberschreitenden Briefwechsel vgl. Ina Dietzsch: Grenzen überschreiben. Deutsch-deutsche Briefwechsel 1948–1989, Köln 2004.

8 Vgl. Kowalczuk: Telefongeschichten, S. 46 ff.
9 Koch: Denunciatio, S. 7; Zaunstöck: Das Milieu des Verdachts, S. 22 ff.
10 Ebenda, S. 41 ff.

2. Die Denunziation am Telefon, die beide Gesprächspartner räumlich voneinander trennte und trotzdem eine unmittelbare Reaktion und Gegenreaktion sowie auch teilweise die Offenlegung von Absichten und Identitäten zuließ.
3. Die persönlich vorgebrachte Denunziation, ob nun auf einer Dienststelle der Volkspolizei, der Staatssicherheit oder bei anderen Stellen, die noch zu erläutern sein werden.
4. Die institutionalisierte Denunziation, die dadurch gekennzeichnet war, dass die sanktionierenden Instanzen die Informationen gezielt einforderten und den Informationsgeber vorher eingehend überprüften und ihn nach ihren Kriterien auswählten.

Diese vier Varianten unterscheiden sich durch die Mittel der Kommunikation und die Art, in der die beiden Gesprächspartner miteinander in Verbindung traten. Im einfachen Kommunikationsmodell wird zwischen Sender, Empfänger, Medium und situativem Kontext unterschieden. Erweiterte Modelle differenzieren zusätzlich die Enkodierung und Dekodierung durch das Medium und mögliche Störeffekte.[11] Jedes Medium, das für die Denunziation genutzt wird, besitzt Eigenarten, die sich in der Überlieferung niederschlagen. So stellt beispielsweise die Flüchtigkeit des gesprochenen Wortes und die Verifizierung der mündlichen Quellen besondere Herausforderungen an die Analyse. Auch die anderen Übertragungsmedien besitzen spezifische Besonderheiten, die im Folgenden untersucht werden sollen. Bei diesen verschiedenen Wegen der Informationsweitergabe lässt sich das Format beschreiben und Codierungen bzw. der Rückgriff auf Formeln und Floskeln ist beobachtbar. Es lassen sich Rückschlüsse auf den kommunikativen Alltag in der DDR ziehen, zum Beispiel bezüglich der Frage, wie geübt die denunzierende Person in der von ihr ausgewählten Form der Kommunikation war und inwieweit sich Lebenserfahrung und Lebenswelt dieser Person auf die Wahl des Mediums auswirkten. Da die Denunziation nicht selten von einer großen Unsicherheit bezüglich des Adressaten und mutmaßlich auch im Hinblick auf die Auswirkungen auf den Zuträger geprägt waren, wählten viele Personen eine Verständigungsart, die ihnen vertraut war. Einen Grund dafür, ein bestimmtes Kommunikationsmedium gewählt zu haben, nannten die meisten der Denunzierenden nicht. Auch wenn einige Studien bereits in ihrer Definition der Denunziation auf die Spontanität als Grundvoraussetzung für die Zurechnung zu diesem Handlungsfeld verweisen[12], lässt sich anhand der Wahl des Kommunikationsmediums schon deutlich ablesen, wie spontan eine Denunziation wirklich war – ob Informationsgeber zum Beispiel mit sich gerungen haben oder ob sie vorher mit anderen Personen über ihre Absicht gesprochen haben.

---

11 Schützeichel: Soziologische Kommunikationstheorien, S. 20 ff.
12 Fitzpatrick, Gellately: Introduction, S. 1; Sälter: Denunziation, S. 154.

Die Ermittlung des Absenders und des Adressaten wirft weitere Fragen auf, auch wenn sich die Absender nicht immer bestimmen lassen. Der angegebene oder angesprochene Adressat sagt etwas darüber aus, welche Zuständigkeitsbereiche die Denunziantinnen oder Denunzianten der Einrichtung zuordneten und welches Verständnis von Machtausübung und Herrschaft in der DDR sie hatten. Es wird sich anhand der Kommunikationswege zeigen, dass der Empfänger häufig gar nicht für die Bearbeitung bestimmter Informationen zuständig war, aber durch die Zusammenarbeit der Strafverfolgungsbehörden trotzdem meist der »richtige« Ansprechpartner gefunden wurde. Dennoch wiesen einige Institutionen das Denunziationsangebot zurück und gaben an, nicht zuständig zu sein. Nicht immer konnten die Bürger, wenn sie Kontakt mit den Sicherheitsinstitutionen aufnahmen, wissen, wer für ihr Anliegen verantwortlich zeichnete. Volkspolizei, SED und Staatssicherheit interessierten sich nicht in jedem Fall, aber häufig für den Absender einer Information. Sie entwickelten in vielen Fällen Hypothesen über mögliche Denunziantinnen und Denunzianten, weil sie ihre Quellen verifizieren, Informationen überprüfen und die Möglichkeit zu späteren Nachfragen haben wollten. Trotzdem blieben einige Denunzianten anonym und wandten erfolgreich Maskierungsstrategien an, was sich nicht selten auf ihre Glaubwürdigkeit gegenüber den Behörden auswirkte, sie also schmälerte.

Eine Analyse der Gesprächs- und Kommunikationsprozesse soll kritisch beleuchten, welche Strategien die beiden beteiligten Parteien einer Denunziation verfolgten, wie der Ablauf dieser Handlung war, welche sprachlichen und formalen Mittel dazu eingesetzt wurden, den anderen zu überzeugen, einzubinden oder von sich fernzuhalten. Jedes der im Folgenden dargestellten Vermittlungsmedien hat seine Besonderheiten in Hinsicht auf die Gestaltung der Denunziation.

4.1 Briefe als Kommunikationsform der Denunziation

M.d.I
Abt. Staatssicherheit

Meldung eines Bürgers

Vor zwei Tagen wurde ich ungewollter Zeuge eines Gespräches zwischen:

[Vorname Nachname 1], wohn. [Ort]
[Vorname Nachname 2], wohn. [Ort]

Sie sprachen davon, das sie sobald das Eigenheim von [Nachname 2] vertiggestellt, und somit die Zukumpft der Frau und der Kinder »gesichert« ist gewaltsam die Staatsgrenze der DDR mit dem 353 Wartburg in Boizenburg zu überqweren. Da die DDR deren eine Ausreise bewilligt, die nicht mehr in unserem Staat leben möchten, kann ich solche Menschen, die das Leben vieler anderer gefärden durch solche Aktionen, nicht billigen. Ich halte es für meine soz. Pflicht, Sie davon zu informieren, da man ja aus westlichen Medien weiß, wie sie dieses wieder bewärten würden.

Mit soz. Gruß.
Ein Bürger der DDR.[13]

Briefe schreiben Menschen seit Jahrhunderten; sie dienten in Zeiten der räumlichen Entfernung dem Gedankenaustausch, der Verbindung unter Freunden und in der Familie, der Selbstdarstellung und es handelte sich, sofern es nicht um offizielle Post war, um eine freiwillige Handlung, zum Kontakt mit einem Adressaten. Im Fall von denunziatorischen Briefen sind Absender und Adressat keine Freunde, die sich etwa über komplexe wissenschaftliche oder persönliche Fragen austauschen wollen[14], sondern es handelt sich vielmehr um eine einseitige Kommunikationsform mit einer speziellen potenziell sanktionierenden Instanz.[15] Für Briefe gelten bestimmte Regeln, die über Jahrhunderte hinweg kennzeichnend sind. Sie stehen für die Abwesenheit einer Kommunikation von Angesicht zu Angesicht. Wenn auch nicht in jedem Fall räumliche Ferne von Adressaten und Absender vorliegt, so wird sie dennoch suggeriert. In Fall der Denunziation bei der Volkspolizei und der Staatssicherheit bot die Auswahl des Mediums »Brief« Schutz davor, mit der Staatsmacht in persönlichen Kontakt treten zu müssen. In einer Face-to-Face-Situation begeben sich beide Kommunikationspartner in einen unmittelbaren Austausch. Nicht nur, dass ein Gespräch mit Rückmeldungen und Antworten über mitgeteilte Inhalte stattfindet, ebenso lassen sich Mimik und Gestik des jeweiligen Gegenübers wahrnehmen, die bezüglich ihrer Interpretation den weiteren Gesprächsverlauf beeinflussen. Beim Brief ist das nicht der Fall. In der Briefforschung wird dieses Moment als »Phasenverzug« bezeichnet. Die Wahl des Mediums bei der Denunziationshandlung könnte darauf hindeuten, dass »eine spontane Reaktion des Kommunikationspartners nicht wichtig oder – dies vor allem – nicht erwünscht ist«[16], selbst wenn die Briefeschreibenden nicht anonym blieben. Die Schreibenden haben die Wahl, wieviel sie von sich preisgeben. Sie müssen weder einen Absender auf den Brief schreiben, noch sind sie an strikte

---

13 Brief v. 14.5.1989 (Poststempel); BArch, MfS, BV Schwerin, AU 744/89, GA 1, Bl. 4 f. Der Brief wird unkorrigiert wiedergegeben.
14 Rainer Baasner: Briefkultur im 19. Jahrhundert. Kommunikation, Konvention, Postpraxis. In: ders. (Hg.): Briefkultur im 19. Jahrhundert. Tübingen 1999, S. 1–36, hier 3.
15 Zur Denunziation mittels Brief in der DDR erschienen bereits zwei Aufsätze der Autorin; s. Anita Krätzner-Ebert: Denunziatorische Briefe in der DDR. Form, Intention, Kommunikationsstrategien. In: Katharina Fürholzer; Yulia Mevissen (Hg.): Briefkultur und Briefästhetik. Heidelberg 2017, S. 207–230; dies.: Denunziatorische Briefe in der DDR – Form, Intention, Kommunikationsstrategien. In: Volker Depkat; Wolfram Pyta (Hg.): Briefe und Tagebücher zwischen Text und Quelle. Berlin 2021, S. 183–201.
16 Rainer Nikisch: Brief. Stuttgart 1991, S. 12.

formale Vorgaben gebunden. Nicht einmal die eigene Handschrift muss man verwenden; die Schrift lässt sich verstellen, sie können in Blockbuchstaben schreiben oder Schreibmaschinen, Stempelkästen oder ausgeschnittene Zeitungsbuchstaben[17] benutzen. In kaum einer Kommunikationssituation ist es daher so leicht, sich zu maskieren, wie mit einem Brief.[18] Allen Briefen ist gemein, dass sie auf vom Absender gewähltem Papier geschrieben werden, in einen Briefumschlag gesteckt und für gewöhnlich (wenn sie nicht direkt beim Empfänger eingeworfen werden) frankiert werden. Ein klassischer offizieller Brief besteht aus einem Text, dem der Absender, der Empfänger, das Datum, der Ort und die Anrede vorangestellt sind. Die Anrede bezieht sich auf den Empfänger. Offizielle Briefe enthalten einen Betreff. Am Schluss des Textes stehen in der Regel eine Grußformel und die Unterschrift des Verfassers.[19]

Diese Merkmale waren kennzeichnend für offizielle Schreiben, aber die wesentlichen Elemente waren auch in privaten Briefen enthalten. Hauptmerkmal eines Briefes ist der verschlossene Briefumschlag, der durch einen Dritten, in der Regel die Post, zu seinem Empfänger transportiert werden soll. Mit dem Umschlag werden die Informationen, die der Brief enthält, vor den Augen Fremder geschützt. Auf einer Postkarte beispielsweise ist der Inhalt für alle, die sie in den Händen halten, zugänglich, zugleich ist der Platz auf einer Postkarte begrenzt. Bei der Briefkommunikation handelt es sich also um einen vertraulichen Akt. Auch der Umschlag war in seiner formalen Gestaltung normiert. Er enthielt zumindest die Adresse des Empfängers. Im Regelfall vermerkte der Absender seine Adresse auf dem Briefumschlag, damit der Empfänger unmittelbar erkannte, von wem der Brief stammte und die Post den Brief eventuell zurückbefördern konnte. Diese formalen Regeln waren allen bekannt. Der Brief in der DDR war ein Medium, bei dem sich der Schreiber relativ sicher sein konnte, dass es den Empfänger erreicht. Im Falle von Denunziationen war vor allem wichtig, dass – fast egal welche staatliche Instanz auf dem Kuvert stand – der Denunziant vor allem irgendeine staatliche bzw. sanktionierende Instanz erreichen wollte.

Die Kommunikation mithilfe von Briefen wies eine hohe Zuverlässigkeit auf. Die Kommunikationsstrategie war erlernt, wurde in der Schule gelehrt und

---

17 Obwohl dies selbst bei Erpresserbriefen – entgegen der Wahrnehmung durch die mediale Verarbeitung – sehr selten vorkommt. Vgl. Stefanie Bredthauer: Verstellungen in inkriminierten Schreiben. Eine linguistische Analyse verstellten Sprachverhaltens in Erpresserschreiben und anderen inkriminierten Texten. Köln 2013, S. 33. Die forensische Linguistik hat sich ausführlich mit Erpresserbriefen beschäftigt und kann daher eine interessante Vergleichsfolie zu den Denunziationsbriefen bieten. Vgl. Christa Dern: Autorenerkennung. Theorie und Praxis der linguistischen Tatschreibenanalyse. Stuttgart u. a. 2009.
18 Baasner: Briefkultur im 19. Jahrhundert, S. 3. Vgl. Christina Antenhofer, Mario Müller: Einführung. In: dies. (Hg.): Briefe in politischer Kommunikation vom Alten Orient bis ins 20. Jahrhundert. Göttingen 2008, S. 9–30, hier 21.
19 Karl Emert: Briefsorten. Untersuchungen zur Theorie und Empirie der Textklassifikation. Tübingen 1979, S. 113.

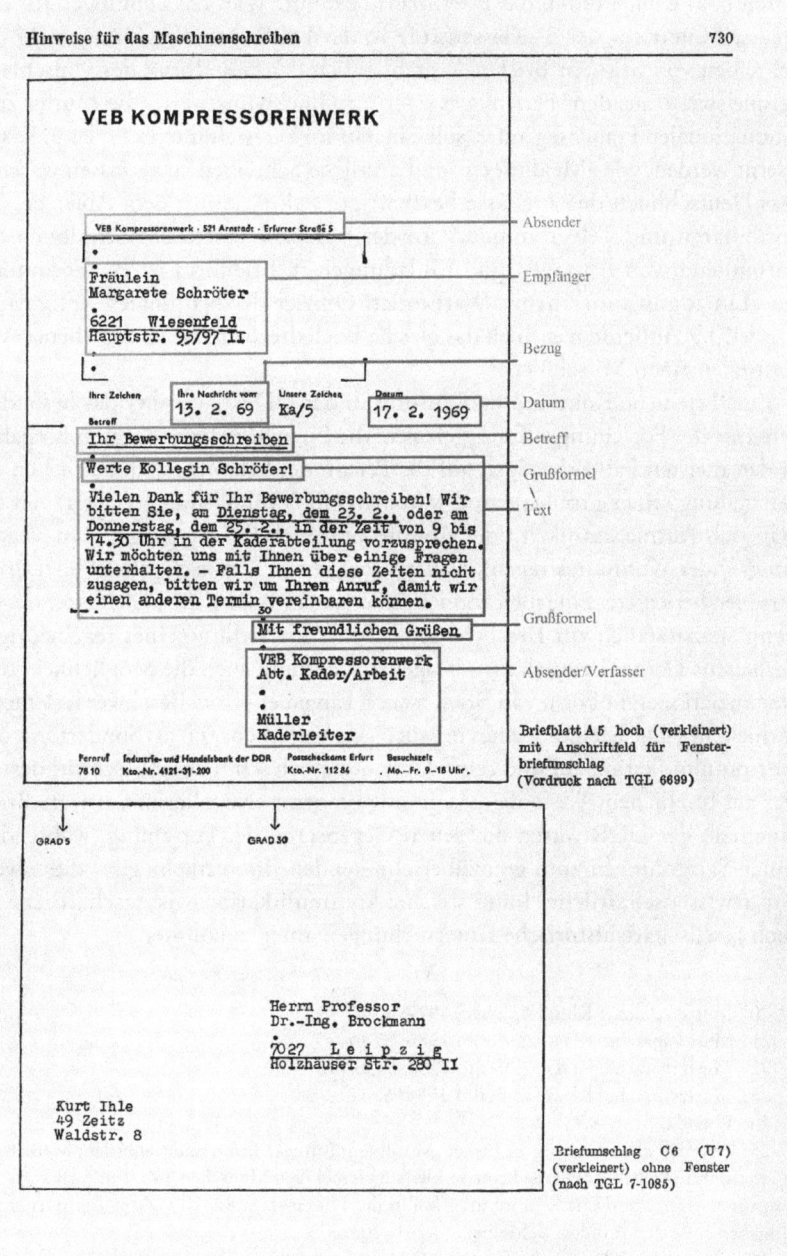

Abb. 3: Hinweise für die Brieferstellung im Duden des Jahres 1975 (Hervorhebungen durch die Autorin)

waren häufig auch durch das Elternhaus bekannt. Wies das Schulbuch für den Deutschunterricht der 5. Klassenstufe in der DDR formale Übungen für das Schreiben von privaten Briefen (einschließlich der Gestaltung des Umschlags) beispielsweise aus dem Ferienlager oder für Glückwünsche an die Mutter zum internationalen Frauentag auf[20], sollte bereits im Deutschunterricht der 6. Klasse erlernt werden, wie »Meldungen« und amtliche Schreiben zu verfassen waren.[21] Das Deutschbuch der 7. Klasse beschäftigte sich u. a. mit dem Abfassen von Formularen und Telegrammen.[22] In der 8. Klasse lehrte das Schulbuch das Formulieren von Anfragen und Einladungen in Briefform (z. B. »Formuliere eine Einladung zum Thema ›Warum ich Offizier der Nationalen Volksarmee wurde‹!«).[23] Außerdem enthielt das gleiche Buch drei Seiten über das Thema »Wir beurteilen einen Mitschüler«.[24]

Eine briefliche Kommunikationsform in der DDR hat bisher das besondere Interesse der Forschung auf sich gezogen: die Eingabe.[25] Jedoch waren Eingaben in den meisten Fällen bezogen auf die Person des Schreibenden, enthielten die Darstellung seiner Probleme und waren an eine Einrichtung gerichtet, von der man sich Aufmerksamkeit oder Abhilfe versprach (häufig ging es um Versorgungs- oder Wohnungsfragen), während ein denunziatorischer Brief über dritte Personen berichtete. Eingaben konnten einen denunziatorischen Charakter tragen, wenn sie zusätzlich zur Beschwerde auch die Darstellung eines regelwidrigen Verhaltens Dritter beinhalteten, umgekehrt bestand auch die Möglichkeit, dass Denunziationen in Form von Briefen auch Eingaben- bzw. Beschwerdeelemente enthielten.[26] Die Meldung eines missliebigen Verhaltens trat als Sonderform dieser Kommunikation auf und zeigt daher nur einen schmalen Ausschnitt dessen, was auf brieflichem Wege der Macht angetragen werden konnte. Private Briefe innerhalb der DDR waren nur selten Gegenstand der Forschung, während es einige Sammlungen zum grenzüberschreitenden Briefverkehr gibt, die sowohl kulturwissenschaftliche, linguistische, kommunikationswissenschaftliche als auch gesellschaftshistorische Untersuchungen anregen könnten.[27]

20 Muttersprache. Klasse 5. Berlin 1977, S. 51–58.
21 Muttersprache. Klasse 6. Berlin 1986, S. 44–47.
22 Muttersprache. Klasse 7. Berlin 1987, S. 39–42.
23 Muttersprache. Klasse 8. Berlin 1984, S. 37.
24 Ebenda, S. 45–47.
25 Zur Textsorte der Eingabe bisher: Mühlberg: Bürger, Bitten und Behörden; Merkel: »… in Hoyerswerda leben jedenfalls keine so kleinen viereckigen Menschen«; Zatlin: Ausgaben und Eingaben; Merl: Politische Kommunikation in der Diktatur, S. 82–100. Zum Textmuster von Eingaben s. Bock: »Blindes« Schreiben, S. 201–208.
26 Ebenda, S. 203; Ursula Wittich: »Dann schreibe ich eben an Erich Honecker!«. »Eingaben« und »Stellungnahmen« im Alltag der DDR. In: Reiher, Baumann (Hg.): Vorwärts und nichts vergessen, S. 195–214.
27 Zum Beispiel in der Museumsstiftung Post und Telekommunikation die Edition »Post von drüben« https://www.briefsammlung.de/post-von-drueben/ (letzter Zugriff: 2.2.2023).

Das Briefeschreiben in der DDR gehörte zum Alltagshandeln; nicht jede Person besaß ein Telefon. Wenn die Menschen räumlich getrennt waren, griffen sie daher häufig auf das Medium Brief zurück, um sich auszutauschen, Termine zu vereinbaren, sich zu Feierlichkeiten zu gratulieren oder einzuladen. Auch wenn Briefe häufig eine Woche oder länger unterwegs waren und für Nachrichten, die schnell den Empfänger erreichen sollten, Telegramme verschickt wurden, so war die Post ein sicheres und handhabbares Medium, vor allem, wenn ein Bürger mit der Staatsmacht in Kontakt treten wollte. Über Papier zum Briefeschreiben verfügte, im Gegensatz zum Telefon, praktisch jeder und das Porto war gering.

Fasste jemand den Entschluss, eine Denunziation brieflich zu übermitteln, so konnte die Person auf bekannte Handlungsmuster zurückgreifen, sich verstellen oder unerkannt bleiben, sie wusste mit großer Sicherheit, dass der Brief sein Ziel erreichen würde, hatte aber nicht die absolute Gewissheit, dass die Denunziation angenommen bzw. das angezeigte Vergehen verfolgt würde, weil es in der Regel kaum Rückmeldungen gab. Bei einer anonymen Denunziation handelt es sich also um eine einseitige Kommunikation.[28]

Der Umschlag

Vor allem der Briefumschlag zeigt, an welchen Adressaten das Schreiben gerichtet wurde. Dabei variierten die (beabsichtigten) Empfänger sehr stark, häufig waren auch die Adressangaben nicht präzise. Für gewöhnlich sollten zu dieser Zeit gut lesbar der Vorname, der Nachname, die Straße, die Hausnummer, der Ort und die Postleitzahl des Empfängers auf dem Briefumschlag stehen. Schon anhand der Kuverts lässt sich erkennen, dass die Schreiber oft nur eine diffuse Vorstellung von der Institution besaßen, an die sie sich wandten. Als Empfänger waren alle Institutionen möglich, die Bürger als Anlaufstelle für Anzeigen kannten. Das waren zum Beispiel der Rat der Stadt oder des Kreises, die Staatsanwaltschaft, Gerichte, die Volkspolizei, die SED oder die Staatssicherheit. Anhand der Genauigkeit der Angaben lässt sich ablesen, welche Informationen der Denunziant über die Institution, an die er schrieb, hatte. In den wenigsten Fällen waren sie so genau, dass konkrete Ansprechpartner genannt wurden:
- Rat der Stadt z. H. Gen[ossen] [Name], Gadebusch 2730,[29]

Vgl. außerdem Susanne Schädlich: Briefe ohne Unterschrift. Wie eine BBC-Sendung die DDR herausforderte. München 2017.

28 Zu denunziatorischen Briefen bisher Sheila Fitzpatrick: Signals from Below. Soviet Letters of Denunciation of the 1930s. In: dies., Robert Gellately (Hg.): Accusatory Practices. Denunciation in Modern European History 1789–1989, S. 85–120.

29 Brief v. 29.5.1986 (Poststempel); BArch, MfS, BV Schwerin, AOG 327/87, Bl. 56. Bei der nachgestellten Zahl handelt es sich um die Postleitzahl.

- An das VPKA [Volkspolizeikreisamt] Sternberg, z. H. Amtsleiter [Name],[30]
- VPKA Kreisamt Ludwigslust, z. Hd. des Gen[ossen] [Name], Grabower Allee, Ludwigslust 2800.[31]

Diese Beispiele zeigen, dass die Schreiber eine Vorstellung davon hatten, wer in dieser Institution arbeitete. Die Schreibenden, die sich an das Ministerium für Staatssicherheit wandten, bezogen sich meist nur auf den Ort, an dem die Staatssicherheit saß. Die Adressen der MfS-Kreisdienststellen und Bezirksverwaltungen standen zwar mit der Angabe der Straße und der Hausnummer im Telefonbuch, aber dennoch wurde als Adresse häufig nur das Gebäude angegeben, das man unmittelbar mit der Staatssicherheit verband. So assoziierten viele Bürger Schwerins das Gerichtsgebäude am Demmlerplatz mit der Staatssicherheit, deren Bezirksverwaltung dort ihren Sitz hatte, und adressierten ihre Briefe ohne Postleitzahl oder Hausnummer:
- An Geheim [sic!] Staatssicherheit, Schwerin, Demmlerplatz,[32]
- An die Staatssicherheit, Schwerin, Demmlerplatz,[33]
- An den Staatssicherheitsdienst Schwerin am Markt.[34]

Nur in wenigen Fällen schrieben die Denunzianten die korrekte vollständige Adresse auf die Briefumschläge, hatten dann also entweder sehr genaue Kenntnis über den Ort der Einrichtung oder sich im Telefonbuch bzw. Adressbuch vergewissert:
- Ministerium f. Staatssicherheit, Kreisdienststelle KMSt. [Karl-Marx-Stadt, d. i. Chemnitz] 9000 Karl-Marx-Stadt, Kurt-Berthel-Str. 17,[35]
- Ministerium f. Staatssicherheit, 7010 Leipzig, Dittrichring 24.[36]

Diffuser wurde es, wenn die Verfasser nicht genau wussten, wo die Institution saß oder wie sie zu bezeichnen war. Teilweise vermischten sich in Anschriften verschiedene Einrichtungen miteinander. Das zeigt, dass die Schreibenden nur unzureichende Vorstellungen davon hatten, wer die Strafverfolgung übernehmen würde und wie die (geheim-)polizeilichen Strukturen in der DDR aufgebaut waren:
- Oberstaatsanwalt Frankfurt a/O, Stasih [sic!],[37]

30 Brief v. 11.7.1980 (Poststempel); BArch, MfS, BV Schwerin, AOPK 839/89, Bl. 157.
31 Brief v. 27.10.1988 (Poststempel); BArch, MfS, BV Schwerin, AOP 1224/89, Bl. 105. Die Dopplung von Abkürzung und Ausschreibung für das Kreisamt so im Original.
32 Brief (undatiert, ca. 1953); BArch, MfS, BV Schwerin, AP 238/55, Bl. 4.
33 Brief v. 16.4.1956 (Poststempel); BArch, MfS, BV Schwerin, AP 590/56, Bl. 3.
34 Dort saß zu diesem Zeitpunkt aber die SED-Parteileitung von Schwerin. Brief v. 1.6.1956 (Poststempel); BArch, MfS, BV Schwerin, AP 480/61, Bl. 7.
35 Diese Adresse stand so auch im Telefonbuch. Vgl. Fernsprechbuch. Bezirk Karl-Marx-Stadt. Berlin 1981, S. 248. Brief v. 25.10.1985 (Poststempel); BArch, MfS, BV Karl-Marx-Stadt, Abt. XVIII 1387, Bl. 37.
36 Brief v. 27.8.1985; BArch, MfS, BV Leipzig, BdL 1884, Bl. 89.
37 Brief v. 12.5.1955 (Poststempel); BArch, MfS, BV Frankfurt, AU 27/55, Bl. 85.

– An das M.d.I. [Ministerium des Innern] Abt. [Abteilung] Staatssicherheit, Hagenow 2820.[38]

Für gewöhnlich reichte aber als Adresse die Bezeichnung der Einrichtung, an die das Schreiben geschickt wurde. Viele Verfasser waren sich sicher, dass ihr Anliegen eine Instanz erreichen würde, die sich der Mitteilung annahm:
– An das Kreisgericht, 282 Hagenow,[39]
– An die Geschäftsstelle der SED, Güstrow, Mecklenburg,[40]
– An die Kriminal-Polizei Schwerin.[41]

Die äußere Form der Briefe

Die denunziatorischen Briefe variieren stark in der äußeren Form. Vor allem hinsichtlich der Grußformeln, des Umfangs und der Gestaltung des Textteils lassen sich Unterschiede feststellen, die zum einen Aufschluss darüber geben, wie umfangreich und detailliert das Mitteilungsbedürfnis des Schreibers an den Empfänger war und welche Absichten es über die »reine Informationsvermittlung« hinaus gab.

Einige Briefe tragen den Charakter einer »Informationskarte«[42] und enthalten außer der scheinbar »puren Information« kaum weiteren Text. So zum Beispiel ein Brief aus dem Jahr 1954, der an die SED-Parteileitung in Güstrow geschrieben wurde. Er enthält auf einer DIN-A 6-Karte lediglich die Worte: »Achtung: Herr [Vorname Nachname] türmt demnächst [Ort]«[43], nur das Wort »Achtung« steht oberhalb des Textes, ist also Überschrift und Betreffzeile zugleich. Die knappe Information eines Briefes aus dem Jahr 1980 mutet ähnlich an: »Familie [Nachname] vom [Straße Hausnummer] will über Ungarn Republikflucht begehen.«[44] In diesen sehr kurzen Briefen gaben die Schreiber nichts (außer ihrer Handschrift) von sich preis. Sie verzichteten auf jegliche Grußformeln und nur der Umschlag offenbarte, an wen sich der Brief überhaupt richtete. Die Briefe enthielten weder den Ort des Abfassens noch ein Datum, sie offenbarten weder Namen der Schreibenden noch deren Motivation und verrieten auch nicht, woher die Information stammte. Die Information beschränkte sich auf die Angabe über die Denunzierten, um die Behörden in die Lage zu versetzen, diese zu identifizieren. Im ersten Fall

---

38 Brief v. 14.5.1989 (Poststempel); BArch, MfS, BV Schwerin, AU 744/89, GA 1, Bl. 3.
39 Brief v. 14.7.1981 (Poststempel); BArch, MfS, BV Schwerin, AOG 322/86, Bl. 8.
40 Brief v. 3.6.1954 (Poststempel); BArch, MfS, BV Schwerin, AIM 664/55, PA, Bl. 49.
41 Brief v. 22.4.1954 (Poststempel); BArch, MfS, BV Schwerin, AOP 193/54, Bl. 8.
42 Der Begriff »Report Card« ist entlehnt aus Mikhail Heller: Cogs in the Wheel. The Formation of Soviet Man. New York 1988, S. 145.
43 Brief v. 3.6.1954 (Poststempel); BArch, MfS, BV Schwerin, AIM 664/55, PA, Bl. 50.
44 Brief v. 11.7.1980 (Poststempel); BArch, MfS, BV Schwerin, AOPK 839/89, Bl. 158.

ist es der volle Name und der Ort (ein Dorf), im zweiten Fall ist es der Name der Familie und ihre Adresse in Sternberg, an dessen Volkspolizeikreisamt das Schreiben gerichtet wurde.

Bei mittellangen Briefen kann zwischen formlosen und förmlichen Texten unterschieden werden. Förmliche Schreiben halten sich an offizielle Regeln der Kommunikation mit Behörden. Sie verfügen meist über einen oder mehrere Standards wie Betreffzeilen, Grußformeln und Textgliederungen. In fast jedem Fall wird dort ein (möglicherweise vorgetäuschter) Beobachtungszusammenhang geliefert, sei es im Text (»Ich habe oft dort beim Notariat zu tun [...]«[45] »Ich bin eine der Betroffenen«[46], »Es wurde gesehen«[47]) oder in der abschließenden Grußformel (»einer, der auf der Beerdigung dabei war«[48]). Formlose Texte beinhalten meist eine Schilderung des Falls, die ohne Grußformel oder Betreffzeilen auskommt. Dennoch geben sie fast immer etwas vom Verfasser preis – sei es der (angebliche) Beobachtungszusammenhang, die Grußformel oder versteckte Hinweise auf das (vorgebliche) Motiv. Anhand der Formulierungen lässt sich ablesen, ob die Schreibenden die Formeln der sozialistischen Amtssprache beherrschen und sie in diesem Brief anwandten – immerhin kommunizierten sie mit dem Staat – oder ob sie eher eine private Form der Sprache benutzten. Letztlich kann man feststellen, dass nur in wenigen Schriftstücken Schlüsselvokabeln wie »feindlich« oder »Genosse« verwendet wurden; überwiegend tragen die Texte den Charakter privater Schreiben.

Lange und ausführliche Briefe wurden zumeist verfasst, um Beschuldigungen ausführlich zu untermauern, beispielsweise mit langen Listen über Verfehlungen. In diesen Schreiben versuchten die Verfasser nur selten, die eigene Identität zu verbergen. Meist wurden Arbeitskollegen oder nahe Verwandte beschuldigt; das Beziehungsverhältnis lässt sich sehr häufig identifizieren. Deswegen trugen diese Briefe auch häufiger Absender als andere. Auch sonst hielten sich solche Schreiben eher an die üblichen Briefkonventionen (Absender, Adressat, Betreffzeile, Datumsangabe und Grußzeile).[49] Generell zeugen die eher langen Briefe von einem planvollen Handeln, teilweise ist deutlich ersichtlich, dass sich der Schreiber oder die Schreiberin vorher Notizen über das Fehlverhalten der betreffenden Person gemacht hatten und nun als »krönenden Abschluss« endlich alle belastenden Materialien in einem Brief zusammenführten. Während die Informationskarten den Anschein einer spontanen Handlung haben (es aber nicht sein müssen), wird bei ausführlichen Briefen deutlich, dass sich die Schreibenden schon über

---

45 Brief v. 4.10.1983; BArch, MfS, BV Schwerin, AOPK 669/87, Bl. 35.
46 Brief (undatiert); BArch, MfS, BV Schwerin, AU 496/87, Bl. 4.
47 Brief v. 13.5.1955 (Poststempel); BArch, MfS, BV Schwerin, AU 42/55, Bl. 86.
48 Brief v. 27.10.1988 (Poststempel); BArch, MfS, BV Schwerin, AOPK 1224/89, Bl. 106.
49 Brief v. 23.5.1986 (Poststempel); BArch, MfS, BV Schwerin, AOG 327/87, Bl. 41–45.

einen längeren Zeitraum mit dem Gedanken trugen, an die bestrafende Instanz heranzutreten.

Die meisten Briefe wurden handschriftlich verfasst. Das liegt auch daran, dass nicht jeder Zugang zu einer Schreibmaschine hatte und im Umgang damit erfahren war. Dennoch machten sich die Schreibenden nur sehr selten die Mühe, ihre Schrift zu verfälschen. In wenigen Briefen lässt sich erkennen, dass mit einer anderen als der Schreibhand geschrieben und dadurch das Schriftbild stark verändert wurde, in anderen Schreiben benutzten die Verfasser Druck- oder Blockschrift oder stark formalisierte »Schönschrift« wie in der Schule erlernt.[50] Dennoch blieb dies eher die Ausnahme. Wenn die Staatssicherheit ein dringendes Interesse an der Ermittlung des Schreibers oder der Schreiberin hatte, sammelte sie Schriftproben aus dem Umfeld der Personen, die in den Briefen beschuldigt wurden, weil auch die Geheimpolizei fast immer von einer persönlichen Motivation für diese Schreiben ausging.[51]

Häufig enthalten mittellange und lange Briefe eine direkte Handlungsaufforderung für die Institution, an die sie gerichtet waren:[52]
- »Es ist jetzt die Pflicht der Polizei so schnell wie möglich hier einzugreifen.«[53]
- »Sperrt die Frau ein.«[54]
- »Eine Hausdurchsuchung würde sich lohnen. [...] Sie brauchen nur noch zuzugreifen.«[55]
- »Überprüfen Sie doch bitte mal [...].«[56]

Teilweise verbanden die Schreiber diese Aufforderung noch mit einer Klage, dass Polizei oder Staatssicherheit bisher nicht ermittelten: »Ich frage mich, sind die im Gericht auch besoffen oder Hauptsache die 8 Stunden sind rum.«[57] Hier findet sich eine deutliche Analogie zum Textmuster der Eingabe, in der die Schreibenden vom Adressaten ebenfalls Handlungen einforderten.[58]

Der Brief ist die Kommunikationsart, in der die Denunzianten den meisten Freiraum hatten, vor allem auch deswegen, weil sie gar nicht in eine direkte Interaktion mit der Staatsmacht traten, sondern selbstständig agieren konnten. Das führte aber dazu, dass sie zunächst keine Rückmeldung erhielten. Denn obwohl die Schreiber die Abläufe, die in Gang gesetzt wurden, nachdem sie den Brief

---

50 Brief an die BL der SED in Schwerin (undatiert, ca. Januar 1986); LHAS, 10.34-3, 4081, unpag.
51 Vgl. z. B. Brief v. 4.10.1983; BArch, MfS, BV Schwerin, AOPK 669/87, Bl. 35.
52 Direkte Handlungsaufforderungen finden sich auch in Texten Inoffizieller Mitarbeiter. Vgl. Bock: »Blindes« Schreiben, S. 224–228.
53 Ebenda.
54 Brief v. 12.5.1955 (Poststempel); BArch, MfS, BV Schwerin, AU 42/55, Bl. 86.
55 Brief v. 24.1.1956 (Poststempel); BArch, MfS, BV Schwerin, AOP 56/57, Bl. 11.
56 Brief (undatiert); BArch, MfS, BV Schwerin, AU 496/87, Bl. 4.
57 Brief v. 14.7.1981 (Poststempel); BArch, MfS, BV Schwerin, AOG 322/86, Bl. 9.
58 Vgl. Bock: »Blindes« Schreiben, S. 205.

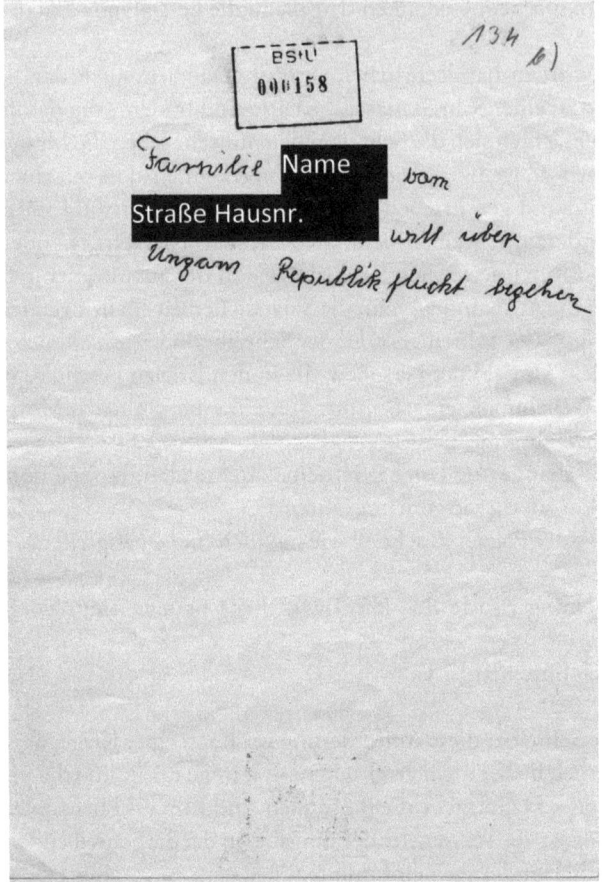

Abb. 4: Ein Brief aus dem Jahr 1989, bei dem das Schriftbild verstellt wurde.

in einem öffentlichen Briefkasten geworfen hatten, nicht verfolgen konnten, so waren sie sich doch zumeist sicher, dass die Schreiben in irgendeiner Form einen Empfänger erreichten. Viele Absender betonten ausdrücklich ihre (angebliche) Staatstreue und ihr Pflichtgefühl:
- »[...] das widerspricht doch jeder sozialistischen Gesetzlichkeit.«[59]
- »Es ist kein schönes Aushängeschild für unsere Republik.«[60]
- »Bei uns in der Deutschen Demokratischen Republik ist es Pflicht jedes Einzelnen, die Feinde unserer Republik zu entlarven.«[61]

59 Brief v. 4.9.1986; BArch, MfS, BV Schwerin, AOPK 519/88, Bl. 20.
60 Brief (undatiert); BArch, MfS, BV Schwerin, AU 496/87, Bl. 4.
61 Brief v. 23.3.1954; BArch, MfS, BV Schwerin, AOP 146/55, Bl. 44.

Sie stellten sich häufig als pflichtbewusste DDR-Bürger dar, denen es lediglich darum gehe, sich in den Dienst des Staates zu stellen.[62] Auch wenn sich diese Selbstdarstellung nach ersten Ermittlungen der Staatssicherheit oder der Volkspolizei als unwahr erwies, so war es doch eine gängige Attitüde. Es handelte sich um einen Übereinstimmungstopos, wie er vor allem auch in Eingaben zu finden ist.[63] Die Anonymität einiger Briefe bildet eigentlich einen Widerspruch zu solchen Äußerungen. Die Briefeschreiber versuchten manchmal, dies zu rechtfertigen, indem sie am Ende darauf verwiesen, dass sie ihre Identität nur deswegen geheim halten wollten, damit sie keinen Ärger bekämen (z. B. »Kollegen, die ungenannt bleiben möchten«[64]).

Einige Schreiben enthalten ganz offensichtliche und schwerwiegende Rechtschreibfehler, die möglicherweise absichtlich gemacht wurden.[65] Auch Erpresserbriefe in der Bundesrepublik weisen manchmal diese Form der Täuschung auf. Den Adressaten suggerierten sie Schreiber niedrigen Bildungsgrades (oder bei Erpresserbriefen in der Bundesrepublik ab und zu Personen mit Migrationshintergrund[66]). Sie können in den Denunziationsschreiben dazu dienen, die eigentliche Identität eines Absenders zu verschleiern, von dem man eigentlich ein weitgehend fehlerfreies Schreiben erwarten würde.

Bei Staatssicherheit und die Volkspolizei ist kein einheitliches Vorgehen im Umgang mit den Denunziationsschreiben erkennbar. In den meisten Fällen überprüften sie die in den Briefen angesprochenen Sachverhalte und nahmen sie ernst. Vor allem galt es zu überprüfen, ob die dargelegten Vorwürfe wahrheitsgemäß waren oder nicht. Nicht selten wurden die Briefe während einer Vernehmung oder Befragung den Beschuldigten vorgelegt. Das könnte dem Ziel gedient haben, die Verantwortung für die Ermittlungen dem Briefeschreiber zuzuschieben und möglichst wenig von den eigenen inoffiziellen Ermittlungen preiszugeben. Damit konfrontiert reagierten die Beschuldigten meist aufgebracht und wiesen die Vorwürfe von sich. Zum anderen suchten sie fast immer nach Erklärungen für die Denunziation im privaten Bereich, die auf mögliche Briefeschreiber verwiesen. Die Denunzierten führten zunächst Neid, Missgunst oder Eifersucht – also die negativen Motive des Denunzianten – an, um die dargelegten Vorwürfe entkräften zu können und sich selbst zu entlasten. So vermutete zum Beispiel einer der Beschuldigten des Briefes, der am Beginn des Kapitels dokumentiert wurde, dass es sich bei den Verfassern um ein Ehepaar aus der Nachbarschaft handele, mit denen es öfter zu Auseinandersetzungen gekommen sei. Deren Handschriften

---

62 Vgl. hierzu ausführlich Kapitel 7.
63 Vgl. Bock: »Blindes« Schreiben, S. 203.
64 Brief v. 2.6.1987; BArch, MfS, BV Schwerin, AOPK 519/88, Bl. 27.
65 Vgl. Brief am Beginn des Kapitels.
66 Sabine Schall: Anonyme inkriminierte Schreiben – Das Verbergen der Identität eines Autors. In: Steffen Pappert, Melani Schröter, Ulla Fix (Hg.): Verschlüsseln, Verbergen, Verdecken in öffentlicher und institutioneller Kommunikation. Berlin 2008, S. 315–348, hier 331 f.

kannte er jedoch nicht und konnte somit die Schrift nicht identifizieren.[67] Die Staatssicherheit entließ den Verhafteten, nachdem er glaubhaft versichern konnte, nicht mit seinem Freund flüchten zu wollen. Darüber hinaus stellte sie keine weiteren Nachforschungen zum Urheber des anonymen Briefes an.

In einem anderen Fall wurde eine Lehrerin beschuldigt, zu ihrem Freund in die Bundesrepublik flüchten zu wollen. Die Staatssicherheit überwachte zunächst das Telefon und die Post der Lehrerin und lud sowohl sie als auch ihren Freund vor. Als die Staatssicherheit ihr den denunziatorischen Brief während der Vorladung zeigte, stritt sie ab, solche Pläne zu hegen. Sie vermutete, der Brief könne von einer Frau geschrieben worden sein, mit der ihr Freund zwischenzeitlich eine Affäre gehabt hatte und die deswegen aus Eifersucht handle. Es wurden zwei weitere Briefe verschickt: an die SED-Kreisleitung und die Volkspolizei. Die SED-Kreisleitung erhielt außerdem einen Anruf mit ähnlichem Inhalt. Die Staatssicherheit nahm sie und ihren Freund aber nicht fest.[68]

Die Beschuldigten mit den Vorwürfen und auch mit den Briefen zu konfrontieren, war nicht unüblich. Das hatte für die Verfolgungsbehörden den Vorteil, die eigene Ermittlungsarbeit nicht offenlegen zu müssen (so gab die Staatssicherheit im Gespräch mit der Lehrerin nicht preis, dass sie bereits ihr Telefon und ihre Post überwacht hatte), sondern auf Hinweise von Dritten verweisen zu können. Gleichzeitig erwies sich die Konfrontation mit dem Brief oder den Briefen als hilfreicher »Warnschuss«; hier zeigte die Staatsmacht, dass sie Kenntnis über ein mögliches Vorhaben hatte. Die Staatssicherheit vermutete offensichtlich, dass oftmals eben dieser »Warnschuss« genügen würde, um die Tat zu verhindern.

Die Staatssicherheit interessierte sich zwar für die Verfasser der Briefe, die Fahndung nach ihnen nahm aber nur einen kleinen Raum in der Auseinandersetzung mit den Fällen ein. Wenn sie ermittelte, dann versuchte sie den Schreiber aus dem Umfeld der Beschuldigten über einen Vergleich von Handschriften oder Schreibmaschinentypen zu ermitteln.[69] Dies war aber nur selten von Erfolg gekrönt. Im Falle des Briefes mit dem Hinweis »Familie [Nachname] vom [Straße Hausnummer] will über Ungarn Republikflucht begehen«[70] ergab die Analyse lediglich, dass der Text offenbar linkshändig – und damit wohl nicht mit der üblichen Schreibhand – verfasst worden und aufgrund des kurzen Textes kein Vergleich mit anderen Schriftproben möglich war.[71] Es war vorgeschrieben, sowohl den Umschlag als auch den Brief als Beweismittel zu sichern, nur in seltenen Fällen griff die Staatssicherheit oder die Volkspolizei aber zur Speichelprobe von Umschlag oder Briefmarke, ebenso selten überliefert ist die Sicherung von Fin-

---

67 Protokoll der Befragung v. 25.5.1989; BArch, MfS, BV Schwerin, AU 744/89, GA, Bl. 6–10, hier 10.
68 Befragungsprotokoll v. 23.10.1986; BArch, MfS, BV Schwerin, AOPK 70/88, Bl. 35–48.
69 Zum Beispiel Schriftproben (undatiert); BArch, MfS, BV Schwerin, AOP 146/55, Bl. 45.
70 Brief v. 11.7.1980 (Poststempel); BArch, MfS, BV Schwerin, AOPK 839/89, Bl. 158.
71 Handschriftenvergleich v. 7.11.1988; BArch, MfS, BV Schwerin, AOPK 839/89, Bl. 155.

gerabdrücken an dem Material.⁷² Diese Ermittlungstechnik war insbesondere bei Drohbriefen und in Fällen fälschlich Beschuldigter geläufig⁷³, so zum Beispiel bei einer Frau, die nachweislich einen anonymen Brief geschrieben hatte, in dem sie »Zollvergehen« eines Arbeitskollegen ihres Mannes, der im grenzüberschreitenden Güterverkehr tätig war, anzeigte. Da ein paar Jahre vor diesem Brief ein anderes Schreiben an das Bezirksgericht geschickt worden war, in dem Notariatsmitarbeiter der Bestechung beschuldigt wurden und dabei der Name der Frau genannt wurde⁷⁴, wurden Speichelproben und Fingerabdrücke der Briefe miteinander verglichen, führten aber zu keinem eindeutigen Ergebnis.⁷⁵

Die Identität der Schreibenden versuchten Staatssicherheit und Volkspolizei vor allem dann zu ermitteln, wenn der Wahrheitsgehalt der Denunziation angezweifelt wurde. In diesen Fällen mussten die Verfasser mit Konsequenzen, zumindest mit einer Vernehmung, rechnen. So geschehen, als ein Brief im Jahr 1988 an die Volkspolizei geschickt wurde. Darin stand:

> Ich habe gehört, daß Herr [Vorname Nachname] auf der Beerdigung von seinem Vater [Vorname Nachname] zu seinem Bruder aus der BRD kommend ([Vorname Nachname]) gesagt hat, wenn er jetzt am 29.10.1988 nach dem Westen fahren darf, er dort bleiben wolle. Arbeit und Wohnung hätte ihm sein Bruder schon besorgt. Bitte prüfen Sie diesen Sachverhalt. Mit freundlichem Gruß einer der auf der Beerdigund [sic!] dabei war.⁷⁶

Auf welchem Weg die Staatssicherheit herausfand, dass die Tochter des Denunzierten den Brief geschrieben hatte, geht aus den Akten nicht hervor. Diese gab jedenfalls in der Vernehmung zu, die Urheberin zu sein und aus Rache gehandelt zu haben. Während des Gesprächs mit der Staatssicherheit warf ihr der Offizier vor, dass sie ihren Vater offenbar ungerechtfertigt belastet habe.⁷⁷

Doch nur in Ausnahmefällen gelang es, die Identität der Schreiber anonymer Briefe zweifelsfrei zu ermitteln, so es denn für die Ermittler überhaupt von Interesse war. Die meisten Nachforschungen erzielten keine Ergebnisse. Auch wenn der Umgang mit diesen Briefen durch die Staatssicherheit und die Volkspolizei uneinheitlich war, wurden die »Anzeigen« in der Regel durch weitere Ermittlungen überprüft. Waren außerdem zum Beispiel schon Reisegenehmigungen in die

---

72 Ein Beispiel für einen Brief, bei dem Fingerabdrücke genommen wurden: Brief (undatiert, ca. 1985); BArch, MfS, BV Schwerin, AU 496/87, Bl. 4.
73 Johannes Grusa, Kurt Griep, Gottfried Ruchatz: Die Anzeigenaufnahme und die Prüfung des Sachverhalts. Berlin 1966, S. 38; Rolf Kunze: Die Anzeigenaufnahme. Berlin 1978, S. 52.
74 »Bei der damaligen Frau [Nachname] und Frau [Nachname] ist so etwas nicht gewesen[,] jeder wurde reell und gerecht behandelt [...].«, Brief v. 3.10.1983 (Poststempel); BArch, MfS, BV Schwerin, AOPK 669/87, Bl. 34 f.
75 Untersuchungsbericht v. 4.12.1985; BArch, MfS, BV Schwerin, AOPK 669/87, Bl. 51 f.
76 Brief v. 27.10.1988 (Poststempel); BArch, MfS, BV Schwerin, AOPK 1224/89, Bl. 106.
77 Befragung v. 30.10.1988; ebenda, Bl. 107–112.

Bundesrepublik erteilt worden, wurden sie häufig nach Eingang eines solchen Briefes widerrufen.[78]

Nur in seltenen Fällen verschmähte die angeschriebene Institution das Denunziationsangebot. So ist ein Brief überliefert, der offenbar unterfrankiert an die Kriminalpolizei adressiert war und keinen Absender trug. Die Polizei weigerte sich, das Porto nachzubezahlen, sodass der Brief zunächst wieder bei der Post landete. Die Staatssicherheit hingegen vermutete, es könne sich um brauchbare Informationen handeln und nahm sich des Briefes an.[79]

Abb. 5: Ein Briefumschlag aus dem Jahr 1954, auf dem die verweigerte Annahme durch die Kripo vermerkt ist.

Fingierte Briefe der Staatssicherheit

Immer wieder benutzte die Staatssicherheit fingierte Briefe als Druckmittel oder setzte sie ein, um Vorgänge abzuschließen. Denn letztendlich konnte die Staatssicherheit so von sich selbst als ermittelnder Akteur ablenken und zumindest suggerieren, der Hinweis wäre von außen gekommen. Es lässt sich an dem Umgang mit diesen fingierten Briefen sehr gut ablesen, welche Strategie die Staatssicherheit im weiteren Verfahren anwendete. Deutlich ist auch zu erkennen, dass auf bekannte Muster von Denunziationsbriefen zurückgegriffen wurde, um die Schreiben authentisch erscheinen zu lassen. In den Akten findet sich manchmal ein Hinweis darauf, dass die Briefe absichtlich von den Offizieren des MfS geschrieben worden seien. Bei einigen Schreiben fällt außerdem auf, dass der für einen mit der Post versandten Brief typische Faltknick fehlt – er sich also zu keiner Zeit in einem Umschlag befand. Der Verschleierungsgrad dieser Schreiben ist erwartungsgemäß sehr hoch, da nichts darauf hinweisen sollte, dass die Geheimpolizei sie selbst angefertigt hatte. Außerdem täuschte die Staatssicherheit vor, Briefe aus der Bundesrepublik erhalten zu haben. Deswegen standen auf dem Umschlag Anschriften

---

78 Vgl. BArch, MfS, Kartei BdL 193.
79 Brief v. 22.4.1954 (Poststempel); BArch, MfS, BV Schwerin, AOP 193/54, Bl. 8.

wie »Leiter der Polizeibehörde Perleberg 2910«[80] (statt der Volkspolizei) oder »Herrn Bürgermeister, 29 Wittenberge, Rathaus«[81]. Diese Adressen sollten von der Unkenntnis administrativer Zuständigkeiten in der DDR zeugen. Zugleich waren diese Briefe nach dem gleichen Muster verfasst wie die echten Schreiben. So wurde auch hier betont, dass man den eigenen Namen nicht nennen wolle, um keine Schwierigkeiten zu bekommen und dass der Adressat doch bestimmt verwundert sei, aus der Bundesrepublik Post zu bekommen (auch wenn es die Schreiber der Staatssicherheit nicht schafften, auf die entlarvende Abkürzung BRD zu verzichten[82] oder nicht in der Lage waren, ihren Wortschatz anzupassen). Zwar sollen die Grußformeln bürgerliches Milieu vortäuschen (»Werter Polizeichef«[83], »Werter Herr Stadtdirektor«[84], »Hochachtungsvoll«[85]), aber in dem Schreiben kamen doch Vokabeln wie »Schleusung« oder »dieser Mann unterhält briefliche und telefonische Verbindung«[86] vor. Trotzdem lassen sich die meisten dieser Fälschungen auf den ersten Blick nicht als solche identifizieren. Die Staatssicherheit legte diese Briefe den Verdächtigen bei der Vernehmung vor – das war der einzige Zweck dieser Fälschungen. Meist lagen gegen diese Personen inoffizielle Materialien vor (abgefangene Briefe und Berichte von Inoffiziellen Mitarbeitern), aber mit diesen fingierten Denunziationsbriefen ließen sich die Beschuldigten unter Druck setzen, indem man sie mit ihren »Taten« konfrontierte. Damit wollten die Vernehmer erreichen, dass sie ihre vermeintlichen »Delikte« oder »Pläne« zugaben und davon Abstand nahmen. Vor Gericht hätten diese fiktiven Beweismittel aber keinen Bestand gehabt.

Denunziatorische Briefe in der DDR zeugten von einem Abstand zwischen Schreibenden und Adressaten. Sie bargen viele Möglichkeiten für die Verfasser, ihre Identität zu verschleiern und sich zu maskieren. Gleichzeitig bot der Brief die größtmögliche Freiheit, den Text zu gestalten, ihn sehr kurz oder ausführlich zu halten und die sprachliche Argumentation dem gewünschten Ergebnis anzupassen. Viele Schreiben verwendeten mehrere formale Standards amtlicher Post, wie Betreff- und Grußzeilen, aber seltener Elemente sozialistischer Diktion (»mit sozialistischem Gruß etc.«). In der Mehrzahl konzentrieren sich die Schreibenden auf den konkreten Vorwurf des Fehlverhaltens des Beschuldigten und verbanden dies mit Empörungsäußerungen oder Beobachtungsdetails, um die Glaubwür-

---

80 Brief (undatiert); BArch, MfS, BV Schwerin, AOP 102/87, Bl. 345.
81 Brief (undatiert); BArch, MfS, BV Schwerin, AOPK 169/75, Bl. 70.
82 Ab Mitte der 1970er-Jahre wurde, obwohl anfangs im öffentlichen Gebrauch durchaus verwendet, die Abkürzung BRD in der Bundesrepublik als kommunistisch abgelehnt. Vgl. Georg Stötzel, Martin Wengeler: Kontroverse Begriffe. Geschichte des öffentlichen Sprachgebrauchs in der Bundesrepublik Deutschland. Berlin 1995, S. 320.
83 Brief (undatiert); BArch, MfS, BV Schwerin, AOP 102/87, Bl. 345.
84 Brief (undatiert); BArch, MfS, BV Schwerin, AOPK 169/75, Bl. 70.
85 Ebenda.
86 Brief (undatiert); BArch, MfS, BV Schwerin, AOP 102/87, Bl. 345.

digkeit zu erhöhen. Wenn die Schreibenden ihre eigene Identität offenlegten, unterstrichen sie fast immer ihre politische Zuverlässigkeit. Die Abwesenheit der Empfänger ermöglichten den Verfassern, nach eigenem Ermessen zu agieren und die Denunziation sorgfältig zu planen, so tauchten in Denunziationsschreiben fast nie Durchstreichungen oder Ergänzungen auf.

4.2 Denunziatorische Anrufe – Meldungen per Telefon

> Ich hätte eine Mitteilung zu machen, und zwar geht es um den […]. Hören Sie gut zu! – Wir hören immer gut zu![87]

Telefonieren in der DDR war zwar eine eingeübte Handlung vieler Bürger, jedoch zählte es im Gegensatz zum Briefeschreiben nicht zur alltäglichen Kommunikationsform.[88] Ein Privatapparat gehörte in der DDR zu den Mangelwaren, Dienstanschlüsse gab es häufiger, die Bevölkerung nutzte sie auch zur Übermittlung privater Informationen.[89] Telefongeschichte und Telefonsoziologie standen zu Beginn der 1990er-Jahre stärker im Fokus der Forschung als heute. Die telefonische Kommunikation befand sich im Umbruch. Zunächst war sie geprägt durch den festen Standort des Apparates und die daraus resultierenden Bedingungen (Warten auf den Anruf, Anrufbeantworter usw.). Ab Mitte der 1990er-Jahre wurde das Telefon zu einem flexiblen Massenmedium. Während zuvor in der Bundesrepublik ein Apparat auf eine Wohnung oder eine Familie kam,[90] besitzt heute fast jedes Familienmitglied ein Mobiltelefon und kann jederzeit sowohl über ein »normales« Gespräch oder über das Internet als auch in sozialen Netzwerken oder über Kurznachrichten mit anderen Personen kommunizieren. Telefonieren und die ständige Erreichbarkeit gehören zum Alltag, im Gegenzug erwarten wir, dass unser potenzieller Gesprächspartner verfügbar ist und uns gegebenenfalls sofort zurückruft. Zugleich ermöglichen es moderne Telefone, schon vor dem Annehmen des Gesprächs zu sehen, wer anruft. Der Angerufene kann sich vor der eigentlichen Gesprächssituation überlegen, ob er dieses Gespräch überhaupt führen will. Das war in der DDR, aber auch in der alten Bundesrepublik nicht möglich und zugleich konnten auch die staatlichen Institutionen nicht wissen, wer bei ihnen anrufen würde.

---

87 Protokoll v. 21.8.1986; BArch, MfS, BV Schwerin, AKK 299/88, Bl. 38–46, hier 39.
88 Zur Denunziation per Telefon mit einem soziologischen Zugriff: Galanova: Anrufe von Bürgern.
89 Kowalczuk: Telefongeschichten, S. 22–31.
90 Ebenda, S. 30.

Ein soziologischer und kommunikationstheoretischer Vergleich zur Veränderung des Telefonverhaltens in Deutschland wäre sicher lohnenswert.[91] Als grundlegend für die Telefonforschung der 1990er-Jahre gelten die Ergebnisse der Forschungsgruppe »Telefonkommunikation« an der Freien Universität Berlin[92] und die Sammelbände von Jürgen Bräunlein und Bernd Flessner sowie Stefan Münker und Alexander Roesler. Bereits Ende der 1980er-Jahre fanden Wissenschaftler mithilfe von Befragungen heraus, dass sich die meisten Personen ein Leben ohne ein Telefon nicht mehr vorstellen konnten. Sie untersuchten Gesprächsdauer und fragten nach Themen und Inhalten privater telefonischer Kontakte.[93]

Die Situation der telefonischen Kommunikation in der bzw. in die DDR ist jüngst von Ilko-Sascha Kowalczuk ausführlich mit Rückgriff auf Statistiken zur Anschlussdichte, technischen Voraussetzungen usw. in seiner Einleitung zur Edition des grenzüberschreitenden Telefonverkehrs der DDR-Opposition beschrieben worden.[94] Im Buch von Kowalczuk und Polzin werden vor allem Telefonate mit privatem Charakter dargestellt. Die Einleitung thematisiert ausführlich, dass der Verdacht oder der Gewissheit, dass die Gespräche abgehört würden, auch Gesprächsinhalte und -taktik beeinflusst haben werden. Der Sammelband leistet einen wichtigen Beitrag zur Darstellung auch der DDR-Alltagsgeschichte in Bezug auf das Telefonieren – ein Aspekt, der bisher noch kaum betrachtet worden war. Populärwissenschaftlich wird das Telefonieren in der DDR in einer Dokumentation des Mitteldeutschen Rundfunks (MDR) dargestellt, wobei auch auf die technische Seite des Telefons eingegangen wird.[95] Sowohl die linguistische als auch die soziologische Forschung widmeten sich bereits der Notrufkommunikation. Außerdem dienen Analysen dieser Gesprächssituationen der Ausbildung von Personen, die Notrufe für die Feuerwehr, die Polizei oder

---

91 Vgl. u. a. Joachim R. Höflich, Julian Gebhardt (Hg.): Mobile Kommunikation. Perspektiven und Forschungsfelder. Frankfurt/M. 2005. Ein von der DFG gefördertes Projekt der Humboldt-Universität zu Berlin und der Universität Rostock ging diesen Fragen unter dem Titel »Mobile Medien als Katalysator für zeitliche Entgrenzung? Eine qualitative und quantitative Nutzungsstudie« nach; gepris.dfg.de/gepris/projekt/278208817 (letzter Zugriff: 2.2.2023).
92 Forschungsgruppe Telefonkommunikation (Hg.): Telefon und Gesellschaft. Bde. 1–4. Berlin 1989–1991.
93 Stefan Münker, Alexander Roesler (Hg.): Telefonbuch. Beiträge zur Kulturgeschichte des Telefons. Frankfurt/M. 2000; Jürgen Bräunlein, Bernd Flessner (Hg.): Der sprechende Knochen. Perspektiven von Telefonkulturen. Würzburg 2000. Einen interessanten Vergleich zur Telefonkommunikation in einer Stresssituation, wie es auch die Denunziation bedeutet, bietet eine Untersuchung von Gregor von der Heiden über die Telefonate eines RAF-Mitglieds während der Besetzung der bundesdeutschen Botschaft in Stockholm 1975. Er beschreibt und analysiert ausführlich die Gesprächsverläufe und die Auswirkungen der Krisensituation auf die Anrufe. Vgl. ders.: Gespräche in einer Krise. Analyse von Telefonaten mit einem RAF-Mitglied während der Okkupation der westdeutschen Botschaft in Stockholm 1975. Umeå 2009.
94 Vgl. Kowalczuk: Telefongeschichten, S. 17–174.
95 Fasse dich kurz! Telefonieren in der DDR. MDR 2007, 45 Min.

den Rettungsdienst entgegennehmen.⁹⁶ Notrufe zeichnen sich durch ihren stark formalisierten Charakter aus.

Die Institution, die die Anrufe entgegennimmt, hat das Ziel, präzise Angaben zur Art des Notfalls, den Ort, den möglichen Verletzten oder Bedrohten sowie den Namen des Anrufers zu ermitteln. Allein darauf konzentrieren sich die Nachfragen der Notrufzentrale. Gleichzeitig sollen sie den möglicherweise aufgebrachten Anrufer beruhigen und ihm Handlungsanweisungen geben. Bergmann entwirft aber auch die These, dass sich der Anrufer bei Feuerwehrnotrufen rechtfertigt und seine Ausführungen als plausibel und wahrheitsgetreu vermitteln möchte.⁹⁷ Notrufe beginnen für gewöhnlich damit, dass die Einrichtung, die angerufen wird, sich selbst identifiziert, damit dem Anrufer auch bewusst wird, dass er an der richtigen Stelle gelandet ist.⁹⁸ Die Kommunikation ist konsequent auf die Umstände der Notsituation ausgerichtet und auch die eventuellen Nachfragen zielen auf eine möglichst präzise Beschreibung des Sachverhalts ab. Jedoch sind Notrufe vor allem sehr kurze Gespräche, da es primär darum geht, eine Handlungsaufforderung an die Institution zu übermitteln und die Einrichtung in einer realen Notsituation, d. h. wenn sich der Fall nicht schon während des Gesprächs erledigt oder als Fehlalarm erweist, dieser Aufforderung auch folgen wird.⁹⁹

In der DDR besaß nur etwa jeder sechste Mensch ein Telefon; für die Einrichtung eines Fernsprechers waren lange Wartezeiten die Regel, ein fehlender Anschluss wurde häufig in Eingaben beklagt.¹⁰⁰ In der Bundesrepublik war das Telefon ab den 1970er-Jahren etwas Selbstverständliches, in der DDR aber Mangelware – und das war den meisten DDR-Bürgern durchaus bewusst. Nicht

---

96 Vgl. Jörg R. Bergmann: Alarmiertes Verstehen. Kommunikation in Feuerwehrnotrufen. In: Thomas Jung, Stefan Müller-Doohn (Hg.): »Wirklichkeit« im Deutungsprozess. Verstehen und Methoden in den Kultur- und Sozialwissenschaften. Frankfurt/M. 1993, S. 283–328; Thomas Ley: Notrufkommunikation. Sequenzanalytische Fallrekonstruktion. Frankfurt/M. 2011; Lars Clause, Wolf R. Dombrowsky: Warnpraxis und Warnlogik. In: Zeitschrift für Soziologie 13 (1984) 4, S. 293–307; Gerd Hanak: Polizeinotruf. Intervention über Aufforderung. Holzkirchen/Obb. 1991; Marilyn R. Whalen, Don H. Zimmermann: Describing Trouble. Practical epistemology in citizen calls to the police. In: Language in Society 19 (1990) 4, S. 465–492; Clifford D. Shearing: Dial a cop. A study of police mobilization. In: Ronald L. Akers, Edward Sagarin (Hg.): Crime Prevention and Social Control. New York 1974, S. 77–88.
97 Bergmann: Alarmiertes Verstehen, S. 287.
98 Ebenda, S. 293; Whalen, Zimmermann: Describing Trouble, S. 473 ff.
99 Nun gibt es keine Forschungsliteratur über den Notruf von Feuerwehr, Polizei und Rettungsdienst in der DDR. Trotz allem ist anzunehmen, auch wegen der Hinweise, die z. B. in den Telefonzellen ausgehängt waren, dass die Kommunikation in Notsituationen systemunabhängig relativ ähnlich verläuft. Hierzu wäre zu bemerken, dass sich in den Archiven des BArch durchaus einige Mitschnitte von Notrufen bei der VP oder der Feuerwehr finden lassen, die für eine Forschung zur Notrufkommunikation in der DDR verwendbar wären. Hauptsächlich sind aber Falschmeldungen und anonyme Drohanrufe bei der VP vom MfS archiviert worden, mit großer Wahrscheinlichkeit als Stimmkonserve für Vergleichsproben.
100 Vgl. bspw. Bundesarchiv: Bestandsbeschreibung des Büros Egon Krenz im ZK der SED, Eingaben der Bevölkerung; BArch, DY 30/IV/2/2.039.

einmal jeder Arzt oder jeder Bürgermeister verfügte über ein Telefon.[101] Wichtige private Mitteilungen, zum Beispiel über Geburten oder Todesfälle, wurden häufig über Telegramme versandt bzw. Nachbarn mit Telefon wurden verständigt, mit der Bitte, wichtige Nachrichten zu übermitteln.[102]

Bei Anrufen mit denunziatorischen Inhalten lässt sich erkennen, ob Personen, die sich in der DDR dieser Kommunikationsform bedienten, um mit der Obrigkeit in Kontakt zu treten, in telefonischer Kommunikation geübt waren. Der Anruf bei Polizei, SED oder Staatssicherheit stellt sich nicht als selbstverständlich dar. Anrufer und Empfänger kämpften zudem oft mit technischen Problemen. Trotzdem wählten einige Denunzianten das Telefon, um mit der Staatssicherheit, mit der Polizei oder mit dem Rat des Kreises in Verbindung zu treten, selbst wenn oder gerade weil sie kein Telefon zu Hause hatten und einen öffentlichen Apparat benutzen mussten. Auch der Fernsprecher barg Maskierungspotenzial und die Möglichkeit anonym zu bleiben. Am Telefon galt es für gewöhnlich, sich präzise und verständlich auszudrücken und seinem Gesprächspartner die nötigen Informationen zu übermitteln und ihn gleichzeitig zum Handeln aufzufordern. Zugleich wollten die Anrufer Glaubwürdigkeit vermitteln.

Die Gesprächspartner eines Telefonats befinden sich nicht am gleichen Ort, sie müssen noch nicht einmal wissen, mit wem sie sprechen. Sie können sich durch Gestik und Mimik nichts mitteilen und sie können sich ihrem Gegenüber nicht ausweisen, wie es vor Ort möglich wäre – etwa durch die Vorlage eines Personaldokuments. Die Stimme ist aber im Gegensatz zur Handschrift in einem Brief, die sich verstellen lässt, etwas sehr Individuelles. Sie verrät manches über den Gesprächspartner, zum Beispiel ob es sich um einen Mann oder eine Frau handelt und wie alt eine Person ungefähr ist. Auch äußere Faktoren lassen sich teilweise analysieren, zum Beispiel ob jemand an einem ruhigen oder belebten Ort spricht, in Hektik, alkoholisiert oder verwirrt ist. Die meisten »weichen« Faktoren eines Telefonats, jenseits des Geschlechts, lassen sich nicht einmal ansatzweise in einem Gesprächsprotokoll dokumentieren, haben aber Einfluss auf das Verhalten der Gesprächsteilnehmer. Auch die Offiziere der Staatssicherheit waren angehalten, auf diese Merkmale zu achten. Allerdings finden sich nur selten auch Aufzeichnungen, die dies festhalten. In einem Merkblatt für Offiziere vom Dienst und für die Abteilung XXII (»Terrorabwehr«) wurden die wichtigsten Regeln zur Identifizierung der Gesprächspartner festgehalten:

[...]
4. Achten Sie auf folgende Merkmale der Stimme und Sprache des Anrufers bzw. nehmen Sie folgende Einschätzung vor: Geschlecht, Alter, Fachausdrücke, Beson-

---

101 Kowalczuk: Telefongeschichten, S. 25.
102 Paul Kaiser, Claudia Petzold: Boheme und Diktatur in der DDR. Gruppen, Konflikte, Quartiere 1970–1989. Berlin 1997, S. 70.

derheiten des Dialekts, Wortwahl und Ausdrucksweise, Sprachfehler, Sprachstil, Lautstärke, Tonhöhe, Sprechtempo!
5. Achten die auf Merkmale, die auf eine Stimmverstellung hinweisen!
6. Achten Sie auf Umstände, die die Sprechsituation des Anrufers charakterisieren, wie heftiges Atmen, Hast beim Sprechen, Unsicherheiten, unmotivierte Absätze beim Sprechen, gleichmäßig betontes Sprechen![103]

Im Falle der Anrufe beim Staatssicherheitsdienst hielten die Offiziere diese Parameter nicht immer schriftlich fest; solche Aspekte sind daher nur teilweise nachzuvollziehen. Aus den Tonaufnahmen lassen sich diese Faktoren allerdings noch erahnen, auch wenn das eigentliche Telefonat natürlich nur mit Qualitätseinbußen aufgezeichnet wurde. Trotz allem wird dadurch das Gespräch sehr viel präziser gespeichert als es durch eine Abschrift möglich ist.

Anrufe beim MfS tragen nicht immer einen denunziatorischen Charakter. Häufig handelte es sich bei den eingehenden Gesprächen beim Offizier vom Dienst (OvD) beispielsweise um Anrufe von IM, die ihren Führungsoffizier sprechen wollten, um Betriebe, die offizielle Absprachen und Rücksprachen tätigten, um Drohanrufe, um Anrufe, die eher für die Feuerwehr oder die Volkspolizei bestimmt gewesen wären (Mitteilungen über Unfälle, Brände, Einbrüche u. Ä.) und Anrufe von Privatpersonen, die beispielsweise Auskunft über Familienangehörige erhalten wollten.[104]

Häufig gingen bei der Staatssicherheit, SED, Volkspolizei und Feuerwehr Drohanrufe, Scherzanrufe oder Anrufe ein, bei denen bewusst falsche Informationen über fiktive Straftaten kolportiert wurden. Diese Anrufe kamen aus der DDR, aber auch aus der Bundesrepublik. Von September 1987 bis September 1988 verzeichnen die MfS-Akten beispielsweise im Bezirk Dresden 151 solcher Anrufe, die an die Staatssicherheit weitergemeldet wurden. Davon kamen 79 aus

---

[103] Merkblatt über das richtige Verhalten bei der Entgegennahme von operativ relevanten Telefonanrufen (o. D.); BArch, MfS, BV Leipzig, AG XXII 41, Bl. 15.
[104] Nachvollziehen lassen sich die eingehenden Anrufe anhand der Protokollbücher des Büros der Leitung und anhand der Tonbandprotokolle, die dort überliefert sind (alle Tonbänder der Signaturen BArch, MfS, BdL Tb 1 bis BArch, MfS, BdL, Tb 587 enthalten Anrufe, die beim OvD der MfS-Zentrale in Berlin eingingen). Sie sind nicht chronologisch und nicht vollständig archiviert, sondern bilden lediglich ab, welche Anrufe die Staatssicherheit auf Tonbändern archiviert hat. Es handelt sich um Zusammenschnitte verschiedener Anrufe. Die vollständige Auswertung aller dieser Tonbänder würde ein noch umfangreicheres Bild der Anrufe beim MfS ergeben. Für die vorliegende Studie wurden nur Stichproben aus diesem Bestand ausgewertet. Zusätzlich stellen die Lagefilme der OvD eine Überlieferung für die Anrufe dar, allerdings sind die nur sehr bruchstückhaft und nur aus einigen Bezirksverwaltungen überliefert (z. B. BArch, MfS, BdL 391–393). Abschriften einzelner Meldungen aus den Lagefilmen finden sich aber in anderen Aktenbeständen wieder (z. B. in den ZAIG-Beständen, in Operativen Personenkontrollen oder Operativen Vorgängen oder Ähnlichem). Auch aus den BV sind Anrufe überliefert. Während es aus Berlin und Leipzig ein größeres Konvolut mit diesen Aufnahmen gibt, lassen sich in Frankfurt/Oder und Schwerin solche Tonbandkonserven fast gar nicht finden.

der DDR und 71 aus der Bundesrepublik. 70 % dieser Anrufe trafen bei der Volkspolizei ein (wohl auch, weil die Nummer 110 vielen geläufig war). Aus der Bundesrepublik riefen ebenfalls die meisten Drohanrufer bei der Volkspolizei an. Bemerkenswert ist, dass die Volkspolizei nicht erkennen konnte, ob der Anruf aus der Bundesrepublik oder der DDR erfolgte.[105] Die Fangschaltungen waren noch in den 1980er- Jahren technisch ein großes Problem. Vom Ortsnetz Berlin ließ sich ein Anruf, wenn er in einer Dienststelle in Ostberlin einging, gut zurückverfolgen. Allerdings dauerte die Rückverfolgung 20 bis 40 Minuten, bei Ferngesprächen bis zu mehrere Stunden. Anrufe aus dem Selbstwählfernsprechverkehr konnten gar nicht zurückverfolgt werden (Stand: 1985), ebenso verhielt es sich bei Anrufen aus der Bundesrepublik, wenn sie beim MfS in Berlin aufliefen. Dort ließ sich allenfalls feststellen, dass sie aus dem »Operationsgebiet« stammten, aber nicht woher genau.[106]

Zur Aufklärung dieser Fälle, aber auch zur Identifizierung von Oppositionellen, Bürgerrechtlerinnen und Bürgerrechtlern in der DDR und zur Spionageabwehr plante die Staatssicherheit schon seit den 1960er-Jahren, eine Stimmdatenbank (»Stimmbank« oder »Stimmarchiv«) aufzubauen.[107] Es sollte eine Sprecherdatenbank angelegt werden, die u. a. bestimmte Dialekte konservieren und nachhörbar machen oder bestimmte Geräusche aufzeichnen sollte. Außerdem bestanden in anderen Abteilungen, wie der Hauptabteilung XX, der IX und der Zentralen Auswertungs- und Informationsgruppe (ZAIG), eigene Tonarchive, die relevante Informationen auf Tonbändern speicherten.[108] Grundsätzlich war die Vergleichsanalyse nur in sehr geringem Maße erfolgreich und eher als Zukunftsprojekt im Hinblick auf die Digitalisierung konzipiert worden. Das MfS schaffte es bis 1989 nicht, mit ihren Speicherparametern einen sinnvollen Zugriff auf dieses Archiv zu entwickeln, sodass in vielen Fällen ein Abgleich keine Ergebnisse brachte.[109]

---

105 Lageeinschätzung der AG XXII, BV Dresden undatiert (Ende 1988); BArch, MfS, HA XXII 16626, Bl. 21–25.
106 Bernhard Behm: Spezielle Probleme der Bearbeitung von aufgezeichneten politisch-operativ bedeutsamen Schallereignissen in Bezug auf inhaltliche Auswertung, Erfassung, Speicherung und Wiedergewinnung als Bestandteil der Auswertungs- und Informationstätigkeit; BArch, MfS, JHS Nr. 20349, S. 13 f.
107 Angela Schmole: Abteilung 26. Telefonkontrolle, Abhörmaßnahmen und Videoüberwachung. Berlin 2009, S. 12; Kowalczuk: Telefongeschichten, S. 140 ff.; ausführlich zur Stimmbank Karin Bijsterveld: Slicing Sound: Speaker Identification and Sonic Skills at the Stasi, 1966–1989. In: Isis 112 (2021) 2, S. 215–241.
108 Oberhack, Jurichs, Steinbach: Die Töne der Staatssicherheit, S. 10–14.
109 Die technischen Probleme bei der Identifikation bzw. den gescheiterten Versuchen dazu sind Gegenstand einiger Diplomarbeiten des MfS; s. Henry Müller: Zu einigen Grundproblemen der Schaffung hochwertiger Ausgangsmaterialien und der Aufnahme der operativen Vorgangsbearbeitung von Erscheinungen staatsfeindlicher hetzerischer Telefonanrufe; BArch, MfS, MF, VVS 160-253/74; Dieter Krogull: Die Gewährleistung des operativen Vorbereitetseins auf die Einleitung von Sofortmaßnahmen zur wirksamen Bearbeitung operativ relevanter Telefonanrufe und der schnellen Identifizierung und Aufklärung der Täter während der Sicherung politischer

Grundsätzlich nahm mit der Dichte des DDR-Telefonnetzes die Anzahl der Anrufe beim MfS zu. Das schließt nicht nur Denunziationen am Telefon, sondern auch Drohanrufe und Falschinformationen ein. Davon war ein beträchtlicher Teil durch anonyme oder pseudonyme Anrufer geprägt. Eine Diplomarbeit des MfS zählte 186 anonyme bzw. pseudonyme Anrufe im Jahr 1982 und 380 anonyme Anrufer im Jahr 1984, die beim Büro der Leitung des MfS in der Normannenstraße eingingen.[110]

Das Ministerium für Staatssicherheit bot sich gleichsam als Mitteilungsempfänger an, in dem es seine Telefonnummer im Telefonbuch preisgab und zeigte damit grundsätzlich Bereitschaft, auf Hinweise der Bevölkerung zu reagieren und ihnen nachzugehen. Gleichzeitig zeigen die mitgeschnittenen Anrufe, dass sich die Offiziere des MfS konspirativ verhielten. Sie meldeten sich nur selten mit dem Namen ihrer Institution und es war eher ein Ausnahmefall, dass ein Mitarbeiter sich mit »Ministerium für Staatssicherheit, guten Morgen« meldete. Ihren eigenen Namen nannten sie schon gar nicht. In vielen Fällen wurde das Gespräch mit »Ja«, »Ja, bitte«[111] oder schlicht mit »Teilnehmer?«[112] eröffnet. Zeitweilig meldete sich der OvD auch mit der Bezeichnung »Offizier vom Dienst«[113] oder auf Nachfrage, mit wem man gerade spreche, mit »Sie sprechen mit dem Diensthabenden«[114]. In einigen Fällen ist auf dem Tonband das Ansprechen durch den Vertreter der Institution gar nicht mitgeschnitten, in den Anrufen bei der Volkspolizei meldete sich der Offizier des Hauses immer mit »Notruf 110«[115] oder »Volkspolizei«.

Für anonyme und pseudonyme Anrufe »mit operativer Relevanz« sahen die dienstlichen Bestimmungen des MfS klare Regeln vor. Sie sollten sich als Ansprechpartner darstellen, taktisch klug die Gespräche führen und vertrauensvoll und dennoch dominant agieren:

> 7. Verhalten Sie sich so, daß der Anrufer soviel und solange wie möglich spricht! Unterlassen Sie vor allem abfällige Bemerkungen, sofortige Fragen nach dem Namen, der Telefonnummer und dem Aufenthaltsort des Anrufers sowie jedes Dazwischensprechen zwischen zusammenhängende Ausführungen des Anrufers!
> 8. Versuchen Sie, eine Art ›Vertrauensverhältnis‹ zum Anrufer herzustellen, indem Sie ihn und seine Ausführungen ernst nehmen!

Höhepunkte; BArch, MfS, MF, VVS JHS Nr. 001-364/79; Rainer Thamm: Der zielgerichtete Einsatz von Inoffiziellen Mitarbeitern bei der Aufklärung operativ relevanter Telefonanrufe; BArch, MfS, MF, JHS Nr. 001-378/76.

110 Behm: Spezielle Probleme der Bearbeitung [...]; BArch, MfS, JHS Nr. 20349, S. 16.
111 BArch, MfS, BV Berlin, Ka 29 b.
112 BArch, MfS, BV Frankfurt, Tb 102.
113 BArch, MfS, BV Berlin, Tb 128.
114 BArch, MfS, BV Berlin, Tb 152.
115 BArch, MfS, BV Leipzig, Tb 114.

9. Nutzen Sie Pausen in den Ausführungen des Anrufers, um ihrerseits geschickte Fragen nach den Örtlichkeiten, Zeitpunkt, Zielstellung, Beteiligte u. a. Details angekündigter oder angedrohter Straftaten einzuflechten!
10. Beenden Sie niemals vor dem Anrufer das Gespräch! Täuschen Sie Störungen im Telefonkanal o. ä. vor, um ihn zum Weitersprechen bzw. Wiederholen aufzufordern![116]

Die Realität der Telefonate unterschied sich jedoch zumeist erheblich von diesen Vorgaben. Nur in den wenigsten der überlieferten Anrufe schafften es die Mitarbeiter der Staatssicherheit, auf ihren Gesprächspartner einzugehen. Schon zu Beginn vieler Telefonate entwickelte sich die Frage nach dem Namen des Anrufers zum Streitthema. Auch bei der Volkspolizei war die Identifikation des Gesprächsteilnehmers zumeist Ausgangspunkt des Telefonats. So in einem Anruf aus Westberlin: Der Volkspolizist fragte: »Mit wem sprech' ich denn überhaupt?«, worauf der Anrufer antwortete: »Ich rufe aus der BRD an, mein Name spielt jetzt momentan keine Rolle.«[117]

Die Mitarbeiter der Staatssicherheit rangen immer wieder mit ihren anonymen und pseudonymen Anrufern um die Preisgabe des Namens: »Wen möchten Sie sprechen?« »Einen von der Staatssicherheit.« »Mit wem spreche ich, bitte?« »Das kann ich Ihnen nicht sagen. Das verrate ich nicht.«[118]

Oder wie in einem Anruf im November 1988 beim VPKA Döbeln: »Hören Sie, ich habe eine Information für Sie. Haben Sie einen Zettel und Bleistift?« »Einen kleinen Moment mal bitte. Wer spricht denn dort?«[119]

Oder: »Ich wollte was melden.« »Wer sind Sie denn?« »Ich rufe aus der BRD an.« »Auch in der BRD haben die Menschen doch Namen.«[120]

Die meisten Anrufer nannten ihren Namen daraufhin trotzdem nicht. Einige griffen bei allzu fordernden Nachfragen vermutlich auf ein Pseudonym zurück und wählten geläufige Nachnamen wie »Müller«[121] oder »Schmidt«[122]. Andere wiesen explizit darauf hin, dass sie den Namen nicht nennen wollten oder übergingen die Fragen der Offiziere, indem sie schnell ihr Anliegen bzw. ihre Anschuldigungen nannten und dann auflegten. In den meisten Fällen vergaben die Offiziere durch ihr zu dominantes Auftreten die Chance, die Anrufer in ein längeres Gespräch zu verwickeln und so mehr zu erfahren. Einige handelten dabei sogar gegen ihre dienstlichen Vorgaben und sagten, sie können eine Anzeige bzw. Meldung nur

---

116 Operative Anhalte zum richtigen Reagieren bei anonymen bzw. pseudonymen Anrufen, undatiert; BArch, MfS, BV Cottbus, KD Fürstenwalde 130, Bl. 41 f.
117 BArch, MfS, BV Berlin, Ka 47.
118 BArch, MfS, BV Berlin, Tb 73.
119 BArch, MfS, BV Leipzig, Tb 180.
120 BArch, MfS, BV Leipzig, Tb 549.
121 BArch, MfS, BV Leipzig, Tb 132.
122 BArch, MfS, BV Leipzig, Tb 139.

dann bearbeiten, wenn ein Name dazu vorliege.[123] Die Frage nach dem Namen des Anrufenden entwickelte sich häufig zur Schlüsselfrage des Gesprächs, hinter der manchmal die eigentliche Information und damit auch die Denunziation zurücktraten. Die Offiziere fragten so beharrlich nach dem Informationsgeber, weil sie durch Identität des Informanten die Nachricht und die Glaubwürdigkeit der Anrufer überprüfen wollten. Außerdem sahen sich die Staatssicherheit, die Polizei und anderen staatlichen Stellen mit einer Reihe von Desinformationen konfrontiert, weswegen sie eine absichtliche Falschaussage von Beginn an ausschließen wollten.

Die Anrufer agierten ganz unterschiedlich. Während diejenigen aus der Bundesrepublik teilweise sehr forsch und ohne jede Angst auftraten, verhielten sich Gesprächsteilnehmer aus der DDR zurückhaltender. So wurde ein Offizier vom Dienst der Bezirksverwaltung Leipzig von einem Anrufer, der mutmaßlich aus Nordrhein-Westfalen stammte, mit folgenden Worten begrüßt: »Jetzt nehmen Sie mal einen Bleistift oder einen Kugelschreiber in die Hand und notieren Sie folgende Sachen!«[124], woraufhin der Mitarbeiter ebenfalls sehr forsch entgegnete: »Ich möchte erstmal wissen, mit wem ich spreche.«[125] Der MfS-Offizier ließ sich schließlich vom Auftreten des Bundesbürgers überrumpeln und auf ein Gespräch mit ihm ein. Er konnte es nicht verhindern, dass der Anrufer die Gesprächsführung übernahm und auch nur die Informationen gab, die er zu geben bereit war. Der Mitarbeiter schaffte es aber, durch wiederholtes Nachfragen das Gespräch länger in Gang zu halten und sich dem Gesprächsstil durch aktives Zuhören (Rückfragen, kurze zustimmende Zwischenantworten) anzupassen.

In einem anderen Fall rief ein Bundesbürger bei der Stasi-Bezirksverwaltung Berlin an. Vorausgegangen war ein längeres Gespräch, in dem der Mann ausführlich über die angebliche Liebesbeziehung zu einer Frau in der DDR berichtete, die ihn nun gebeten habe, ihm bei einer Flucht in den Westen zu helfen. Bei seinem zweiten Anruf drei bis vier Tage später wollte er seine Ausführungen noch ergänzen. Dabei ging er ebenfalls sehr forsch vor: »Und zwar geht es um [Vorname Nachname]. Ich gebe Ihnen die Adresse mal durch, die habt ihr ja schon. [Vorname Nachname] – schreiben Sie mit! Bitte schreiben Sie mit. [Adresse].« Der Offizier, der zwar nicht im Bilde über den vorherigen Anruf war, ließ sich dennoch vom Anrufer herumkommandieren. Der Mann schildert dem OvD nochmals kurz den Sachverhalt, worauf dieser entgegnet (wahrscheinlich auch, um den äußerst gesprächigen Anrufer loszuwerden): »Ja, ich habe verstanden.« Darauf entgegnet der Anrufer sehr forsch: »Sie haben nichts verstanden. Jetzt hören Sie mal genau zu. Und Sie sagen ›ja‹ oder ›nein‹ dazu.« Dass der Anrufer aus der Bundesrepublik das Gespräch dominierte, lässt sich auch an seinen Nachfragen ablesen, die in

---

123 BArch, MfS, BV Berlin, Ka 29.
124 BArch, MfS, BV Leipzig, Tb 193.
125 Ebenda.

dieser Art und Weise eigentlich vom OvD hätten kommen müssen. So zum Beispiel die Nachfrage an den Mitarbeiter der Staatssicherheit: »Entschuldigen Sie vielmals, ich habe Ihren Dialekt nicht verstanden.« Oder: »Wie heißen Sie?«, als Frage des Anrufers, worauf der OvD antwortete: »Ich bin hier der Diensthabende.« Darauf der Mann: »Na und? Wenn Sie der Diensthabende sind, haben Sie auch einen Namen.«[126] Das ist eine Reaktion, die eher vom MfS-Mitarbeiter zu erwarten gewesen wäre.

Durchaus fordernd traten aber auch einige Anrufer aus der DDR auf; in einem Fall ein Mann, der bei der BV Leipzig anrief. Indem er sich mit dem Pseudonym »Schmidt« vorstellte, umging er die Prozedur des Fragens nach dem Namen. Er sagte zum Offizier vom Dienst: »Ja, hier ist Schmidt. Folgendes, wenn Sie bitte mal Bleistift und Papier zur Hand haben.« Über diese Aufforderung schien der OvD nicht überrascht zu sein, sondern antwortete lediglich: »Kann losgehen.«[127]

Doch so ein forderndes, beinahe befehlendes Auftreten der Anrufer, vor allem derer aus der DDR, stellt eine Ausnahme dar. Für gewöhnlich begegneten DDR-Bürger der Staatsmacht am Telefon eher mit Anspannung und Distanz. Häufig lässt sich beim Nachhören der Tonbänder feststellen, dass die Anrufer sehr aufgeregt waren. Im Gegensatz zu den MfS-Mitarbeitern und Volkspolizisten waren diese Telefonate für die Anrufenden keine alltägliche Handlung. Ihnen ist die emotionale Erregung anzumerken, bei nicht wenigen kann man ein Zittern in der Stimme hören und immer wieder deutliches Schnaufen vernehmen, was auf Aufgeregtheit schließen lässt.[128] Andere stotterten oder redeten sehr hektisch. Es gibt Personen, die auch in privaten Telefonaten nervös sind, aber in dieser Situation dürfte ein erheblicher Teil der Aufregung am ungewohnten Adressaten gelegen haben. In einigen Fällen wurde dieses nervöse Verhalten auch vom OvD registriert und schriftlich vermerkt, aber generell lässt sich am Gesprächsprotokoll die Verfassung des Anrufers kaum ablesen. Die Tonbandaufnahmen hingegen geben diese häufig wieder. So zum Beispiel bei einer Frau, die angab, eine Flucht geplant zu haben, sich aber scheinbar im letzten Moment dagegen entschieden hatte. Sie rief im November 1974 den Notruf der Volkspolizei an und ihre Stimme klang außerordentlich panisch. Außerdem sprach sie sehr schnell und gehetzt. Der Mitarbeiter, der mit ihr redete, war zunächst nicht in der Lage, sich auf sie einzustellen. Er fragte immer wieder nach ihrem Namen und ihrem Aufenthaltsort, ohne auf ihre Informationen einzugehen, obwohl die Frau ihm die Autonummer des betreffenden Wagens der Fluchthelfer mitteilen wollte, sodass sie ihn – mit sehr erregtem Ton – fragte: »Wollen Sie nun das Auto finden oder nicht?« Woraufhin er einlenkte und um das Kennzeichen bat. Gleich danach fragte er aber wieder nach ihrem Namen, sodass sie letztendlich auflegte, ohne

---

126 Anruf v. 24.1.1980; BArch, MfS, BV Berlin, Tb 152.
127 Anruf (undatiert ca. 1976); BArch, MfS, BV Leipzig, Tb 139.
128 Zum Beispiel Anruf (undatiert); BArch, MfS, BV Berlin, Ka 43 a.

Hinweise auf ihre Identität zu geben oder zu erklären, warum sie es sich anders überlegt hatte und nun doch nicht flüchten wollte.[129] In diesem Fall reagierte die Polizei sofort und informierte die Mitarbeiter der Bezirksverwaltung in Berlin. Diese überwachten den Halter des Fahrzeugs, einen Österreicher, der im Auftrag einer ausländischen Wirtschaftsvertretung regelmäßig nach Ostberlin einreiste. Fluchthilfe ließ sich aber nicht nachweisen, sodass der Vorgang im Sommer 1975 eingestellt wurde. Das MfS konnte nicht ermitteln, wer die Anzeigeerstatterin war. Es ermittelte zwar über eine »Rückfrage bei der deutschen Post«[130], dass die Frau einen Münzfernsprecher in der Nähe des alten Friedrichstadtpalastes[131] genutzt hatte, aber mehr Informationen ließen sich nicht finden. Zu ihren Motiven äußerte sie sich in dem kurzen Telefonat nicht. Sie sagte dazu nur: »Ich möchte Ihnen die Nummer des Autos sagen, damit sie den Mann kriegen.«[132]

Andere Anrufer reagieren äußerst zurückhaltend und ängstlich gegenüber ihrem Adressaten. So zum Beispiel eine Frau, deren Sohn an einer Demonstration am Alexanderplatz teilnehmen wollte. Sie rief bei der BV Berlin an, um das dort zu melden. Sie sprach sehr leise und verschüchtert und meldete sich auf die Ansprache: »Ministerium für Staatssicherheit, guten Morgen« mit »Guten Morgen. Bitte, Sie wollen entschuldigen, mein Name ist [...].«[133] Außerdem gab sie an, auch deswegen so leise zu sprechen, damit ihr Sohn, der sich ebenfalls in ihrer Wohnung aufhalte, das Telefonat mit der Staatssicherheit nicht bemerke.[134] Auch ein anderer Anrufer entschuldigt sich fast, als er der BV Berlin Namen von verdächtigen Personen mitteilen wollte. Er stellt sich vor mit den Worten: »Ja, wunderschönen guten Abend. Ich hoffe, ich belästige Sie nicht.«[135] Für gewöhnlich reagierten die OvD auf die ängstlichen Personen eher verständnisvoll und versuchten ihnen zu vermitteln, dass ihre Informationen bei ihnen gut aufgehoben seien.

Häufig unterbreiteten die MfS-Mitarbeiter, wenn sich Personen telefonisch meldeten, ein persönliches Gesprächsangebot. Sie versuchten die Anrufenden zu überreden, eine Dienststelle aufzusuchen, um dort ein Gespräch zu führen. Nur in den seltensten Fällen ging darauf aber jemand ein.[136] Aufgrund der Quellenlage ist kaum zu überprüfen, ob ein Anrufer selbst nach der Zusage zu einem Gespräch auch wirklich in der BV oder der Kreisdienststelle erschien. Die MfS-Mitarbeiter versprachen ihnen, dass alles vertraulich behandelt würde

---

129 Anruf v. 29.11.1974; BArch, MfS, BV Berlin, Ka 80.
130 Bericht v. 29.11.1974; BArch, MfS, AKK 11432/77, Bl. 3.
131 Der alte Berliner Friedrichstadtpalast Am Zirkus wurde Mitte der 1980er-Jahre abgerissen und 1984 an seinem jetzigen Standort in der Friedrichstraße neu eröffnet.
132 Anruf v. 29.11.1974; BArch, MfS, BV Berlin, Ka 80.
133 Anruf v. 10.12.1983; BArch, MfS, BV Berlin, Tb 149.
134 Anruf einer weiblichen Person v. 10.12.1983; BArch, MfS, AOP 8528/84, Bl. 826; Abschlussbericht zum OV »Sammler« v. 25.1.1984; BArch, MfS, AOP 8528/84, Bl. 875.
135 Anruf (undatiert, 1988); BArch, MfS, BV Berlin, Ka 39a.
136 Jedenfalls in den Anrufen, die für diese Studie ausgewertet wurden.

und ihre Namen den Beschuldigten gegenüber nicht preisgegeben würden. Der erwähnte Anruf (»Ich hoffe, ich belästige Sie nicht«) kann das verdeutlichen. Allerdings ließ der OvD den Anrufer gar nicht wirklich seine Informationen zu den von ihm verdächtigten Personen loswerden, sondern lenkte das Gespräch sofort auf einen möglichen Besuch und versuchte den Anrufer zu überreden, in die Dienststelle zu kommen:[137]

OvD: Ja, bitte?
A: Ja, wunderschönen guten Abend. Ich hoffe, ich belästige Sie nicht. Ich hätte und zwar Folgendes: Könnte ich Ihnen mal ein paar Namen durchsagen von einigen ehemals DDR-Bürgern, jetzt Bundesbürgern, würden Sie die vielleicht mitschreiben, wäre das möglich?
OvD: Von wo rufen Sie denn an?
A: Bitte?
OvD: Von wo Sie anrufen?
A: Hier aus Berlin.
OvD: Ostberlin?[138]
A: Ja, aus Berlin.
OvD: Und was soll mit diesen Personen geschehen?
A: Ja das sind, die sind sicherlich für Sie irgendwie relevant, hoffe ich zumindest. Also ich nehm' an, dass es meine staatsbürgerliche Pflicht ist, Sie zumindest danach zu fragen, ob da etwas anliegt. Ich geb sie Ihnen mal durch, ja?
OvD: Na, einen Moment mal, einen Moment. Wär das nicht günstiger, wenn Sie uns aufsuchen würden?
A: Bitte?
OvD: Über Telefon ist es doch sinnlos.
A: Ja, das ist sicherlich richtig, nur wissen Sie, es ist auch wiederum so, ich meine, dann müsste ich in die Kowalkestraße[139] kommen, ja?

137 Anruf (undatiert, 1988); BArch, MfS, BV Berlin, Ka 39 a.
138 Hier zeigt sich wieder, dass die MfS-Mitarbeiter nicht erkennen konnten, ob eine Person aus dem Westen oder dem Osten anrief. Zugleich ist die Verwendung des umgangssprachlichen »Ostberlin« interessant, da die eigentliche Sprachregelung war: »Berlin, Hauptstadt der DDR«. Vgl. Christian Adam: »ischschwöre Berlin« oder Geschichte rund um den »Bindestrich der Freiheit«. In: Helge Heidemeyer (Hg.): »Akten-Einsichten«. Beiträge zum historischen Ort der Staatssicherheit. Berlin 2016, S. 65–69 und Stefanie Eisenhut, Martin Sabrow: »West-Berlin«. Eine historiographische Herausforderung. In: Zeithistorische Forschungen 11 (2014) 2, S. 165–187.
139 In der Alfred-Kowalke-Straße befanden sich u. a. die KD Lichtenberg und Marzahn. Zudem war in der Bevölkerung bekannt, dass sich auch die BV Berlin mit ihrem Neubau von 1985 in dem Komplex befand, der sich von der Straße der Befreiung bis zur Alfred-Kowalke-Straße zog; vgl. Berlin-Brandenburgische Geschichtswerkstatt: Prenzlauer, Ecke Fröbelstraße. Hospital der Reichshauptstadt, Haftort der Geheimdienste, Bezirksamt Prenzlauer Berg 1889–1989. Berlin 2006, S. 144. Ob der Anrufer nun in einer der KD oder in der BV angerufen hat, ist nicht zweifelsfrei zu klären. Besuchsadresse für die BV war laut Telefonbuch allerdings die Straße der Befreiung 60; vgl. Fernsprechbuch für die Hauptstadt der Deutschen Demokratischen Republik. Berlin 1986, S. 329. Auch in der Alfred-Kowalke-Straße gab es aber einen öffentlichen Zugang. In einem anderen Telefonat auf dem gleichen Tonband wurde ein Anrufer ebenfalls

OvD: Ja richtig, ja.
A: Ich würde sie Ihnen vielleicht mal trotzdem mal sagen, ja?
OvD: Na, was soll ich denn – aus bestimmten Gründen würde ich das über Telefon nicht machen.
A: Nicht?
OvD: Nee. Lassen Sie das doch sein. Telefon ist die eine Seite, ein mündliches Gespräch, wo noch Fragen sein könnten, das wäre doch vielleicht günstiger. Rennt uns das weg?
A: Na an sich, glaub ich nicht. Ich habe hier, naja, sichergestellt kann ich vielleicht nicht sagen. Passen sie mal auf. Ich mach es mal so. Ich würde bei Ihnen in den nächsten Tagen mal vorbeischauen.
OvD: Das wäre sehr nett.
A: Und das kann ich praktisch machen jetzt? Ich könnte jetzt quasi angeschneit kommen?
OvD: Sie können jederzeit kommen, günstig wäre es werktags bis 17.00 Uhr. Dann werden Sie mit einem Offizier dort sprechen, können also Ihre Probleme loswerden und wir garantieren Ihnen einmal Ihre eigene Sicherheit und aber dementsprechend eine ordentliche Abarbeitung der Probleme.
A: Mmm (zustimmend)
OvD: Aber am Telefon bitte ich, wirklich.
A: Ja, ja. Problem schon erkannt, ja. Wobei eben die Frage so ist, ich kann das ganze Zeug so ohne Probleme irgendwie. Wissen Sie, ich frage deshalb, ich möchte Ihnen da nicht irgendwie mit irgendwelchen Lappalien zur Last fallen.
OvD: Das kommt überhaupt nicht in Frage, Lappalien gibt es bei uns nicht. Wir hören uns das erstmal an, und dann gibt es immer noch Gesichtspunkte. Also Lappalien, das machen wir nicht.
A: Na gut, wenn das so ist, und Sie sind der Meinung, ich würde damit meine staatsbürgerliche Pflicht tun in vollem Umfang, dann würde ich in jedem Fall den Schritt mal machen.
OvD: Ja. ringen Sie sich durch. Kommen Sie. Wir würden dankbar sein dafür.
A: Ok, alles klar. Und der Eingang ist von der Kowalkestraße?
OvD: Der Eingang ist von der Kowalkestraße, richtig, ja.
A: Aha, ok, müsste ich zu Ihnen kommen oder gibt es bei den Stadtbezirken auch eine Möglichkeit?

in die Alfred-Kowalke-Straße bestellt, dabei wird eindeutig Bezug auf das Dienstgelände der BV Berlin genommen: »OvD: Dann müssten Sie am besten mal herkommen. Telefonisch machen wir das sowieso nicht. A: Aha. OvD: Sie müssten sich dann schon mal herbemühen zu uns. A: Ja, das mache ich. Sagen Sie nochmal die Adresse? OvD: Ja, das ist Berlin-Lichtenberg, die Kowalkestraße. A: Kowalkestraße Nummer? OvD (fragt seinen Kollegen): [Vorname], was haben wir denn für eine Nummer? Für 'ne Hausnummer? [zum Anrufer]: Wissen Sie, wo die Kowalke ist? A: Geht das links ab von der Frankfurter Allee? [Er meint offenbar den Komplex in der Normannenstraße] OvD: Nee, das ist von der Straße am Tierpark. Wenn Sie von der Straße der Befreiung kommen und in die Straße am Tierpark einbiegen. Dann ist das gleich die erste. Auf der rechten Seite ist die Kirche auf der Ecke und links geht's in die Kowalke. Wenn Sie die Straße reingehen und dann bis zum Ende, dann kommen Sie direkt auf unser Objekt drauf zu. A: Aha. OvD: Und wenn's möglich wäre, dann in der Zeit von 8 bis 17 Uhr. [...]; BArch, MfS, BV Berlin, Ka 39 a.

OvD: Nein, also ich würde schon sagen, kommen Sie zur Kowalkestraße.
A: Ja, ok.
OvD: Ok? Ich bedanke mich, auf Wiederhören.

Man merkt deutlich, dass der Offizier auf den Anrufer einging und ihn beruhigte, ihm sogar Sicherheit (im Sinne von Vertraulichkeit) garantierte, aber auch sein Anliegen ernst nahm. In jedem Fall wollte er den Anrufer überzeugen, in die Dienststelle zu kommen, damit seine Identität zweifelsfrei festgestellt und seine Angaben überprüft werden konnten. Deutlich ist spürbar, wie der Offizier eine Verbindung suggerieren wollte (»Rennt uns das weg?«) und einen verbindlichen Ton anschlug, wenn er sagte, es wäre sehr »nett«, wenn er doch persönlich vorbeikäme. Der OvD zeigte sich generell gesprächs- und hilfsbereit und verhält sich sehr freundlich. Trotzdem überging er die Informationen des Anrufers, weigerte sich sogar, sie am Telefon entgegenzunehmen. Er forderte nicht einmal die Telefonnummer für Rückfragen ein, falls der Mann doch nicht die Dienststelle aufsuchen würde.[140]

Auch in einem Telefonat, das 1986 mit der Volkspolizei in Leipzig geführt wurde, lässt sich ein solches Verhalten beobachten. Ein Mann rief dort an, um einen anderen Mann zu melden, den er der »Republikflucht« verdächtigte. Nachdem der Polizist fragte: »Und wie ist denn ihr Name?« sagte der Anrufer: »Mein Name spielt keine Rolle. Ich mach nur einen guten Dienst für Sie.« Daraufhin antwortete der Polizist: »Das wäre vielleicht besser, wenn wir uns mal mit Ihnen unterhalten, ne?« Als der Anrufer darauf nicht reagierte, sagte er weiter: »Dann können Sie ihn uns besser beschreiben, das macht sich doch am Telefon so schlecht.« Darauf entgegnete der Anrufer: »Ich kann ihn auch am Telefon beschreiben. Der ist blond, hat schulterlanges Haar.«[141] Da der Anrufer das persönliche Gespräch ablehnte, erfragte der Polizist weitere Einzelheiten zu der beschuldigten Person.

Die Telefonate offenbaren Vorstellungen, die Bürger von der Staatsmacht der DDR hatten. Ihr wird häufig eine Allwissenheit zugeschrieben. Nicht wenige Anrufende sind überzeugt, dass die Personen, die sie melden, bereits den Ermittlungsbehörden bekannt sind. Hier wäre zu fragen, inwieweit diese Annahme Angst vor einer Bestrafung wegen Mitwisserschaft schürte und hier auch ein Motiv für die Denunziation zu suchen ist.[142] Einige Anrufer formulieren ihre Vermutung als Frage: »Ich hab mal 'ne Frage. Wird der Bürger [Nachname] gesucht?«[143] Andere Anrufer sehen es als Tatsache an, dass gegen die Person schon ermittelt wird,

---

140 In einem anderen Fall auf dem Tonband ist es sogar so, dass der OvD das Gesprächsangebot am Telefon noch deutlicher ausschlägt, indem er sagt: »Telefonisch machen wir das sowieso nicht«; vgl. ebenda.
141 BArch, MfS, BV Leipzig, Tb 142.
142 Vgl. dazu Kapitel 7.
143 BArch, MfS, BV Leipzig, Tb 142.

die sie anzeigen wollen: »Da müsste doch bei Ihnen was vorliegen?«[144] oder »Ich weiß, dass Sie seit Jahren jemanden suchen.«[145] Wieder andere Anrufer gehen mit ihren Vermutungen noch weiter. Da für sie das Telefon in ihrem Alltag ein unsicheres Medium war, bei dem sie Angst hatten, abgehört zu werden[146], befiel sie diese Unsicherheit auch, wenn sie telefonisch jemanden anzeigen wollten. Diese Angst wird in dieser Gesprächshandlung ad absurdum geführt, riefen sie doch bei den Institutionen an, die sie der fortwährenden Überwachung verdächtigten. Ein Anrufer sprach in seinem Telefonat mit dem MfS fortwährend von seiner Angst, die Staatssicherheit könne die Fangschaltung aktivieren oder ihn abhören. Er eröffnet schon das Gespräch mit den Worten: »Ja, Fangschaltung steht, ok.«[147] Zwischendurch glaubt er immer wieder, durch Geräusche eine Überwachung identifiziert zu haben: »Da hat es schon wieder geknackt[148], nun ist schon wieder 'ne Leitung drin. [...] Ich weiß, wie eine Leitung knackt, wenn sie überwacht wird. [...] Sie kriegen die Nummer sowieso nicht raus, ich ruf nämlich aus einer öffentlichen Telefonzelle an. Die finden Sie raus, das ist klar.«[149] Als er einige Tage später nochmals anrief, sagte er wieder: »Wir wollen nicht gegenseitig abgehört werden.«[150] Ein anderer Anrufer äußerte, als er bei der Bezirksverwaltung anrief, die gleiche Sorge. Auch er begann sein Telefonat mit den Worten: »Ich weiß ja nicht, ob wir jetzt abgehört werden.«[151] In einem weiteren Anruf reagierte der OvD der BV Leipzig auch auf die Ängste, wenn auch mit einer Lüge. Sein Gesprächspartner sagte: »Ich weiß nicht, ob ich das am Telefon sagen kann; ob wir abgehört werden.« Darauf entgegnete der MfS-Mitarbeiter, dem bewusst war, dass das Gespräch in der Dienststelle aufgezeichnet wurde: »Das kann ich Ihnen auch nicht sagen.«[152]

Akribisch analysierte das MfS »operativ bedeutsame« Telefonanrufe – beispielsweise im Rahmen von Lehrgängen oder seiner Ausbildung an der Juristischen Hochschule. Eine Diplomarbeit aus dem Jahr 1986 brachte die Probleme, die sich bei Anrufen ergeben konnten, auf den Punkt. Der Verfasser verdeutlichte, dass es die Pflicht des OvD sei, alle Anrufe von dritten Personen, die nicht unmittelbar einer Diensteinheit zugeordnet werden konnten – also nicht, wenn beispielsweise ein IM seinen Führungsoffizier anrief – nicht nur entgegenzunehmen, sondern gewissenhaft zu bearbeiten. Der Schreiber stellte ebenso fest, dass durch die Angabe

---

144 BArch, MfS, BV Berlin, Ka 39 a.
145 BArch, MfS, BV Berlin, Ka 47.
146 Kowalczuk: Telefongeschichten, S. 133.
147 BArch, MfS, BV Berlin, Tb 151.
148 Hinter dem Knacken in der Leitung vermuteten viele Personen Abhörmaßnahmen des MfS, was aber technisch nicht der Fall war. Vgl. Kowalczuk: Telefongeschichten, S. 193.
149 BArch, MfS, BV Berlin, Tb 151.
150 BArch, MfS, BV Berlin, Tb 152.
151 BArch, MfS, BV Leipzig, Tb 193.
152 BArch, MfS, BV Leipzig, Tb 293.

der Telefonnummer des MfS im Telefonbuch[153] der OvD die Verantwortung dafür trage, dass der Bürger, der der Staatssicherheit Informationen übermitteln wolle, dies auch tun könne.[154]

```
/U24 Bautzner Str. ▲ ......... 69 61 69   6 66 33 71
Ministerium f. Staatssicherheit
   Bezirksverw. 701 Dittrichring 24 ........... +7 02 61
Ministerium f Umweltschutz u Wasserwirtschaft
```

Abb. 6: Eintrag des MfS im Telefonbuch des Bezirks Leipzig aus dem Jahr 1980

An den OvD stellten sich, so der Verfasser, besondere Anforderungen. Unter anderem sollte er juristische Kenntnisse, eine gute Auffassungsgabe und großes Allgemeinwissen besitzen. Er sollte sich bewusst sein, dass er mit seiner Tätigkeit in gewisser Weise das MfS nach außen repräsentierte und entsprechend handeln, aber trotzdem die Regeln der Konspiration einhalten. Zugleich, so die Arbeit, sei wichtig: »Eine akustisch und inhaltlich verständliche Sprache sowie eine Sprechweise, wie sie im Persönlichkeitsbild an einen OdH [Offizier des Hauses] fixiert wurde, bildet eine grundlegende Voraussetzung für jede qualifizierte Kommunikation mit jedem Anrufer. Der Autor ist darüber hinaus der Auffassung, dass »insbesondere durch die Art und Weise der Führung des Gesprächs durch den OvD ganz entscheidend der Verlauf und das Ergebnis des Gesprächs beeinflusst wird«.[155] Ganz allgemein mahnte der Verfasser an, während des Gesprächs keine Kommunikationsbarrieren aufzubauen und sich voll auf das Anliegen des Anrufers zu konzentrieren. Obwohl im Allgemeinen die »W-Fragen«[156] erkenntnisleitend seien, empfahl er, sie vor allem bei anonymen und pseudonymen Anrufen nicht zu strikt zu verfolgen: »Obwohl die kleinen Personalien (Name, Vorname, Geburtsdatum bzw. Personenkennzahl [PKZ], Adresse und eventuell Telefonnummer) des Anrufers oder der Person/Personen, um die es im Sachverhalt geht, in der Regel für die zielgerichtete Überprüfung notwendig sind, muss der OvD jedoch

---

153 Ab 1957 stand in Berlin die Telefonnummer des MfS im Telefonbuch. Ab 1963 wurde dort zusätzlich auch die Telefonnummer der BV Berlin angegeben. Amtliches Fernsprechbuch für den Bereich Bezirksdirektion für Post- und Fernmeldewesen Groß-Berlin 1957. Berlin 1957, S. 199; Fernsprechbuch für die Hauptstadt der Deutschen Demokratischen Republik. Berlin 1963, S. 253.
154 Harald Teichmann: Tschekistisch-kriminalistische Verhaltens- und Handlungsweisen des OvD des MfS bei Telefonanrufen zur Schaffung von qualifizierten Ausgangsmaterialien für operative Diensteinheiten v. 3.1.1987; BArch, MfS, JHS Nr. 21034, Bl. 5. Harald Teichmann war Unterleutnant im BdL der Berliner MfS-Zentrale.
155 Ebenda, Bl. 11.
156 Wo ist etwas passiert?, Was ist passiert?, Wer ruft an?, Wie viele Betroffene?

zum Beispiel bei anonymen bzw. pseudonymen Anrufen ohne diese Grunddaten ein qualifiziertes Informationsaufkommen sichern.«[157]

Nichtsdestotrotz wird deutlich, dass längst nicht alle Mitarbeiter, die Anrufe entgegennahmen, auch in der Lage waren, solche Vorgaben umzusetzen. Zum einen scheint es (wenn auch nicht schriftlich fixiert), abweichende Handlungsvorgaben gegeben zu haben – darauf weist die starke Ähnlichkeit im Verhalten der meisten MfS-Mitarbeiter hin, das diesen Empfehlungen entgegenstand. In der praktischen Anleitung der Diensthabenden scheint verstärkter Wert darauf gelegt worden sein, den Namen des Anrufers zu ermitteln. Die meisten OvD, die mit pseudonymen und anonymen Anrufern telefonierten, fixierten sich jedenfalls darauf. Es lässt sich konstatieren, dass dies gängige Praxis im Umgang mit den Anrufern war. Nur die wenigsten OvD schafften es, sich von Beginn an auf ihre Anrufer einzustellen, bekamen mehr Informationen und konnten anscheinend ein vertrauensvolles Gespräch herstellen, das dem Anrufer eine Bereitschaft zur Weiterverfolgung seines Hinweises signalisierte. Die MfS-Offiziere riskierten durch ihr Insistieren auf eine Preisgabe des Namens im schlimmsten Fall, die Informationen gar nicht zu bekommen, obwohl sie deren Relevanz noch gar nicht einschätzen konnten. Für MfS-Mitarbeiter dürfte es relativ schwierig gewesen sein, sich auf ein telefonisches Gespräch einzulassen, in dem nicht sie den Ablauf und den Informationsfluss steuerten, sondern der Anrufer. Dieser nahm mit seinem Anruf freiwillig (oder eben auch nicht, denn es gab für gewisse Delikte eine Anzeigepflicht) mit dem MfS Kontakt auf, ohne jedoch persönliche Konsequenzen fürchten zu müssen, weil er anonym bleiben konnte.

Subtile, psychologisch feinfühlige Kommunikation war den Diensthabenden, diesen Schluss lässt die Auswertung der meisten Gespräche zu, im Allgemeinen fremd (eine Ausnahme stellt das oben gezeigte Telefonat dar); der rigide und unnahbare Ton ihres militärisch organisierten Arbeitsalltags bestimmte ihr Verhalten zumeist auch am Telefon. Dazu traten immer wieder technische Probleme auf, dass zum Beispiel die Verbindung abbrach oder die Qualität des Telefonats so schlecht war, dass sich beide Teilnehmer schlecht verstanden. Ein weiteres Hemmnis war die grundverschiedene Sozialisation und Interaktionsfähigkeit der Gesprächsteilnehmer. So agierten einige OvD sehr schwerfällig und stellten teilweise unverständliche Nachfragen. In anderen Fällen machten die OvD einen äußerst wachen und versierten Eindruck, stießen aber bei ihren Kommunikationspartnern auf Missverständnisse, ungeschickt agierende oder stark alkoholisierte Anrufer. Wenn zu große Kommunikationsstörungen zwischen den Gesprächsteilnehmern vorlagen, war der informationelle Ertrag der Gespräche entsprechend dürftig. Das MfS war aber häufig ermittlungstechnisch in der Lage, auch mit sehr wenigen Informationen zu Delikt und Beschuldigten

---

157 Teichmann: Tschekistisch-kriminalistische Verhaltens- und Handlungsweisen [...]; BArch, MfS, JHS Nr. 21034, Bl. 24.

eine Untersuchung einzuleiten. Dennoch ergab sich häufig die Schwierigkeit, aus einer Denunziation am Telefon verwertbare Hinweise zu generieren.

Viele der hier ausgewerteten Telefonate waren sehr kurz und dauerten nur zwischen einer und fünf Minuten. Denn die meisten Anrufer legten Wert darauf, nach der Mitteilung ihrer Information möglichst schnell wieder aufzulegen. Nur in einigen Fällen schafften es die MfS-Mitarbeiter, die Anrufer länger in der Leitung zu halten und durch geschickte Nachfragen weitere Inhalte zu ermitteln oder mehr Informationen zum Anrufer selbst zu erhalten. In vielen Fällen scheinen die Mitarbeiter von Volkspolizei und MfS aber auch wenig Interesse daran gehabt zu haben, den Anrufer in ein längeres Gespräch zu verwickeln, obwohl dies eigentlich ihr Ziel hätte sein müssen. Nur wenige Anrufe dauerten sehr lang, manche dieser Anrufer versuchten später, wieder anzurufen. Ein Mann sagte sogar: »Es war so schön.«[158] Und bat, der OvD möge ihn doch ab und zu mal anrufen; ein anderer äußerte in Bezug auf das Telefonat: »Ich brauchte jemanden, mit dem ich sprechen konnte.«[159] So nutzten einige Anrufer die Mitarbeiter der Volkspolizei und des MfS als Kummerkasten. Die Offiziere versuchten oftmals, diese »Plaudertaschen« abzuwürgen, konnten aber manchmal nicht verhindern, dass die Gespräche weit über 20 Minuten dauerten. In diesen Fällen redeten die Anrufer von sich aus über alle möglichen Themen, teilweise die Denunzierten betreffend, aber auch über die eigene Person, der OvD wurde hier eher zum passiven Zuhörer.

Denunziatorische Anrufe beim MfS und der Volkspolizei waren geprägt von Kommunikationshürden wie dem schlechten Zustand des Netzes, von einer falschen Erwartungshaltung des Anrufers und häufig auch der mangelnden Flexibilität der Mitarbeiter, die die Telefonate entgegennahmen und bearbeiteten. Die Denunziation selbst geriet in manchen Gesprächen zu einer untergeordneten Mitteilung – vor allem, wenn die Mitarbeiter sich darauf konzentrierten, den Namen des Gesprächspartners zu erfragen und dabei dessen belastende Informationen vernachlässigten. In den meisten Fällen übernahmen die diensthabenden Offiziere die Gesprächsführung. Nicht jeder, der die Nummer des Notrufs oder des MfS wählte, konnte seine denunziatorischen Informationen loswerden. Einige brachten ausschließlich ihre Mitteilung vor und legten danach sofort wieder auf, andere wählten sich ein Pseudonym. Wiederum andere waren geradezu begierig, ihre Denunziation vorzubringen und zeigten sich enttäuscht, wenn die Dienststellen nicht ausreichend an ihren Mitteilungen interessiert schienen. Nur in den seltensten Fällen entwickelte sich ein störungsfreies Gespräch, das sich an den typischen W-Fragen und einer schnellen Informationsübermittlung orientierte. Viel eher kam es zu einem Aushandlungsprozess um die Identität des Anrufers, hinter dem die Denunziation zurücktrat. Nach einer erfolgreichen Übermittlung

---

158 Anruf (Oktober 1983); BArch, MfS, BV Berlin, Tb 133.
159 Anruf v. 21.10.1980; BArch, MfS, BV Berlin, Tb 151.

gingen Staatssicherheit und Volkspolizei den Vorwürfen in der Regel nach. Die Denunziation per Telefon vollzog sich aus der Perspektive der Denunzianten unmittelbar, während ein Brief mehrere Tage benötigte. Wie beim Brief bot sich jedoch die Möglichkeit, anonym zu bleiben und beispielsweise einen öffentlichen Fernsprecher zu nutzen. Die Staatsmacht favorisierte Anrufe, in denen sich die Personen offen zu erkennen gaben, ihr Beziehungsverhältnis zum Denunzierten erklärten und Nummern für mögliche Rückrufe preisgaben oder anschließend die Dienststelle aufsuchten. Doch nur die wenigsten der hier analysierten Denunziationstelefonate entwickelten sich in diese Richtung. Viel eher waren sie geprägt vom Missverhältnis der Kommunikation, in der Volkspolizei- oder MfS-Mitarbeiter über die ihnen vorenthaltene Informationen verstimmt waren und die anrufenden Personen trotzdem versuchten, die Anschuldigungen vorzubringen.

4.3 Denunziation auf der Dienststelle/persönliche Meldung

24.9.1985, 12.30 [Uhr] Gen[osse] Klemm/Bormann BdL: Die [Name] wurde im Barfußgässchen von 2 Jugendlichen angesprochen zwecks Verkauf einer Armbanduhr. Dabei äußerten sie, das[s] sie das Geld brauchen um nach der BRD ›abzuhauen‹[.] Das wollte die [Name] uns melden. Nach Bekanntgabe der Personenbeschreibung dieser Jugendl[ichen] wurde durch o. g. M[it]A[rbeiter] festgestellt[,] das[s] die 2 Personen weg waren. Der [Name] wurde geraten bei erneute[m] Antreffen dieser Personen die VP zu informieren.[160]

Als die Frau aus Leipzig auf die Jugendlichen im Barfußgässchen traf und bemerkte, dass diese Geld beschaffen wollten, um aus der DDR zu fliehen, hatte sie es nicht weit. Sie wählte den nächsten Weg zu einer ihr bekannten Dienststelle – zur BV Leipzig, die nur wenige Schritte entfernt lag. Nach dem Betreten des Gebäudes musste sie sich aller Wahrscheinlichkeit nach ausweisen, es sei denn, die MfS-Mitarbeiter kamen zu dem Schluss, dass »Gefahr im Vollzug« vorlag, und folgten ihr sofort auf die Straße, um die Jugendlichen festzunehmen. In den meisten Fällen jedoch mussten Personen, die die Gebäude der Staatssicherheit betraten, zunächst ihren Ausweis vorzeigen, dann wurden alle Daten, inklusive des Geburtsdatums, der Wohnadresse und die Arbeitsstelle registriert und erst dann konnten sie ihr Anliegen entweder dem OvD oder aber einem Mitarbeiter einer zuständigen Abteilung vortragen. Wenn jemand die Bezirksverwaltung aufsuchte, wurde zudem anhand der erhobenen Daten eine Speicherabfrage in der Registratur-Abteilung XII durchgeführt und überprüft, ob zu dieser Person bereits Informationen vorlagen und festzustellen, wie zuverlässig sie war oder ob

---

160 BArch, MfS, BV Leipzig, Kartei BdL 193.

gegen sie ermittelt wurde. Diese Überprüfung dauerte länger als der Besuch der Personen in der Dienststelle.

In geschilderten Fall enthielt der abgefragte Speicher zu der betreffenden Frau keine Einträge. Die Mitarbeiter des MfS versuchten mit ihr unmittelbar vor Ort, die Jugendlichen zu finden, allerdings ohne Erfolg. Ob jemals die Identität der Beschuldigten festgestellt wurde, ist unklar. Es ist weder vermerkt, ob sie diese Jugendlichen wiedergesehen hat und dann etwa die Polizei informierte, noch welche Folgen die Meldung ansonsten hatte. Man kann zwar aufgrund der Uhrzeit (12.30 Uhr) mutmaßen, dass die Frau nach dem Vorfall auf direktem Wege zur Bezirksverwaltung gegangen ist. Aber man weiß nicht, ob sie möglicherweise kurz gezögert hat. Außerdem enthält die Karteikarte, auf der die Meldung festgehalten wurde, keine Angaben über den Gemütszustand. War die Frau aufgeregt, aufgelöst, völlig ruhig oder gelassen? Tatsächlich existiert von ihrer Denunziationshandlung kein anderes Zeugnis als die Karteikarte mit den Informationen zur Meldung, den Namen der Mitarbeiter, die diese Information entgegennahmen und den persönlichen Daten der Frau. Das Format der Karteikarte bot keinen Platz über diese »Sachinformationen« hinaus. In einigen wenigen Fällen notierten die OvD zusätzliche Informationen, zum Beispiel auf einer anderen Karteikarte: »Der N. und der B. sahen es als ihre Pflicht an[,] unser Organ zu informieren. Den Besuchern wurde gedankt, bei weiteren Feststellungen sollen sie uns wieder aufsuchen.«[161] Häufig wurde aber beim Aufsuchen von Dienststellen, und das ist deutlich anders als bei den Anrufen und den Briefen, auch festgehalten, woher die Zuträger die Informationen hatten und in welchem Beziehungsverhältnis sie zum Beschuldigten standen. Da die Personen die Dienststelle persönlich aufsuchten und sich auch schlechter den Nachfragen entziehen konnten, stellten die Offiziere des MfS und die Volkspolizisten auf der Wache gezielte Nachfragen.

Grundsätzlich waren die Dienststellen bei strafrechtlicher Relevanz verpflichtet, die Anzeigesteller anzuhören, ein Protokoll oder eine Notiz zu erstellen und deren Namen zu vermerken, damit später weitere Nachfragen gestellt werden konnten. Trotzdem gingen Volkspolizei und Staatssicherheit nicht immer nach diesem Schema vor. Entscheidend war, welcher Kategorie das Berichtete zugeordnet wurde, also welches Format die Dienststelle einem Sachverhalt zuordnete. Eine Information konnte als »Anzeige«, als »Meldung«, als »Mitteilung« oder »Information« eingestuft werden. Davon hing maßgeblich ab, in welcher Form die Offiziere die Sachverhalte aufnahmen und gegebenenfalls auf der Dienststelle weiterverarbeiteten. Dies erwies sich aber als nicht unerheblich für die schriftliche Überlieferung und dafür, wieviel vom persönlichen Gespräch festgehalten wurde. Dabei wird deutlich, dass der Ablauf des Gespräches desto deutlicher rekonstruiert werden kann, je weniger formalisiert das Schriftstück war und je mehr Platz für die Eindrücke des berichtenden Offiziers blieb. Eine Karteikarte bietet nur sehr

---

161 Ebenda.

wenig Raum für eine ausführliche Beschreibung, während ein formloser Bericht hierfür den größtmöglichen Platz zur Verfügung stellt. Trotzdem fällt auf, dass sich in den Schriftstücken, die im Zusammenhang mit Besuchen in den Dienststellen entstanden sind, immer einige grundlegende Daten finden. So informieren sowohl die Karteikarten als auch die formlosen und formalisierten Berichte über den Offizier, der die Anzeige oder Mitteilung entgegennahm, sie enthalten den Ort und das Datum der Meldung. Die Tonbänder der Anrufe enthalten diese Informationen nur selten, die denunziatorischen Briefe tragen meist lediglich einen Poststempel. Wenn jemand persönlich auf einer Dienststelle erschien, hielten die Offiziere auch die jeweilige Uhrzeit fest. Zusätzlich sind die Informationen über die Beschuldigten soweit möglich enthalten. Diese geben, wenn diese Angezeigten persönlich bekannt waren, deren Namen und das Geburtsdatum sowie den Beruf wieder. Auch der Anzeigende musste diese Informationen über sich preisgeben und sich mit seinem Personalausweis ausweisen, so wie im eingangs beschriebenen Fall der Frau. Zusätzlich zu diesen Informationen enthielt jede Berichtsart (Karteikarte, Formblatt, freier Bericht) Raum für die Eintragung von Informationen über das Delikt, über den Beschuldigten und zum Berichtenden.

Was hier festgehalten wurde, basiert zwar auf den Aussagen der Anzeigestellenden, jedoch wurde es durch den Schreiber der Institution, an die sich die Meldung richtete, formuliert. Das bedeutete in diesem Fall, der Offizier der Staatssicherheit oder der Polizist hielt selektiv fest, was seiner Ansicht nach für die Überprüfung oder Strafverfolgung von Relevanz war. Der Umfang und die Form wurden zum einen durch das Format des Anzeigeblatts bzw. der Karteikarten bestimmt und zum anderen durch die dienstlichen Vorschriften, die die Schreibenden zwangen, sich auf das »Wesentliche« zu beschränken.[162] Das bedeutet, dass Aussagen, die scheinbar nicht unmittelbar zum Delikt gehörten, nur im begrenzten Maße schriftlich niedergelegt wurden. Dazu zählten in den meisten Fällen auch Informationen zum Verhalten und Erscheinungsbild des Anzeigenden. Die Offiziere trugen meist nicht ein, ob die Person besonders aufgeregt war, ob sie souverän auftrat oder einen ängstlichen Eindruck vermittelte. Die ermittelnden Behörden interessierte vor allem, ob die Person einen glaubwürdigen Eindruck hinterließ und vermerkten es, wenn sie unglaubwürdig wirkte. Einige Karteikarten halten fest: »macht einen verwirrten Eindruck« oder »geisteskrank«[163], ein Eintrag, der sicher nicht den Charakter einer medizinischen Diagnose aufwies. Die Glaubwürdigkeit dürfte entscheidenden Einfluss darauf gehabt haben, ob die Volkspolizei oder die Staatssicherheit eine Meldung weiterverfolgten oder nicht. Es existierten in den 1980er-Jahren bei der BV Leipzig außerdem »Meldezettel«, die zusätzlich zur Karteikarte Informationen über die Person zusammentrugen, die sich beim »Vorsprechen« ergaben. Auf diesen Meldezetteln konnte auch das Verhalten beim

---

162 Vgl. u .a. MdI: Die Anzeigenaufnahme. Berlin 1972.
163 BArch, MfS, BV Leipzig, Kartei BdL 193.

Denunziation auf der Dienststelle/persönliche Meldung

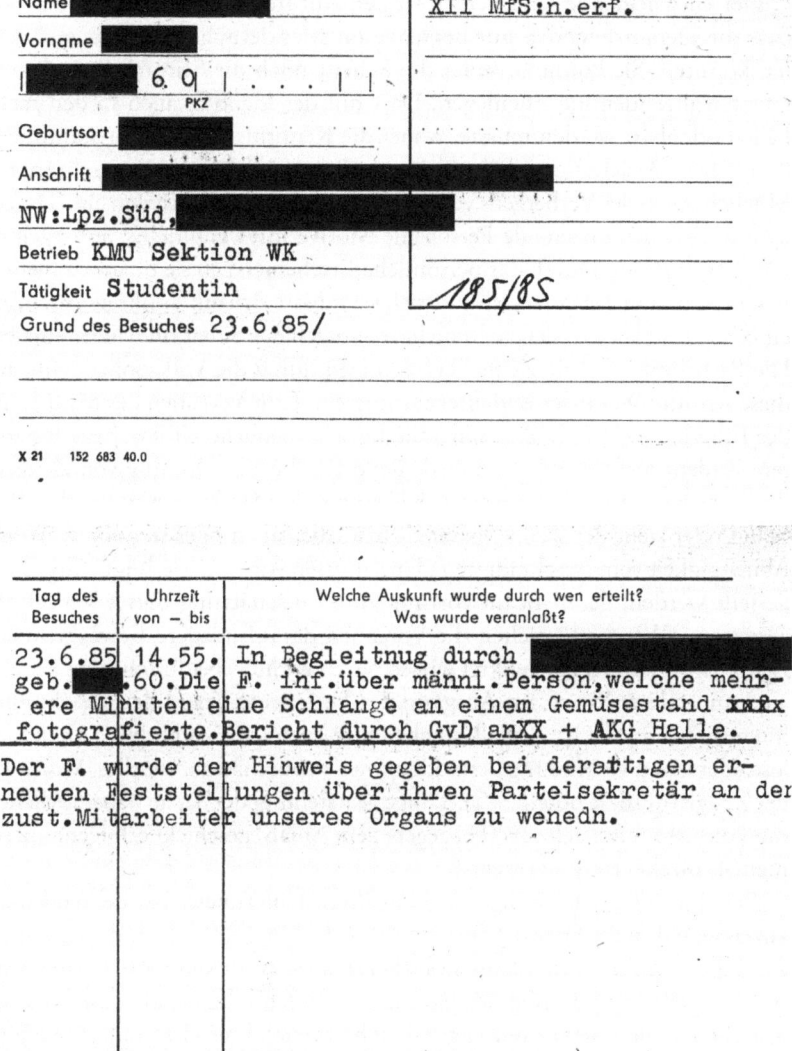

Abb. 7 a/b: Karteikarte der Bezirksverwaltung Leipzig. Die Beobachtung der Denunziantin wird über den Genossen vom Dienst (GvD) an die Linie XX (Staatsapparat, Kultur, Kirchen, Untergrund) und an die Auswertungs- und Kontrollgruppe Halle weitergegeben.

Besuch angekreuzt werden. Die Auswahl beschränkte sich auf: »ruhig, aufgeregt, verstört, provokatorisch«.[164]

Der entscheidende Unterschied zu den Anrufen und den Briefen lag darin, dass die Denunzierenden nur begrenzt auf Maskierungsstrategien zurückgreifen konnten. Sie konnten weder die Schrift noch die Stimme verstellen und mussten ihre Identität offenlegen. Dass mit der Identität auch in den meisten Fällen offenbart werden musste, woher die Kenntnis vom Delikt stammte und in welchem Beziehungsverhältnis sie zum Beschuldigten standen, schränkte die Möglichkeiten des Verbergens von unerwünschten Informationen ein. Trotzdem konnte eine denunzierende Person die Motive ihres Handelns verbergen oder uminterpretieren. Durch das persönliche Erscheinen gab sie dennoch mehr von sich preis als am Telefon oder im Brief, sie musste sich auf konkrete Nachfragen einlassen und konnte sich auch nicht so einfach der Situation wieder entziehen. Die Richtlinien für die Zeugenbefragungen durch die Volkspolizei gingen auf diese Art und Weise der Berichterstattung ein. Laut Vorgaben des Ministeriums des Innern von 1971 waren nur »alle beweiserheblichen Tatsachen« festzuhalten. Zudem hieß es: »Nicht unbedeutend für die Vernehmung von Zeugen ist die vorherige, möglichst operative Klärung seiner Stellung zum Beschuldigten. Stand oder steht der Zeuge materiell bzw. dienstlich oder in anderer Weise in Abhängigkeit vom Beschuldigten, dann müssen vorher unbedingt einige Fragen gestellt werden, deren Beantwortung eine Einschätzung dieses Verhältnisses gestatten.«[165] Indirekt zielten die Vorgaben darauf, niedere Beweggründe des Zeugen auszuschließen, konkret wiesen sie darauf hin: »Natürlich kann der Zeuge auch in anderer Weise am Ausgang des Verfahrens gegen den Beschuldigten interessiert sein. Es ist deshalb unabhängig davon, ob vorher eine direkte, eine lose oder keine Verbindung bestand, immer einzuschätzen, welches ›Motiv‹ kann der Zeuge für diese oder jene auffällige Darstellung der Sache haben. Allerdings muß die ›Motivfeststellung‹ (bei gegebenem Anlaß) geschickt erfolgen und sollte niemals direkt erfragt werden.«[166]

Bei einer Frau aus Borna, die 1964 ihren Untermieter bei der Volkspolizei anzeigte, nahm die Dienststelle sehr viel mehr Hintergründe in die Anzeige auf, als es die Vorschriften verlangten. Dabei ergab sich ein komplexeres Bild von der Anzeigestellerin und ihrem Verhältnis zum Beschuldigten, als es sich aus einer Karteikarte oder einem zweizeiligen Text hätte entnehmen lassen. Konkret ging es darum, dass ein ehemaliger Strafgefangener einer älteren Dame als Mitbewohner zugewiesen worden war, mit dem sie seitdem des Öfteren Auseinandersetzungen

---

164 Meldezettel v. 18.6.1983; BArch, MfS, BV Leipzig, BdL 2007, Bl. 28. Diese Meldezettel sind nur in Ausnahmefällen überliefert; es lassen sich daraus keine Rückschlüsse ziehen, ob der Gemütszustand der vorsprechenden Person wirklich immer vermerkt wurde – gleichzeitig impliziert eine solche Einschätzung immer eine Interpretation durch den Mitarbeiter des MfS.
165 MdI (Hg.): Die Vernehmung von Zeugen und Beschuldigten. Berlin 1971, S. 53 f.
166 Ebenda.

gehabt hatte, weil er oft spät nach Hause kam, unangemeldet Besuch mitbrachte und ihr auch schon eine Uhr gestohlen hatte, um sie zu verkaufen. Mit dieser Vorgeschichte wandte sich die Hauswirtin an das Volkspolizeikreisamt in Borna. Der zuständige Offizier notierte in seiner – von der Textform her wenig formalisierten – Anzeige, die in diesem Fall gar nicht offiziell als »Anzeige« überschrieben war, sondern als »Information über vermutliche Vorbereitung zum gewaltsamen Grenzdurchbruch der Staatsgrenze West«:

> Seit etwa drei Wochen wohnt der Obengenannte bei der Bürgerin [...] zur Untermiete. Derselbe kommt jeden Tag immer spät nach Hause. Es ist in der Nacht zwischen 1.00 bis 2.00 Uhr. Beschäftigt ist der Genannte im Tagebau [...]. In der Nacht vom 4. zum 5.3.1964 kam derselbe [Untermieter] wieder spät nach Hause. Es war der 5.3.1964 etwa gegen halb 2, als die Bürgerin in der Küche Stimmen hörte. Das Schlafzimmer der Bürgerin befindet sich unmittelbar an der Küche. In der Türe zur Küche-Schlafzimmer hat die Genannte einen kleinen Sehschlitz. Als die Genannte nun die Stimmen in der Küche hörte, schaute sie durch den Sehschlitz in die Küche. Hier sah sie den [Untermieter] und noch eine ihr unbekannte männliche Person am Tisch sitzen. Sie hatten scheinbar eine Karte auf dem Tisch und machten verschiedene Eintragungen bzw. Aufzeichnungen. Sie hörte, wie der Fremde sagte: ›Eine Kanone und Dynamit müssten wir haben. Das müssen wir besorgen, und wenn wir es klauen!‹ Er erwähnte dann, dass man eine große Karte haben müsste, wo alle Wege aufgezeichnet sind.[167]

Nachdem die Volkspolizeidienststelle diesen Bericht an die Kreisdienststelle der Staatssicherheit weitergeleitet hatte, suchten Mitarbeiter des MfS die Hauswirtin auf; zum einen, um sie nochmals zu ihren Anschuldigungen zu befragen und zum zweiten, um ihre Motivation und ihre Zuverlässigkeit zu überprüfen. Dabei stellten sie fest, dass die Dame auch persönliche Motive hatte:

> Zum Verhalten der [...] kann eingeschätzt werden, daß sie sehr großen Eifer bei der Angelegenheit zeigt. Sie bringt große Sorge darüber zum Ausdruck, daß durch einen möglichen Besitz von Sprengstoff durch den [Untermieter] ihre Wohnung und Eigentum in Gefahr kommt. Dies habe sie auch zu dieser Meldung gegenüber der VP veranlaßt. Man kann abschließend einschätzen, daß die Angaben glaubhaft sind und die [...] auch eine bestimmte Verschwiegenheit zuläßt.[168]

Das MfS erkannte also durchaus, dass die Hauswirtin den ihr suspekten und unangenehmen Mitbewohner loswerden wollte. Es wurde deutlich, dass sie zwar Angst um ihr Eigentum als Motivation angab, aber gleichzeitig auch diverse Streitigkeiten das Miteinander belastet hatten. Für sie ergab sich hier die Aussicht, diesen Konflikt mit einer Anzeige zu lösen. Die Mitarbeiter der Kreisdienststelle

---

167 Information v. 5.3.1964; BArch, MfS, BV Leipzig, AOP 63/65, Bl. 9 f.
168 Überprüfungsprotokoll v. 9.3.1964; ebenda, Bl. 17.

Borna erkannten zwar ihre Absichten, dennoch ermittelten sie wegen mutmaßlicher Vorbereitungen zu einem schweren Grenzdurchbruch mit Waffengewalt. Die eifrige Hauswirtin kam ihnen dabei gelegen, da sie sich außerdem zu einer Hausdurchsuchung bereiterklärte. Dabei fanden die Mitarbeiter des MfS weder Sprengstoff noch irgendwelche Waffen, aber immerhin Karten mit Aufzeichnungen, die weitere Ermittlungen rechtfertigten. Nachdem zusätzlich mehrere Informanten im Kollegen- und Freundeskreis befragt worden waren, verhaftete das MfS den Mann zu dem Zeitpunkt, als er sich mutmaßlich auf den Weg ins Grenzgebiet machen wollte. Waffengewalt ließ sich ihm nicht nachweisen, aber er wurde wegen versuchter »Republikflucht« zu sechs Monaten Gefängnis verurteilt. Den letzten Hinweis, dass der Untermieter zu diesem Zeitpunkt flüchten wollte, übermittelte die Hauswirtin telefonisch. Sie hatte ihn genau beobachtet und das MfS auf dem Laufenden gehalten.[169] Die Überprüfungen durch die Staatssicherheit bezogen sich in diesem Fall darauf, den Wahrheitsgehalt der Aussage der Hauswirtin zu bestimmen. Man ging zwar davon aus, dass die Darstellung möglicherweise aus egoistischen Motive übertrieben war – so lässt es sich der Anweisung zur Zeugenvernehmung entnehmen. Dennoch verfolgten Polizei und Staatssicherheit die Anzeige einer Straftat, sobald sie sich als wahr erwies, ganz unabhängig davon, aus welchen Motiven sie gemeldet wurde.

Bei einem ähnlich gelagerten Fall zeigte ein Mann, SED-Mitglied, bei der KD Eisenhüttenstadt im November 1973 seinen Schwiegersohn an, weil sich dieser mit Fluchtgedanken getragen habe. Obwohl die Staatssicherheit vom Zerwürfnis des Mannes mit seiner Stieftochter und deren Ehemann wusste[170], war dies für die Ermittler nicht von Belang. Der Staatssicherheit gegenüber gab er sein »Pflichtbewusstsein«, insbesondere als SED-Mitglied, als Beweggrund für sein Handeln an:

> Am 6.11.1973 erschien gegen 16.30 Uhr der Genosse [Name], w[ohn]h[aft] Eisenhüttenstadt [Straße Hausnummer] in der KD und machte folgende Mitteilung: Er fühlt sich als Genosse verpflichtet, das MfS davon zu unterrichten, daß sein Schwiegersohn [Name, Vorname, Geburtsdatum, Geburtsort, Arbeitsstelle] die DDR illegal verlassen will. Gen. [Name] begründete dann diese Mitteilung näher. Er führte an, daß die Eltern des [Name] 1971 legal in die BRD verzogen sind. 1973 waren sie zweimal zu Besuch bei ihrem Sohn [Name].

Darauf folgten im Bericht weitere Einzelheiten zur Anschuldigung. Am Ende des Berichtes wurde vermerkt: »Gen. [Name] erklärte sich bereit, uns eventuelle Rückfragen in dieser Richtung zu beantworten und hinterließ die Telefonnummer seiner Arbeitsstelle.«[171] Die Staatssicherheit leitete umfangreiche Überwachungs-

---

169 Urteil v. 13.8.1964; BArch, MfS, BV Leipzig, AU 3664/64, Bd. 3, Bl. 196–201.
170 Bericht v. 9.10.1965; BArch, MfS, BV Frankfurt, AIM 478/72, Bl. 34.
171 Operativinformation v. 7.11.1973; BArch, MfS, BV Frankfurt, AOP 398/75, Bl. 20–25.

maßnahmen ein und eröffnete einen Operativen Vorgang, weil die Eltern des Schwiegersohns legal in die Bundesrepublik ausgereist waren und der Mann zudem mit einem Freund in Kontakt stand, der mit einem Schlauchboot über die Ostsee geflüchtet war.[172] Außerdem verpflichtete das MfS den Schwiegervater als GMS »Hans Schuster«[173], der in der Folgezeit hauptsächlich über seinen Schwiegersohn und seine Stieftochter berichtete, vor allem auch über deren eheliche Verhältnisse. Als das Ehepaar im Jahr 1978 offiziell ausreisen durfte, benötigte die Staatssicherheit die Zuarbeit des Schwiegervaters nicht mehr und erklärte ihn für unzuverlässig, da private Briefe, die durch die Postüberwachung abgefangen worden waren, von einer anderen Haltung zeugten, als dessen Berichte.[174]

Bei allzu offensichtlichen Familienstreitigkeiten ließen sich Polizei und Staatssicherheit aber nicht immer einspannen – vor allem, wenn kein konkreter Straftatbestand, sondern lediglich abweichendes Verhalten vorlag. So in einem Fall, als ein Mann im September 1972 auf dem VP-Revier in Berlin-Friedrichshagen erschien. Die Polizei nahm sein Anliegen nicht als »Anzeige« auf, sondern überschrieb ihren Bericht mit »Hilfeersuchen«.[175] Der Mann stand im Konflikt mit seiner Frau und seinen Schwiegereltern, weil nach seinen Angaben die Schwiegereltern versuchten, die Familie für die Zeugen Jehovas zu gewinnen. Als der Mann um 22.45 Uhr bei der Volkspolizei erschien, bat er darum, »daß die Schwiegereltern aus der Wohnung entfernt werden«.[176] Die Volkspolizei schickte ihn mit der Aufforderung nach Hause, seine privaten Angelegenheiten selbst zu klären.

Die Analyse stößt an ihre Grenzen, wenn »Mitteilungen« von Personen gar nicht in ein vorliegendes Anzeigenformular aufgenommen wurden, sondern einfach in eine Meldung oder einen Bericht eingearbeitet wurden, ohne auf die Quelle zu verweisen, oder die Quelle undurchsichtig bleibt. Aus vielen Berichten sowohl bei der SED, den Massenorganisationen, aber auch beim MfS geht nicht klar hervor, wer der eigentliche Zuträger der Informationen war. Das umfangreiche Berichtswesen stand häufig auf der ersten Stufe der Informationsgewinnung. Der Großteil der SED-Informationsberichte, die zunächst von den Parteisekretären der Grundorganisationen verfasst und dann bis in die Kreis- und Bezirksebene weitergeleitet wurden, beschrieb die Situation vor Ort. Dabei wird auch auf politisch abweichendes Verhalten Bezug genommen.[177] Was dort zur Sprache kommt, ist vielfältig. Zum einen wird über kirchliche Bindungen oder beispielsweise zur Jungen Gemeinde berichtet, zum anderen auch über negative politische

---

172 Ebenda.
173 Bericht v. 21.3.1974; BArch, MfS, BV Frankfurt, AGMS 727/79, Bl. 6 f.
174 Abverfügung zur Archivierung v. 26.6.1979; ebenda, Bl. 189.
175 Vgl. Kapitel 6.1.
176 Protokoll v. 26.9.1972; BArch, MfS, HA XX/4 2580, Teil 3, Bl. 884.
177 Vgl. Niemann: »Schönfärberei und Schwarzmalerei«, S. 180; Bahr: Parteiherrschaft vor Ort, S. 94.

Äußerungen eines Pfarrers beim Gottesdienst.[178] Es finden sich in den Berichten Statements auf einer Betriebsversammlung, Affären von Parteimitgliedern, unerwünschte Westkontakte oder politische Witze von Arbeitern. Oder es wird über das Wahlverhalten bestimmter Personen berichtet (vor allem, wenn sie nicht zur Wahl gegangen sind).[179] Diese Berichte, die bei der Bezirksleitung der SED landeten, beinhalteten teilweise schwerwiegende politische Anschuldigungen. Da auch die Staatssicherheit und die Volkspolizei diese Informationen erhielten oder bei besonderen Vorkommnissen sofort verständigt wurden, konnten sie Ausgangspunkt weiterer politischer Verfolgung sein.[180] Auch ohne Ermittlungen durch die VP oder das MfS konnten Berichtsinhalte durchaus schwerwiegende Folgen haben, dass zum Beispiel eine Familie auf eine Aussiedlungsliste aus dem Grenzgebiet kommen konnte.[181] Im Gegensatz zu Überwachungs- und IM-Berichten der Staatssicherheit lässt sich hier der Entstehungszusammenhang nur schwer im Detail nachvollziehen. Dementsprechend wird häufig nicht klar, wer der erste Urheber der Information war, auf welchem Wege sie weitergeleitet wurde und mit welcher Absicht etwas weitergetragen wurde. Nicht bei allem, was auf offiziellem Berichtsweg schriftlich die Parteiinstanzen durchlief, waren die Berichtsgeber auch die unmittelbaren Zeugen. Und auch Hinweise auf die Informationsgeber waren selten, so wie bei einem Informationsbericht vom November 1970. Hier schilderte die Abteilungsparteiorganisation einer Berufsschule das Verhalten eines Ausbilders folgendermaßen: »Diese Tatsachen wurden durch die Eltern der Kinder der BPO [Betriebsparteiorganisation] in einer Aussprache mitgeteilt. [...] Welche Argumentationen gebrauchte der Kollege [...]? In der Diskussion über das Abreißen der Staatsflagge der DDR in Kassel machte er folgende Ausführungen: ›Wegen diesem scheiß Lappen macht man in unserer Zeitung solch ein Wesen. Bei uns hätte man natürlich dieser Person gleich den Kopf abgerissen.‹«[182]

Auch wenn man davon ausgeht, dass eine belastende Information über beispielsweise eine »illegale Sammlung« der Kirche oder über eine politisch abwertende Äußerung mit voller Absicht der Denunziation an den ABV oder den Parteisekretär herangetragen wurde, so lässt sich die denunzierende Person im Nachhinein aus den Quellen so gut wie gar nicht ermitteln. Wenn der Informationsweg nicht offenliegt, lässt sich meist nicht einmal sagen, ob es sich im jeweiligen Fall um eine Denunziation gehandelt hatte oder nicht. Auch bei dieser

---

178 Informationen über besondere Aktivitäten von Vertretern der Kirche (1968); LHAS, SED BL Schwerin 2269, unpag.
179 Vgl. z. B. Tätigkeit der Kirche im Monat November 1960; LHAS, SED BL Schwerin 1648, Bl. 1–5; Aktenvermerk über die mündliche Beschwerde v. 20.8.1973; LHAS, SED BL Schwerin, KL Güstrow IV-C/4/03/076, unpag.
180 Krätzner: Die Universitäten der DDR und der Mauerbau 1961, S. 115.
181 Vgl. Inge Bennewitz, Rainer Potratz: Zwangsaussiedlungen an der innerdeutschen Grenze. Analysen und Dokumente. Berlin 1994, S. 41 f.
182 Information v. 25.11.1970; BLHA 730, SED BL Frankfurt/Oder, 2801, unpag.

Art der »Meldung« bestimmt das Format, was am Ende sichtbar bleibt. Das steht im krassen Gegensatz dazu, dass während der Handlung selbst die Zuträger ihre Identität offenlegen mussten und vielfältige Informationen über sich preisgaben. Aber dadurch, dass die sanktionierende Instanz bestimmte, in welches Format die Information eingearbeitet wurde und der persönliche Besuch im Gegensatz zu einem aufgezeichneten Anruf, Brief und auch IM-Bericht flüchtig war, erscheint diese Form zunächst sehr diffus und indirekt.

Details zum Hergang persönlicher Denunziationen bildet sich in diesen Quellen kaum ab. Die zugrunde liegenden Gespräche lassen sich lediglich für die Volkspolizei und für das MfS einigermaßen rekonstruieren. Aus Karteikarten des MfS geht hervor, dass in einer Reihe von Fällen Belange, die die VP betrafen, auch an diese verwiesen wurden. Die MfS-Mitarbeiter lehnten es in diesen Fällen teilweise ab, eine förmliche Anzeige aufzunehmen, fertigten aber trotzdem Karteikarten über den Gesprächsinhalt an. Indem die Besuchenden dem Mitarbeiter die Aussage anboten, war der eigentliche Akt des Denunzierens schon abgeschlossen, sie sollten dies aber trotzdem in einer anderen Dienststelle wiederholen.

Die Kommunikationssituation von Denunziationen, die Personen persönlich in Dienststellen vollzogen, lässt sich aufgrund der Überlieferungslage nur partiell nachvollziehen. Meist boten die Berichtsformate zu wenig Platz, um die Fälle ausführlich zu schildern; viel hing von der Interpretation der entgegennehmenden Stelle ab. Häufig hielten sie zwar Grunddaten wie Namen oder das Beziehungsverhältnis zu den Beschuldigten fest, aber selten etwas, was darüber hinausging. Konkrete Gesprächsverläufe, konkrete Äußerungen der Denunzianten, Mimik und Gestik bildeten sich selten ab und stehen somit für die Analyse im Regelfall nicht zur Verfügung. Auch Bemerkungen der Protokollführenden darüber, dass es sich zum Beispiel lediglich um Familienstreitigkeiten oder ähnliches handeln würde, zeigen vor allem deren Interpretation, aber nicht die konkrete Argumentation der Denunzierenden. Das persönliche Gespräch war etwas Flüchtiges, das sich in der Überlieferung nur selektiv niederschlägt. Dennoch offenbaren die Anzeigeerstatter, die eine Dienststelle aufsuchten, in der Regel sehr viel mehr über sich als diejenigen, die einen Anruf tätigten oder einen Brief schrieben. Die vorgebrachten Vorwürfe mussten einer Überprüfung standhalten und die anzeigende Person wurde durchleuchtet. Kommunikationsstrategien der Beteiligten können allerdings anhand der Quellenlage nur sehr selten rekonstruiert werden. Nur in den Fällen, in denen die Dienststellen zusätzliche Erkenntnisse zu den Denunzianten über ihre Personendaten hinaus festhielten, lassen sich diese Gespräche eingehender analysieren.

4.4 Denunziation nach Aufforderung – kommunikative Aspekte institutionalisierter Zusammenarbeit

Die bisherigen Forschungen über Inoffizielle Mitarbeiter konzentrierten sich auf zwei große Themen. Zum einen werden die Richtlinien und Durchführungsbestimmungen umfangreich dargestellt, die den IM und ihren Vorläufern in der Geschichte des MfS galten.[183] Das zweite große Themenfeld konzentrierte sich auf quantitative Daten, nämlich wie viele IM welcher Kategorien es über die Jahrzehnte in der DDR gab und wie viele davon noch im letzten Jahr der DDR im Dienst des MfS standen. Man versuchte auf diese Weise eine Vergleichsgröße zu entwickeln, die den »Inoffiziellen Mitarbeiter« abgrenzbar und vergleichbar zu anderen historischen Epochen und anderen osteuropäischen Geheimdiensten machen sollte.[184] Die Forschung arbeitete Vergleichszahlen beispielsweise zur Gestapo heraus, um dann festzustellen, dass die Stasi im Gegensatz zur NS-Geheimpolizei auf ein engmaschiges Netz von Spitzeln setzen konnte, während es weniger V-Leute in der Gestapo gab, diese aber auch andere Aufgaben gehabt hätten.[185] Doch die Forschung zu den Spitzeln der Geheimen Staatspolizei weist ein massives Quellenproblem auf, wie die Autoren fortwährend konstatierten. So benutzte die Gestapo, ähnlich wie das MfS, beispielsweise ein doppeltes Karteikartenverfahren: Auf der einen Karteikarte war die Registrierung und der Deckname eingetragen, auf der zweiten Karte erst ließ sich der Klarname entschlüsseln.[186] Konkrete Fallzahlen ließen sich bei der Gestapo vor allem wegen der lückenhaften Überlieferung nur schwer ermitteln. Die Forschung konnte im besten Fall die beschriebenen Hürden bei der Auswertung benennen, wie bei Mallmann geschehen, Einzelfälle beschreiben oder das Quellenproblem übergehen, wenn nicht sogar ignorieren. Ein Großteil der Karteien oder auch der zugehörigen Personaldokumente sind nicht mehr auffindbar oder werden in den USA vermutet; die Karrieren von V-Leuten lassen sich nicht selten nur über ihre Opfer rekonstruieren. Entsprechend schwierig wird es, wenn man dies mit der üppigen Quellenlage zur DDR-Forschung vergleicht. Die Literatur zeigt vor allem, dass empirisch gesicherte Forschung für die V-Leute der Gestapo schwierig ist und deswegen die Grundlage für einen differenzierten komparativ-quantitativen Ansatz zunächst nicht gegeben ist.[187]

---

183 Vgl. Helmut Müller-Enbergs: Inoffizielle Mitarbeiter des Ministeriums für Staatssicherheit. Teil 1. Richtlinien und Durchführungsbestimmungen. Berlin 2001.
184 Vgl. Helmut Müller-Enbergs: Inoffizielle Mitarbeiter des Ministeriums für Staatssicherheit. Teil 3. Statistiken. Berlin 2008.
185 Vgl. Diewald-Kerkmann: Denunziant ist nicht gleich Denunziant.
186 Vgl. Klaus-Michael Mallmann: Die V-Leute der Gestapo. Umrisse einer kollektiven Biographie. In: Gerhard Paul, ders. (Hg.): Die Gestapo – Mythos und Realität. Darmstadt 1995, S. 268–287, hier 272.
187 Ebenda.

Als Standardwerk zur normativen Grundlage der Arbeit mit Inoffiziellen Mitarbeitern gilt das Werk Helmut Müller-Enbergs, von dem vor allem der erste Band, der ausführlich die Dienstvorschriften im Umgang des MfS mit den IM im DDR-Inland dokumentiert und erläutert, häufig für Erklärungen zur Thematik herangezogen wird.[188] Neben der Betrachtung von Richtlinien und normativen Texten der Staatssicherheit befasst sich die Forschung aber auch mit der tatsächlichen Praxis der Zusammenarbeit zwischen MfS und seinen IM; die Verankerung der IM in Betrieben oder der Nachbarschaft und die tagtägliche Kooperation findet nur in Ausnahmefällen Niederschlag.[189] Einige Studien beschäftigen sich allerdings in Detailuntersuchungen auch mit der konkreten Praxis inoffizieller Mitarbeit.[190]

In den vergangenen Jahren gab es eine lebhafte öffentliche Debatte darüber, ob die »Gesellschaftlichen Mitarbeiter Sicherheit« (GMS) oder die »Inoffiziellen Mitarbeiter zur Sicherung der Konspiration und des Verbindungswesens« (IMK) überhaupt zu den Inoffiziellen Mitarbeitern gerechnet werden könnten oder ob sie aus der Gesamtstatistik herausfallen sollten. Dabei wurde immer wieder die Statistik von 1988, die sich der Minister für Staatssicherheit Erich Mielke vorlegen ließ, herangezogen. War zusammengerechnet die Zahl der aktiven IM im Jahr 1989 auf 189 000 festgelegt worden, kommt man ohne diese Kategorien auf ein Ergebnis von ca. 109 000 IM. Kowalczuk argumentiert bei seinem Plädoyer, die IM-Zahlen differenzierter zu betrachten, dass man nicht per se alle Zahlen addieren dürfe, da teilweise konspirative Wohnungen als IMK/KW gezählt wurden, ohne einen Inoffiziellen Mitarbeiter als Inhaber zu haben oder beispielsweise Sicherheitsbeauftragte von Betrieben, die aus ihrer amtlichen Stellung heraus sowieso schon einen offiziellen Kontakt zum MfS hatten, zugleich noch als GMS verpflichtet wurden, ohne dass das am Charakter der Verbindung etwas geändert habe.[191] Damit sollte die Zahl der Inoffiziellen Mitarbeiter nicht kleingerechnet werden, sondern vor allem eine Brücke von der quantitativen zur qualitativen Betrachtung geschlagen werden. Das bedeutet, dass Forschende ergründen sollten, was sich hinter den vom MfS vergebenen Kategorien genau verbirgt und inwieweit das Wissen um die Inoffiziellen Mitarbeiter auch für die Denunziationsforschung fruchtbar gemacht werden könnte.[192] Ansatzpunkte ergäben sich hierbei jedenfalls reichlich, zum Beispiel Fragen nach der Kommunikation und Interaktion mit dem Führungsoffizier oder die Frage nach dem Motiv jenseits dessen, was der

---

188 Vgl. Müller-Enbergs: Inoffizielle Mitarbeiter, Teil 1.
189 Siehe u. a. Renate Hürtgen: »Stasi in der Produktion« – Umfang, Ausmaß und Wirkung geheimpolizeilicher Kontrolle im DDR-Betrieb. In: Jens Gieseke (Hg.): Staatssicherheit und Gesellschaft, S. 295–317.
190 Vgl. Weil: Zielgruppe Ärzteschaft; Bock: »Blindes« Schreiben; Buß: Katholische Priester und Staatssicherheit.
191 Kowalczuk: Stasi konkret, S. 227.
192 Ebenda.

Werbungsbericht wiedergibt. Besonders wichtig scheint eine Tiefenanalyse der von den IM angefertigten Berichte zu sein. Jeder Bericht kann hinterfragt werden. Es gilt zu überprüfen, wie die Personen, über die dort etwas gesagt wird, belastet, kompromittiert oder entlastet werden, welcher Sprache sich die Berichte bedienen und was das über die Schreibenden aussagt. Überprüfbar ist, wie viele Berichte in einer Akte vorhanden sind und in welcher Textform sie ursprünglich vorlagen.[193] Es handelte sich oft um handgeschriebene »Prosatexte«, verschriftlichte Gespräche, die zunächst auf Tonband aufgenommen wurden, oder Zusammenfassungen der wichtigsten Treffergebnisse durch einen Führungsoffizier. Zentrale Frage ist, ob der IM nur als schlichtes Werkzeug des MfS zu betrachten ist[194] oder ob er nicht auch eigenen Gestaltungsspielraum hatte und eigene Interessen verfolgen konnte. Ganz sicher kann die Staatssicherheit als Auftraggeberin eingestuft werden, das lässt aber nicht den Umkehrschluss zu, es handle sich bei den IM lediglich um ein »Instrument« oder einen Erfüllungsgehilfen des MfS. In den meisten Fällen standen keine materiellen bzw. finanziellen Anreize zur Verfügung,[195] sodass auch noch andere Faktoren Einfluss auf das Berichtsgeschehen gehabt haben dürften. Der denunziatorische Gehalt aller Informationen, die IM geliefert haben, müsste eingeschätzt werden – aufgrund der schier unüberschaubaren Masse an vorliegenden Archivalien kann dies aber nur exemplarisch geschehen.

Erste Ansätze zur Beantwortung dieser Fragen liefert Francesca Weil. Sie fragt nach konkreten Berichtsinhalten, dem Umstand der Verpflichtung von Ärzten als IM, nach vorzeitigem Verbindungsabbruch, dem Ausmaß von Denunziation und den eventuellen Vorteilen materieller oder karrieretechnischer Art. Weils Studie beschreibt erste Wege einer empirisch-qualitativen Forschung, auch wenn sie mehrfach darauf hinweist, dass es sich bei den Ärzten um eine besondere Berufsgruppe handelt, bei der zum einen prozentual mehr IM als in anderen Tätigkeitsfeldern geworben wurden und zum anderen der Vertrauensbruch durch den hippokratischen Eid ein besonderes Gewicht hatte. Sehr anschaulich zeigt Weil in ihrem Buch die Diskrepanz zwischen dem schriftlich fixierten Verpflichtungsbericht, in dem häufig ein bestimmtes standardisiertes Motiv zur Zusammenarbeit angegeben wurde, und dem, was sich als Beweggrund für das Handeln in der Gesamtbetrachtung der schriftlichen Berichte, der Treffberichte und der periodischen Einschätzungen des Führungsoffiziers erkennen lässt. Die Studie von Francesca Weil exemplifiziert für die Berufsgruppe der Ärzte, dass das, was im Werbungsbericht steht, nur wenig über wirkliche Beweggründe aussagt und dass dies in einen Kontext zu anderen persönlichen Motivationen gestellt

---

193 Vgl. Bock: »Blindes« Schreiben.
194 Vgl. u. a. Heinz Nilges: Wir waren doch nur Soldaten. In: Die Zeit v. 28.2.1992.
195 Es gibt Ausnahmen, die bereits von der Forschung aufgegriffen wurden. Vgl. Christian Halbrock: »Mit einmaliger Dreistigkeit den Geheimdienst geschröpft.« Anmerkungen zu Manfred »Kiste« Rinke, dem IM »Raffelt«. In: Horch und Guck 45 (2004) S. 46–51.

werden muss.[196] Ähnlich weiterführend sind die Forschungen von Gregor Buß zu den katholischen Priestern und deren Zusammenarbeit mit der Stasi. Auch hier wird eine besondere Berufsgruppe betrachtet, die ein außerordentlich hohes Vertrauen besaß und deren Zusammenarbeit mit dem MfS besonders kritisch beurteilt wurde, vor allem in der Zeit unmittelbar nach der Öffnung der Stasiunterlagen. Ausführlich wägt Buß in seiner Aktenstudie mögliche Motive für eine Zusammenarbeit und ethische Überlegungen gegeneinander ab und entwirft ein differenziertes Bild der Priester, die der Staatssicherheitsdienst als IM führte.[197]

Statt sich primär an den immanenten Kriterien des MfS zu orientieren, sollte es Aufgabe der IM-Forschung sein, eigene Kriterien zu entwickeln, die sich stärker in einen Zusammenhang mit anderen Formen der Denunziationsforschung stellen lassen.[198] Ein mögliches Kriterium für die funktionale und politisch-moralische Einordnung von Inoffiziellen Mitarbeitern könnte die denunziatorische Qualität ihrer Tätigkeit sein. Dieser Ansatz wird im folgenden Kapitel im Rahmen einer Kategorisierung nach IM-Fallgruppen verfolgt.[199]

In einem weiteren Forschungsprojekt wurden die psychologischen Gründe für eine Zusammenarbeit mit dem MfS anhand von Befragungen ehemaliger IM untersucht. Es ist zwar verdienstvoll, dass ein breiter Raum auch der subjektiven Einschätzung zu Fragen der Motivation gegeben wurde, jedoch wurde in den Studien zu wenig kritisch mit dem erhobenen Material umgegangen, das eher ein Schlaglicht darauf wirft, welche nachträglichen Rechtfertigungsstrategien und Argumentationsmuster den Umgang bestimmen, als wirklich zu einer Rekonstruktion früherer Handlungsmuster zu kommen.[200]

Die Betrachtung der Kommunikationssituation kann als Analyseansatz in der Forschung zu den Inoffiziellen Mitarbeitern genutzt werden, um sie auch in den Zusammenhang mit anderen Formen der institutionalisierten Zusammenarbeit zu stellen. Helmut Müller-Enbergs hat die »Richtlinien und Durchführungsbestimmungen« des MfS in seinem ersten Band zu den Inoffiziellen Mitarbeitern erläutert und ausführlich anhand der normativen Grundlagen die verschiedenen Phasen von der Rekrutierung eines IM über die Zusammenarbeit mit ihnen bis

---

196 Weil: Zielgruppe Ärzteschaft, S. 91–107.
197 Buß: Katholische Priester und Staatssicherheit.
198 Kowalczuk: Stasi konkret, S. 246.
199 Siehe Kapitel 5.
200 Ingrid Kerz-Rühling; Tomas Plänkers: Verräter oder Verführte. Eine psychoanalytische Untersuchung Inoffizieller Mitarbeiter der Stasi. Berlin 2004. Ähnliches gilt für die Studie zu den hauptamtlichen Mitarbeitern, die am Institut für Kulturwissenschaften der Universität Leipzig entstand. Hier entwerfen die Autoren eine Typologie ehemaliger Stasimitarbeiter, verarbeiten aber hauptsächlich Interviews und suchen zu wenig den Abgleich mit den schriftlichen Quellen. Zugleich lässt das Buch die Rezipienten im Unklaren über die Datenbasis und die Interviewpartner. Vgl. Uwe Krähnke u. a.: Im Dienst der Staatssicherheit. Eine soziologische Studie über die hauptamtlichen Mitarbeiter des DDR-Geheimdienstes. Frankfurt/M. 2017.

zur Einstellung dieser Zusammenarbeit dargestellt.[201] Während die ersten beiden Phasen einen breiten Raum in der Darstellung Müller-Enbergs einnehmen, wird bei der Thematik »Abbruch der inoffiziellen Verbindung« nur auf die Richtlinien verwiesen. Das Problem, das sich durch die Herangehensweise über normative Texte und die Auswertungsprotokolle der Leitungsebene ergibt, stellt sich vor allem bezüglich der konkreten Arbeit der Staatssicherheit bzw. ihrer Führungsoffiziere mit den Personen, die sie als Inoffizielle Mitarbeiter führte. Aber besonders an dieser Stelle lohnt sich der Blick in die alltägliche Praxis von Kontaktaufnahme und Kontakthalten der beiden involvierten Akteure – dem Führungsoffizier und dem IM – mit unterschiedlichen Kommunikationserfahrungen, unterschiedlichen Zielen und den verschiedenen konkreten Resultaten, die sich aus ihren persönlichen Motivationen, aber auch ihrer Interaktion ergeben.

In welchem sozialen Bereich das MfS einen Überwachungsbedarf sah, war von entscheidender Bedeutung für die tägliche Arbeit der Geheimpolizei. Sie wollte vor allem die Arbeitswelt und die Wirtschaft »absichern«, d. h. überall sollten Berichterstatter über verschiedene Kanäle routinemäßig oder auf Anfrage Informationen über andere Personen oder Sachverhalte weitergeben, was auch Daten zu Sicherheitsfragen in Betrieben und aus privaten Lebensbereichen einschloss. Dass das MfS weit hinter seinen Ansprüchen zurückblieb und der Mythos der allgegenwärtigen Staatssicherheit nicht aufrechtzuerhalten ist, hat die Forschung inzwischen nachgewiesen.[202] Die Offiziere der Staatssicherheit bemühten sich, Personen anzusprechen, von denen sie sich zum einen Zuverlässigkeit und zum anderen »wertvolle« Informationen erhofften. Das konnte jedoch durch das Anwerbeverfahren nicht garantiert, bestenfalls Begleitrisiken minimiert werden. Inoffizielle Mitarbeiter des MfS waren individuell handelnde und denkende Menschen, die sich zwar zuweilen auch (wie es von den einschlägigen Richtlinien vorgesehen war) vom MfS »erziehen« ließen, aber sie waren kein Instrument oder Werkzeug, dass sich auf beliebige Weise einsetzen oder benutzen ließ. Eine solche Sichtweise würde, wenn zum Beispiel ein IM eine andere Person denunzierte, dessen persönliches Engagement verschleiern.[203] Im Folgenden werden die für die Zusammenarbeit mit den Inoffiziellen Mitarbeitern charakteristischen Phasen dargestellt. Bezogen auf die Richtlinien und untermauert mit diversen Fallbeispielen hat dies auch Müller-Enbergs in seinem ersten Teil Arbeit zu den Inoffiziellen Mitarbeitern getan.[204] Folgende allgemeine Beobachtungen jenseits der im Folgenden aufgeführten Fallbeispiele ergaben sich aus dem Sample, das für die vorliegende Studie ausgewertet wurde.[205]

---

201 Müller-Enbergs: Inoffizielle Mitarbeiter, Teil 1.
202 Kowalczuk: Stasi konkret, S. 214.
203 Vgl. z. B. Bock: »Blindes« Schreiben, S. 30.
204 Müller-Enbergs: Inoffizielle Mitarbeiter, Teil 1.
205 Stichprobe in der operativen Hauptablage der Abteilung XII in den BV u. a. archivierte IM-Akten in den Bezirken Frankfurt/Oder, Schwerin, Leipzig in vier Archivierungsjahrgängen

Vor der Anwerbung

Bevor eine institutionalisierte inoffizielle Zusammenarbeit mit einer Person begann, bereitete das MfS dies in der Regel akribisch vor. Die Staatssicherheit überlegte, wen sie überhaupt ansprechen sollte und bildete eine engere Auswahl späterer IM-Kandidaten. Dieser Prozess ist anhand der Überlieferung weniger klar nachzuvollziehen, als es von den Richtlinien vorgegeben war. Dort wird zwar beschrieben, welche Eigenschaften ein Wunschkandidat mitbringen sollte (Ehrlichkeit, Zuverlässigkeit, möglichst kein SED-Mitglied usw.[206]). Aber wie ein Mitarbeiter an diese Personen herantreten sollte oder wie er überhaupt Kenntnis von geeigneten potenziellen Zuträgern erlangte, war nicht Inhalt dieser Vorgaben. Manchmal fand die Staatssicherheit sogar über inoffiziell erlangte Informationen ihre IM-Kandidaten, zum Beispiel über Briefe, die durch die Abteilung M abgefangen wurden. In einem Fall hatte Ende der 1950er-Jahre ein junger Mann aus der DDR seinem Bruder in Bremen einen Brief geschrieben, nachdem dieser geflohen war. Er bat ihn, wieder zu seiner Familie zurückzukommen und beschrieb ihm die gesellschaftlichen Vorteile seines Lebens in der DDR.[207] Diesen Hinweis gab man in der Auswertung an die damalige Abteilung V, den Vorläufer der Abteilung XX, weiter, die feststellte, dass im Arbeitsumfeld des jungen Mannes bisher kein Informant tätig war.[208] Doch der geschilderte Fall war eher selten.

Sehr häufig ergab sich eine IM-Anwerbung dadurch, dass ein bestimmtes gesellschaftliches Umfeld der Staatssicherheit »aufgefallen« war. Sei es dadurch, dass es Gerüchte gab, fremde Personen hielten sich in der Umgebung auf, bestimmte Kollektive hätten einen dramatischen Einbruch in der Arbeitsleistung zu verzeichnen[209], oder in einer bestimmten Gegend träfen sich regelmäßig mehrere Personen.[210] Dann versuchte sich die Staatssicherheit einen Überblick über die Situation zu verschaffen. Entweder fielen ihr dabei schon Personen ins Auge, die für ihre Ermittlungen von Nutzen sein konnten und die möglicherweise auch in ein »Fehlverhalten« involviert waren. Oder sie konnte in Aufstellungen über personelle Zusammensetzungen eines Betriebes oder der Nachbarschaft Personen finden, die zuverlässig und als Zuträger geeignet erschienen. Danach galt es, über sie genauere Erkundigungen einzuholen. Dafür befragte man – zumeist unter einer Legende, Mitarbeiter der Polizei, einer Massenorganisation oder der Nationalen Front zu sein – Nachbarn, den ABV oder Kaderverantwortliche im

---

(1955, 1965, 1975 und 1985). Außerdem wurden hauptsächlich für die Entwicklung der IM-Fallgruppen zusätzlich ca. 100 archivierte IM-Akten eingesehen, die in den späten 1980er-Jahren archiviert wurden. Vgl. Kapitel 2.

206 Müller-Enbergs: Inoffizielle Mitarbeiter, Teil 1, S. 261.
207 Brief v. 14.1.1958; BArch, MfS, BV Rostock, 2985/62, Bd. 1, Bl. 14.
208 Vorschlag zur Anwerbung v. 22.3.1958; ebenda, Bl. 21.
209 Bericht v. 12.10.1968; BArch, MfS, BV Frankfurt, AIM 106/70, Bl. 25.
210 Bekanntwerden der Person v. 10.2.1963; BArch, MfS, BV Leipzig, AIM 55/65, Bl. 10.

Betrieb. Auf diese Weise wurden diejenigen, die eigentlich zur Mithilfe in der Überwachung herangezogen werden sollten, zunächst selbst zum Objekt der Ausforschung. Wenn sich bei den Befragungen gewichtige Ausschlussgründe für eine IM-Tätigkeit ergaben, verzichtete die Staatssicherheit auf ein Anwerbungsgespräch. Nicht immer legte das MfS bereits in dieser Phase einen IM-Vorlauf an, der diese Bemühungen aktenkundig machte – vor allem dann nicht, wenn kein offizieller Vorschlag zur Werbung erarbeitet wurde, weil schon im Vorfeld Kriterien dagegensprachen. Was aber anschließend mit dem Material passierte, zum Beispiel mit den Auskunftsberichten der befragten Personen, war nicht klar geregelt. Manchmal legte die Staatssicherheit diese in der Zentralen Materialablage ab, die immer wieder von nicht operativ relevanten Schriftstücken »bereinigt« wurde; der größte Teil dieser Berichte dürfte daher nicht überliefert sein.[211]

Aus den 1950er-Jahren ist solches Material teilweise in der Allgemeinen Personenablage abgelegt,[212] erst mit der Bürokratisierung von Anwerbevorgängen änderte sich dies, dennoch gab es keine verbindlichen Bestimmungen über die Archivierung dieses Materials. Umso schwieriger sind die Kriterien zu bestimmen, nach denen sich Führungsoffiziere an ihre Werbekandidaten herantasteten.[213] So stellen die Akten der erfolgreich rekrutierten IM die wesentliche Grundlage für eine geschichtswissenschaftliche Analyse dar. Daneben gibt es auch archivierte IM-Vorläufe, aber diese sind nicht vollständig überliefert.[214]

Die Vorschläge, eine Person zur inoffiziellen Mitarbeit zu werben, zielten besonders auf deren Lebenslauf, ihre Verbindungen und politische Haltung ab. Sie erwähnen jedoch oft nicht genau, wie die Staatssicherheit auf die Person aufmerksam geworden war. Ab den 1960er-Jahren findet sich in den Akten manchmal ein Hinweis zum »Bekanntwerden der Person«, in dem kurz dargelegt wird, wann der Führungsoffizier zum ersten Mal etwas über den Kandidaten erfahren hatte. Nicht selten stützten sich die MfS-Mitarbeiter dabei auf andere IM-Berichte oder auf Auskünfte aus den Betrieben. Dabei musste jemand nicht unbedingt »positiv« aufgefallen sein, also sich als besonders konform hervorgetan haben. Auch eher abfällige Beurteilungen durch einen anderen IM konnten reichen, um als möglicher IM interessant zu erscheinen, sie konnten sogar förderlich sein. So hatte beispielsweise ein IM einer jungen Frau in einem Ledigenwohnheim einen »unmoralischen Lebenswandel« bescheinigt: Sie habe mit »mehreren Männern intime Beziehungen, unter anderem zu einem Lehrling des Heimes, der sich mit Republikfluchtabsichten trug«. Außerdem kenne sie viele Musiker, die Gastspiele

---

211 Roger Engelmann, Christian Halbrock, Frank Joestel: Vernichtung von Stasi-Akten. Eine Untersuchung zu den Verlusten 1989/90. Berlin 2020, S. 19.
212 So ein Abgleich mit den Archivregistrierbüchern der Bezirke Schwerin, Frankfurt/Oder und Leipzig.
213 Müller-Enbergs: Inoffizielle Mitarbeiter, Teil 1, S. 102 ff.
214 Ebenda, S. 115.

in der Umgebung abhielten.²¹⁵ Vor allem der Abteilung XX erschien diese Frau äußerst geeignet, dem MfS wertvolle Informationen zu liefern.

Auch andere potenzielle Kandidaten fielen auf, weil sie sich beispielsweise in für die Staatssicherheit undurchsichtigen Kreisen bewegten oder weil sie einem Hobby nachgingen, bei dem sie in der Lage waren, andere für die Stasi interessante Personen zu beobachten, zum Beispiel ein junger Mann, der leidenschaftlich Fußball spielte und seine Sportkameraden überwachen sollte.²¹⁶ Während der Vorauswahl kontaktierte der Führungsoffizier in der Regel noch nicht den Kandidaten. Vielmehr entschieden die MfS-Offiziere auf Grundlage von Berichten von Dritten oder Ermittlungen, ob eine Person das Potenzial für eine inoffizielle Tätigkeit hatte. Ohne den Bericht zum »Bekanntwerden der Person«²¹⁷ sind die Auswahlkriterien des MfS nur schwer nachzuvollziehen, auch nicht, ob sich jemand zu einem aussichtsreichen oder aber zu einem ungeeigneten Kandidaten entwickelte. Der potenzielle IM wusste für gewöhnlich zu diesem Zeitpunkt noch nichts von einem Interesse der Geheimpolizei an seiner Person und hatte noch keine Möglichkeit, Strategien zu entwickeln, um darauf zu reagieren bzw. nicht weiter in den Fokus zu geraten. Dennoch befassten sich mancher, so offenbaren es die Anwerbungsberichte, aber auch spätere Schilderungen von Zeitzeugen, immer wieder mit der Frage, wie er reagieren würde, wenn er von der Staatssicherheit angesprochen werden würde.²¹⁸ Mancher überlegte sich auch Reaktionsmöglichkeiten, um von einer solchen Situation nicht überrascht zu werden, obwohl es nicht in jedem Fall gelang, diese dann auch anzuwenden.

Nachdem der Mitarbeiter der Staatssicherheit auf eine Person aufmerksam geworden war, entwickelte sich ein eher routinierter Ablauf, um deren Anwerbung vorzubereiten, d. h. vor allem, bei dem Vorgesetzten einen normierten Anwerbungsvorschlag einzubringen. Dieses Verfahren professionalisierte sich im Laufe der Jahre und führte zu einer höheren Effektivität in der Zusammenarbeit zwischen den Inoffiziellen Mitarbeitern und der Staatssicherheit.²¹⁹ Vor allem aber war der höhere Verwaltungsaufwand Kennzeichen einer gesteigerten Bürokratisierung, die glaubte, alles planen, normieren und in Statistiken erfassen sowie die eigenen Mitarbeiter und deren Professionalität kontrollieren zu können.²²⁰

---

215 Vgl. z. B. Bericht über das Bekanntwerden der Kandidatin v. 1.11.1972; BArch, MfS, BV Schwerin, AIM 1422/84, Teil I, Bl. 16.
216 Vorschlag v. 11.4.1985; BArch, MfS, BV Schwerin, AIM 875/85, Bl. 190–195.
217 Müller-Enbergs: Inoffizielle Mitarbeiter, Teil 1, S. 186.
218 Marco Hecht, Gerald Praschl: Ich habe »Nein« gesagt. Über Zivilcourage in der DDR. Berlin 2002.
219 Vgl. Müller-Enbergs: Inoffizielle Mitarbeiter, Teil 3.
220 Kowalczuk: Stasi konkret, S. 215.

Kontaktaufnahme

Meist nahm ein Stasi-Mitarbeiter schon vor einer förmlichen Anwerbung von Inoffiziellen Mitarbeitern Kontakt mit der ausgewählten Person auf, um die Werbung anzubahnen und ihre Eignung zu überprüfen, aber auch, um sich gegenseitig kennenzulernen, Vertrauen aufzubauen oder schlicht, um schon zeitnah Informationen über dritte Personen zu erhalten. Im selben Zeitraum besorgte sich der Führungsoffizier Informationen über seinen Anwerbekandidaten. Für gewöhnlich bedeutete das, die betriebliche Kaderakte einzusehen und wesentliche Zeugnisse und zumeist auch den handgeschriebenen Lebenslauf kopieren zu lassen. Außerdem wurden weitere Erkundigungen eingeholt. Dazu befragte man meist wieder unter einer Legende und der Verpflichtung des Stillschweigens die Nachbarn oder Arbeitskollegen (die nicht unbedingt schon als Kontakt- oder Auskunftspersonen[221] registriert sein mussten). Zugleich wurden manchmal andere IM im Arbeits- oder Wohnumfeld beauftragt, einen Bericht über den Kandidaten oder die Kandidatin zu verfassen. Wozu diese Einschätzungen dienen sollten, erfuhren die Berichterstatter nicht. Die Kenntnisse über die Kontaktaufnahmen speisen sich quellenmäßig aus den erfolgreichen Anwerbungen und den IM-Vorläufen, die in den Archiven überliefert sind, verzerren aber das Bild dahingehend, dass in diesen Fällen zumindest ein Vorschlag vorlag und der Kandidat bzw. die Kandidatin aussichtsreich gewesen sein musste. Gleichzeitig kann davon ausgegangen werden, dass es auch schon zu Absprachen zwischen dem Führungsoffizier und dessen Vorgesetzten darüber gekommen war, wer zur Anwerbung ausgewählt wurde und auf welche Weise diese Person überprüft werden sollte.[222]

Der Führungsoffizier benutzte verschiedenen Varianten, um den zukünftigen IM zu kontaktieren. Zum einen konnten die Führungsoffiziere unter einer Legende an die möglichen IM herantreten oder sie zumindest unter einem Vorwand in abgegrenzte Räume bestellen. Hierzu eigneten sich für gewöhnlich eher unverdächtige Orte, die nicht als konspirative Wohnungen oder Trefforte registriert waren, um die Konspiration nicht zu gefährden.[223] Beispielsweise konnte ein möglicher Kandidat in die Kaderabteilung eines Betriebes einbestellt werden – unter dem Vorwand, irgendwelche Formalitäten zu klären.[224] Manchmal wurden lediglich Gespräche geführt, in denen der Stasi-Offizier nicht immer seine Identität preisgab. Man fragte nach Stimmungen im Betrieb oder ob irgendwelche Geschehnisse bemerkt worden waren, ob in der Nachbarschaft Verdächtiges geschehen sei oder

---

221 Helmut Müller-Enbergs: Kontaktperson (KP). In: Engelmann u. a. (Hg.): MfS-Lexikon, S. 207; Andreas Schmidt: Auskunftsperson (AKP). In: Engelmann u. a. (Hg.): MfS-Lexikon, S. 47.
222 Die Kontaktierung des IM-Kandidaten. Juristische Hochschule, April 1985; BArch, MfS, AGM 735, Bl. 534.
223 Müller-Enbergs: Inoffizielle Mitarbeiter, Teil 1, S. 133 ff.
224 Zum Beispiel Bericht über die durchgeführte Aussprache v. 19.11.1969; BArch, MfS, BV Schwerin, AIM 567/85, Teil I, Bl. 31.

Ähnliches. Teilweise wurden in diesen Gesprächen kleinere »Prüfungen« vorgenommen oder Aufgaben gestellt, beispielsweise erbaten die Offiziere schriftliche Personeneinschätzungen oder allgemein gehaltene Berichte. Zum einen testete der Führungsoffizier damit, ob sich die Person überhaupt auf das Schreiben von Berichten einließ, aber auch, ob jemand überhaupt Berichte schreiben konnte, sich also schriftlich so ausdrücken konnte, dass sich Zusammenhänge nachvollziehen ließen. Wenn diese Voraussetzungen nicht erfüllt waren, mussten entweder andere Berichtsmedien genutzt werden, beispielsweise mündliche Berichte, die auf Tonband aufgenommen wurden oder der Führungsoffizier fasste die Essenz eines Treffens in Treffberichten zusammen. Oder es stellte sich heraus, dass der Kandidat für eine IM-Tätigkeit intellektuell oder charakterlich nicht geeignet war.[225] Dann konnte von einem Werbungsvorschlag abgesehen werden. Nicht selten sind Berichte oder Auswertungen dieser frühzeitigen Kontakte in den späteren IM-Akten überliefert und viel häufiger als in den normierten Treffberichten ging der Führungsoffizier auf verschiedene Kommunikationsaspekte ein. Er schilderte die Art des Zusammentreffens, den Raum, der dafür gewählt wurde, und die emotionale Verfassung, in der sich sein Gegenüber befand, zum Beispiel ob dieser nervös, abgeklärt, ruhig oder aufgeregt erschien. So bewertete beispielsweise der Führungsoffizier das zweite Zusammentreffen mit einem zukünftigen IM, das er für die Verpflichtung nutzte: »Die Verpflichtung des Kandidaten erfolgte wie vorgesehen am 31.01.1983 in der Zeit von 13.30 bis 15.00 Uhr im Dienstzimmer des [Name]. Der Kandidat erschien pünktlich zum vereinbarten Termin und es zeigten sich in seinem Verhalten keine Veränderungen. Er war aufgeschlossen und ging auch sofort auf das Gespräch ein.«[226]

Manchmal existieren in den Akten Konzeptionen für diese Gespräche, die mit der nachfolgenden Auswertung verglichen werden können. Diese frühen Kontakte wurden sehr genau vom Führungsoffizier analysiert, da er herausfinden wollte, ob sich die Person für eine möglicherweise langjährige Zusammenarbeit eignete oder sich vielleicht schon vor der eigentlichen Verpflichtung dekonspirieren würde. Die Erkenntnisse aus diesen Kontakten flossen in Beratungen mit den Vorgesetzten ein, auf sie nahmen die Anwerbungsvorschläge Bezug und sie wurden als Begründung für die Zuverlässigkeit eines Kandidaten herangezogen.[227] Obwohl in der Kommunikations- und in der Auswahlstrategie die Besprechungen mit den Vorgesetzten und die Erfahrungen des jeweiligen Führungsoffiziers eine entscheidende Rolle spielten, sind die schriftlichen Zeugnisse darüber eher marginal. Ab und an finden sich Bemerkungen in den Unterlagen, kurze Randnotizen

---

225 Müller-Enbergs: Inoffizielle Mitarbeiter, Teil 1, S. 96.
226 Bericht über die erfolgte Verpflichtung v. 10.2.1983; BArch, MfS, BV Schwerin, AIM 984/85, Teil I, Bl. 115.
227 Müller-Enbergs: Inoffizielle Mitarbeiter, Teil 1, S. 96 ff.

oder Ähnliches, die auf ein Eingreifen der Vorgesetzten hinweisen.[228] Ihr Einfluss allerdings dürfte deutlich stärker gewesen sein als erkennbar. Man kann davon ausgehen, dass der Austausch des Führungsoffiziers mit dem Vorgesetzten über das Anwerben und Führen von IM hauptsächlich mündlich erfolgte und sich im konkreten Fall kaum in der IM-Akte niederschlug.

Der Denunziationsgehalt dieser frühen Treffen lässt sich häufig genau bestimmen, weil die Führungsoffiziere meist präzise Einschätzungen über diese Treffen anfertigten. Sie beschrieben kleinteilig den Verlauf der Gespräche, auf welche Personen im Umfeld sie die Anwerbekandidaten angesprochen und wie »offen« diese über Dritte berichtet hätten. Dabei bewegten sich die Führungsoffiziere häufig nicht auf ihnen unbekanntem Terrain, sondern waren meistens in der Lage, die preisgegebenen Informationen durch andere Berichte zu überprüfen. So schätzten sie ein, wie zuverlässig die Auskunft ihnen gegenüber war. Die Drucksituation, unter der diese Informationen abgefragt wurden, war aber ungleich höher als bei einem »normalen« Treffen mit einem IM in einer konspirativen Wohnung, in der der Führungsoffizier meist um eine entspannte Atmosphäre bemüht war. Nicht selten fanden diese Vorgespräche in Dienstzimmern statt, entweder im Betrieb, bei der Volkspolizei, der Abteilung Inneres oder auch direkt in den Räumen der Staatssicherheit – je nachdem ob und unter welcher Legende die Personen einbestellt wurden.[229]

Das Schulungsmaterial der Staatssicherheit zum Thema »Die Kontaktierung des IM-Kandidaten« thematisiert dies auch entsprechend: »Damit werden Zwänge geschaffen, daß sich der IM-Kandidat in dieser oder jener Form bekennen muß. Solcherart Anlässe versetzen den operativen Mitarbeiter in die Lage, das Gespräch offensiv anzugehen und entsprechenden Einfluß auf den IM-Kandidaten auszuüben.«[230] Und diese Drucksituation, der sich der Anwerbekandidat ausgesetzt sah, trug ihren Teil dazu bei, dass selbst einige IM-Kandidaten, die später eher Belangloses berichteten, in den Vorgesprächen viel eher bereit waren, ihnen anvertraute Geheimnisse und Details preiszugeben. Der situative Kontext ist durchaus mit einem Verhör vergleichbar, vor allem wenn das Gespräch als Befragung ausgegeben wurde. Jeweils auf den Kandidaten zugeschnitten wählte der Führungsoffizier aus, in welcher Umgebung er sein Gegenüber auf geeignete Art in eine Lage versetzen konnte, die zugleich eine Kommunikation ermöglichte, aber auch ein Widersetzen oder Schweigen verhindern sollte. In einigen Fällen schrieben die Personen sogar schon eigene Berichte über bestimmte Personen,

---

228 Es gibt außerdem Fälle, in denen der Vorgesetzte des Führungsoffiziers an Treffen mit den IM teilnahm, um sich ein Bild von der Zusammenarbeit zu machen und diese zu verbessern. Vgl. Ralph Kaschka: Leistungssport im Visier der Stasi. Das MfS und der SC Traktor Schwerin. Berlin 2017, S. 64.
229 Die Kontaktierung des IM-Kandidaten. Juristische Hochschule, April 1985; BArch, MfS, AGM 735, Bl. 534 und Müller-Enbergs: Inoffizielle Mitarbeiter, Teil 1, S. 99 ff.
230 Die Kontaktierung des IM-Kandidaten, Ebenda.

die man ihnen vorgab, über bestimmte Ereignisse, bei denen sie dabei gewesen waren, oder auch über Stimmungen innerhalb ihres Hauses oder ihres Betriebes. Diese Berichte hatten sie mit ihrem richtigen Namen zu unterschreiben. Dabei unterschied sich die Kommunikationssituation maßgeblich, je nachdem, ob diese Berichte unter den Augen des Mitarbeiters der Staatssicherheit verfasst wurden, ob er ihnen gegenübersaß, ihnen über die Schulter sah, Hinweise und Korrekturen, Formulierungen oder Ähnliches in Absprache erfolgten, oder ob die Anwerbekandidaten in einem Raum allein gelassen wurden und dann Zeit bekamen, ihren Bericht zu verfassen. Beides wird sicher üblich gewesen sein, lässt sich aber aus der schriftlichen Überlieferung kaum herauslesen. Es finden sich in diesen Berichten keine Bemerkungen oder Hinweise, die darauf schließen lassen, dass der Führungsoffizier wie ein Lehrer bei einem Test zugleich eine Korrektur vorgenommen hat. Es könnten manchmal verschiedene Versionen eines solchen Berichts existiert haben, bis eine zufriedenstellende Ausführung gefunden wurde. Es fällt jedenfalls auf, dass bei diesen »Frühberichten« nur sehr wenige Durchstreichungen oder schnelle Eigenkorrekturen vorkommen, die bei Texten, die spontan entstehen, zu vermuten wären. Diese Berichte waren meist kürzer als eine Seite, nur besonders mitteilungsbedürftige Kandidaten verfassten mehrere Seiten Handgeschriebenes, ohne verpflichtet zu sein.

Letztendlich dienten diese ersten Berichte auch dazu, gegen den IM-Kandidaten eine Art Faustpfand in die Hand zu bekommen. Denn die Betroffenen unterzeichneten sogar mit dem eigenen Namen und gaben eben nicht selten hier auch schon einige privat oder politisch belastende Informationen über Bekannte weiter. Auf diese Weise wurde ein IM-Kandidat erpressbar und das sollte den Kandidaten selbst bewusst sein. Deswegen galt es, die Verpflichtung als nächste Konsequenz erscheinen zu lassen.

Die Verpflichtung

Der Verpflichtung einer Person zum Inoffiziellen Mitarbeiter ging – wie bereits beschrieben – zumeist mindestens ein Kontakt mit einem Führungsoffizier voraus. Die Verpflichtung fand dann aber erst beim zweiten oder dritten Treffen statt. Auch sie wurden wie die Kontaktgespräche akribisch vorbereitet, der Führungsoffizier musste sich überlegen, wo er die Treffen anberaumen wollte, ob er sich unter einer Legende mit dem IM-Kandidaten traf oder einfach bei einem vorherigen Kontaktgespräch einen weiteren Termin vereinbarte. Dazu musste er die Risiken, dass dieser Termin platzte, weitestgehend minimieren. Die meisten Personen, mit denen schon vorher ein Kontaktgespräch geführt worden war und bei denen sich die MfS-Mitarbeiter auch als solche zu erkennen gegeben hatten (und nicht etwa als Mitarbeiter der Volkspolizei oder Ähnliches), konnten sich wahrscheinlich schon Gedanken darüber machen, wie sie reagieren würden, wenn sie den Vorschlag unterbreitet bekämen, für die Stasi als Informanten tätig zu werden. Bei aller Konspiration war es den Bürgern in der DDR bekannt, dass das MfS Informanten anwarb. Und da in der DDR die Vorstellung einer allgegenwärtigen Geheimpolizei weit verbreitet war, machten sich nicht wenige Personen darüber Gedanken, was passieren würde, wenn sie eines Tages von der Stasi auf eine inoffizielle Mitarbeit angesprochen werden würden.[231] In den Verpflichtungsberichten findet sich nur in den seltensten Fällen die Aussage, dass sich jemand wirklich überrascht über diese Offerte zeigte. Überrascht waren die Angesprochenen, wenn überhaupt, darüber, welche zum Teil detailreichen Informationen die Mitarbeiter des MfS besaßen und wie sie selbst zum Objekt der Überwachung geworden waren.[232] Dabei war ihnen nicht bewusst, dass es sich häufig um eine Momentaufnahme handelte und die Stasi-Mitarbeiter einen besseren Kenntnisstand vortäuschen mussten, als sie eigentlich besaßen.

Das Werbungsgespräch hielt der Führungsoffizier stets ausführlich fest, wobei er immer auf Reaktionen des Kandidaten einging und versuchte, dessen Verhalten zu analysieren. Zugleich verlangten die Richtlinien von den hauptamtlichen Mitarbeitern, die vorgebliche »Motivation« für die Zusammenarbeit festzuhalten. Dass dabei deutlich mehr Varianten vorkamen, als nur die üblicherweise festgehaltenen, dass jemand aus Überzeugung oder aus persönlichem Interesse kooperierte oder unter Druck geworben worden war, blenden die Berichte häufig aus. Der Werbungsbericht zielte – vor allem mit wachsender Professionalisierung und Formalisierung auf einige wenige Kategorien ab.[233] Dabei waren die Offiziere der Staatssicherheit durchaus in der Lage, die Gemütsverfassung ihrer Gegenüber differenziert zu erkennen und auch einzuschätzen. In den Anfangsjahren unterschieden die Führungsoffiziere in den Verpflichtungsberichten ihrer Geheimen Informatoren deswegen auch eher zwischen der Variante »auf freiwilliger Basis« oder »unter Druck« geworben, erst in den späten 1960er-Jahren wurde die vorgebliche »politische Überzeugung« zum wichtigen vorgeblichen Merkmal der Verpflichtung.[234]

Längst nicht alle IM-Vorläufe wurden auch tatsächlich zu IM-Vorgängen – Kowalczuk ermittelte für das Jahr 1987, dass nur 62 % aller IM-Kandidaten vom MfS tatsächlich angeworben wurden. In diese Zahl sind allerdings auch die Vorläufe eingerechnet, die bereits an der Überprüfung oder dem Vorschlag scheiterten.[235] Dennoch hat sich eine beträchtliche Zahl der Angesprochenen einer Zusammenarbeit verweigert und musste nach dem Anwerbungsgespräch

---

231 Ilko-Sascha Kowalczuk: Endspiel. Die Revolution von 1989 in der DDR. München 2009, S. 215 f.
232 Zum Beispiel Treffbericht v. 28.2.1961; BArch, MfS, BV Frankfurt, AIM 467/65, unpag. Mikrofilm (MF).
233 Müller-Enbergs: Inoffizielle Mitarbeiter, Teil 1, S. 107–110.
234 Ebenda.
235 Kowalczuk: Stasi konkret, S. 237.

abgeschrieben werden. Die Bandbreite der geäußerten Verweigerungsgründe ist vielfältig, wobei die unwilligen IM-Kandidaten in der Regel vor allem zwei Ziele verfolgten: von der Staatssicherheit nicht weiter umworben zu werden, aber gleichzeitig auch keine allzu starke Ablehnung gegenüber dem Staat zu äußern.[236] So beriefen sich die meisten auf ihr Gewissen, um nicht über gute Freunde, die Familie oder enge Kollegen berichten zu müssen. Andere wiederum versuchten, dem MfS-Offizier weiszumachen, sie könnten kein Geheimnis für sich behalten und seien aus diesem Grund nicht geeignet. So sollte beispielsweise ein junger Wehrdienstleistender angeworben werden, der dem Stasi-Mitarbeiter erzählte, er rede im Schlaf und könne nicht dafür garantieren, dass er nicht nachts alles ausplaudern würde.[237] Egal, ob es sich hierbei um die Wahrheit handelte oder als Abwehrstrategie erdacht worden war, der Führungsoffizier konnte dem, da er unvorbereitet mit dieser Aussage konfrontiert wurde, erst einmal wenig entgegensetzen. So verhielt es sich auch bei denjenigen, die versicherten, schlicht nicht in der Lage zu sein, diese konspirative Aufgabe durchzuführen, obwohl sie trotz allem den Staat gern bei der Erfüllung seiner Aufgaben unterstützen würden. Die Personen, die sich verweigerten, vermieden häufig gleichzeitig, in direkte Konfrontation zum MfS und zur SED zu gehen, weil sie für sich dadurch Nachteile befürchteten.

Einige Personen verweigerten sich sehr entschieden einer Zusammenarbeit mit dem MfS und brachten ihre Ablehnung deutlich zum Ausdruck. Müller-Enbergs beschreibt dies in seinem Aufsatz über die Ablehnungsgründe für die inoffizielle Zusammenarbeit als »rigorose Verweigerung«.[238] Im Folgenden soll ein aufschlussreiches Beispiel vorgestellt werden, bei dem ein Zahnarzt angeworben werden sollte. Dieser hatte im Rahmen von fachlichem Austausch mit einem britischen Kollegen zusammengearbeitet und für diese Kontakte interessierte sich die Stasi. Schon zu Beginn des Gespräches hatte der Mitarbeiter des MfS starke Probleme, das Wohlwollen des Zahnarztes zu gewinnen, der sich auf keinerlei Schmeicheleien des Stasi-Offiziers einließ. Der Offizier hatte den Dentisten in seiner Wohnung besucht und schon bei der Wahl des Zimmers entstanden die ersten Schwierigkeiten. Der Zahnarzt bestand darauf, dass alle Türen offen stünden, damit seine Frau die Gespräche mit anhören konnte, selbst als der MfS-Mann vorschlug, die Türen wegen möglicher heikler Gesprächsinhalte zu schließen. Der MfS-Mitarbeiter musste sich auf die offene Tür einlassen. Als dieser nun im Laufe der Unterhaltung auf seine Absicht zu sprechen kam, den Zahnarzt zu

---

236 Hecht, Praschl: Ich habe »Nein« gesagt.
237 Interview mit M.S. In: Christopher Dietrich: Schild, Schwert und Satire. Das Kabarett Rohrstock und die Staatssicherheit. Rostock 2006, S. 160.
238 Helmut Müller-Enbergs: Zur Kunst der Verweigerung. Warum Bürger nicht mit dem Ministerium für Staatssicherheit kooperieren wollten. In: Ingrid Kerz-Rühling, Tomas Plänkers (Hg.): Sozialistische Diktatur und psychische Folgen. Psychoanalytisch-psychologische Untersuchungen in Ostdeutschland und Tschechien. Tübingen 2000, S. 165–195, hier 175.

»gelegentlichen« Berichten zu ermutigen, empörte sich dieser so lautstark, dass seine Frau das hörte. Er versicherte dem MfS-Offizier, dass er dazu in keinem Fall bereit sei und die Staatssicherheit ihn nicht »als ihren Mitarbeiter zu betrachten« habe. Mit diesen Worten forderte er den MfS-Offizier dazu auf, die Wohnung zu verlassen, gleichwohl darauf hinweisend, dass er seinen beruflichen Pflichten als Zahnarzt jederzeit nachkommen würde.[239] Diesen Mut brachten nicht alle auf. Der Zahnarzt wusste sehr wohl um seine Unverzichtbarkeit in der städtischen Gesundheitsversorgung oder nahm mögliche berufliche Nachteile in Kauf. Gleichwohl überrascht die Deutlichkeit dieser Ablehnung, die, zu dieser Einschätzung kommt in anderen Fällen auch Müller-Enbergs, wohl eher die Ausnahme als die Regel gewesen sein dürfte.[240]

Berichte über gescheiterte Verpflichtungen lassen nur wenig Rückschlüsse darauf zu, wie energisch Führungsoffiziere bei der Anwerbung nachhakten und ob sie auch in der Lage waren, jemanden umzustimmen.

Obwohl die Richtlinien des MfS keine genauen Festlegungen zur Form der Verpflichtung enthalten[241], gleichen sich die Verpflichtungserklärungen doch in auffallender Weise. Deswegen kann festgehalten werden: Der Text für die Verpflichtungserklärungen dürfte in fast allen Fällen vom Führungsoffizier diktiert worden sein. Dies wird in den Berichten zwar nicht thematisiert, aber die Ähnlichkeit dieser Erklärungen ist auch über die Jahrzehnte hinweg frappierend. Ein Großteil von ihnen wurde handschriftlich verfasst. Die Texte enthalten zumeist Datum und Ort der Verpflichtung. Manchmal enthält die Verpflichtung eine Überschrift, meist schlicht das Wort »Verpflichtung« oder »Erklärung«. Dann folgt für gewöhnlich ein Einführungssatz, der sich auf die Person des Schreibenden bezieht, häufig mit Angabe des Geburtsdatums und dem vollen Namen. Dieser Satz versichert zumeist, dass man zukünftig mit dem MfS zusammenarbeiten werde. Der folgende (Ab-)Satz umschreibt die Schweigeverpflichtung, teilweise auch mit dem Hinweis auf strafrechtliche Konsequenzen bei Zuwiderhandlung, der dritte Absatz bezieht sich auf den Decknamen, mit dem zukünftig die Berichte zu unterschreiben seien. Darauf folgt eine Unterschrift mit dem richtigen Namen. Dieses Muster einer Verpflichtungserklärung ist am häufigsten anzutreffen, doch gibt es auch immer wieder Ausnahmen. So tauchen in den Akten der 1950er- bis in die frühen 1960er-Jahre vereinzelt »Formulare« für Verpflichtungen auf, die maschinenschriftlich vorgefertigt waren und lediglich Eintragungen des Datums, des Ortes, des Namens und Decknamens sowie der Unterschrift vorsahen. Zugleich versuchten IM, ihrer Verpflichtungserklärung persönliche Einschränkungen hinzuzufügen; so verwiesen einige darauf, nur »im Rahmen ihrer Möglichkeiten« mit dem MfS zusammenarbeiten zu wollen, andere wollten lediglich »Feinde« von

---

239 Bericht v. 14.1.1965; BArch, MfS, BV Schwerin, AGI 57/75, Bl. 60.
240 Vgl. Müller-Enbergs: Kunst der Verweigerung, S. 175.
241 Vgl. Müller-Enbergs: Inoffizielle Mitarbeiter, Teil 1, S. 106.

außen bekämpfen und schlossen in ihren Erklärungen die Preisgabe von Vertraulichem aus Familie und Freundeskreis aus. Ein 1974 als IM angeworbener Mann, dessen Mutter und Bruder in der Bundesrepublik wohnten, fügte beispielsweise seiner Verpflichtungserklärungen folgenden Zusatz bei: »Die Zusammenarbeit mit dem MfS erfolgt unter der Bedingung, daß eine Gefährdung meiner nächsten Verwandten (Mutter und Geschwister) ausgeschlossen wird.«[242]

Abweichungen und Veränderungen im Laufe der Jahrzehnte lassen sich vor allem in der Beschreibung der Zielrichtung der Verpflichtung erkennen. So überwiegen in den 1950er- und frühen 1960er-Jahren eindeutig Formulierungen, die sich auf eine mögliche Bedrohung durch den Westen bezogen, selbst wenn diese IM zur Ausspähung ihrer Kollegen oder Bekannten eingesetzt werden sollten. Nicht selten thematisierten die Verpflichtungserklärungen den »Kampf gegen imperialistische Angriffe«, zu dessen Unterstützung sich der IM bereiterklärte. Das änderte sich in den 1970er- und 1980er-Jahren grundlegend bei den IM, die nicht auf bundesdeutschem Gebiet eingesetzt wurden. Solche Passagen entfielen bei den Verpflichtungserklärungen ganz, stattdessen finden sich manchmal Wendungen wie »zum Wohle der Deutschen Demokratischen Republik« oder Ähnliches. Offensichtlich verzichteten die Führungsoffiziere also bei ihren Vorgaben zur Verpflichtungserklärung zunehmend auf Abgrenzungstopoi der Systemauseinandersetzung.

Zugleich hatten Führungsoffiziere die Möglichkeit, einen IM mündlich oder per Handschlag zu verpflichten, also auf eine schriftliche Verpflichtungserklärung zu verzichten. Vor allem bei Personen aus Wissenschaft, Kirche, Kultur und Funktionärsebene konnte auf diese Praxis zurückgegriffen werden.[243] Das entschieden die MfS-Offiziere nach Ermessen. In der Auseinandersetzung nach 1990 sind immer wieder Fälle in der Öffentlichkeit diskutiert worden, in denen die Verpflichtungserklärung fehlt, sei es, weil die IM-Akte nicht oder nicht vollständig überliefert ist und sich eine mögliche Zusammenarbeit nur aus anderen Schriftstücken, die in den Akten der Überwachten überliefert sind, oder aus Karteikarten rekonstruieren lässt. Sehr oft begegneten Personen dem IM-Vorwurf mit der Behauptung, sie seien von der Staatssicherheit nur »abgeschöpft« worden, beispielsweise wenn sie aus dienstlichen Gründen der Staatssicherheit zu tun hatten und diese habe die Berichte dann irreführenderweise einem Decknamen zugeordnet.

Zur Wahl der Decknamen geben die Richtlinien des MfS nur wenig Auskunft. Nachdem sie anfangs offenbar häufig nur durch die Führungsoffiziere vergeben wurden, konnten sich die IM später ihre Decknamen selbst wählen.[244] Mancher frisch angeworbene IM mag zunächst daran gescheitert sein, sich einen Deck-

---

242 Verpflichtung v. 29.3.1974; BArch, MfS, AIM 11105/85, Teil I, Bl. 112.
243 z. B. BArch, MfS, BV Rostock, AIM 2769/87.
244 Müller-Enbergs: Inoffizielle Mitarbeiter, Teil 1, S. 105.

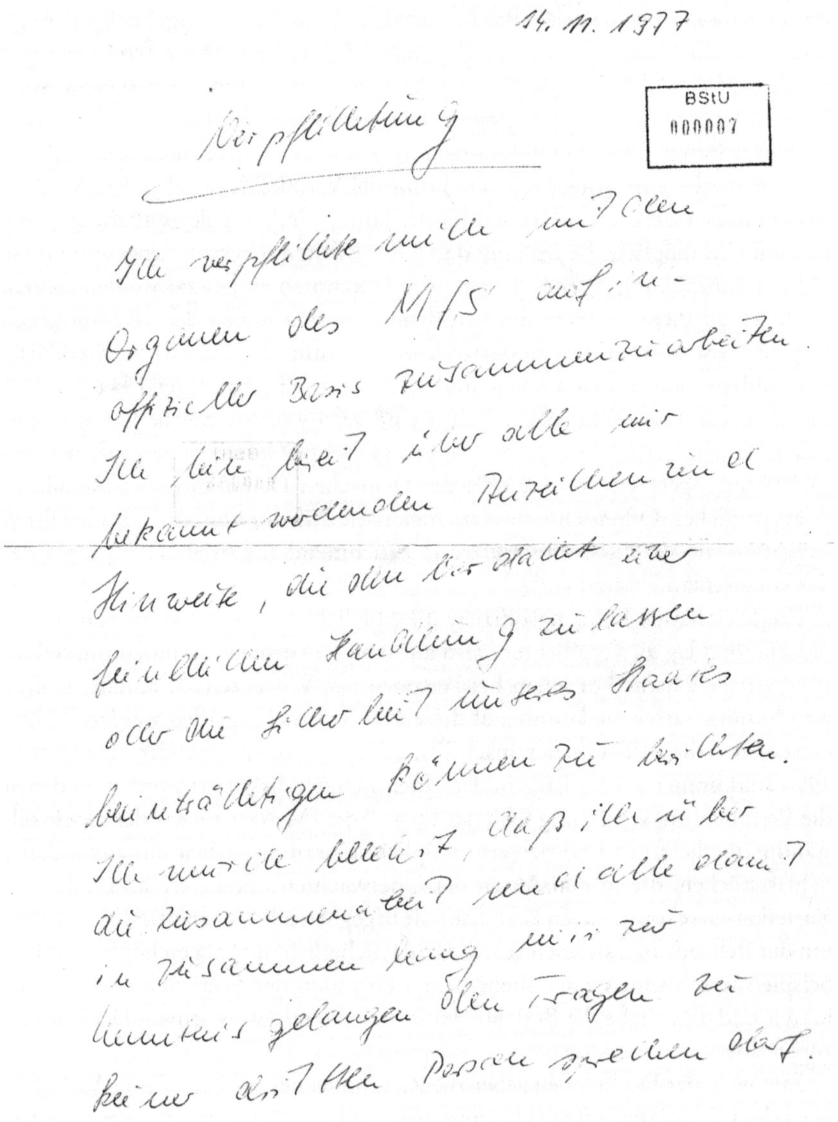

14. 11. 1977

Verpflichtung

Ich verpflichte mich mit den Organen des MfS auf inoffizieller Basis zusammenzuarbeiten. Ich bitte Bericht über alle mir bekannt werdenden Vorfälle und Hinweise, die den Bestand oder feindlichen Handlungen zu lassen oder die Arbeit unseres Staates beeinträchtigen können zu berichten. Ich werde die bleibet, daß ich über die Zusammenarbeit und alle damit in Zusammenhang mir zur Kenntnis gelangten den Fragen zu keiner dritten Person sprechen darf.

Abb. 8 a/b: Eine typische Verpflichtungserklärung

*Zur Gewährleistung der Sicherheit
der Zusammenarbeit ein weiterer
Vorschlag wäre, daß nur den
Decknamen "Detlef" mit dem ich
in Zukunft alle Berichte unterzeichnen
werde.*

namen auszusuchen, während andere offenbar genug Fantasie hatten, sich »eine zweite Identität« zuzulegen.²⁴⁵ Gewählt wurden vor allem Personennamen, am häufigsten Vornamen oder Vornamen in Verbindung mit Nachnamen: »Rudi Schmidt«²⁴⁶ oder »Erika Müller«²⁴⁷ wären dafür klassische Beispiele. Hier lässt sich beobachten, wie auch bei den Pseudonymen von Anrufern, dass vor allem auf häufig vorkommende Namen zurückgegriffen wird. Außerdem trugen Männer in der Regel männliche Vornamen als Decknamen, während Frauen zumeist weibliche Vornamen hatten. Nur selten lässt sich nachzuvollziehen, wie sich Personen bei der Wahl ihres fiktiven Namens inspirieren ließen – eben auch weil die Anwerbungsberichte darüber nur im Ausnahmefall berichten. So hatte beispielsweise ein junger Mann den Vornamen seines Bruders und den Nachnamen einer Schulfreundin zu einem IM-Namen zusammengesetzt und erklärte dies während der Verpflichtung.²⁴⁸ Ebenso wurden Begriffe zum Decknamen erkoren (wahrscheinlich auch durch Zutun des Führungsoffiziers), die sich stark am Hobby oder Beruf der verpflichteten Person orientieren. Ein Fischer wählte beispielsweise den Decknamen »Zander«²⁴⁹, eine Germanistin den Decknamen »Buch«²⁵⁰, ein Arzt hieß »Kanüle«²⁵¹.

Die Zusammenarbeit

Unter kommunikationsrelevanten Aspekten einer institutionalisierten Zusammenarbeit werden im ersten Schritt die Beteiligten dieser Kommunikation untersucht. Während das eigentliche »Treffen« erst im zweiten Schritt genauer betrachtet werden soll, sollen zunächst die Teilnehmer an dieser Vereinbarung, und darum handelt es sich ja bei einer Verpflichtung, genauer beleuchtet werden. Während die Handlungsmaximen der Führungsoffiziere durch die Vorgaben für die Treffvorbereitung und -auswertung auf Grundlage der Richtlinien, des Schulungsmaterials und der Analysen der Juristischen Hochschule thematisiert wurde²⁵², wurde das Verhältnis des Führungsoffiziers zu seinem Vorgesetzten

---

245 Zu den Decknamen der Inoffiziellen Mitarbeiter existieren nur wenige Detailstudien, vgl. Ingrid Kühn: Decknamen – eine Gruppe inoffizieller Personennamen. In: Beiträge zur Namenforschung 98 (1993) 2, S. 163–176 und Irmgard Frank: Konspirative Namengebung (am Beispiel der ehemaligen DDR). In: Heinrich Tiefenbach (Hg.): Personenname und Ortsname. Heidelberg 2000, S. 279–310.
246 BArch, MfS, BV Schwerin, AIM 340/53.
247 BArch, MfS, BV Schwerin, AIM 32/56.
248 Bericht über die durchgeführte Werbung v. 7.9.1978; BArch, MfS, BV Berlin, AIM 1888/91, Teil I, Bl. 92.
249 BArch, MfS, BV Frankfurt, AIM 47/65.
250 BArch, MfS, BV Rostock, AIM 2772/74.
251 BArch, MfS, BV Rostock, AIM 4024/90.
252 Müller-Enbergs: Inoffizielle Mitarbeiter, Teil 1, S. 131 ff.

kaum erörtert. In der Richtlinie 1/79 für die Arbeit mit IM und GMS wird zwar erwähnt, dass Vorgesetzte der mittleren Ebene an Treffen mit IM regelmäßig teilnehmen sollten, um die Zusammenarbeit zu verbessern[253], dies spiegelt sich jedoch nur sehr selten schriftlich in den untersuchten Vorgängen wider. Es wird allenfalls Thema in Referaten Erich Mielkes auf Dienstkonferenzen, in denen es um die Optimierung der Abläufe in der Zusammenarbeit mit den IM geht. Dennoch dürfte vor allem zu Beginn der Tätigkeit der Führungsoffiziere entscheidend gewesen sein, wie Anweisungen, Anleitungen und Erfahrungen der Vorgesetzten ihre Arbeit beeinflussten, ob sie zum Beispiel zur Härte oder zur Nachsicht mahnten oder korrigierend auf die Berichtstätigkeit einwirkten. Die Überlieferung in den IM-Akten selbst zeigt diese Eingriffe der Vorgesetzten kaum.[254] Allerdings beschäftigten sich die Auswertungs- und Kontrollorgane der Staatssicherheit in den 1980er-Jahren systematisch mit der Effektivität der IM, was dazu führte, dass mache Vorgänge rigoros abgeschrieben wurden. Die Diensteinheit sowie der unmittelbare Vorgesetzte des Führungsoffiziers bestimmten, aus welchem Gebiet und für welches Umfeld er IM rekrutierte und wie er sie führte. In Studien zu den hauptamtlichen Mitarbeitern wird thematisiert, dass gerade in der Anfangszeit des MfS die Hauptamtlichen aufgrund ihres bescheidenen Bildungsniveaus Schwierigkeiten hatten, zu möglichen Ansprechpartnern auf Augenhöhe Kontakt aufzunehmen, vor allem wenn diese aus bildungsbürgerlichen Schichten stammten. Abhängig von der Umgebung und den Kontakten, für die sich das MfS interessierte, waren die Führungsoffiziere dazu angehalten, alle möglichen gesellschaftlichen Gruppen im Auge zu haben und dort auch Inoffizielle Mitarbeiter für die Zusammenarbeit auszuwählen und bei einer erfolgreichen Anwerbung mit ihnen in Kontakt zu bleiben. Besondere Schwierigkeiten ergaben sich hier bei Milieus, die den Führungsoffizieren fremd waren, also beispielsweise Wissenschaft, Kirche, Kultur oder unangepasste Jugendliche.[255]

Da sich nun der Führungsoffizier als Dreh- und Angelpunkt der Kommunikation der IM mit dem MfS und damit als potenzieller Empfänger von (denunziatorischen) Informationen darstellte, müsste er eigentlich seine Strategie angepasst haben, je nachdem, mit wem er arbeitete. Es gab diejenigen, die ausreichend begabt waren, sich auf die Individuen und Milieus, mit denen sie arbeiteten, einzustellen, andere versuchten, kommunikative Defizite durch einen autoritären Stil zu kompensieren. In der Analyse der Arbeit der Führungsoffiziere gilt es zu bedenken, dass sie unter einem hohen Erfolgsdruck standen. Sie hatten ein gewisses Pensum an Neuanwerbungen einzuhalten, sie mussten ihre bereits angeworbenen IM »bei der Stange halten«, sich mit ihnen regelmäßig treffen

---

253 BArch, MfS, BdL, Dok 3234.
254 Vgl. z. B. Kaschka: Leistungssport im Visier der Stasi, S. 81.
255 Jens Gieseke: Die hauptamtlichen Mitarbeiter der Staatssicherheit. Personalstruktur und Lebenswelt 1950–1989/90. Berlin 2000, S. 542.

und ihr Informationsaufkommen sollte operative Relevanz haben. Sie mussten auf bestimmte Begebenheiten reagieren, wenn also zum Beispiel Reaktionen auf tagespolitische Ereignisse zu erwarten waren, sollten sie in der Lage sein, die Stimmung einzufangen. Sie hatten den Anspruch, den Sicherungsbereich, für den sie verantwortlich waren, unter Kontrolle zu halten. Sie waren außerdem bemüht, mit allen IM die Konspiration einzuhalten. Aber die Forschung hat sich bisher wenig mit den alltäglichen Routinen der Führungsoffiziere beschäftigt, was teilweise auch der Tatsache geschuldet ist, dass sich diese konkrete Praxis nur unzureichend in den Unterlagen abbildet.

Die Personalakten der hauptamtlichen Mitarbeiter geben zwar Auskunft zu deren Herkunft, ihrem Bildungsgrad, den verschiedenen beruflichen Stationen und möglichen Dienstvergehen, so sie denn zu einer Disziplinarstrafe führen. Im Hinblick auf die Beurteilung der Arbeit eines Führungsoffiziers bleiben die Akten der Abteilung Kader und Schulung aber eher vage, es sei denn, ein MfS-Mitarbeiter hatte sich während seiner Arbeit mit den IM etwas zu Schulden kommen lassen. Für gewöhnlich lassen sich auch die Versetzungen in andere Abteilungen oder Bezirksverwaltungen im Nachhinein nur schwer nachvollziehen, wenn sie nicht zeitlich mit einer Disziplinarstrafe einhergingen. Die Arbeit der Führungsoffiziere systematisch auszuwerten, ist jedoch nicht Ziel dieser Arbeit. Diese konzentriert sich vor allem auf das individuelle Handeln der Denunzierenden, also der IM. Deswegen müssen an dieser Stelle vor allem offene Fragen des Kommunikationsprozesses benannt werden.

Wenn Fehlverhalten auftrat oder Anlass zu Kritik bestand, zeigt sich die Quellenlage allerdings ergiebiger. Negative Beispiele waren Gegenstand von Dienstberatungen, Vorträgen und Schulungen.[256] Das Studienmaterial der Juristischen Hochschule konzentriert sich auf die Beschreibung der normativen Seite und geht dabei auch auf Alltagsprobleme der IM-Führung ein, ohne jedoch intensiv auf die konkrete Situation der Mitarbeiter Bezug zu nehmen. Die IM-Akten wiederum enthalten zwar die Berichte und Treffberichte, Probleme der alltäglichen Zusammenarbeit scheinen aber – wenn überhaupt – nur in Randnotizen und Konzeptionen auf. Die IM-Akte war Ergebnis der Rechenschaft, die der vorgangsführende Mitarbeiter seinem Vorgesetzten gegenüber zu erbringen hatte, wirkliche Reflexionen spiegelt sie kaum wider, am häufigsten noch während des Anwerbe- und Entpflichtungsprozesses, selten jedoch während der »aktiven Zeit« (also der Berichtszeit) eines

---

256 Um nur einige Beispiele zu nennen: Schulungsmaterial JHS: Die Aufgaben der Angehörigen der operativen Dienste des MfS zur Erarbeitung und Führung von IM-Vorläufen bzw. IM-Vorgängen und GMS-Akten entsprechend der 1. Durchführungsbestimmung zur Richtlinie 1/79 des MfS; BArch, MfS, JHS Nr. 24531 und Karl-Heinz Anklam: Zu Problemen der Auftragserteilung und Instruierung der in operativen Vorgängen eingesetzten Inoffiziellen Mitarbeiter; BArch, MfS, JHS MF GVS 001-86/76.

IM. Die Arbeits- und Vorgangshefte²⁵⁷ der Mitarbeiter schließlich geben ebenso wenig Auskunft über die konkrete Zusammenarbeit. Sie erfassen lediglich die Vorgänge, die ein Mitarbeiter bearbeitete, und dokumentieren, wann sie archiviert oder einem anderen Mitarbeiter übergeben wurden.

Zu den Aufgaben eines Führungsoffiziers zählten nicht nur die Treffen mit seinen IM, sondern auch die Vor- und Nachbereitung dieser Begegnungen. Er musste sich Aufgaben für seinen IM überlegen, die sowohl im Rahmen der Möglichkeiten des IM lagen, aber gleichzeitig auch den Informationsbedarf des MfS befriedigten. Priorität hatten dabei natürlich aktuelle Einschätzungen von Personen, die beispielsweise einen Antrag für eine Westreise gestellt hatten, sowie sämtliche operative Vorgänge und operative Personenkontrollen, zu deren Bearbeitung IM herangezogen wurden. Dann musste der Führungsoffizier einen geeigneten Treffort auswählen. Dies konnten konspirative Wohnungen sein, aber auch bestimmte Räume in einem Betrieb, unter Umständen auch Autos oder Gaststätten. Für gewöhnlich sollten zwar Treffen in regelmäßigen Abständen an gewohnten Orten stattfinden, aber dies war vor allem dann schwer, wenn der IM ausfiel, sei es wegen Krankheit, weil er im Betrieb gebraucht wurde, wegen Kinderbetreuung oder Ähnlichem. Die Gründe, warum die Treffen ausfielen, waren vielfältig und ein Großteil der Kommunikation zwischen dem IM und dem Führungsoffizier war davon geprägt, neue Treffen zu vereinbaren und Entschuldigungen für geplatzte Termine zu präsentieren. Auch der Führungsoffizier konnte verhindert sein, selbst wenn er sehr bemüht war, seine Verabredungen einzuhalten. Wenn ein Stellvertreter seine Termine wahrnahm, kam es nicht selten dazu, dass sich der IM und der MfS-Mitarbeiter verpassten oder die Treffen nicht den gewünschten Verlauf nahmen. An den ausgesuchten Trefforten mussten diejenigen, die für den Einsatz dieser Orte zuständig waren, informiert werden, damit sich nicht zur gleichen Zeit zwei Informanten begegneten und sich dadurch dekonspirierten. Mit den Inhabern von konspirativen Wohnungen (KW) wurde meist entweder eine regelmäßige Zeit vereinbart, zu der sie ihr Zimmer zur Verfügung stellen sollten oder sie bekamen Nachrichten oder Anrufe mit einem bestimmten Satz oder Losungswort zur Terminabsprache. Aber auch die Organisation der Trefforte war nicht immer störungsfrei. Verwandte oder Bekannte der KW-Inhaber konnten kurzfristig zu Besuch sein, die KW-Inhaber selbst konnten erkranken. All diese Eventualitäten musste der Führungsoffizier einbeziehen und da nicht immer und überall ein Telefon zur Verfügung stand, war die Organisation und Kommunikation der Treffsituation eine komplexe Aufgabe.²⁵⁸

---

257 Die Vorgangshefte wurden für den Nachweis der Vorgänge angelegt, die auf einen bestimmten Mitarbeiter bei der Abteilung XII (Auskunft und Speicher) registriert waren. Vgl. Lucht (Hg.): Das Archiv der Stasi, S. 237.
258 Zu den Treffen und den Trefforten führten Heinz Mestrup und Joachim Heinrich ein Interview mit einem früheren Führungsoffizier. Vgl. Heinrich Best, Joachim Heinrich, Heinz Mestrup (Hg.): Geheime Trefforte des MfS in Erfurt. Erfurt 2006, S. 114–118.

Nach einem Treffen hatte der Führungsoffizier die Ergebnisse einzuordnen. Wenn mündliche Berichte auf Tonband vorlagen, schrieben Sekretärinnen sie ab. Handschriftliche Berichte wurden teilweise maschinenschriftlich abgeschrieben. Diese Dokumente, die über die knappen Treffberichte hinaus entstanden, musste der Führungsoffizier auswerten (lassen) und sie Vorgängen zuordnen, für die die Informationen hilfreich sein konnten.[259]

Wenn der IM einen Bericht über eine bestimmte Person verfassen sollte, so sah er sich eventuell veranlasst, sich dieser Person anzunähern, nahm möglicherweise Kontakt zu ihr auf oder beobachtete sie aus der Ferne, aber wohl deutlich genauer als ohne einen solchen Auftrag. Und auch wenn seitens des MfS versucht wurde, den Zweck der Aufträge zu verbergen, so wird sich der IM wohl häufig die Frage gestellt haben, warum eine bestimmte Person beobachtet werden sollte. Interessant dürfte sein, welche Strategien der IM nutzte, um seinen Alltag zu bewältigen, ob er zum Beispiel dabei die Zusammenarbeit mit dem MfS eher verdrängte oder ob er die Aufgabe in sein Leben einbezog.

Einige IM sprachen direkt oder indirekt über ihre Verpflichtung zu einer Zusammenarbeit mit dem MfS. Zum einen gab es die Möglichkeit, sich schnell zu dekonspirieren und damit unbewusst oder bewusst für eine weitere Zusammenarbeit auszuscheiden. Teilweise war es ja bekannt, dass eine Offenlegung der IM-Tätigkeit dazu führen konnte, dass man für das MfS wertlos wurde. Andere wiederum wollten oder konnten die Zusammenarbeit vor dem Ehepartner oder der Ehepartnerin nicht verheimlichen, sagten dem Führungsoffizier, dass es diesen nur schwer zu vermitteln sei, weshalb sie regelmäßig für mehrere Stunden fortgingen und mit wem sie sich dabei trafen. Andere wiederum schlossen schon während der Verpflichtung aus, dies vor der Ehefrau oder dem Ehemann geheim zu halten, weil es zwischen ihnen keine Geheimnisse gebe.[260] In einigen Fällen akzeptierte das MfS eine partielle Dekonspiration, wenn es nicht anders ging und man sich von dem IM sehr wertvolle Informationen erhoffte. In einem Fall beispielsweise hatten die SED und die Staatssicherheit eine junge Studentin in eine Evangelische Studentengemeinde (ESG) eingeschleust. Zum Schein wurde sie aus der SED ausgeschlossen und konnte dadurch ihre Freundschaften in der ESG intensivieren. Ihr Vater jedoch, Mitarbeiter einer Kreisleitung der National-Demokratischen Partei Deutschlands (NDPD) und selbst IM, war derart enttäuscht von ihrem Ausschluss aus der SED, dass es zu einem Zerwürfnis kam. Deswegen organisierte der Führungsoffizier der Frau eine Aussprache mit den Eltern, in denen ihnen mitgeteilt wurde, dass sie als IM tätig sei. Tatsächlich legte

---

259 Auf die Berichte und ihre Form wird im Folgenden konkreter eingegangen.
260 Bericht über durchgeführte Werbung v. 10.6.1976; BArch, MfS, BV Schwerin, AIM 632/86, Teil I, Bl. 55 f.

das die Streitigkeiten bei.²⁶¹ Solch ein Vorgehen war aber eine große Ausnahme und ist vor allem darauf zurückzuführen, dass die junge Frau in kirchliche Kreise eingeschleust wurde, in denen sie auch nach dem Ende ihres Studiums weiterhin aktiv sein sollte. Von Bedeutung war natürlich auch, dass das MfS auch zum Vater in einem inoffiziellen Verhältnis stand.

Auch indirekt konnte der IM Informationen über seine IM-Tätigkeit preisgeben. Einige machten Andeutungen, teilweise auch, wenn sie unter Alkoholeinfluss standen, prahlten mit den Kontakten und Verbindungen, die sie hätten, glaubten zum Teil auch, bei etwaigen Auseinandersetzungen durch das MfS geschützt zu sein. Andere wiederum fielen dadurch auf, dass sie Bekannte und Kollegen aushorchten und zu bestimmten Dingen befragten.

Die Verbindung zwischen IM und Führungsoffizier außerhalb der Treffen gestaltete sich unterschiedlich. Recht häufig, wenn zum Beispiel der IM im Betrieb ein Telefon hatte, wurde ein bestimmter Losungssatz vereinbart, der dem IM signalisierte, dass das MfS mit ihm sprechen wollte. Manchmal wurde gleichzeitig noch eine Uhrzeit und ein Treffort mitgeteilt; der IM musste bei dieser Losung sofort Bescheid wissen, worum es sich handelte. Auf ähnliche Art und Weise konnten dem IM Nachrichten oder Briefe an sicheren Orten hinterlassen werden. Wenn ein IM gar nicht anders zu erreichen war, musste ihn manchmal auch der Führungsoffizier persönlich aufsuchen oder über einen Mittelsmann kontaktieren, damit beide einen Ort und eine Zeit für ein Treffen vereinbaren konnten. Die Mittel der Kommunikation außerhalb der Treffen wurden während der Anwerbung, aber auch bei Veränderungen ausführlich besprochen, damit der konspirative Charakter der Zusammenarbeit gewahrt blieb. Dies galt natürlich umgekehrt auch für die Wege, über die ein IM mit dem MfS Kontakt aufnehmen konnte, vor allem dann, wenn er entweder ein Treffen absagen musste oder es etwas zu berichten gab, was aufgrund der Dringlichkeit nicht aufgeschoben werden konnte. Zu diesem Zweck konnte der IM in der Dienststelle der Stasi anrufen. Die Tonbandüberlieferungen der Dienststellen enthalten zahlreiche dieser Anrufe, die sich beim ersten Anhören nur schwer deuten lassen.²⁶²

All diese Gespräche mit den Offizieren vom Dienst sind außerordentlich kurz und beschränken sich darauf, dass eine Person, die sich meist mit ihrem Decknamen meldet, eine andere Person, die meist auch nur mit einem Decknamen angegeben wird, sprechen muss, wie zum Beispiel »Hallo, hier ist die Karin, kann ich mal den Achim sprechen?«.²⁶³ Allerdings lässt sich anhand dieser Mitschnitte nur schwer erahnen, was nach den Anrufen geschah, denn nicht in jedem Fall wird der zuständige Mitarbeiter auch im Haus gewesen sein. Dann konnten die

---

261 Aussprache mit dem Vater der GM Gertrud v. 12.12.1961; BArch, MfS, AIM 3709/70, Teil I, Bl. 77.
262 Vgl. u. a. Tonbänder der Signaturen BArch, MfS, BdL, Tb 1–587.
263 BArch, MfS, BV Berlin, Ka 39 a, Min. 12.34.

IM nur darum bitten, dass der Führungsoffizier sich bei ihnen meldet. Andere Kontaktaufnahmen gestalteten sich außerordentlich schwierig. Sicher gab es auch IM, die in ganz dringenden Fällen eine Dienststelle des MfS aufsuchten, um dort ihr Anliegen vorzutragen. Doch dies sollte weitestgehend vermieden werden, damit die Person nicht beim Betreten oder Verlassen dieser Gebäude beobachtet werden konnte. Nicht ganz schlüssig lässt sich die Frage beantworten, inwieweit ein IM auch schriftlich mit dem MfS Kontakt aufnehmen konnte. Briefe, die von IM an Dienststellen geschrieben wurden, finden sich nur im Ausnahmefall. Beispielsweise teilte ein Geheimer Informator seinem Führungsoffizier immer über ein Postschließfach in Frankfurt/Oder seine Arbeitsplanung mit, dies wurde bei der Anwerbung schon so vereinbart, da dieser Informant sehr unregelmäßig an verschiedenen Orten arbeitete.[264] Es ist denkbar, dass die Postmitarbeiter über die Funktion eines solchen Schließfaches, in dem vor allem Briefe ohne Absender eintrafen, Bescheid wussten. Diese Form der Kommunikation blieb auch deswegen eher die Ausnahme.

Die Treffen

Die wichtigste Form der unmittelbaren Interaktion und Kommunikation von Führungsoffizier und den Inoffiziellen Mitarbeitern war das Treffen selbst. Hier redeten sie miteinander, konnten die Mimik und Gestik des Gegenübers wahrnehmen, sich zu aktuellen Fragen austauschen und Aufträge erörtern. Es handelte sich aber in der Regel nicht um Treffen auf Augenhöhe. Es existierten Abhängigkeiten, Interessen und Ziele beider Gesprächsteilnehmer, die wiederum Auswirkungen auf die Kommunikation zwischen den Beteiligten hatten. Anders als bei den anderen beschriebenen Kommunikationsformen der Anrufe und des persönlichen Erscheinens auf der Dienststelle liefen die Treffen zwischen dem Führungsoffizier und dem IM außerordentlich planvoll ab. Die Beteiligten wussten, auf wen sie wann treffen werden, die Störfaktoren waren eher gering, wenn die Treffen auch tatsächlich stattfanden, denn die Quote der Absagen blieb kontinuierlich hoch. Es nahmen nicht immer nur zwei Personen an diesen Zusammenkünften teil. Das war zwar der Standard, aber davon konnte auch abgewichen werden. So sind vereinzelt Tonbänder überliefert, auf denen sich auch zwei MfS-Mitarbeiter mit einem IM trafen. Beim zweiten Mitarbeiter handelte es sich häufig um den Vorgesetzten des Führungsoffiziers, der sich ein Bild von der inoffiziellen Verbindung machen oder manchmal auch bei der Maßregelung eines IM anwesend sein wollte.

Bei der Übergabe an einen anderen Führungsoffizier waren manchmal ebenfalls zwei MfS-Mitarbeiter anwesend. Das Machtgefüge dieser Gespräche änderte sich erheblich, sobald eine zusätzliche Person vom MfS im gleichen Raum war, sei es,

---

264 Bericht v. 16.6.1961; BArch, MfS, BV Frankfurt, AIM 475/65, MF unpag.

um aktiv am Gespräch teilzunehmen, sei es nur als Beobachter. Ebenso konnten in Ausnahmefällen einem Führungsoffizier auch mehrere Personen gegenübersitzen. So nahmen hauptamtliche Mitarbeiter beispielsweise einem Ehepaar, das eigentlich nur eine konspirative Wohnung zur Verfügung stellte, regelmäßig auch Berichte über Arbeitskollegen und Bekannte ab. Selbst der zunächst minderjährige, später dann studierende Sohn saß offenbar regelmäßig mit im Raum und steuerte Berichte über seine Kommilitonen bei, alles jedoch wurde unter dem gemeinsamen Decknamen »Humann-Eck«, der auf die Lage der Wohnung am Humannplatz in Berlin Bezug nahm, subsumiert.[265] Doch solche Situationen waren, wie gesagt, eindeutig die Ausnahme.

In regelmäßigen Abständen trafen die Gesprächspartner aufeinander und wussten ungefähr, was und wer sie erwarten würde. Eine Asymmetrie bestand darin, dass der Führungsoffizier sehr viel über den IM wusste, dieser wiederum wenig bis gar nichts über seinen Führungsoffizier, in vielen Fällen nicht einmal dessen echten Namen. Der IM war seinerseits genau überprüft worden.

Der Ort des Treffens übte ebenfalls Einfluss auf die Gesprächssituation aus. Laut Dienstvorschriften sollte eine »angenehme« Atmosphäre geschaffen werden, Getränke und eventuell Kekse bereitstehen. Zugleich konnte die Gesprächszeit beschränkt sein.[266] Es darf aber bezweifelt werden, dass sich sowohl der KW-Inhaber als auch der Führungsoffizier immer für solche Vorbereitungen Zeit genommen haben, außer bei Geburtstagen des IM oder anderen besonderen Anlässen. Die Quittungen für die Treffen weisen manchmal derartige Einkäufe nach, die aber eher als Geschenke zu verstehen sind (Pralinen, Zigaretten oder alkoholische Getränke). Es kam wohl eher darauf an, ob der Führungsoffizier überhaupt die Fähigkeit besaß, eine Art »Wohlfühlatmosphäre« herzustellen und ob dies bei den IM etwas nutzte.

Dass die Wahl der Trefforte häufig auf Zimmer in Wohnungen von altgedienten SED-Mitgliedern fiel, lässt Rückschlüsse auf die Umgebung zu, in der sich die Gesprächspartner begegneten. In einem späteren Interview mit einem Führungsoffizier über die Trefforte zeigt sich, dass dieser besonders viel Wert auf Ordnung, aber auch auf die Stimmung legte:

> Es musste eine gewisse Atmosphäre geschaffen werden. [...] Wenn Sie in einen Raum kommen, und dort sieht es aus wie bei ›Hempels unterm Sofa‹, wie man so schön sagt, und dort bekommen Sie nicht einmal eine Tasse Kaffee angeboten und etwas anderes – ich weiß nicht, ob Sie dann besonders angenehm überrascht wären. Das war schon zur Auflockerung der Atmosphäre notwendig. Es bestand ja ein gewisses Spannungsverhältnis zwischen dem Mitarbeiter und dem IM.[267]

---

265 BArch, MfS, AIM 1635/66.
266 Best, Heinrich, Mestrup (Hg.): Geheime Trefforte, S. 114–118.
267 Ebenda, S. 116.

Aber nur, weil es in einem Zimmer ordentlich war, öffnete sich nicht sofort das Herz der Person, die dort zum Bericht erschien, das räumte auch der Führungsoffizier im Interview ein. Immerhin fanden die Treffen mit den IM meist nicht zu Hause statt – weil sonst die Konspiration gefährdet worden wäre – und auch nicht in Diensträumen des MfS, da hier die Drohkulisse besonders ausgeprägt gewesen wäre. Zudem versuchte man, dieselben Trefforte möglichst beizubehalten, um eine Art Gewohnheit bei beiden Beteiligten herzustellen. Die räumlichen Voraussetzungen sollten so sein, dass die Hürden der Kommunikation möglichst geringe waren, verschwinden konnten sie allerdings nicht. Wenn die konspirativen Wohnungen gewechselt wurden oder kurzfristig auf andere Orte ausgewichen wurde, hatte das immer eine Veränderung der atmosphärischen Bedingungen für die Kommunikation zur Folge. Dies konnte sich sowohl positiv als auch negativ auf die Bereitschaft der IM, Informationen zu liefern, auswirken.[268]

Bei der Beantwortung der Frage, wie Treffen für gewöhnlich abliefen, können die Treffberichte weiterhelfen, die die Führungsoffiziere danach verfassten. Diese sind allerdings in ihrer Form recht schematisch und bei ihrer Auswertung muss beachtet werden, dass sie als Rechtfertigungsgrundlage für den Vorgesetzten dienten und vor allem Regelkonformität dokumentieren sollten.[269] Viele Informationen, die der Führungsoffizier erhielt, wurden zumeist mündlich übermittelt, dennoch liegen in vielen Fällen auch schriftliche Berichte vor. Die Berichtstätigkeit soll nachfolgend noch genauer erläutert werden.

Nachdem die Berichtsphase abgeschlossen war, wurden, auch hier je nach Lage, ob dringende Ermittlungen zu bestimmten Vorfällen und Ereignissen notwendig waren, neue Aufgaben vergeben, die von einer allgemeinen Beobachtungsaufforderung bis hinzu zu konkreten Personeneinschätzungen oder Stimmungsberichten reichten. Nach der Verabschiedung verließen dann zunächst der IM und später der Führungsoffizier den Treffort. Einige Nacharbeiten wird der Führungsoffizier noch vor Ort erledigt haben: Notizen für den Treffbericht anfertigen, wenn er dies nicht während des Gespräches erledigt hat, Berichte und anderes Material ordnen und verstauen und eventuell mitgelaufene Tonbandkassetten entnehmen. Das Gerät zur Aufzeichnung musste auch am Ort sein – hier stellt sich die Frage, ob es immer zu den Treffen mitgenommen wurden oder dort blieb. Immerhin handelte es sich um Technik, die nicht unbegrenzt zur Verfügung stand und gewartet werden musste. Andererseits war es wenig praktikabel, sie unter Wahrung der Konspiration ständig mitzubringen. Ein Kassettenrekorder der Marke »RFT« beispielsweise konnte je nach Ausstattung 500 bis 1 000 Mark kosten[270], das dazugehörige Aufnahmematerial kostete ebenfalls sehr viel Geld. Mit der

---

268 Müller-Enbergs: Inoffizielle Mitarbeiter, Teil 1, S. 134 ff.
269 Hier könnten Tonaufnahmen von Treffen der Führungsoffiziere mit den IM Aufschluss geben. Diese wurden aber für diese Studie nicht systematisch ausgewertet.
270 http://www.rft-geraete.de/Kassettengeraete (letzter Zugriff: 2.2.2023).

Weiterentwicklung der mobilen Aufnahmetechnik ging eine verstärkte Nutzung eben dieser Geräte für die Berichterstattung der IM einher. In den ersten zwei Jahrzehnten der DDR wurde diese Technik fast gar nicht für einen solchen Einsatz verwendet. In der Richtlinie 1/68 galt die Benutzung eines Tonbandgerätes noch als Ausnahmefall, später war sie in der Zusammenarbeit mit den IM geläufiger.[271]

Die Berichte und ihre Entstehung

Berichte waren der wichtigste Ertrag aus dem Gespräch des Führungsoffiziers mit dem IM. Dies galt für alle Formen der Berichterstattung – sowohl mündliche als auch schriftliche. Im Regelfall sollte der IM nicht mit seinen bereits verfassten Berichten zum Treff kommen, sondern diesen in der konspirativen Wohnung verfassen, mit Decknamen unterschreiben und ihn dann dem Führungsoffizier übergeben. »Der Treffbericht [hier ist nicht der Treffbericht gemeint, den der Führungsoffizier schrieb, sondern den Bericht des IM – AKE] ist möglichst mit Tinte oder Kopierstift von dem GM [Geheimen Mitarbeiter] oder Informator eigenhändig in der konspirativen Wohnung zu schreiben und mit Decknamen zu unterzeichnen.«[272] Auch wenn diese Vorgabe aus den 1960er-Jahren stammt, änderte sich an dieser Praxis auch später wenig. Diese Art der Entstehung eines schriftlichen Berichts war im Regelfall den anderen Formen vorzuziehen.

Zunächst konnte der IM mündlich berichten. Der Führungsoffizier konnte daraus ein Gespräch entstehen lassen, in dem er an bestimmten Punkten nachhakte und präzisere Informationen verlangte oder den IM einfach nur reden und dessen Eindrücke schildern ließ. Die Rückmeldungen, die der IM bekam, dürften den wichtigsten Impuls auch für die schriftlichen Berichte gegeben haben. Der Druck, bedeutsame Informationen vorweisen zu können, wird die Führungsoffiziere veranlasst haben, das Gespräch entsprechend zu lenken. Es konnten zusammenhängende Texte entstehen, die den Treff an sich beschrieben, wie sie später auch in den vom Führungsoffizier ausgefüllten Formularen der »Treffberichte«, die Uhrzeit und Datum enthielten, wiedergegeben wurden. Die Art der Textgestaltung blieb, bevor die Formulare benutzt wurden, weitestgehend dem Führungsoffizier überlassen. Er konnte in zusammenhängenden Sätzen schreiben oder seine Erkenntnisse stichpunktartig zusammenfassen.

Zusätzlich kam, wie bereits erwähnt, Ende der 1960er-Jahre die Möglichkeit auf, die Gespräche auf Tonband aufzunehmen und hinterher abschreiben zu lassen. Schreibkräfte übernahmen diese Aufgabe für gewöhnlich und stellten

---

271 Müller-Enbergs: Inoffizielle Mitarbeiter, Teil 1, S. 126 ff.
272 Laut Richtlinie 21/52 (Über die Suche, Anwerbung und Arbeit mit Informatoren, geheimen Mitarbeitern und Personen, die konspirative Wohnungen unterhalten) v. 20.11.1952; BArch, MfS, ZA, DSt 101097; abgedruckt in ebenda, S. 164–191, hier 180.

ein Grundkorpus für den späteren Text her. Die Tonbandabschriften enthielten meist den Vermerk zu ihrer Entstehung und das Datum und die Uhrzeit, zu der sie aufgenommen wurden. Allerdings sind nicht selten Eingriffe in den Text zu beobachten, der Führungsoffizier konnte zur Verbesserung der Lesbarkeit bestimmte Textpassagen herausstellen oder streichen und das Transkript verändern, sodass die letztendliche Version, die in der IM-Akte landete und den anderen operativen Akten zugefügt wurde, nicht identisch mit dem Wortlaut des mündlichen IM-Berichts sein musste. Häufig ließen die MfS-Mitarbeiter, die das Transkript anfertigten, die Namen von Personen aus, die dann vom Führungsoffizier handschriftlich eingefügt wurden. Unterbrechungen und Nachfragen des MfS-Mitarbeiters aber gehen aus diesen »Abschriften« zumeist nicht hervor. Personen sprechen außerdem meist nicht in ganzen Sätzen, wie es aber in diesen Texten suggeriert wird. Aus Gründen der »Informationsgewinnung« ist dieses Vorgehen nachvollziehbar. Für die Frage nach den Urhebern dieser »Berichte« und Texte ist es dennoch wichtig, den Entstehungshintergrund zu reflektieren. Diese Transkripte legte der Führungsoffizier dem IM beim nächsten Trefftermin zur Unterschrift vor. Ab und an können hier noch Ergänzungen beobachtet werden, die der IM bei dieser Gelegenheit einbringen konnte, aber im Großen und Ganzen konnte sich der IM seine Tätigkeit deutlich erleichtern, indem er diese Texte einfach mit seinem Decknamen unterzeichnete.

Die Entstehung dieser Texte ist über die Information hinaus, dass sie auf Tonband »entgegengenommen« wurden, nicht genau nachzuvollziehen. Man kann demnach nur schwer nachzeichnen, welche Informationen der IM von sich aus übermittelt hat, welche Informationen nur durch Nachfragen weitergegeben wurden und mit welchen Ergänzungen sie der Führungsoffizier auffüllte. Dieser Entstehungshintergrund wird gerade dann relevant, wenn es um die Bewertung des Denunziationsgehaltes der IM-Berichte geht.[273] In einigen besonderen Ausnahmefällen konnten aus den mündlichen Gesprächen auch schriftliche Berichte werden, die der Führungsoffizier vermutlich selbst verfasst hatte, ohne dies jedoch als seine Aufzeichnung zu kennzeichnen. So finden sich beispielsweise in der IM-Akte einer Frau mit dem Decknamen »Ramona« einige Berichte, die sie handschriftlich verfasst hat. Doch zum Ende ihrer Tätigkeit weisen die von ihr unterzeichneten Berichte die Handschrift ihres Führungsoffiziers auf.[274] Höchstwahrscheinlich kam dieser der Frau, einer alleinerziehenden Mutter von zwei Kindern, bei der Berichterstattung entgegen, weil sie aufgrund ihrer familiären Situation wenig Zeit und deswegen schon öfter Treffen abgesagt hatte. Würden diese Berichte nicht hand-, sondern nur maschinenschriftlich vorliegen, wäre ihre Entstehung nicht mehr nachzuvollziehen. Es wäre nicht mehr erkennbar, dass in diesem Fall nicht »Ramona« Verfasserin dieser Berichte war, sondern

---

273 Siehe dazu Kapitel 5.
274 Vgl. z. B. Bericht v. 26.8.1964; BArch, MfS, BV Frankfurt, AIM 497/65, MF, unpag.

ihr Führungsoffizier, selbst wenn die grundlegenden Informationen von ihr stammten. Bevor Tonbandgeräte regelmäßig zum Einsatz kamen, lassen sich solche Hilfestellungen der Führungsoffiziere ab und zu in den Akten nachweisen, danach dürfte das Transkript Mittel der Wahl gewesen sein, wenn die IM, aus zeitlichen Gründen, aber auch weil sie Schwierigkeiten oder Bedenken hatten, Berichte selbst zu verfassen, keinen Text produzierten.

Schriftliche IM-Berichte entstanden ebenfalls auf verschiedenen Wegen. Das Bild der Öffentlichkeit von einem IM, der abends an seinem Schreibtisch fleißig Berichte schrieb, die er dem Führungsoffizier zukommen ließ, sind vor allem durch Personen wie Manfred »Ibrahim« Böhme geprägt, für den eine solche Arbeitsweise wahrscheinlich zutreffend war. Häufig entstanden die Berichte aber anders.[275] Die meisten dieser IM-Berichte, und das lässt sich nicht nur aus Richtlinien und Dienstanweisungen des MfS ableiten, sind nicht am heimischen Schreibtisch entstanden, sondern beim Treff verfasst worden.[276] Wieviel »Freiraum«[277] diese Art der Schreibsituation den IM bot, hing davon ab, ob der Führungsoffizier dem Text beim Entstehen zusah, eventuell noch Vorschläge zu Passagen anmerkte oder Formulierungshilfen gab, oder ob er den Raum verließ und abwartete, bis der IM mit dem Abfassen fertig war. Wie nun die Berichte gestaltet wurden, hing von der Art des Eingreifens der Führungsoffiziere und von der Vorbildung des IM ab. Wieviel Erfahrung und Interesse der IM im Schreiben und Gestalten von Texten mitbrachte, bestimmte entscheidend, in welcher Form sie sich dann präsentierten.

Bettina Bock hat in ihrer Studie zwischen »musterlosen« und »musterhaften« Texten unterschieden; zu den »musterhaften« Texte zählen nach ihrer Darstellung die Textsorten »Bericht«, »Gutachten«, »Personeneinschätzung«, »Erzählung«, »Rezension« und »Eingabe«.[278] Bei den hier analysierten schriftlichen IM-Berichten fällt auf, dass vor allem die Formen der von ihr beschriebenen »musterlosen« Texte, sowie der Bericht und die »Personeneinschätzung« überwiegen. Dabei lässt sich bei Personen, die über wenig Routine im Verfassen von Texten verfügten, feststellen, dass diese häufig Textkennzeichen ihres Führungsoffiziers übernehmen, d. h. sie schreiben Betreffzeilen und Überschriften ähnlich auf und sie benutzen vorgeprägte Formulierungen, die sich meist auf die Beobachtungszeit oder den Beobachtungszusammenhang beziehen. Auch andere Auffälligkeiten lassen sich beobachten, so gibt es beispielsweise Berichte, die nicht aus einem Guss erscheinen oder in denen Unterschrift (zwar der gleichen Handschrift) und Datum mit einem anderen Stift hinzugefügt wurden, ebenso Textbausteine, die

---

275 Manfred »Ibrahim« Böhme war ein IM, der gezielt in Bürgerrechtskreise eingeschleust wurde und in dieser Zeit unter verschiedenen Decknamen agierte. Vgl. Christiane Baumann: Manfred »Ibrahim« Böhme. Das Prinzip Verrat. Berlin 2015.
276 Müller-Enbergs: Inoffizielle Mitarbeiter, Teil 1, S. 129 ff.
277 Bettina Bock geht in ihrer Analyse von einem relativ großen Freiraum aus, den die IM bei ihrer Textgestaltung hatten. Vgl. Bock: »Blindes« Schreiben, S. 49 ff.
278 Vgl. ebenda, S. 108 ff.

im Nachhinein in einen Text eingefügt wurden. All dies lässt auf einen Einfluss des Führungsoffiziers in der Gestaltung der Berichte schließen. Offensichtlich versuchte er oftmals, Berichtetes durch Nachfragen zu präzisieren und zu erweitern. In einer Beratung von Mitarbeitern der KD Bitterfeld wurden die Probleme der Textentstehung offen benannt: »Obwohl viele IM ihre Ermittlungsberichte selbst schreiben, können sie letztendlich nicht so abgeschickt werden, damit sie den Forderungen unseres Organs entsprechen.«[279]

Warum ist das nun wichtig? Stellt man die Bedingungen gegenüber, unter denen ein denunziatorischer Brief und ein IM-Bericht entstanden, wird sichtbar, dass im Brief die Schreibenden ganz allein bestimmen konnten, welches Format sie wählten und welche Informationen sie übermittelten. Und natürlich konnten sie wählen, ob sie diesen Brief überhaupt verfassten und abschickten. Diese »Freiheit« gab es bei den Berichten nicht. Gleichwohl werden diese Dokumente selten ausreichend quellenkritisch betrachtet, der Einfachheit halber werden sie von der historischen Forschung oft so behandelt, als habe der IM sie »von sich aus« produziert, als hätte er selbst ausgewählt, über wen er was berichtet und wieviel Denunziatorisches oder Belastendes er dabei preisgab. Betrachtet man nun die verschiedenen Entstehungskontexte, die unterschiedlichen Kontakt- und Anwerbesituationen sowie vor allem die Auftragserteilung durch die Führungsoffiziere und das spezielle Interesse des MfS, kann davon allerdings nicht ausgegangen werden. Selbstverständlich ist der Entstehungszusammenhang einer IM-Akte mitunter recht kompliziert, wie im Kapitel 5 zu den Fallgruppen zu erläutern sein wird, es finden sich darin aber durchaus Hinweise auf die Entstehungskontexte von Berichten. Jede Akte muss in mit ihren Begleitumständen ausgewertet und analysiert werden, um zu einer möglichst differenzierten Einschätzung zu kommen.

4.5 Zwischenfazit: Spontanes Handeln oder institutionalisierte Spitzeltätigkeit? Kommunikative Aspekte der Denunziation

Medium und Format der Kommunikation determinieren erheblich die mit ihnen verbundene Denunziationshandlung. Die drei Varianten selbstbestimmter und ohne Auftrag kommunizierter Denunziationen – Brief, Telefon, persönliche Vorsprache – unterscheiden sich vor allem im Variantenreichtum, den die Übermittlungsart ermöglichte. Scheint es zunächst so, als handle es sich eher um ein technisches Kriterium, wie eine denunziatorische Nachricht überbracht wird, so zeigt sich bei näherem Hinsehen deutlich, dass jede Kommunikationsform ganz erheblichen Einfluss auf die Inhalte der Denunziation, auf die Interaktion mit der angesprochenen Sicherheitsinstitution und vor allem auf die Wahrung der Anonymität des Denunzianten, dessen Beziehungsverhältnis zur denunzierten

---

[279] Protokoll v. 23.10.1985; BArch, MfS, BV Halle, KD Bitterfeld 295, Bl. 50.

Person und seine Selbsterklärungen zur Motivation bzw. Argumentationsstrategien hatte. Der maßgebliche Unterschied liegt vor allem in der Möglichkeit der eigenständigen Bestimmung preisgegebener Informationen und des Zeitpunkts der Übermittlung.

Eine Denunziation mittels Brief bot die größte Chance, anonym zu bleiben. Es kam zunächst zu keiner Interaktion mit den Sicherheitsinstanzen, solange sich die denunzierende Person nicht zu erkennen gab. Sie selbst entschied, wieviel sie über Beschuldigte und darüber, wie sie Kenntnis vom »Delikt« erlangt hatte, preisgab und wie sie die Umstände des denunzierten Sachverhalts beschrieb. Auch die Form konnte sie frei wählen, ob sie nur einen Einzeiler formulierte oder ein ausführliches, an offiziellen Standards orientiertes Schreiben versandte. Den Empfänger wählten die Denunzierenden per Brief ebenfalls selbst und erfuhren zunächst durch den Phasenverzug nicht, ob das Schreiben diesen erreichte, welche Institution den Fall letztlich bearbeitete und ob die beabsichtigten Konsequenzen (eine Bestrafung, Verfolgung oder Überprüfung) auch tatsächlich eintraten.

Benutzten sie das Telefon, traten sie bereits in eine Interaktion mit der angesprochenen Sicherheitsinstanz und konnten daher weniger selbstbestimmt handeln. Zugleich waren sie gezwungen, mehr von sich preiszugeben. Derjenige, der den Anruf entgegennahm, hörte bereits nach kurzer Zeit, ob ein Mann oder eine Frau sprach, erfasste möglicherweise Umgebungsgeräusche, Dialekte, ungefähres Alter oder Ähnliches. Zusätzlich ließ die anrufende Person zumeist Gemütslagen, etwa Hektik oder Gelassenheit, erkennen. Zudem traten beide Parteien in einen Austausch, der die Denunziation beeinflussen konnte. Die Mitarbeiter fragten nach, erbaten genauere Auskunft zur anrufenden und zur denunzierten Person. Gleichwohl konnten die Anrufenden die Kommunikation jederzeit selbstbestimmt beenden, indem sie auflegten. Dadurch kontrollierten sie trotzdem in hohem Maße, was sie über den Gegenstand der Denunziation, aber auch über sich selbst preisgaben. Allerdings konnten die angerufenen Diensthabenden durch Nachfragen auf den Gesprächsverlauf Einfluss nehmen, um die Denunziation zu konkretisieren und vor allem, um die Anrufenden zu identifizieren, was für die Überprüfung der Informationen von Bedeutung war. Entgegen den Vorschriften nahmen die Mitarbeiter der Institutionen die Denunziationen nicht immer als Anzeigen an.

Noch weniger Spielraum für die Denunzierenden ergab sich, wenn sie die Dienststellen direkt aufsuchten. Hier mussten sie sich offenbaren, Namen und persönliche Daten preisgeben, den Anlass zur Denunziation und die Umstände des abweichenden Verhaltens der beschuldigten Person offenlegen. Sie interagierten direkt mit den Sicherheitsbehörden und hatten kaum Möglichkeiten, den Ablauf des Gespräches zu kontrollieren. Die Dauer der Anzeigeerstattung, Befragung, eventuelle Überprüfungen der anzeigenden Person – all dies bestimmten maßgeblich die Diensthabenden und nicht die Denunzierenden. Das führte im Gegensatz zu den Anrufen und Briefen dazu, dass die Angaben präzisiert wurden und dass sich Beziehungshintergründe und die sozialen Umstände deutlicher abbildeten.

Außerdem konnte der Kenntnisstand über die angezeigten Personen und Delikte umfassender ausgeleuchtet und der Wahrheitsgehalt der Informationen einer ersten Überprüfung unterzogen werden.

Am stärksten wurden institutionelle Informanten kontrolliert und gesteuert – hier die Inoffiziellen Mitarbeiter des MfS. Schon bevor sie überhaupt denunzierten, nahm die Staatssicherheit sie dafür in Augenschein und überprüfte sie. Erst danach trat sie an sie heran und trug ihnen die Aufgabe an. Die Situation wurde durch den Auftraggeber kontrolliert, der Inoffizielle Mitarbeiter konnte teilweise beeinflussen, ob, was und wen er denunzieren wollte und auch in welcher Dimension, war aber dennoch von den Aufträgen der Führungsoffiziere und dem Interesse des MfS abhängig. Die Kommunikation mit dem IM steuerte maßgeblich das MfS. Selbst die Berichte waren gar nicht in allen Fällen eigenständig verfasste Texte, sondern konnten auf Fragmenten, Gesprächen oder mündlichen Aussagen beruhen. Trotz allem barg die zielgerichtete Ansprache das größte denunziatorische Potenzial. Sobald Denunzierender und empfangende Institution miteinander in Interaktion traten, mussten beide Seiten auf Strategien der Gegenseite reagieren, Angebote machen oder zurückweisen und eigene Positionen bestimmen. Auf diese Weise prägte das Format der Kommunikation die Denunziationshandlung und war somit entscheidend für »Erfolg« und »Misserfolg« der Informationsweitergabe.

5. IM-Fallgruppen nach ihrem Denunziationsgehalt

Die meisten denunziatorischen Informationen in der DDR stammten von Inoffiziellen Mitarbeitern. Doch nicht alle Inoffiziellen Mitarbeiter haben denunziatorische Berichte geschrieben. Die institutionalisierten Zuträger lassen sich nach der Qualität, aber auch nach der Quantität der Informationen beschreiben, die sie, wie dargestellt, in den unterschiedlichen Formen »lieferten«. Die Auswertung unterschiedlichster IM-Vorgänge zeigt, dass die wenigsten Akten überhaupt keine denunziatorischen Berichte enthalten.[1] Sobald die IM die Informationen weitergaben, waren sie sich nicht mehr in der Lage, sie zu kontrollieren. Die Stasi interessierte sich nicht nur für denunziatorische, also andere Personen belastende und politisch instrumentalisierbare Informationen, sondern vor allem für valide, der Wahrheit entsprechende Berichte, um ein möglichst umfassendes Bild der aktuellen Situation, einer Gruppe oder Begebenheit zu erhalten. Aber selbstverständlich schloss dies auch – soweit bekannt – belastende, intime, geheime und vertrauliche Auskünfte ein, die auch preisgegeben werden sollten. Doch auch Vermutungen und Gerüchte, die schwer oder gar nicht nachprüfbar waren, konnten für das MfS von Bedeutung sein. Das Erkenntnisinteresse der Staatssicherheit wirkte sich erheblich auf den denunziatorischen Gehalt in den Berichten der IM aus. Die hauptamtlichen Mitarbeiter des MfS konnten wissen, ob ein Bericht über eine Person oder Gruppe dieser auch zum Nachteil geraten konnte. Der IM hingegen musste bei der Preisgabe von Informationen über seine Mitmenschen damit rechnen, dass diese gegen sie verwendet werden konnten, selbst wenn nicht jede Information auf den ersten Blick einen belastenden Charakter hatte.

Für die Beschreibung der verschiedenen Beobachtungen, die sich hinsichtlich der Denunziation bei Inoffiziellen Mitarbeitern ergeben, werden im Folgenden Fallgruppen gebildet. Die Fallgruppen sollen dazu dienen, komplexe historische und soziale Sachverhalte einzuordnen und die auftretenden Phänomene zu kategorisieren. Es handelt sich nicht strenggenommen um Idealtypen, wie Max Weber sie charakterisiert,[2] weil die Bildung der hier vorgestellten Gruppen am Material orientiert ist. Stattdessen wird versucht, diese Fallgruppen mit-

---

1 Zum Sample, auf dem die nachfolgenden Erkenntnisse beruhen, s. Kapitel 2.
2 Vgl. Max Weber: Die Objektivität sozialwissenschaftlicher und sozialpolitischer Erkenntnis. In: ders.: Schriften zur Wissenschaftslehre. Stuttgart 2002, S. 21–101. Zur Einführung in die Typenbildung: Udo Kelle, Susann Kluge: Vom Einzelfall zum Typus. Fallvergleich und Fallkontrastierung in der qualitativen Sozialforschung. Wiesbaden 2010; Uta Gerhardt: Idealtypus. Zur methodischen Begründung der modernen Soziologie. Frankfurt/M. 2001.

tels induktiver Methode von den Einzelfällen ausgehend anhand gemeinsamer Merkmale herauszuarbeiten – hier bezogen auf den denunziatorischen Gehalt der Informationsweitergabe.

Da für die Betrachtung der IM unter dem Gesichtspunkt der Denunziation Parameter abgebildet werden sollen, die in den statistischen Auswertungen des MfS nicht vorgesehen waren und mit den vom MfS verwendeten IM-Kategorien nicht korrelieren, wird im Folgenden eine eigene Systematik zur Einordnung von IM hinsichtlich ihrer Denunziationshandlung vorgeschlagen. Dieser Versuch macht sich dennoch nicht ganz frei von den überlieferten Kategorien, sonst müsste er einen anderen Begriff als den Inoffiziellen Mitarbeiter oder dessen Vorläufer, den Geheimen Informator bzw. deren Vorstufen (z. B. IM-Vorlauf) benutzen. Die erste Vorauswahl greift somit auf MfS-Kategorien zurück, ist aber im besonderen Untersuchungsinteresse begründet – nämlich in der Frage, inwieweit Denunziation bei institutionalisierten Zuträgern vorkam und wie sie sich konkret manifestierte. Unter den institutionalisierten Zuträgern sind die IM eine große Gruppe, die umfangreiches, gut zugängliches Material hinterlassen hat. Bei der Auswertung dieser Quellen kristallisierten sich vier verschiedene Parameter heraus, die den denunziatorischen Gehalt der Informationsweitergabe von IM maßgeblich bestimmten:

Die erste Voraussetzung dafür, dass ein Inoffizieller Mitarbeiter denunzierte, war schlicht dessen Bereitschaft zur Denunziation. Je nachdem, wie stark und wie lange der IM willens war, andere Personen zu denunzieren, wirkte sich dies auf dessen Berichte und den Denunziationsgehalt seiner Berichte aus. Personen, die eine Abneigung dagegen hatten, Mitmenschen zu belasten, arbeiteten deutlich kürzer und deutlich weniger gehaltvoll mit der Stasi zusammen.

Ein zweiter entscheidender Parameter sind die Informationen, die ein IM besaß und die für das MfS hinsichtlich einer Denunziation »brauchbar« waren. Nur wenn eine Person überhaupt über Informationen verfügte, die anderen zum Nachteil gereichen konnten – seien es nun Verdächtigungen oder wirkliche Beobachtungen – konnte sie diese auch weitergeben. Nur dadurch, dass der IM überhaupt von abweichendem Verhalten Kenntnis hatte, war er auch in der Lage, dies in seinen mündlichen oder schriftlichen Mitteilungen der Staatssicherheit zu berichten. Dass grundsätzlich auch auf den ersten Blick harmlose Details für das MfS wertvoll sein konnten, ist nicht von der Hand zu weisen. Dennoch gilt es bei der Bestimmung des denunziatorischen Gehalts der IM-Berichterstattung zu analysieren, ob offensichtlich belastende Informationen oder vielleicht sogar mutmaßlich entlastende Informationen, scheinbare Belanglosigkeiten oder nur Offensichtliches weitergegeben wurden.

Drittens trug die Intensität, mit der ein IM mit der Staatssicherheit zusammenarbeitete, entscheidend zum »Erfolg« (aus Sicht der Stasi) einer Kooperation bei. Nicht nur der Wille, sich mit einem MfS-Mitarbeiter zu treffen und Informationen zu liefern, beeinflusste die Häufigkeit der Treffen, sondern auch die Zeit, die beide Parteien (sowohl der IM als auch das MfS) aufwendeten. Besonders dessen berufliche und soziale Situation war dafür verantwortlich, ob sich ein IM überhaupt regelmäßig mit seinem Führungsoffizier treffen konnte. Dazu gehörte, dass nicht selten Termine ausfielen, weil stattdessen beispielsweise die Betreuung der Familie wichtiger war oder eine hohe berufliche Belastung das Zeitbudget für die Zusammenarbeit mit der Stasi begrenzte.

Der vierte Faktor, der sich auf den denunziatorischen Gehalt der IM-Tätigkeit auswirkte, waren die »persönlichen« (intellektuellen, mentalen und charakterlichen) Voraussetzungen, die es jemandem überhaupt ermöglichten, Berichte zu schreiben, Berichtenswertes zu erkennen und es weiterzumelden. Dieses Kriterium wurde maßgeblich dadurch beeinflusst, inwieweit die Führungsoffiziere die Informationen steuerten oder abfragten, aber auch, welche Berichtsform IM und MfS-Mitarbeiter wählten, um die »relevanten« Informationen festzuhalten und nutzbar zu machen.

Den denunziatorischen Charakter einer IM-Arbeit zu bestimmen heißt, die einzelnen Berichte zu analysieren und gleichzeitig die gesamte Tätigkeit des IM in den Blick zu nehmen. Das bedeutet beispielsweise, dass jemand, der mehrere Jahre als IM registriert war, aber dennoch nur einige wenige denunziatorische Berichte geliefert hat, in der Gesamtschau nur wenig denunzierte. Das ändert aber nichts daran, dass die Auswirkungen auch nur eines einzigen denunziatorischen Berichtes bereits dazu führen konnten, dass die denunzierten Personen politisch verfolgt werden konnten bzw. Nachteile persönlicher oder beruflicher Art in Kauf nehmen mussten. Aber dennoch soll mit dieser Art Kategorisierung die Möglichkeit geschaffen werden, zwischen den IM zu unterscheiden, die nur wenige oder gar keine denunziatorischen Berichte geschrieben haben und denen, die über Jahre hinweg viele Ordner gefüllt und dabei andere Personen denunziert haben. Im Folgenden soll daher eine Einstufung nach Fallgruppen vorgenommen werden, die nach der denunziatorischen Dimension der gesamten IM-Tätigkeit fragt. Die genannten Parameter (Wille, Zugang zu Informationen, Treffintensität, persönliche Voraussetzungen) sind dabei erkenntnisleitende Analysekriterien und bestimmen die Einordnung. Eine moralische Beurteilung steht nicht im Vordergrund; vielmehr wird versucht, Wege aufzuzeigen, wie mithilfe einer inhaltlichen Analyse Auffälligkeiten und Ähnlichkeiten in dieser Kooperationsform beschrieben werden können, ohne dabei in festgefahrene Beurteilungsmuster zu verfallen.

Für eine solche Analyse müssen alle Teile der IM-Akte in den Blick genommen werden. Nur wenn sowohl Teil I, also die Personalakte über den Inoffiziellen Mitarbeiter, als auch Teil II, die Berichtsakte, der nicht nur schriftliche, sondern auch verschriftlichte mündliche und die Treffberichte enthält, vollständig vorhanden sind, kann eine Einschätzung der gesamten Tätigkeit vorgenommen werden.[3] Leider

---

3 Zum Aufbau einer IM-Akte vgl. Müller-Enbergs: Inoffizielle Mitarbeiter, Teil 1, S. 186 f., S. 284. Es ist zwar manchmal möglich, mithilfe von Karteien (z. B. F 16 oder F 22) und Berichten

fehlt bei den 1989 noch offenen Vorgängen zum Teil der Berichtsteil der Akten. Gleiches gilt für Akten, die zwar vor 1989 archiviert wurden, bei denen aber der Berichtsteil von der Staatssicherheit planmäßig kassiert wurde. Allerdings ist hier sehr häufig noch eine Kopie der kassierten Berichtsakte auf Mikrofilm vorhanden.[4] Es muss gefragt werden, welche Informationen mit denunziatorischem Gehalt während der Kontaktphase preisgegeben wurden, welche Hinweise mündlicher Art weitergegeben wurden und welche denunziatorischen Aussagen in den schriftlichen und mündlichen Berichten sowie den Treffberichten gegeben wurden. Zugleich helfen bei der Bewertung der Denunziation die Einschätzung der vorgangsführenden Stasi-Mitarbeiters und die Beurteilungen, die sowohl vor, während als auch nach Abschluss des IM-Vorgangs gegeben wurden. Wie schon im Kapitel 2 erwähnt, stützen sich die nachfolgenden Beobachtungen auf Stichproben der Operativen Hauptablage der Abteilung XII, insbesondere auf archivierte IM-Akten in den drei Bezirken Frankfurt/Oder, Leipzig und Schwerin aus vier Archivierungsjahrgängen (1955, 1965, 1975 und 1985) – insgesamt ca. 200 Akteneinheiten. Außerdem wurden für die Entwicklung der IM-Fallgruppen und zur Beschreibung der Kommunikation institutionalisierter Zuträger zusätzlich ca. 100 in den späten 1980er-Jahren archivierte IM-Akten eingesehen. Für eine statistische Analyse hat sich die Stichprobe nicht als geeignet erwiesen, aber dennoch lassen sich auf dieser Basis mittels induktiver Methode nachfolgende Einordnungen vornehmen.

1. IM, die nicht denunzierten

Die erste Fallgruppe beschreibt diejenigen IM, die trotz Verpflichtung keinen einzigen denunzierenden Bericht – mündlicher oder schriftlicher Art – abgegeben haben. Sie muss von denjenigen Personen unterschieden werden, die gar keine Verpflichtungserklärung unterschrieben haben und sich auch nicht per Handschlag oder mündlich verpflichteten.[5] In dieser Fallgruppe haben die IM eine Verpflichtungserklärung abgegeben und sich – unter welchen Umständen auch immer – zu einer Zusammenarbeit mit dem MfS bereit erklärt. Zwei verschiedene Arten treten hervor: diejenigen, die eher überrascht von der Offerte des

in Akten über Dritte (z. B. in operativen Vorgängen oder Personenkontrollen) denunziatorische Tätigkeit und eine regelmäßige Zusammenarbeit mit dem MfS festzustellen, aber die Einordnung in die nachfolgenden Fallgruppen ist wahrscheinlich nicht möglich.

    4 Vgl. Engelmann u. a.: Vernichtung von Stasi-Akten, S. 34.

    5 Obwohl auch diese Personen durchaus denunziert haben können, z. B. im Anwerbeprozess oder wenn das MfS mit ihnen Kontakt aufgenommen hat – sei es nun inoffiziell oder offiziell. Einen Sonderstatus nehmen hierbei »abgeschöpfte« Personen ein, die nicht wussten, dass die Informationen, die sie preisgeben, beim MfS landen würden. Dass sie dennoch einer staatlichen bzw. offiziellen Stelle Auskunft gegeben haben, macht ihre Informationen dennoch denunziatorisch, selbst wenn sie nicht als IM anzusehen sind. Auch hier zeigt sich, dass die Grenzen durchaus fließend sind und selbst die Kategorisierung als IM nicht aussagekräftig genug ist.

MfS waren und quasi überrumpelt wurden, eine Verpflichtung zu unterschreiben und diejenigen, die schon länger darauf vorbereitet waren. Warum jemand eine Verpflichtung (unter-)schrieb, obwohl er zur Zusammenarbeit eigentlich nicht bereit war, konnte unterschiedliche Gründe haben. Einige gaben aus Angst vor Repressionen dem Ansinnen des MfS-Offiziers nach, andere suchten schlicht ihre Ruhe. Eine Mischung aus beidem ist relativ häufig. Gemeinsam ist ihnen allen, dass sie im ersten Moment weder die Kraft noch den Mut aufbrachten, dem Werber eine deutliche Verweigerung entgegenzusetzen. Sie wählten den Weg des geringsten Widerstands. Einige versuchten, den Führungsoffizieren mitzuteilen, dass sie sich für solch eine Aufgabe nicht geeignet fühlten.

Die meisten Personen, die später gar nicht denunzierten, haben offensichtlich erst im Nachgang des Werbungsgespräches die Tragweite der Verpflichtung begriffen. Es kann davon ausgegangen werden, dass in der Verpflichtung selbst ein Ausweg gesehen wurde, die Situation so schnell wie möglich zu beenden. Lösungswege, wie man der Zusammenarbeit entgehen oder sich auf keinerlei Denunziationen einlassen konnte, fanden die Angeworbenen erst im Anschluss an das Anwerbegespräch. In den 1950er-Jahren, als bei den Werbungen noch sehr häufig mit Erpressungen und Drohungen gearbeitet wurde, konnte solch ein Weg durchaus auch die Flucht in die Bundesrepublik sein. Hatten sich die Betroffenen bis dahin vielleicht noch nicht mit dem Gedanken einer Flucht getragen oder gezögert, konnte dies durch eine Anwerbung durchaus beschleunigt oder in Gang gesetzt worden sein. Aus diesem Grund endet eine Reihe von IM-Akten, die in den 1950er-Jahren archiviert wurden, mit der letztendlichen Feststellung, dass der angeworbene IM in den Westen geflohen war. So geschehen beispielsweise bei einem Mitglied der Zeugen Jehovas im Bezirk Leipzig. Nachdem das MfS ihn 1954 unter Androhung der Strafverfolgung angeworben hatte, erschien er mehrfach nicht zu den ausgemachten Treffen mit seinem Führungsoffizier. Schon wenige Monate später flüchtete er in die Bundesrepublik.[6] Es lässt sich nicht beobachten, dass die Zugehörigkeit zu einer bestimmten sozialen Gruppe dieses Verhalten besonders begünstigte.

Verschiedene Strategien erlaubten es, denunziatorische Berichte an das MfS zu vermeiden. Zum einen gab es die Möglichkeit, sich den Treffen zu entziehen. Die Angesprochenen erschienen nicht zu den Verabredungen oder sagten diese ab. Eine andere Möglichkeit war, zu den Treffen zu kommen, dort aber zu beteuern, dass man nicht in der Lage sei, über andere Personen Berichte zu schreiben. Der dritte Weg nicht zu denunzieren war, Berichte zu schreiben, die entweder gar keine oder ausschließlich positive oder neutrale Beschreibungen enthielten. Um dies zu präzisieren, ist es ist hilfreich, danach zu fragen, wie genau solch ein Bericht aussehen konnte. Ein nicht seltenes exkulpierendes Argumentationsmuster in der Auseinandersetzung über IM-Tätigkeiten zeigt sich in der Aussage, die

6 BArch, MfS, BV Leipzig, AGI 31/55.

Personen hätten »niemandem geschadet«.⁷ Dies ist jedoch noch schwieriger zu beurteilen, als ob jemand denunziert wurde, denn ein »Schaden« lässt sich noch schwerer messen. Dafür müsste wirklich zweifelsfrei feststehen, ob nicht doch in irgendeiner Weise berufliche und private Nachteile entstanden sind. Dies ist aber allein auf der Grundlage der Überlieferung meistens kaum zu beurteilen.

Ein Beispiel für einen Bericht über eine Person ohne denunziatorischem Gehalt gibt folgende Einschätzung, die ein IM über einen Berufskollegen im Jahr 1955 verfasste:

Beurteilung, [Ort], 16.6.1955
Der [Name] wohnt in [Ort] ist mir als [...] seit 1948 bekannt. Ich habe zu dieser Zeit 1 Jahr zusammen mit ihm [gearbeitet]. [...] Das ihm gestellte Soll erfüllte er in der Ablieferung seiner [Waren] immer vorfristig. Im vergangenen Jahr erhielt er eine Prämie. Seine Einstellung zu unserem Arbeiter[-] und Bauernstaat ist positiv. Er ist fleißig und gegenüber den Kollegen immer hilfsbereit. In den Tagen des 17. Juni ist er nicht negativ in Erscheinung getreten. Der [Name] ist soweit mir bekannt parteilos und gehörte vor 33 und von 33–45 keiner Partei an. Seine Familienverhältnisse sind geordnet. [Name] ist Neubürger⁸ und hat die 2. Frau, seine erste Frau ist verstorben.⁹

Der IM berichtet positiv bzw. neutral über seinen Arbeitskollegen. Keiner dieser Aussagen kann als Denunziation aufgefasst werden. Nichtsdestotrotz dienten sie dem Überwachungsbedürfnis der Staatssicherheit.

Manche IM dieser Fallgruppe, die nicht denunziert haben, dekonspirierten sich, nachdem sie angeworben worden waren. Einige taten dies im Bewusstsein, dass sie damit für die Staatssicherheit nicht mehr von Nutzen waren, andere wohl eher versehentlich. Sobald dies das MfS erfuhr – teilweise auch, weil es die IM ihren Führungsoffizieren selbst erzählten, teilweise, weil es ihnen von dritter Seite zugetragen wurde – musste es die angeworbenen Personen abschreiben.

Es kann davon ausgegangen werden, dass immer ein bestimmter kleiner Anteil von angeworbenen IM überhaupt nicht denunziert hat. In den 1950er-Jahren konnten sich die Angeworbenen den Ansinnen des MfS noch leichter entziehen – das war in den 1980er-Jahren nicht mehr ohne Weiteres möglich, was aber nicht nur an den mangelnden Fluchtmöglichkeiten lag. Vielmehr kann vor allem im Vergleich zu den 1950er-Jahren beobachtet werden, dass das Personal des MfS während der Werbung deutlich professioneller und geschickter vorging. Natürlich gab es auch den folgenden dreißig Jahren Werbungen »unter Druck«, aber das Vorgehen der Führungsoffiziere hatte sich trotzdem deutlich geändert. So wurden die Erkundigungen, die im Vorfeld eingeholt wurden, ausgeweitet. Bei

---

7 Francesca Weil: Ärzte als inoffizielle Mitarbeiter: Ich habe doch niemandem geschadet. In: Deutsches Ärzteblatt 102 (2005) 39, S. 2618–2621.
8 Damit ist eine Person gemeint, die ihren Wohnsitz in den ehemaligen Ostgebieten hatte.
9 Bericht v. 13.6.1955; BArch, MfS, BV Frankfurt, AIM 47/65, Teil II, unpag. (MF).

klarer Absage gab es seltener extrem starken Druck, trotzdem eine Verpflichtung abzugeben. In der Anfangsphase des MfS kam es dagegen viel häufiger vor, dass quasi »mit dem Brecheisen« Verpflichtungen durchgeführt wurden, die dann am Ende nur selten Ergebnisse hervorbrachten. Dass diese Taktik wenig effektiv war, bemerkte das MfS selbst, was sich u. a. in der Anpassung und Ausdifferenzierung der Richtlinien zur Arbeit mit den Inoffiziellen Mitarbeitern niederschlug.[10] Zudem trug eine intensivierte Ausbildung und Schulung dazu bei, das Verhalten, wie man sich einem potenziellen IM näherte, zu verfeinern und »Erfolg« nicht primär daran zu messen, dass man möglichst viele IM gewann, sondern dass man brauchbare Berichte erhielt.

Generell ist zu beobachten, dass die Staatssicherheit bei den IM dieser Fallgruppe, die zu keiner Zeit denunziatorische Berichte abgaben und auch teilweise offen ihre Weigerung kundtaten, Bekannte, Freunde oder Familienmitglieder zu denunzieren, nur selten über längere Zeit die Mühe aufgewendet hat, sie in ihrem Sinne zu überzeugen. Stattdessen brachen die Führungsoffiziere meist von sich aus den Kontakt nach wenigen unfruchtbaren Treffen ab. So war es auch bei einem 18-jährigen Mann, der bei der Deutschen Reichsbahn arbeitete. Zunächst schien er als potenzieller IM für das MfS äußerst vielversprechend zu sein: Sein Vater war bei der Kriminalpolizei tätig, die Familie galt als »fortschrittlich« und er selbst hatte in Diskussionen während seiner Lehrausbildung angeblich »eine klare Haltung und einen festen Klassenstandpunkt« vertreten.[11] Doch schon zum ersten Gespräch, in dem er als IM angeworben werden sollte, erschien er nicht. Beim zweiten Versuch hingegen fand die Zusammenkunft statt. Mutmaßlich »ohne Besonderheiten«[12] konnte ihm der MfS-Mitarbeiter eine Verpflichtungserklärung abnehmen und es wurde ein Deckname vereinbart.[13] Doch schon die ersten angesetzten Treffen ließ er ausfallen, danach fand nur noch eine geplante Zusammenkunft statt, in der nach Bericht des Führungsoffiziers das Gespräch nur »schleppend in Gang« kam, der Mann »sehr schwerfällig den Ausführungen des op[erativen] M[it]A[rbeiters] folgte« und dann auch noch sagte, dass »nach seiner Einschätzung in seiner Brigade nur vorbildliche Kollegen arbeiteten.«[14] Danach hatte der junge Mann für einige Zeit Urlaub, versprach aber, sich im Anschluss wieder zu melden und Kontakt aufzunehmen, falls er irgendetwas Auffälliges feststellen würde. Das tat er aber nicht, so dass ihn der Führungsoffizier ein paar Mal auf dem Arbeitsweg abfing, wo er diesen ignorierte oder abwies. Schlussend-

---

10 Müller-Enbergs: Inoffizielle Mitarbeiter, Teil 1, S. 107–110.
11 Vorschlag zur Verpflichtung eines IMS v. 20.6.1984; BArch, MfS, BV Schwerin, AIM 272/84, Teil I, Bl. 52.
12 Bericht über die durchgeführte Verpflichtung v. 5.7.1984; ebenda, Bl. 56.
13 Verpflichtungserklärung, undatiert [5.7.1984]; ebenda, Bl. 8.
14 Treffbericht v. 20.7.1984; ebenda, Bd. 2, Bl. 4 f.

lich sah man ein, dass der Mann nicht bereit war, in irgendeiner Weise mit der Staatssicherheit zusammenzuarbeiten und schrieb ihn deswegen ab.[15]

Die Führungsoffiziere erkannten nach einer gewissen Zeit, ob ein IM belastende Informationen liefern wollte und ein Interesse an der Kooperation zeigte. War dies nicht der Fall, versuchten sie nur selten – wenn nicht besondere Umstände wie beispielsweise die Anwerbung während der Haft vorlagen – mit Druck etwas aus ihnen herauszupressen, vielmehr dürfte der Schwerpunkt darauf gelegen haben, im Gespräch doch die eine oder andere relevante Information zu erhalten. Zusammengefasst handelt es sich bei dieser Fallgruppe um Personen, die trotz einer mündlichen bzw. schriftlichen Anwerbung keine denunziatorischen Berichte abgaben, auch nicht während des Anwerbeprozesses.

2. Die »Überrumpelten«

In Abgrenzung zu den IM, die nicht einen einzigen denunziatorischen Hinweis gaben, kann diese zweite Fallgruppe entwickelt werden. Auch bei diesen Personen traten starke Bedenken auf, als die Staatssicherheit sie umwarb. Die Frühphase der Zusammenarbeit erwies sich hier als Schlüsselphase. Die Führungsoffiziere waren (in einigen Fällen sogar vor der eigentlichen Verpflichtung) in der Lage, den Druck und das Überraschungsmoment gleichermaßen auszunutzen. Das führte zu frühen denunziatorischen Aussagen und Berichten. Die Führungsoffiziere nutzten ihr Wissen über dritte Personen, aber auch über die zu werbende Person, um Druck auszuüben, und hofften auf diese Art und Weise, dass der Werbekandidat denunziatorische Informationen preisgab oder zumindest bestätigte. Gleichzeitig dienten diese Informationen dazu, die Kandidaten und ihren Hintergrund »abzuklopfen«. In dieser Situation konnten nur wenige mit einem Schweigen reagieren, hier entstanden oftmals belastende Aussagen über andere Personen. Entweder, weil sie befürchteten Nachteile zu erfahren, wenn sie nicht die Wahrheit sagten oder aber, weil sie schlicht überrumpelt wurden und sie sich über die möglichen Folgen ihrer Berichte nicht im Klaren waren. Nicht umsonst bekundeten einige dieser »Überrumpelten« in den zweiten oder dritten Treffs ihr schlechtes Gewissen, das es ihnen unmöglich machte, nochmals über andere Personen zu informieren.

Diese Anfangssituation ist zugleich Grund dafür, warum die weitere »Zusammenarbeit« mit den IM dieser Gruppe für die Staatssicherheit nicht fruchtbar war. Sie ließen sich nur anfangs zu wenigen belastenden Aussagen »hinreißen«, obwohl sie dies eigentlich nicht machen wollten. Nur durch das Überraschungsmoment gelang es der Staatssicherheit überhaupt eine Verpflichtungserklärung zu bekommen. Die Besonderheit vor allem in Abgrenzung zu anderen IM-Fall-

---

15 Abschlussbericht v. 20.3.1985; ebenda, Bd. 1, Bl. 68 f.

gruppen ist, dass nur ein oder zwei denunziatorische Berichte bzw. Äußerungen zustande kamen – meist während der Anwerbung oder vor der Anwerbung in den Erstkontakten – sei es nun schriftlich oder mündlich. Sobald etwas Zeit verstrichen war und die Personen, die das MfS auf diese Weise überrascht hatte, eingehend darüber nachgedacht und ihre Situation reflektiert hatten, scheuten sie den weiteren Kontakt und die Fortsetzung der Zusammenarbeit. Manche äußerten ganz offen, dass sie eine (weitere) Tätigkeit ablehnten, andere wichen den Treffen aus oder dekonspirierten sich frühzeitig. Die IM-Tätigkeit endete also schon, bevor sie richtig begann.

Ein junger Schlosser, der bereits 1960 ins Visier der Staatssicherheit geriet, kann dieser Fallgruppe zugeordnet werden. 1959 war er nach Westberlin gefahren und während der Grenzkontrolle bei seiner Rückkehr mit Waren im Wert von 200 DM (Deutsche Mark) aufgefallen. Dies teilte der Zoll der Kaderleitung seines Betriebes mit, die wiederum die Staatssicherheit davon in Kenntnis setzte.[16] Daraufhin musste sich der Mann einer Aussprache in seiner Brigade stellen, die ihn allerdings als »fleißig« und »strebsam« einschätzte. Ein Informant, ebenfalls aus seinem Kollegenkreis, berichtete, dass er westliche Kleidung tragen würde.[17] Das MfS betrachtete ihn aufgrund dieser Konstellation offenbar als guten Kandidaten, um beispielsweise Jugendliche zu überwachen. Mehrere Mitarbeiter des Betriebs bestellte man zu einzelnen Befragungen, während man vor allem den jungen Mann für eine inoffizielle Tätigkeit begutachtete. Bei diesem Gespräch konfrontierte man ihn mit der Information über seine Westeinkäufe, wovon er, wie der MfS-Mitarbeiter schrieb, »sichtlich beeindruckt« gewesen sei. Dem MfS ging es darum, den Druck auf ihn zu erhöhen und eine Verpflichtung zu forcieren. In einem Zimmer im Gebäude des Rates der Stadt sollte dann die Anwerbung stattfinden. In diesem Gespräch wurde er konkret nach Westkontakten seiner Kollegen befragt und er nannte dem MfS auch entsprechende Namen – hier lag die einzige Denunziation während der gesamten Phase des Kontaktes vor. Zugleich vermittelte er den Mitarbeitern der Staatssicherheit, dass er in der Lage sei, Jugendliche auszuhorchen, so sie ihm dazu den Auftrag geben würde.[18] Einige Wochen später, bei einem dritten Gespräch schrieb er auch eine Verpflichtungserklärung mit dem Decknamen »Klaus«.[19]

Zu den nächsten vier Treffen erschien er aber nicht, erst ein dreiviertel Jahr später traf er wieder einen Mitarbeiter des MfS. Dort wusste er sich nur positiv über seine Kollegen zu äußern, die angeblich keinerlei politische Diskussionen führen würden. Bei der nächsten Zusammenkunft, so wurde es ihm angekündigt, solle er auch einen Bericht schreiben, doch dazu kam es nicht. Er sagte alle

---

16 Schreiben v. 29.1.1960; BArch, MfS, BV Frankfurt/Oder, AIM 467/65, Teil I, unpag. (MF).
17 Bericht v. 25.8.1960; ebenda.
18 Treffbericht v. 28.2.1961; ebenda.
19 Verpflichtung v. 17.3.1961; ebenda.

Termine dieser Art ab und einige Monate später rekrutierte ihn die Nationale Volksarmee (NVA) als Wehrpflichtigen. Von einer Reaktivierung während seines Armeedienstes oder danach sah man dann ab.[20] Der junge Mann hatte sich somit ausschließlich in der Kontaktierungsphase darauf eingelassen, belastende Informationen über Kollegen preiszugeben (in diesem Fall die Westkontakte), sich danach aber weiteren Denunziationen konsequent verweigert, auch wenn er dies nicht offen aussprach.

Häufig akzeptierte die Staatssicherheit Gewissensgründe als Argument, eine Zusammenarbeit zu beenden, auch weil klar war, dass eine Ausübung von Druck in dieser Situation nur kurzfristige, aber keine dauerhaften Ergebnisse zu bringen versprach. Während des Werbungsprozesses war für die Staatssicherheit oft nicht abzusehen, dass die geworbene Person nicht langfristig als IM zu halten war. Gleichwohl gehörte es zum Vorgehen der Staatssicherheit, die unvorbereitete Lage des Kandidaten auszunutzen, um zum einen schnell einige Informationen zu bekommen und zum anderen, um die Eignung des IM zu überprüfen. Die Personen, die sich zu dieser Fallgruppe zählen lassen, kamen aus allen Teilen der Gesellschaft. Von Bedeutung scheint bei ihnen gewesen zu sein, dass sie vorher nur selten in Berührung mit Polizei und Staatssicherheit gekommen waren und sich deswegen keine Strategie für den Umgang mit dieser Situation zurechtgelegt hatten. So waren diese Personen meist in Tätigkeitsfeldern beschäftigt, die keine »sicherheitspolitischen Brennpunkte« waren. Häufig ließen sich vor allem Jüngere auf diese Weise überrumpeln und gaben in der Anwerbephase einige denunziatorische Informationen preis.

Bei einem Schüler einer Erweiterten Oberschule war dies beispielsweise so. Er wurde von der Stasi in der Schule – eigentlich im Rahmen der Kaderauswahl für das MfS – angesprochen. Bei diesem ersten Kontakt erzählte er dem MfS-Mitarbeiter, dass zwei Mitschülerinnen Kontakt zu Lehrern einer japanischen Delegation aufgenommen hätten und sie nun mit diesen in regelmäßigem Briefkontakt stünden. Beeindruckt von dieser Information glaubte der MfS-Mitarbeiter einen geeigneten IM-Kandidaten gefunden zu haben und konnte den Schüler in einem zweiten Gespräch von einer inoffiziellen Tätigkeit überzeugen, sodass dieser auch eine Verpflichtungserklärung mit dem Decknamen »Harri« schrieb.[21] Doch auch er ließ sich, über seine durchaus belastende Information über seine Mitschülerinnen im ersten Kontakt hinaus, nicht darauf ein, weitere mündliche oder gar schriftliche Berichte liefern. Stattdessen versäumte er angesetzte Treffen. In einer letzten Unterredung mit seinem Führungsoffizier sagte er ganz offen, dass er nicht bereit sei, für die Stasi zu arbeiten: »Beim Zusammentreffen mit dem IMS machte dieser einen unruhigen und unsicheren Eindruck. Er erklärte, daß

---

20 Einschätzung GI »Klaus« v. 10.7.1963; ebenda.
21 Bericht über die durchgeführte Werbung v. 28.9.1984; BArch, MfS, BV Schwerin, AIM 1240/85, Teil I, Bl. 24 f.

er die Zusammenarbeit nicht fortführen kann, da ihn diese psychisch belastet. Er sei so erzogen, daß er mit seinen Eltern über alles spricht und so müßte er vor ihnen Geheimnisse haben, was er nicht verkraften könne.« Er sehe zwar die Notwendigkeit des MfS an sich ein, »könne jedoch nicht über Dinge sprechen, die sich in seinem Freundeskreis abspielten.«[22] Die Gewissensnöte des jungen Mannes wirkten auf die Staatssicherheit dermaßen glaubhaft, dass sie den Kontakt abbrach. Bis auf die anfangs mitgeteilten Informationen über seine Mitschülerinnen hatte er keine weiteren Auskünfte gegeben.

Wie in den geschilderten Beispielen gaben auch die anderen IM dieser Fallgruppe in der kurzen Kooperationsphase nur sehr wenige Details preis, zum Beispiel Informationen über Westkontakte Dritter. Dennoch konnten die Informanten nicht wissen, ob die Staatssicherheit diese nur zur Bestätigung ihrer Personeneinschätzungen nutzte oder ob sich hieraus Hinweise auf weitere Kandidaten zur Werbung oder gar belastende Momente ergaben. Allerdings bewegten sich diese IM eher in einem Milieu, das für die Staatssicherheit nicht vorrangig von Interesse war. Ihre Angaben dürften primär dazu gedient haben, Antragsteller auf Westreisen zu überprüfen oder das bisher nicht auffällig gewordene Kollegenumfeld der Informationsgeber zu kontrollieren. Eine größere potenzielle »operative Bedeutsamkeit« ist bei den Personen dieser Fallgruppe eher nicht anzunehmen.

3. Die »Bedenkenträger«

Es ist bemerkenswert, dass einige Personen dem MfS trotz massiver Bedenken zunächst einige sehr belastende Berichte als IM lieferten. Die Zusammenarbeit war in diesen Fällen wie auch in der vorangegangenen Fallgruppe von eher kurzer Dauer, dafür hatten die Berichte einen deutlich höheren denunziatorischen Gehalt.

Die »Bedenkenträger« hatten im Unterschied zu den »Überrumpelten« aufgrund ihrer Milieuzugehörigkeit eher eine Distanz zu den Sicherheitsinstanzen der DDR und bewegten sich zumeist in einem Umfeld, das die Staatssicherheit zu durchdringen versuchte – sei es nun, weil die Person in einem Kollektiv arbeitete, in dem einige Kollegen schon »aufgefallen« waren, sei es, weil sie in kirchlichen Kreisen verkehrte oder mit anderen Jugendlichen Umgang hatte, die für die Staatssicherheit von operativer Bedeutung waren. Die betroffenen Personen begriffen sich selbst als eher unangepasst, abseits des Systems stehend und gingen damit offensiv um, was sie zu einem eher schwierigen, aber potenziell ertragreichen Ziel für die Anwerbungen der Stasi werden ließ. Das MfS verwendete hier vor der Anwerbung oft viel Mühe auf die Überprüfung dieser Personen und ihres Umfeldes sowie auf die Überlegungen, auf welche Art und Weise man an sie herantreten könnte. Oft hatte das MfS ein Druckmittel, das es einsetzen

---

22 Aktenvermerk v. 11.4.1985; ebenda, Bl. 26.

konnte. Auffallend ist jedoch, dass trotzdem in den Berichten über die Verpflichtung zumeist behauptet wurde, dass die Anwerbung aus »Überzeugung« erfolgt sei, obwohl sich die Stasi-Offiziere bei den »Bedenkenträgern« durchaus bewusst waren, dass sie politisch und sozial unangepasst waren, was Vorbehalte dem MfS gegenüber wahrscheinlich machte. Trotzdem war genau dieser Personenkreis ein besonders wertvolles Rekrutierungsfeld. Die Staatssicherheit konnte hier zwei Ziele verfolgen: Entweder erhoffte sie sich kurzfristige Erfolge bei Ermittlungen in einem bestimmten Milieu oder sie erwartete, dieses langfristig mit einem Spitzel unterwandern zu können. Nicht immer zielte die Strategie auf Letzteres ab, zumal die Staatssicherheit aus Erfahrung wusste, dass gerade die Personen dieser Gruppe nur schwer langfristig zu binden waren.

Tatsächlich zeichnet genau diese Kurzfristigkeit die Tätigkeit der IM dieser Fallgruppe aus. Sie hatten ausgeprägte Vorbehalte und lieferten trotzdem – auch hier vor allem in der Anfangsphase der Kooperation – einige belastende Informationen. Diese ließen sich meist von der Staatssicherheit sehr gut verwenden, da die IM zu vielen »operativ« wertvollen Informationen Zugang besaßen. Hierin besteht der Unterschied beispielsweise zu den IM der nachfolgenden 4. Fallgruppe, den »Ahnungslosen«, die zwar denunzieren wollten, aber kaum brauchbare Informationen hatten, die die Staatssicherheit auswerten und nutzen konnte. Die »Bedenkenträger« waren dagegen aus der Sicht ihrer Führungsoffiziere und derjenigen, die ihre wenigen Berichte auswerteten, eher wertvoll, denn sie bekamen durch sie Einblick in Kreise, zu denen sie nur schwer Zugang hatten. Doch trotz anfänglich teilweiser hoher Intensität der Berichterstattung kam es auch in diesen Fällen letztendlich zu einer schnellen Abkehr von der Berichtstätigkeit. Wegen ihrer inneren Distanz zum System taten sich die Geworbenen schwer, über einen längeren Zeitraum Berichte zu liefern oder Trefftermine einzuhalten. Ihnen war klar, dass sie etwas über Personen berichtet hatten, mit denen sie die gleiche politische Einstellung teilten oder die ihnen anderweitig nahestanden. Hierin dürfte der Grund gelegen haben, dass in diesen Fällen der Kontakt nach wenigen Treffen mit »operativer« Bedeutung eingestellt wurde und die Initiative hierzu immer vom IM und nicht vom MfS ausging.

Die Staatssicherheit versuchte, die IM möglichst lange an sich zu binden, wenn sie Chancen für eine weitere fruchtbare Zusammenarbeit sah. Doch wie auch bei den anderen bisher behandelten Fallgruppen fehlten dem MfS hier die Mittel, um seine Informanten dauerhaft zu denunziatorischen Berichten zu bewegen, da auch die IM dieser Fallgruppe ab einem bestimmten Punkt die weitere Zusammenarbeit um jeden Preis vermeiden wollten. Deswegen blieb der Staatssicherheit meist nichts anderes übrig, als das Ende der Kooperation hinzunehmen.

Ein Jugendlicher aus Berlin kann zu dieser Fallgruppe gezählt werden. Er war dem MfS schon mehrmals aufgefallen. Er fühlte sich von der offenen Jugendarbeit einiger Kirchgemeinden angesprochen und verbrachte mit Freunden dort seine Freizeit, er fiel durch seine Kleidung auf und das MfS konstatiert, dass er

»im Schulbereich [...] mit negativen und oppositionellen Verhaltensweisen in Erscheinung«[23] trete. Nachdem er zunächst wegen einer Flugblattaktion überwacht worden war, glaubte die Staatssicherheit – aufgrund seines Umfeldes und seines Alters, einen guten Kandidaten für eine mögliche Zusammenarbeit gefunden zu haben. Und tatsächlich schaffte sie es, ihn anzuwerben. Bei ihm gab sich das MfS nicht als solches zu erkennen, sondern die Offiziere stellten sich als Mitarbeiter der Volkspolizei vor. Seine politische Haltung versuchten die Offiziere zu nutzen, indem sie behaupteten, die Kooperation diene vornehmlich der Verfolgung von Neonazikreisen, die er aufdecken sollte. Zugleich, so lässt die Auswertung seiner Akte erkennen, glaubte der junge Mann, die Situation weitestgehend kontrollieren zu können. Das MfS arrangierte vor der förmlichen Werbung sieben Kontaktgespräche (also ungewöhnlich viele), in denen der Jugendliche Mitglieder von Jugendgangs identifizieren sollte und Auskunft darüber gab, welches Publikum sich in verschiedenen Klubs aufhielt. Auch wusste er beispielsweise zu berichten, wo man am Rande von Fußballspielen Schlagstöcke erwerben konnte oder an welchen Orten illegales Glücksspiel stattfand.

Erst nach diesen sieben Treffen verpflichtete man ihn, immer noch unter der Legende, dass er der Abteilung K der Volkspolizei zuarbeite. Die Verpflichtung erfolgte lediglich mündlich. Nach wenigen Treffen überlegten die Stasi-Mitarbeiter, ob es sich lohnen würde, ihn noch intensiver in die Überwachung kirchlicher Kreise einzubinden, was sie aber verwarfen. Nach seiner Verpflichtung fanden sechs Treffen statt, die von einem Führungs-IM organisiert wurden, der zwar scheinbar einen guten Draht zu dem Jugendlichen hatte, aber an anfängliche »Erfolge« in der Kontaktphase nicht anknüpfen konnte. Vor allem weil der junge Mann durch widerständiges Verhalten in seiner Berufsschule spürbar Probleme bekam und ablehnte, an der Wehrerziehung teilzunehmen, sowie Pläne für eine Verweigerung des Wehrdienstes schmiedete und zugleich einen Ausreiseantrag stellte, erwies sich eine weitere Zusammenarbeit letztlich als nicht aussichtsreich. Zunächst hatte der Führungs-IM angenommen, ihn trotz allem in Friedens- oder Umweltgruppen einschleusen zu können, dies scheiterte aber auch am Verhalten des Jugendlichen. Irgendwann erschien er nicht mehr zu den verabredeten Terminen und ein Jahr später wurde er bei einem Fluchtversuch über die ČSSR verhaftet. Danach sah das MfS von weiteren Kontaktversuchen ab.[24]

Ein ganz ähnliches Profil zeigte sich bei einem anderen Mann, der der Staatssicherheit und der Volkspolizei wegen einer versuchten Flucht und aufgrund eines Diebstahls aufgefallen und deswegen verurteilt worden war und eine Haftstrafe abgesessen hatte. In den Fokus für eine mögliche Anwerbung geriet er, als er einen Brief von Udo Lindenberg an Erich Honecker während einer westdeutschen

---

23 Vorschlag zum Anlegen eines IMS-Vorlaufs; BArch, MfS, BV Berlin, AIM 2647/89, Teil I, Bl. 27.
24 Abschlussbericht v. 5.1.1989; ebenda, Bl. 174.

Radiosendung abgeschrieben und weitergegeben hatte. In einem Verhör gestand der Mann, dass er den Text von seiner Frau hatte vervielfältigen lassen, um ihn zu verbreiten. Die Mitarbeiter des MfS glaubten trotzdem zu erkennen, dass er der Staatssicherheit gegenüber »keine ablehnende Haltung«[25] besitze und sahen ihn deswegen als aussichtsreichen Kandidaten für eine inoffizielle Zusammenarbeit. Sie führten mehrere Kontaktgespräche, in denen er Informationen über Bekannte preisgab, mit denen er sich oft in der Kneipe traf, und dabei immer wieder betonte, dass dritte Personen von seiner Informantentätigkeit nichts erfahren dürften. Er berichtete über geplante Ausflüge seiner Bekannten zu Konzerten, aber auch darüber, dass einige von denen, die er in Gaststätten traf, nicht arbeiten würden und er nicht wüsste, wie sie ihren Lebensunterhalt finanzierten. Diese Aussage setzte sie dem Verdacht der sogenannten »Asozialität« aus.[26] In einem anderen Bericht beschrieb er eine Fahrt zu einem Fußballspiel und die Randale, die Bekannte von ihm mutmaßlich verursacht hätten.[27] Nach einigen Treffen mit seinem Führungsoffizier wurden seine Aussagen jedoch immer zurückhaltender, außerdem ließ er einige Verabredungen platzen. Einem Freund, der seinerseits IM der Volkspolizei war, verriet er schließlich im angetrunkenen Zustand seine Kooperation mit der Staatssicherheit. Dies führte dazu, dass das MfS von einer weiteren Zusammenarbeit mit ihm Abstand nahm. Das MfS mutmaßte sogar, dass er sich bewusst dekonspiriert habe, um eine weitere Kooperation zu vermeiden.[28]

In beiden Fällen hatten die MfS-Mitarbeiter gehofft, obwohl ihnen die Unangepasstheit ihrer IM bewusst durchaus war, diese mithilfe der Drucksituation, die bei ihrer Anwerbung eine Rolle gespielt hatte, nachhaltig »umzudrehen« und so Einblicke in ein für sie schwer zu durchdringendes Milieu zu bekommen. Für kurze Zeit gelang dies auch und sie erhielten personenbezogene Informationen, die ihnen sonst nicht zugänglich gewesen wären. Doch schon nach einer kurzen Phase der Zusammenarbeit, die bereits diskontinuierlich war, aber durchaus Berichte denunziatorischen Gehaltes hervorbrachte, begannen die »Bedenkenträger«, sich der Zusammenarbeit zu entziehen, was ihnen letztlich auch gelang.

4. Die »Ahnungslosen«

Immer wieder stieß das Ministerium für Staatssicherheit während seiner Suche nach geeigneten IM auf Personen, die zwar gern bereit gewesen wären, ausführlich über ihre Mitmenschen zu berichten, die aber aufgrund ihrer Stellung im Beruf

---

25 Bericht über das Bekanntwerden v. 20.7.1983; BArch, MfS, BV Schwerin, AIM 675/85, Teil I, Bl. 20.
26 Information v. 7.11.1983; ebenda, Bd. 2, Bl. 10.
27 Bericht v. 5.12.1983; ebenda, Bl. 15.
28 Abschlussbericht zum IM-Vorgang »Fuchs« v. 2.7.1985; ebenda, Bl. 65.

oder im Privatbereich kaum Informationen hatten, an denen die Stasi interessiert war und die auch operativ verwertbar oder gar denunziatorisch waren.

Für gewöhnlich lebten diese Personen angepasst und systemtreu, besaßen sogar in den meisten Fällen ein Mitgliedsbuch der SED. Die Nachbarschaft und das Arbeitskollektiv kannten ihre politische Einstellung. Genau dadurch fielen diese Personen der Staatssicherheit während der Suche nach möglichen IM-Kandidaten auf. Für gewöhnlich bescheinigten die vorab eingeholten Informationen diesen Personen Systemnähe und lobten den besonderen Einsatz für die Partei, bei der Wahl oder Ähnlichem. Während des Anwerbungsprozesses mussten die Mitarbeiter der Staatssicherheit nicht fürchten, abgewiesen zu werden, oft betonten die angesprochenen Personen sogar, dass eine Zusammenarbeit mit dem MfS für sie eine Selbstverständlichkeit sei, weswegen sie dieses Ansinnen prompt unterstützen würden. Jeden vereinbarten Treff nahmen sie mit absoluter Pünktlichkeit wahr und auch die Berichte schrieben sie ohne zu zögern. Als Hindernis für eine effektive Zusammenarbeit im Sinne des MfS erwies sich jedoch, dass ihr Umfeld von der Systemtreue dieser Personen wusste und sie deswegen nicht selten isoliert waren oder zumindest große Schwierigkeiten hatten, »operativ bedeutsame« Informationen zu erarbeiten. Auf dieses Problem stieß das MfS häufiger bei SED-Mitgliedern, weswegen ihre Anwerbung auch nur »in Ausnahmefällen« erfolgen sollte, die aber trotzdem gängige Praxis blieb, wie Erich Mielke immer wieder in Dienstkonferenzen monierte.[29]

Ein gutes Beispiel für diese Fallgruppe ist der Mitarbeiter eines Straßenbauamtes, der zugleich Mitglied der Demokratischen Bauernpartei war und keinen Hehl aus seiner »fortschrittlichen« Einstellung machte. In der Kleinstadt, in der er wohnte, war er damit bereits während der Kollektivierung der Landwirtschaft auf Unmut gestoßen. Seine Verpflichtung, die übrigens in einem Zimmer bei der Volkspolizei stattfand, verlief entsprechend auch problemlos.[30] Doch seine Berichte, vornehmlich über Kollegen oder betriebliche Abläufe, konnten nicht in die Tiefe gehen und enthielten nur sehr selten belastende Informationen. Er schrieb Einschätzungen über dritte Personen, die aber in der Regel positiv oder nichtssagend waren, wie etwa folgender Auszug aus der Zusammenfassung eines mündlichen Berichts: »Politisch kann ihn der GI [Geheime Informator] nicht einschätzen, weil F. sehr verschlossen ist und kaum mit seinen Kollegen spricht. Das hängt wahrscheinlich mit dem Alter zusammen, er ist schon in den 70er Jahren [sic!]. Die beiden [Name 1] und die [Name 2] kann der GI ebenfalls nicht einschätzen, da er keinen Kontakt zu ihnen hat.«[31]

---

29 Müller-Enbergs: Inoffizielle Mitarbeiter, Teil 1, S. 261.
30 Bericht über durchgeführte Werbung v. 25.3.1959; BArch, MfS, BV Frankfurt/Oder, AIM 35/65, unpag. (MF).
31 Bericht v. 25.4.1959; ebenda.

Auch ein anderer Bericht verdeutlicht seine Mühe, andere Personen einzuschätzen. Vor allem spricht aus diesem Treffbericht die soziale Isolation im Kollegenkreis des Mannes: »GI ›Wartburg‹ gab an, daß die beiden Kolleginnen sehr undurchsichtig sind. Es ist nahezu unmöglich, mit ihnen in Kontakt zu kommen. Sieht man durchs Fenster, kann man sehen, daß beide in einer Unterhaltung begriffen sind; kommt man dann ins Zimmer, bricht die Unterhaltung urplötzlich ab. Zu politischen Problemen haben sich beide grundsätzlich noch nie geäußert.«[32]

Trotz der genannten Schwierigkeiten versuchte der Mann, der seine Berichte meist mündlich abgab, auch Personen, zu denen er keinen richtigen Zugang hatte, ab und zu in ein schlechtes Licht zu rücken, beschrieb sie als »undurchsichtig«, was durchaus Anlass gegeben haben könnte, sie einer verstärkten Überwachung auszusetzen. Dabei ließ er sich offensichtlich mehr von seinen Gefühlen oder äußeren Eindrücken leiten als von konkreten Informationen. Wie auch bei anderen IM dieser Fallgruppe stellte das MfS allerdings in diesem Fall nach zweimaligem Wechsel der Arbeitsstelle und dadurch einer längeren Zeit, in der gar kein Kontakt stattfand, den Vorgang wegen »mangelnder Perspektive« ein.[33]

Die betreffenden Berichte zeichnen sich überwiegend durch Belanglosigkeit aus, was in diesen Fällen nicht dadurch bedingt war, dass der IM nicht denunzieren wollte, sondern nicht denunzieren konnte. Wenn dennoch belastende Informationen weitergegeben wurden, handelte es sich um »Glückstreffer« aus Sicht der Staatssicherheit. Diese hielt zumeist trotzdem zunächst eine Weile an diesen Personen fest, weil sie als gewissenhaft galten und tatsächlich ehrlich berichten wollten.

Die IM dieser Fallgruppe arbeiteten zumeist als Angestellte oder Arbeiter ohne Führungsaufgaben. Dies ist neben der weitestgehenden sozialen Isolierung ein weiterer Grund, warum sich wenig Berichtenswertes ergab. Nicht selten machten sie durch ihre Übereifrigkeit auf sich aufmerksam, fragten beispielsweise ganz gezielt Personen ihrer Umgebung aus und wollten dadurch die Aufträge besser erfüllen. Erreicht wurde damit oft das Gegenteil. Nicht immer, aber häufig gefährdete dies sogar die Konspiration. Zudem fehlten diesen IM meist die persönlichen Voraussetzungen, um operativ bedeutsame und teilweise denunziatorische Berichte schreiben zu können. Selbst durch konsequente Ermutigung konnten die Führungsoffiziere diese Defizite nicht beheben.

Die Mitarbeiter der Staatssicherheit merkten schnell, dass die Berichte der IM nur selten zu Anhaltspunkten in ihren Ermittlungen führen. Trotzdem versuchten sie diese weiter zu beschäftigen. Sie gaben ihnen Aufträge, beispielsweise Kollegen einzuschätzen oder über Personen in der Nachbarschaft zu berichten. Doch es offenbarten sich immer wieder die gleichen Schwierigkeiten, gezielt Informationen zu beschaffen und Relevantes zu berichten. Aus diesen Gründen ließ das Interesse

---

32 Bericht v. 26.11.1959; ebenda.
33 Bericht über Abbrechen der Verbindung v. 13.1.1965; ebenda.

vor allem seitens der Stasi nach. Gleichwohl haben diese Vorgänge Laufzeiten von bis zu zwei Jahren, bevor sie mangels Perspektive abgeschrieben werden.

Sehr viel effektiver dienten die betreffenden Personenkreise dem MfS als Inhaber Konspirativer Wohnungen (KW), denn hier verkehrten sich ihre Schwächen in Stärken und waren gute Voraussetzungen für den Unterhalt einer KW: wenig soziale Kontakte – besonders, wenn sie schon Rentner waren – und eine politische Einstellung, die eine zuverlässige Zusammenarbeit mit dem MfS begünstigte. Trotzdem scheint nur selten auf abgelegte IM dieser Kategorie zurückgegriffen worden zu sein, wenn die Stasi-Mitarbeiter auf der Suche nach neuen KW-Inhabern waren.

Die IM dieser Fallgruppe lieferten in der Zeit der Kooperation nur eine überschaubare Zahl von Berichten, die wiederum nur selten denunziatorische Informationen enthielten. Im Unterschied zu den »Überrumpelten« und den »Bedenkenträgern« lag dies nicht an der Distanz zum System oder daran, dass sie Gewissenskonflikte bezüglich einer Zusammenarbeit ausstehen mussten, sondern vielmehr an den mangelnden Möglichkeiten, an für das MfS »operativ bedeutsame« Informationen zu gelangen.

5. Die IM, die hauptsächlich einen Auftrag ausführten

Häufig rückten potenzielle IM-Kandidaten in den Fokus der Stasi, wenn in einem bestimmten Sicherungsbereich ein dringender Informationsbedarf ergab und sich dort noch zu wenig Informanten befanden, die Auskunft geben konnten. Auf der Suche nach neuen und zuverlässigen Quellen stieß das MfS dann auch auf Personen, die weder durch besondere Staatsnähe oder -ferne aufgefallen, sondern eher im Hintergrund blieben. Für gewöhnlich waren diese Personen stark auf ihr Privatleben fokussiert, hatten wenig Kontakte zu Kollegen oder in der Nachbarschaft und konzentrierten sich stattdessen auf bestimmte Hobbys und die Familie. Deswegen waren sie für die Staatssicherheit schwer einzuschätzen. Bemerkenswerterweise erwies sich dieser Typus für das MfS als eher zuverlässig. Die Anwerbung verlief zumeist problemlos, die Kandidaten blieben ruhig und zeigten sich willig, die Aufträge zu erfüllen. Was ihnen aufgetragen wurde, erledigten sie sowohl zuverlässig als auch mit einer hohen Bereitschaft zur Denunziation – je nachdem, wie konkret beschrieben wurde, was die Staatssicherheit erwartete. Die Kooperation dieser IM entwickelte sich auf ganz unterschiedliche Weise. Entweder, die Berichte halfen der Staatssicherheit, die Situation einzuschätzen oder aber es stellte sich heraus, dass die angeworbene Person zu sehr abseits des Geschehens stand, um die Situation wirklich einschätzen zu können. Dennoch zeigt sich charakteristisch für die IM dieser Fallgruppe, dass sich die Zusammenarbeit zeitlich und räumlich sehr stark auf den ursprünglichen Auftrag begrenzte.

Natürlich gilt es zu bedenken, dass jeder IM mit Aufträgen allerlei Art bedacht wurde, doch charakteristisch für die Fallgruppe ist, dass sich die Kooperation so stark beschränkte. Sobald die diesbezüglichen Ermittlungen eingestellt wurden, begann die Zusammenarbeit schnell nachzulassen. Entweder das Interesse des MfS war stark rückläufig und dem IM wurde deswegen aufgekündigt oder die Treffen mit dem Führungsoffizier liefen zunächst noch weiter, brachten aber keine wirklich verwertbaren Ergebnisse mehr. Versuche, den IM noch für andere Zusammenhänge einzusetzen, scheiterten hier im Gegensatz zu anderen, noch zu behandelnden Fallgruppen, die sich als variabel einsetzbar erwiesen. Ebenso konnte die Zusammenarbeit nach der Übergabe an einen anderen Führungsoffizier nachlassen, vor allem wenn dieser in einer anderen Diensteinheit arbeitete, und versuchte, den IM in ein neues Überwachungsgebiet einzuführen.

Wenn keine besondere Informationstätigkeit des IM mehr erfolgte oder sich keine anderen »Anschlussverwertungen« ergaben, verlor auch das MfS sehr schnell das Interesse. Das war besonders dann der Fall, wenn ein IM die Arbeitsstelle oder den Wohnort wechselte und deshalb aus seinem ursprünglichen Einsatzgebiet herausfiel. Oftmals schaffte es das MfS dann nicht, eine neue Aufgabe für IM zu finden oder sich regelmäßig mit ihm zu treffen. Viele dieser Fälle lagen danach brach und wurden im Laufe eines Jahres abgeschrieben, sehr häufig auch deswegen, weil keine Beziehung zum neuen Führungsoffizier aufgebaut werden konnte.

Die Berichte, die sich auf das erste und relativ konkrete Aufgabenfeld beziehen, wiesen oft eine hohe denunziatorische Intensität auf. Hier denunzierte der IM meist sehr schonungslos und zeigte eine große Eigeninitiative, um zur Aufklärung beizutragen. Zumeist verfasste er jedoch nur eine Handvoll Berichte belastender Art, bis sich die Situation geklärt hatte oder bestimmte Verdachtsmomente eher bestätigt oder entkräftet wurden. Im letzteren Fall hatte sich meist die Arbeit des IM erledigt, bei Bestätigung der Verdachtsmomente blieb die zu beobachtende Person für einige Zeit weiter im Visier des MfS und damit eventuell auch des IM. In den meisten Fällen war der Auftrag jedoch spätestens nach wenigen Monaten beendet.

Zu dieser Fallgruppe gehört eine Frau, die eine Ausbildungsschule für Kindergärtnerinnen besuchte. Sie hatte in einer Diskothek einen Mann kennengelernt, der Mitglied bei den Zeugen Jehovas war. Mit ihm stand sie fortan in einem intensiven Briefverkehr, von dem sie einer ihrer Lehrerinnen berichtete. Diese Lehrerin wiederum benachrichtigte den Direktor, der deswegen das MfS verständigte.[34] Dass die Staatssicherheit auf ihren Briefkontakt aufmerksam wurde, »verdankte« die Berufsschülerin also wiederum einer Denunziation – auch keine Seltenheit. Sie beteuerte in einem ersten Gespräch mit zwei Mitarbeitern des MfS, dem Mann nicht mehr schreiben zu wollen und sie hätte diesbezüglich lediglich einen Rat ihrer Lehrerin einholen wollen. Die Stasi-Mitarbeiter jedoch

---

34 Information v. 22.12.1982; BArch, MfS, BV Schwerin, AIM 1096/85, Teil I, Bl. 79.

baten sie, weiterhin in Kontakt mit ihm zu bleiben, um auf diese Weise über die Zeugen Jehovas informiert zu sein. Diesen Anweisungen folgte die Frau. Zu einem zweiten Termin mit dem MfS brachte sie die Briefe mit, die sie von dem Mann erhalten hatte und schrieb zusätzlich noch einen Bericht über ihn. In dieser Einschätzung belastete sie zusätzlich eine Freundin, die ebenfalls Post von dem Mann bekommen hatte und vermutete, dass der Bekannte versuche, sie selbst als Mitglied für die Zeugen Jehovas zu werben. Einige Wochen später und nachdem sie das MfS weiterhin über ihren Briefkontakt auf dem Laufenden gehalten hatte, wurde sie zur Zusammenarbeit verpflichtet. Ihre Verpflichtungserklärung war, und das ist eher eine Ausnahme, sogar schon auf den aktuellen Auftrag ausgerichtet. So schrieb sie u. a.: »In den bisherigen Gesprächen mit den Genossen des Ministeriums für Staatssicherheit bin ich zu der Erkenntnis gelangt, daß die Sekte der Zeugen Jehovas Aktivitäten gegen unsere Gesellschaftsordnung entwickelt, die es im Interesse der Stärkung unseres Staates wirksam zu verhindern gilt.«[35] Als Deckname diente ihr »Christina Schulze«. Fortan schrieb sie dem Mann im Auftrage des MfS Briefe, von denen sie eine Blaupause an ihren Führungsoffizier weitergab. Die Fragen an ihren Briefpartner formulierte sie jedoch nicht sehr subtil; sie schrieb zum Beispiel »Wieviele seid ihr denn eigentlich in der Sekte?« »Habt ihr auch einen Leiter oder sowas?«[36] oder »Predigt ihr, wenn ihr von Haus zu Haus geht? Und zu wem geht ihr denn hin?«[37] Das weckte bei ihrem Briefpartner zwar Misstrauen, trotzdem schrieb er ihr weiterhin und traf sich ab und zu mit ihr. Über alle Kontakte berichtete die Frau der Staatssicherheit und hielt die Bekanntschaft zu dem Mann über ein Jahr aufrecht. Zugleich berichtete sie über andere Personen aus ihrer Berufsschule, beispielsweise dass der Hausmeister Mitglied einer neuapostolischen Glaubensgemeinschaft sei[38], ihre Lehrerin für Marxismus-Leninismus Besuch aus Westdeutschland bekommen habe[39] und Freunde von ihr Fans von Udo Lindenberg seien.[40] Alle zwei Wochen traf sie sich mit einem Mitarbeiter des MfS und scheute nicht davor zurück, ausführlich vor allem über das Mitglied der Zeugen Jehovas zu berichten. Ein Jahr nach der Anwerbung erzählte sie jedoch ihrer Berufsschullehrerin davon, dass sie im Auftrag des MfS mit dem Mann in Briefkontakt stehen würde. Diese Lehrerin hatte einen Sohn, der beim MfS arbeitete und dem sie davon berichtete. Der setzte wiederum seine Kollegen davon in Kenntnis. Die Pädagogin riet ihr in Absprache

---

35 Verpflichtung v. 7.3.1983; ebenda, Bl. 8.
36 Brief v. 1.3.1983; ebenda, Bd. 2, Bl. 6.
37 Brief v. 10.3.1983; ebenda, Bl. 19.
38 Information v. 2.5.1983; ebenda, Bl. 50.
39 Bericht v. 26.9.1983; ebenda, Bl. 90.
40 Bericht v. 17.10.1983; ebenda, Bl. 98.

mit der Stasi, sich dem MfS zu offenbaren, was sie dann auch tat.[41] Aufgrund der Dekonspiration beendete die Staatssicherheit die Zusammenarbeit mit ihr.[42]

Charakteristisch ist bei dieser Fallgruppe, dass vor allem zum Beginn der Tätigkeit ein hohes denunziatorisches Potenzial vorlag. Wie in dem aufgeführten Beispiel konzentrierte sich die Zusammenarbeit sehr stark auf den vorgegebenen Auftrag, wenn auch die junge Frau als »Beifang« einige wenige denunziatorische Berichte über andere Personen produzierte. Der Hauptfokus lag jedoch auf Zeugen Jehovas. Die IM dieser Fallgruppe waren zwar bereit, zu denunzieren, belasteten aber angesichts des begrenzten Auftrages zumeist nur eine oder wenige Personen. Darüber hinaus ergab sich kein Betätigungsfeld, das für die Stasi von operativer Bedeutung gewesen wäre; eine »Anschlussverwertung« stand daher meist nicht in Aussicht. Die Bearbeitung eines solchen Auftrages erforderte meistens lediglich eine begrenzte Zeit, danach wurden diese Vorgänge zeitnah eingestellt. Im Unterschied zur nachfolgenden Fallgruppe ließ hier meist das Interesse seitens der Staatssicherheit nach, während die IM nicht unbedingt signalisierten, dass sie die Verbindung auflösen wollten.

6. Die IM, die die Lust verlieren

Der Ablauf der Zusammenarbeit in dieser Fallgruppe gleicht in vielen Punkten den beiden unmittelbar zuvor beschriebenen Fallgruppen. Auch hier zeichnete sich vor allem die Anfangsphase der IM-Tätigkeit durch eine aktive Berichtsphase aus, während zum Ende hin das Interesse des IM an der Zusammenarbeit spürbar nachließ oder erlahmte. Kennzeichnend ist, dass es in der sehr aktiven Berichtsphase ein sehr hohes denunziatorisches Potenzial gibt, d. h., dass die IM sowohl eine starke Bereitschaft zum Denunzieren mitbrachten als auch in dichter Folge Berichte lieferten, anders als beispielsweise bei der Fallgruppe des »Bedenkenträgers« oder des »Überrumpelten«. Beim »IM, der die Lust verliert«, dauerte die aktive Zusammenarbeit deutlich länger. Zunächst verlief vieles ähnlich wie in der vorherigen Fallgruppe. Die Person, die angeworben werden sollte, ließ sich relativ schnell auf eine Zusammenarbeit ein und äußerte keine größeren Vorbehalte. Das lag nicht unbedingt daran, dass diese Person dem System besonders zugewandt gewesen sein musste, sondern dass sie einfach das Ansinnen des MfS nicht in Frage stellte. Die Anwerbung lief deswegen ohne Schwierigkeiten ab. Zunächst erwies sich die Berichtstätigkeit sogar als sehr produktiv. Das lag vor allem daran, ähnlich wie bei einigen anderen beschriebenen Fallgruppen, dass das MfS offenbar in der Lage war, während des Anwerbeprozesses und in der ersten Zusammenarbeitsphase eine enge Bindung zum IM herzustellen. Ähnlich wie

---

41 Aktenvermerk v. 1.3.1984; ebenda, Bd. 1, Bl. 139.
42 Abschlussbericht v. 30.9.1985; ebenda, Bl. 149.

in der vorherigen Fallgruppe orientierten sich die Inhalte der Berichte sehr stark an den Vorgaben, die durch das MfS gegeben wurden und beschränkten sich deswegen häufig auf die Aufgabenbereiche, für die der jeweilige IM angeworben worden war – sei es nun die Überwachung im Betrieb oder Kollegenkreis, in der Nachbarschaft oder im Bekanntenkreis.

Doch im Laufe der Zeit nahm das denunziatorische Potential der Berichte deutlich ab und auch die Zahl der Treffen verringerte sich und wurden häufiger vom IM abgesagt. Das wurde meist mit Veränderungen im Privatleben und damit begründet, dass die Zeit für Begegnungen mit dem Führungsoffizier fehlen würde. Nur selten äußerten IM dieser Fallgruppe ganz konkret, dass sie aus ideellen oder moralischen Gründen nicht mehr willens waren, weiter mit dem MfS zusammenzuarbeiten. Gleichwohl scheint es die IM belastet zu haben, immer wieder »liefern« zu müssen. Schien es zunächst noch beinahe eine »Selbstverständlichkeit« oder war seitens des IM sogar eine gewisse Neigung für diese Tätigkeit vorhanden, so stellte es sich dann langfristig doch als Belastung heraus, immer wieder Personen des privaten oder beruflichen Umfelds zu beurteilen. Teilweise entstand die Abneigung auch nur deswegen, weil es nicht immer auch etwas »Berichtenswertes« gab oder weil zu starke Eingriffe in das eigene Leben befürchtet wurden. An einigen Fällen ist zu erkennen, dass im Laufe der Zeit eine gewisse Enttäuschung eintrat, weil die IM nicht wie erhofft Vorteile aus dieser Kooperation ziehen konnten. Wie so oft stellte sich auch bei IM dieser Fallgruppe ein Wechsel des Führungsoffiziers als hinderlich dar, weil die IM-Tätigkeit plötzlich als problematisch reflektiert oder zum Nachfolger einfach kein so guter »Draht« aufgebaut wurde. Die Führungsoffiziere gelangten oftmals nach vielen zähen Gesprächen, Absagen von Treffen oder der Weigerung, weiter zu berichten, zu der Erkenntnis, dass eine weitere Zusammenarbeit nicht zielführend sei. Sehr häufig dauerte dieser Prozess aber Monate, oft sogar Jahre, in denen sie den IM in den Akten weiterführten, ohne substanzielle Ergebnisse zu erhalten. Dies sollte bei der Bewertung der »Laufzeit« von IM-Akten unbedingt berücksichtigt werden.

Ein Beispiel für diese Fallgruppe liefert der Vorgang einer Ärztin. Als das MfS das erste Mal an sie herantrat, war sie Mitte 30. Sie war beruflich etabliert und hatte einen Ehemann, der ebenfalls Arzt war. Sie arbeitete im Sportmedizinischen Dienst und betreute Sportlerinnen und Sportler, die für internationale Wettkämpfe vorgesehen waren. Aus diesem Grund stellte ihr Sportclub den Antrag, sie als Reisekader für das westliche Ausland zuzulassen. Durch diesen Antrag rückte sie in den Fokus des MfS. Man führte zunächst einige Kontaktgespräche mit ihr, die von dem zuständigen Stasi-Mitarbeiter außerordentlich positiv eingeschätzt wurden – nicht nur in der Hinsicht, dass sie privat und beruflich derart gefestigt sei, dass sie keine Fluchtabsichten hegte, sondern auch, dass sie ohne Vorbehalte bereit schien, über die Belange ihrer Arbeit – auch schon vor ihrer Verpflichtung als IM – an das MfS zu berichten. Sie betonte, für die ihr anvertrauten Sportlerinnen und Sportler eine wichtige Bezugsperson zu sein, über deren persönliche

Probleme Bescheid zu wissen und darauf beruhende Einschätzungen treffen zu können. Auch berufliche und private Konflikte ihrer Ärztekollegen schilderte sie ausgesprochen offen und gab sich insgesamt sehr gesprächsbereit. Zugleich lieferte sie Mutmaßungen über die Motive einer Kollegin, die kurz zuvor die DDR verlassen hatte. Bei dem Anwerbegespräch äußerte sie keine Bedenken gegen eine Zusammenarbeit und führte lediglich an, dass sie als Ärztin im Sportclub außerordentlich stark eingespannt sei und deswegen die Treffen zeitlich sehr schwer umzusetzen seien. Zugleich verwies sie darauf, dass sie eigentlich keine Geheimnisse vor ihrem Mann hätte. Diesbezüglich bot ihr der MfS-Mitarbeiter sogar an, sie dürfe ihrem Ehepartner davon berichten, dass sie sich regelmäßig mit der Staatssicherheit treffen würden, was sie aber ablehnte. Sowohl von einer schriftlichen Verpflichtungserklärung als auch von schriftlichen Berichten sah der Führungsoffizier ab, da er befürchtete, dies könne auf die Ärztin abschreckend wirken – vor allem wegen der zeitlichen Belastungen, die sich daraus ergeben würden.[43] Eine solche Praxis hinsichtlich der schriftlichen Verpflichtung vor allem bei Personen mit akademischer Ausbildung war im Übrigen keine Seltenheit.

Die Ärztin erklärte sich zu einer Zusammenarbeit bereit und wählte den Decknamen »Monika«. Keinerlei Vorbehalte äußerte sie im Hinblick auf ihren hippokratischen Eid und das Patientengeheimnis, das auch für die ihr anvertrauten Sportlerinnen und Sportler hätte gelten müssen.[44] Dies zeigte sich vor allem in ihren Berichten über intime Details, die sie über ihre Schützlinge preisgab (Liebesbeziehungen, enge Freundschaften, psychische Probleme und sogar Schwangerschaftsabbrüche).[45] Nach vier offiziellen Treffen zog sie um und trat einen neuen Arbeitsplatz an, weswegen sich auch für das MfS ein völlig neues Tätigkeitsfeld ergab. Die Ärztin berichtete weiterhin ausschließlich mündlich. Die Gespräche wurden nicht aufgezeichnet, sondern lediglich vom Führungsoffizier in einem Treffbericht zusammengefasst, der ihr nicht zur Unterschrift vorgelegt wurde. Der Hauptgrund dafür, dass von ihr ausschließlich mündliche Berichte eingeholt wurden, waren nach wie vor zeitökonomischer Natur. Sie hatte sich ja schon während der anfänglichen Kontakte darüber besorgt gezeigt, dass sie nicht genug Zeit für eine Zusammenarbeit mit dem MfS aufbringen könnte. Nach dem Umzug und der Übergabe an den neuen MfS-Mitarbeiter änderte sich zunächst daran nichts. Auch hier schrieb sie ihre Berichte nicht selbst, sondern gab ihre

---

43 Das spiegelt im Übrigen der Werbungsbericht gar nicht wider. Im zweiten Treffbericht hingegen hieß es: »Zunächst wurde nochmals auf das Werbungsgespräch Bezug genommen und ihr die Frage gestellt, ob sich hinsichtlich ihrer Erklärung zur Zusammenarbeit eventuell neue Überlegungen ergeben hätten. Dieses wurde von ihr verneint.« Treffbericht v. 15.5.1976; BArch, MfS, BV Schwerin, AIM 632/86, Teil II, Bl. 5–8.
44 Bericht über durchgeführte Werbung v. 10.6.1976; BArch, MfS, BV Schwerin, AIM 632/86, Teil I, Bl. 55 f.
45 Treffbericht v. 15.5.1976; BArch, MfS, BV Schwerin, AIM 632/86, Teil II, Bl. 5–8; Treffbericht v. 24.11.1976; ebenda, Bl. 9 f.

Informationen mündlich weiter. Der Führungsoffizier formulierte daraus sowohl einen Treffbericht als auch Kurzeinschätzungen zu den Personen, vor allem andere Ärzte, über die sie sich äußerte. So entstanden beispielsweise an einem Tag ein Treffbericht, drei Personeneinschätzungen und ein allgemeiner Bericht zur Lohnsituation im Gesundheitswesen. Die Personeneinschätzungen variieren von sehr positiven Beurteilungen (»Nach meinen persönlichen Erfahrungen möchte ich einschätzen, dass [Name] unter den Facharztkandidaten einer der besten ist.«[46]) bis hin zu sehr abfälligen Beurteilungen, allerdings nicht im politischen, sondern im fachlichen Sinne (»Einige Patienten bezeichnen ihn als ›Dr. Schnelltod‹. Immer mehr Patienten fahren lieber nach [Ort], um sich hier behandeln zu lassen.«).[47] Informationen jedweder Art über ihr anvertraute Patienten gab sie nach ihrer Tätigkeit als Sportärztin in der Regel nicht mehr ab[48], obgleich sie zur Illustration von Bewertungen der Arbeit ihrer Kollegen immer wieder auf Fälle zurückgriff, die sich auf eine konkrete medizinische Behandlung bezogen – und die somit auch ihre ärztliche Schweigepflicht betrafen. Vor allem beklagte sie bei einem Kollegen, der kurz zuvor aus der Haft entlassen wurde, mangelnde Sorgfalt und Einsatzbereitschaft. Sie informierte das MfS darüber, dass sich ein Arzt weigere, Hausbesuche durchzuführen, oder dass ein Kollege sich darüber beschwert habe, als Musterungsarzt eingesetzt zu werden.

Von 1976 bis 1980 gab es regelmäßige Treffen der Ärztin mit dem MfS, wenngleich die Intensität deutlich zurückging. Bis ins Jahr 1983 ließ sie sich dann nur noch sehr selten auf ein Treffen mit ihrem Führungsoffizier ein und ihre mündlichen Berichte beschränkten immer mehr auf die allgemeine Lage im Gesundheitswesen. Ab Ende des Jahres 1983 lag die Zusammenarbeit brach und offenbar lehnte die Ärztin auch weitere Versuche des Führungsoffiziers ab, sich mit ihr zu treffen. Bis dahin hatte sie für die Treffs in der zweiten Phase, nach ihrem Weggang vom Sportclub, auch nur ihre offizielle Sprechstunde zur Verfügung gestellt, in der der Führungsoffizier als fingierter Patient auf die Unterredung mit der Ärztin warten musste. Dennoch dauerte es noch zweieinhalb Jahre, bis das MfS den Fall zu den Akten legte. Eine solche Zeitspanne, obwohl die Bestimmungen des MfS dies eigentlich nicht vorsahen, war nicht selten. Häufig verliefen die Treffen zuvor schon sehr zäh, auch wenn sich dies wegen des Erfolgsdruckes, den die Führungsoffiziere hatten, nur unterschwellig aus den Treffberichten und Einschätzungen herauslesen lässt. Der Hauptgrund dafür, warum hier die

---

46 Bericht über Facharzt-Kandidat [Name] v. 12.4.1978; ebenda, Bl. 20–22.
47 Bericht v. 12.4.1976; ebenda, Bl. 23 f.
48 Eine gravierende Ausnahme gab es jedoch: Ein Patient war frisch aus der Haft entlassen worden und kam mit körperlichen Beschwerden zu ihr, die sie dem MfS schilderte. Zugleich berichtete sie über die Ängste und Nöte, die ihr die Mutter des Patienten beschrieben hatte. Nach diesem Patienten hatte das MfS nicht gefragt, sondern sie hatte dies von sich aus berichtet. Vgl. Bericht v. 16.1.1980; ebenda, Bl. 73.

inoffizielle Tätigkeit nicht weitergeführt wurde, war aber, dass die Ärztin daran kein Interesse mehr hatte und dies zum Ende hin auch immer wieder andeutete.

Im Ganzen gesehen weisen mindestens ein Drittel der mündlichen Berichte der Ärztin denunziatorischen Charakter auf. Sie hat vor allem in den ersten Jahren durchaus eine starke Bereitschaft gezeigt, dem MfS intime Details, aber auch kompromittierende Informationen über Dritte mitzuteilen. In den Fällen des Patienten und des Kollegen mit der Vorstrafe musste sie sich darüber im Klaren sein, dass ihre Informationen einer politischen Verfolgung dienen konnten.

In ihrem Fall kündigte sie die Zusammenarbeit nicht direkt auf, sondern argumentierte mit ihrer knapp bemessenen Zeit. Dennoch erkannten auch die Mitarbeiter des MfS, dass sie nicht mehr willens war, weiterhin zu berichten.[49] Dieser Verlauf der Zusammenarbeit mit dem MfS ist außerordentlich typisch für viele IM-Vorgänge. Weisen anfangs einzelne Berichte ein sehr hohes denunziatorisches Potential auf, nahm die Bereitschaft des IM, andere Personen zu belasten, im Laufe der Zeit oftmals spürbar ab.

Dies ist ebenso bei einer Frau zu beobachten, die in einem Hotel mit internationalem Publikum als Kellnerin angestellt war. Vor allem Westverbindungen des Personals waren hier für die Staatssicherheit von Interesse. Als man sie ansprach, reagierte sie mit einer großen Bereitschaft auf die Frage, ob sie dem MfS Informationen liefern wollte. Der MfS-Vertreter bekundete, wie so oft bei den Anwerbungsgesprächen, Angriffe westlicher Geheimdienste abzuwenden zu wollen. Nachdem sie sich den Decknamen »Vera Schneider« ausgewählt hatte, berichtete die Frau sogleich über eine Auszubildende, die Gästen, um sich selbst zu bereichern, eine zu hohe Rechnung gestellt habe.[50] Zunächst traf sie sich sehr regelmäßig mit ihrem Führungsoffizier und gab vor allem Einschätzungen zu Kollegen und Auszubildende ab. Einige Lehrlinge hätten nach ihrer Aussage zum Beispiel gern westliche Musik gehört und westliche Kleidung getragen.[51] Des Weiteren berichtete sie darüber, dass ein Kollege in einem Briefwechsel mit einem ehemaligen Gast aus der Bundesrepublik stehe. Eine Kollegin von ihr sei zudem abgemahnt worden, weil sie im Dienst getrunken habe.[52] Doch bereits nach einem halben Jahr nahm der denunziatorische Eifer der Frau spürbar ab. Sie betonte des Öfteren, über Gäste aus der Bundesrepublik wenig zu wissen, angesetzte Termine ließ sie immer wieder ausfallen. Zunehmend wandte sich die Frau vom MfS ab und berichtete nur noch von privaten Problemen, beispielsweise bei der Wohnungssuche. Obwohl man vermutete, dass sie durchaus über interessante

---

49 Abschlussbericht IMS-Vorgang »Monika« v. 30.5.1986; ebenda, Bd. 1, Bl. 157–159.
50 Bericht über die durchgeführte Kontaktaufnahme v. 23.3.1972; BArch, MfS, BV Frankfurt/Oder, AIM 115/75, Teil I, Bl. 34.
51 Bericht v. 8.5.1972; ebenda, Bd. 2, unpag. (MF).
52 Bericht v. 9.1.1974; ebenda.

Informationen verfügte, da sie bei ihrer Arbeit im Hotel viel erfahren konnte, sank ihre Bereitschaft, längerfristig als IM Berichte abzugeben.

Die IM dieser Fallgruppe verfügen über viele Informationen, die dazu geeignet gewesen wären, Dritte zu denunzieren. Davon machten die IM auch vor allem zu Beginn der Kooperation sehr bereitwilligen Gebrauch. Erst im Laufe der Zusammenarbeit nahm diese Bereitschaft deutlich ab, wobei die Gründe hierfür verschieden waren. Insbesondere die regelmäßige Verpflichtung, sich mit den Führungsoffizieren zu treffen, scheint sie auf Dauer gestört zu haben, teils, weil sie die Zeit dafür nicht aufbringen wollten, teilweise weil sie wohl des Zwanges überdrüssig wurden, »liefern« zu müssen. Dies führte dazu, dass die Zusammenarbeit im Rahmen der meist mehrere Jahre andauernden IM-Vorgänge sich zum Ende hin zäh gestaltete, während zu Beginn für das MfS meist sehr viele verwertbare Ergebnisse entstanden waren. Charakteristisch im Unterschied zur vorangegangen Fallgruppe ist, dass sich hier vor allem die IM mehr und mehr von ihrer Tätigkeit zurückzogen, während die Stasi-Mitarbeiter durchaus daran interessiert gewesen wären, weiter mit ihnen zusammenzuarbeiten.

7. Die »Oberflächlichen«

Gewöhnlich zeigt sich bei IM-Vorgängen mit einer langen aktiven Laufzeit und einer regelmäßigen Trefftätigkeit auch eine höhere denunziatorische Intensität. Die IM dieser Fallgruppe zeichneten sich dadurch aus, dass sie, im Gegensatz zu den vorangegangenen Fallgruppen durchaus bereit waren, mit der Staatssicherheit langfristig zu kooperieren und diese Bereitschaft im Laufe der Zeit nicht spürbar abnahm. Häufig wurden diese IM für die Sicherung von bestimmten Bereichen geworben; die Aufträge, die sie bekamen, betrafen häufig die allgemeine Stimmung und waren weniger auf konkrete Personen ausgerichtet. Dennoch trafen sie sich sehr oft mit ihrem Führungsoffizier, der auch keinen höheren denunziatorischen Anteil einforderte, sondern ihre Berichte als Überblick für die allgemeine Situation auswertete. Allerdings wurde die Oberflächlichkeit der Informationen sehr häufig von den Vorgesetzten der Führungsoffiziere kritisiert, da sich auf diese Weise nur unter großem Aufwand operativ verwertbare Informationen zusammentragen ließen. Aber obwohl ein Großteil dieser Berichte im Allgemeinen blieb und somit keine konkreten Personen belastete, lieferten die IM dieser Fallgruppe dennoch immer wieder auch Berichte mit denunziatorischem Inhalt, weil es sich so aus ihrer Berufs- oder Alltagswelt ergab. Deswegen waren diese IM auf lange Sicht gesehen trotzdem wertvoll für das MfS und wurden auch nicht, wie beispielsweise die der Fallgruppe der »Ahnungslosen«, aufgrund von »Perspektivlosigkeit« abgeschrieben. Die Staatssicherheit platzierte die IM in einem für sie relevanten Bereich und erhoffte sich, bei ungewöhnlichen Vorfällen informiert zu werden, bzw. jemanden zu haben, der die Situation einschätzen konnte. Das taten die IM dieser Gruppe bei konkreten Nachfragen auch. Die langfristige Zusammenarbeit jedoch zeichnete sich eher dadurch aus, dass sowohl die Aufträge als auch die Ergebnisse im Großen und Ganzen weniger auf einzelne Personen ausgerichtet waren. Dennoch lohnte sich für das MfS eine langfristige Kooperation mit diesen IM, da es hier zuverlässige Partner sah, die auch bereit waren, das Überwachungsbedürfnis der Staatssicherheit zuverlässig zu bedienen. Die IM dieser Fallgruppe lebten sehr angepasst in der DDR-Gesellschaft. Wenn sie nicht sogar Mitglied der SED waren, so fielen sie zumindest nicht durch abweichende Haltungen oder Meinungsäußerungen auf, waren meist Mitglied in den gängigen Massenorganisationen und übernahmen eine aktive Rolle im Kollektiv des Betriebes, in der Nachbarschaft, der Hausgemeinschaft oder Ähnlichem. Die Berichte dieser IM machen den Eindruck, dass es ihren Urhebern auch um eine Behebung von Missständen ging, etwa wenn sie die Versorgungslage problematisierten oder das Fehlverhalten von Personen anprangerten. Die IM dieser Gruppe lieferten regelmäßig umfangreiche Berichte ab, sei es nun schriftlich oder mündlich. Dadurch ergab sich eine außerordentlich dichte Berichtstätigkeit über verschiedene Bereiche ihres Alltagslebens. Private Probleme konnten ebenso Gegenstand der Ausführungen werden.

Nachfolgend soll ein Beispiel aus dieser Fallgruppe behandelt werden. Es geht um einen Mann, den die Staatssicherheit 1958 das erste Mal anwarb, als er noch Oberschüler war, und als GI »Martin« bis 1964 führte. Die Zusammenarbeit war bis 1961 aus Sicht des MfS sehr ergiebig, der Jugendliche äußerte ganz offen Vermutungen darüber, wer aus seinem Umfeld möglicherweise flüchten wolle und berichtete zudem von politisch abweichenden Äußerungen. 1961 wurde sein Zimmernachbar, mit dem er während seines Journalistik-Studiums in Leipzig zusammengewohnt hatte, wegen staatsgefährdender Hetze verurteilt. In diesem Zusammenhang wurde dem Informanten unterstellt, die Staatssicherheit nicht ausreichend informiert zu haben, obwohl er belastenden Berichte geliefert hatte. Noch vor dem Mauerbau flüchtete außerdem seine Freundin in den Westen; hier beschuldigte man ihn sogar, ihr geholfen zu haben, weil sie ihre Tasche vor der Flucht bei ihm abstellte. Aus diesem Grund beendete das MfS zunächst die Zusammenarbeit mit dem Studenten.[53] Im Jahr 1971 jedoch, als er bei einer Zeitung tätig war, trat die Staatssicherheit erneut an ihn heran und warb ihn wieder an. Hierfür musste er eine neue Verpflichtung schreiben und wählte den neuen Decknamen »Jürgen Berger«. 14 Jahre lang stand er danach in engem Austausch mit dem MfS und schrieb sehr regelmäßig Berichte. Ursprünglich sollte er die Kunst- und Literaturszene seiner Heimatstadt unter Beobachtung halten, seine Informationen weisen aber ein sehr viel breiteres Spektrum auf. Seine Berichte beziehen sich vor allem auf Themen allgemeiner Art, also Situations- und Stimmungsberichte, die keine bestimmte Person belasteten. So berichtete er beispielsweise fortwährend über

---

53 Einschätzung v. 21.10.1961; BArch, MfS, BV Schwerin, AIM 156/95, Teil I, Bl. 45.

Mängel, aber auch Erfreuliches, das ihm im Arbeitsleben begegnete: »Im neuen Gebäude besteht neben solchen Erscheinungen, daß der Bau zum Beispiel mit völlig verschmutzten Sanitäranlagen übergeben wurde, was zu Bemerkungen über ›die Bauarbeiter‹ Anlass gab, das Hauptproblem in den gegenüber dem [im vorherigen Gebäude] stark reduzierten Versorgungsleistungen.«[54] Oder im gleichen Bericht: »Die technische Umstellung lief besser als erwartet. Dabei sind die Fehlerquoten, die im Bereich der technischen Neuerungen ihre Ursache haben können, sehr gering. Infolge ausgezeichneter technischer Qualität des installierten Rechners sowie guter Qualifikation und Arbeitsqualität des Bedienungspersonals liegt die Fehlerquote durch Rechner bei 0,1 %, das ist weit unter DDR-Durchschnitt.«[55] Diese Formulierung könnte auch in einem Rechenschaftsbericht an die SED oder an staatliche Einrichtungen stehen. Informationen, die bestimmte Personen belasten könnten, enthalten diese Berichte nur am Rande. Trotzdem wies die Zusammenarbeit mit »Jürgen Berger«, der seine Berichte in relativ dichter Folge (fast einmal monatlich) produzierte, ein gewisses denunziatorisches Potenzial auf, da er auch über Personen berichtete. So schrieb er für seinen Führungsoffizier beispielsweise Personeneinschätzungen, die durchaus auch potenziell Belastendes enthielten, zum Beispiel Klatsch über intime Beziehungen oder Mutmaßungen über Westkontakte. Ebenso meldete er Beobachtungen im privaten Bereich, zum Beispiel als er als Mitglied im Kleingartenvorstand für die Erschließung einer neuen Anlage einen Bescheid erhielt, dass bestimmte Baustoffe zum Straßenbau nicht lieferbar seien. In diesem Zusammenhang meldete er aber auch, dass der Vorstand einer anderen Kleingartenanlage Bauarbeiter einer benachbarten Baustelle bestach, um an Baustoffe zu kommen.[56] Zugleich berichtete er über sich selbst, dass er eine neue Lebensgefährtin habe. Zudem meldete er vorsorglich, dass deren Vater von einer Tante ab und zu Westpakete erhalten würde. Das Hauptmotiv für diese Meldung scheint allerdings die eigene Absicherung gewesen zu sein. Auch wenn der überwiegende Teil der Berichte dieses IM aus Lageeinschätzungen und Stimmungsberichten bestand, so finden sich in seiner dichten Berichterstattung immer wieder Informationen mit denunziatorischem Gehalt. Außerdem sind seinen Berichten seine Kompetenzen als Journalist anzumerken. Es fiel ihm erkennbar leicht, regelmäßig Texte abzugeben und Erlebtes ausführlich zu beschreiben. Aus diesem Grund fühlte sich die Staatssicherheit von ihm sehr gut informiert und arbeitete viele Jahre mit ihm zusammen. Erst 1985 stellte sie seinen Vorgang ein, da er langfristig erkrankt war.[57]

Die IM dieser Fallgruppe produzierten trotz ihrer überwiegend allgemein gehaltenen Beobachtungen immer wieder auch denunziatorische Berichte. Sie

---

54 Bericht v. 7.4.1981; ebenda, Bd. 4, Bl. 45.
55 Ebenda.
56 Bericht v. 30.3.1982; BArch, MfS, BV Schwerin, AIM 156/95, Bd. 4, Bl. 69.
57 Abschlussbericht v. 10.1.1985; ebenda, Bd. 2, Bl. 156.

arbeiteten über viele Jahre mit der Stasi zusammen und waren bereit, über Personen auch Belastendes mitzuteilen. Auch wenn dies nur vereinzelt vorkam, ergab sich im Laufe langjähriger Zusammenarbeit in der Summe eine erhebliche Anzahl von Berichten, die andere Personen potenziell belasteten. Zweifel der Informanten an der Legitimität dieser Tätigkeit lassen sich in dieser Fallgruppe nicht feststellen. Trotzdem dominierten bei dieser Kooperation jene Informationen, die allgemeiner Art waren, etwa Lageeinschätzungen im Arbeits- oder Berufsleben oder die Thematisierung von Versorgungsproblemen.

8. Die »Auswählenden«

Langjährige IM waren aus Sicht des MfS dann besonders wertvoll, wenn sie guten Zugang zu »operativ bedeutsamen« Informationen hatten, die naturgemäß oftmals andere Personen belasteten, und auch bereit waren, dieses kompromittierende Wissen an ihre Führungsoffiziere weiterzugeben. Bestimmte IM konzentrierten sich bei ihrer denunziatorischen Tätigkeit auf einige Personen, während sie wiederum andere systematisch schützten und in ihren Berichten nicht erwähnten. Typischerweise belasteten die IM dieser Fallgruppe eher Bekannte oder Personen aus dem Kollegenkreis und ihrem weiteren Umfeld als beispielsweise Mitglieder der eigenen Familie. Bei der Betrachtung dieser Fallgruppe drängt sich schnell die Frage auf, ob denunzierende IMs nicht generell bereit waren, bestimmte Personen eher auszuliefern als andere. Dies wird, mit Ausnahme der Fallgruppe jener IM, die jeden und alles denunzieren, auch durchgängig anzunehmen sein. Im Unterschied zu den »Oberflächlichen« und den »Wahllosen« sind die Berichte und die gesamte Zusammenarbeit von einer hohen denunziatorischen Dichte hinsichtlich der Informationen geprägt. Denunziatorische Berichte über Dritte entstanden bei diesen IM nicht nur als »Beifang«, sondern aus dem Willen heraus, der Staatssicherheit viele verwertbare Informationen zu ausgewählten Personen, sehr häufig auf einen konkreten Auftrag hin, zu übermitteln. Diese IM konzentrierten sich dabei auf einen Teil ihres sozialen Umfeldes, während sie, wie schon angesprochen, andere Personen nicht erwähnten oder diese schützten – vornehmlich, aber nicht immer, aus dem privaten Bereich, wie der Familie. Auf diese Weise versorgen sie das MfS mit Informationen, sogar häufig äußerst brisanter oder kompromittierender Art, was sie für die Geheimpolizei sehr wertvoll machte. Auf den ersten Blick wirken jene IM mit einer langjährigen und dichten Berichtstätigkeit, als wären sie der noch zu beschreibenden Fallgruppe der IM, die jeden denunzieren, zuzurechnen. Doch meist ergibt die Analyse der Fälle, dass es sich eben doch um eine Auswahl handelte. Diese IM denunzierten nur bestimmte Personenkreise und klammerten andere aus.

Zu dieser Fallgruppe gehört ein gelernter Zimmermann, der 1962, als er zusätzlich zu seinem Beruf eine Funktion in einer FDJ-Kreisleitung ausübte, angeworben wurde. Im Laufe seines beruflichen Lebens arbeitete er zwischenzeitlich als Kaderinstrukteur in seinem Betrieb, danach einige Jahre im Rat des Bezirkes, später als Bauleiter und schlussendlich als SED-Parteisekretär in seinem Betrieb, womit das MfS aus normativen Gründen die inoffizielle Zusammenarbeit beendete. Von 1962 bis 1985 arbeitete er ohne Unterbrechung mit dem MfS zusammen und schrieb vor allem Berichte über seine Kollegen. Besonders wenn seine Arbeitskollegen Westreisen beantragten, waren seine Einschätzungen gefragt, die fast immer auch denunziatorische Elemente trugen und alle Hierachieebenen einschlossen, so wie im folgenden Beispiel: »Zuerst muß gesagt werden, daß man die Persönlichkeit von [Name] von zwei Seiten sehen muß. Von der einen Seite des ekelhaften Direktors, der weder fachliche Kenntnisse hat, oder von der Seite des kranken Menschen.«[58] Über einen anderen Kollegen schrieb er: »Fachlich sind seine Leistungen unter den Kollegen ebenfalls sehr umstritten. Sein gesamtes Auftreten würde ich als negativ bezeichnen. [Name] orientiert sich ausschließlich an westlichen Medien und bildet sich daraus seinen Standpunkt.«[59] Diese zwei Beispiele ließen sich durch vielfache ähnliche Berichte ergänzen. Teilweise entstanden bei einem Treffen mit dem Führungsoffizier gleich zwei oder drei dieser Einschätzungen, die dann bei Entscheidungen beispielsweise über die Genehmigung von Reisen in die Bundesrepublik herangezogen wurden. Selbst aus dem Urlaub berichtete dieser IM, der unter dem Namen »Wilhelm Böttcher« verpflichtet war, Dinge, die ihm auffällig erschienen. Lediglich seine Familie klammerte er in seinen Berichten völlig aus. Seine Schwiegereltern und alle Geschwister seiner Frau lebten in der Bundesrepublik und zwischen ihnen und der Ehefrau existierte ein sehr regelmäßiger Brief- und Telefonkontakt. Dennoch berichtete der Mann weder über Äußerungen seiner Frau noch seiner angeheirateten Familie. Auch wenn seine Auskunftswilligkeit vor dem eigenen Privatleben nicht Halt machte, wie sich an den Berichten aus dem Urlaub ablesen lässt, so finden sich keinerlei Äußerungen zu seiner Verwandtschaft. Dies erwartete die Staatssicherheit auch nicht von ihm. Sie gab keinerlei Aufträge, die Familie aus der Bundesrepublik auszuhorchen oder irgendwelche Aufforderungen, die politische Einstellung seiner Ehefrau – vor allem mit ihrem familiären Hintergrund – zu bewerten. Trotzdem zeigt dieses Beispiel, dass bei der Analyse der Berichtstätigkeit immer einbezogen werden sollte, welche Berichte sich nicht in den Akten finden und ob nur ein bestimmter Personenkreis oder potenziell tatsächlich jeder, den der IM kannte, zum Objekt der Überwachung wurde.

Die IM dieser Fallgruppe zeichnen sich dadurch aus, dass sie ganz bestimmte Bereiche des Lebens schonungslos durchleuchteten. Sie waren bereit, über einen langen Zeitraum mit dem MfS zusammenzuarbeiten. Meist waren die Gründe

---

58 Bericht v. 29.3.1983; BArch, MfS, BV Schwerin, AIM 637/85, Teil II, Bl. 78.
59 Bericht v. 29.3.1983; ebenda, Bl. 84.

für das Ende der Kooperation objektiver Art, wie eine Krankheit des IM, die Veränderung der beruflichen Position oder familiäre Belastungen.

9. Die »Wahllosen«

In dieser Fallgruppe finden sich ebenfalls IM, die sehr viele Jahre lang mit dem MfS »erfolgreich« zusammengearbeitet haben. Auch sie produzierten viele Berichte und waren ausgesprochen eifrig, der Staatssicherheit viel Material zu liefern. Allerdings fehlten, anders als bei Fallgruppe der »Oberflächlichen« und den »Auswählenden« die Kompetenz, unwichtige von wichtigen und richtige von falschen Informationen zu unterscheiden. Die Berichtstätigkeit dieser IM war eine eher wahllose Informationsflut, die der Stasi nur begrenzt nutzte. Doch weil die Bereitschaft zur Denunziation bei diesen IM sehr ausgeprägt war, ergaben sich immer wieder auch handfeste belastende Vorwürfe gegenüber Dritten. Die IM dieser Fallgruppe verfügten häufig über einen niedrigen Bildungsgrad und vermochten Informationen oft nicht richtig einzuschätzen, sodass sie diese für die Staatssicherheit nicht angemessen aufarbeiten konnten. Aber diese IM nahmen ihre Zusammenarbeit sehr ernst und identifizierten sich mit ihr. Da sie durchaus verlässliche Partner darstellten, blieb die Kooperation über einen längeren Zeitraum bestehen. Die Führungsoffiziere versuchten, ihre Aufträge zu konkretisieren, um die Berichterstattung zielgerichteter zu machen, was auch zur Weitergabe belastender Informationen führte.

Der erste Informant, der sich als Beispiel heranziehen lässt, war IM der »ersten Stunde« und wurde schon am 27.3.1950 für die Zusammenarbeit mit der Staatssicherheit geworben. Die Staatssicherheit rühmte sich 1953 damit, dass aufgrund seiner Berichte mehrere Personen verhaftet werden konnten. Bis 1958 lieferte er in regelmäßiger Folge an die Staatssicherheit unter dem Decknamen »Platt« Informationen, danach wurde er als Deckadresse gemeinsam mit seiner Frau umregistriert. Er führte im Auftrag des MfS Beobachtungen durch, vor allem in Zügen, die nach Berlin fuhren, um mögliche »Republikflüchtlinge« aufzuspüren. Zugleich bewertete er politische Aussagen und Einstellungen von Personen in seinem Heimatort und war bereit, Einschätzungen über Nachbarn und Bekannte zu verfassen. Dennoch waren viele Informationen, die er weiterreichte, banal; sie galten zum Beispiel eher unpolitischen Ereignissen in der Kneipe[60] oder auf der Straße. Alles, was ihm in irgendeiner Form mitteilenswert erschien, gab er in seinen Berichten wieder, die häufig ausufernd waren und oft nicht auf den Punkt kamen. Vor allem seine mangelnde Ausdrucksfähigkeit stand ihm im Weg. Aber wohl aufgrund der anfänglichen Erfolge ließ die Staatssicherheit

---

60 Zum Beispiel Bericht v. 1.5.1964; BArch, MfS, BV Frankfurt, AIM 645/68, Teil II, unpag. 8 (MF).

auch erst sehr spät von ihm als Informanten ab und begnügte sich anschließend damit, seinen Wohnsitz als Deckadresse zu benutzen. Unter dem Strich hatte das MfS mit ihm in seinem Wohnort einen sehr zuverlässigen Partner, auch wenn die Informationen »gesiebt« werden mussten, um banale von »operativ bedeutsamen« Informationen zu trennen.

Etwas anders gelagert erscheint ein anderes Beispiel dieser Fallgruppe. Es steht für IM, die damit zu kämpfen hatten, relevante Informationen zu bekommen und sie entsprechend zu verarbeiten. Im Unterschied zu den in der Fallgruppe der »Ahnungslosen« subsumierten IM setzte das MfS trotzdem viele Jahre auf sie. Im Beispielfall geht es um einen Kfz-Schlosser, den die Staatssicherheit Jahr 1978 zur Zusammenarbeit verpflichtete. Ursprünglich plante sie, ihn nach seinem Wehrdienst dauerhaft beim Wachregiment und damit als hauptamtlichen Mitarbeiter einzustellen. Doch aufgrund einer Dienstverfehlung seines leiblichen Vaters (der ebenfalls beim Wachregiment war) und der Republikflucht seines Stiefvaters nahm man davon Abstand. Stattdessen setzte die Staatssicherheit ihn zunächst zur Überwachung anderer Wehrpflichtiger ein. Nachdem er den Wehrdienst beendet hatte, fungierte er als sogenannter »Ermittler-IM«. Aus diesem Grund erhielt er einen Ausweis der Jugendfürsorge, den er als »Legende« für seine Überprüfungen benutzen sollte. Im Rahmen dieser Aufgabe versuchte er acht Jahre lang, Ermittlungen, vor allem im Wohnumfeld von Personen, anzustellen, zu denen er vom MfS beauftragt worden war. Er hatte zu diesen Personen jedoch keinerlei Bezug und war offenbar auch nicht in der Lage, zu den jeweiligen Nachbarn Vertrauen aufzubauen, sodass sie ihm belastende Informationen gegeben hätten. Stattdessen sind fast alle seine Ermittlungsberichte ähnlich aufgebaut und verraten nichts Persönliches über die betreffenden Personen. Selbst bei jenen, die die Staatssicherheit in anderen Vorgängen wegen politischer Delikte überwachte, vermochte er zum Teil wenig zu ermitteln, weswegen häufig Sätze auftauchen wie »Kirchliche Bindungen sind nicht bekannt« und »Seine Einstellung zu den bewaffneten Organen ist nicht bekannt.«[61] Alle Berichte verfahren nach dem gleichen Muster und offensichtlich befragte er die Nachbarn schematisch und wenig geschickt. Dabei erregte er wohl Misstrauen und viele seiner Berichte blieben unkonkret und inhaltsleer. Manchmal schrieb er sogar Sätze wie: »Sie gewährte mir leider keinen Einblick ins Hausbuch. [...] Die AKP [Auskunftsperson] gab mir nicht gerade bereitwillig Auskunft.«[62] Trotz allem hielt das MfS bis ins Jahr 1989 an ihm fest. Es sah in diesem IM wohl einen willigen Gehilfen, der ihm mit seinen Besuchen vor Ort trotzdem nützliche Informationen für Personeneinschätzungen lieferte. Die Staatssicherheit ging offenbar davon aus, dass starke Auffälligkeiten bei den zu ermittelnden Personen durch die Nachbarn weitergegeben worden wären. Immerhin schaffte es der IM, »harte Fakten« wie die Grunddaten und

---

61 Ermittlungsbericht v. 12.11.1985; BArch, MfS, BV Berlin, AIM 1888/91, Teil II, Bl. 28 f.
62 Ermittlungsbericht v. 1.8.1986; ebenda, Bl. 102.

Arbeitsstellen der Personen festzustellen und konnte erste Hinweise für die weitere Überwachung geben. Wenn er auf entsprechend auskunftsfreudige Nachbarn traf, so zögerte er nicht, auch negative Informationen weiterzugeben. Obwohl die Stasi Mühe gehabt haben dürfte, wirklich belastendes Material aus den Personenermittlungen herauszuarbeiten, da es sich um eine regelrechte Flut belangloser Informationen handelte, betraute man ihn weiterhin mit solchen Aufträgen. Dies lag möglicherweise vor allem daran, dass das MfS diese Defizite in Kauf nehmen musste, weil es Schwierigkeiten hatte, ausreichende geeignete Ermittler-IM zu finden, die die Vielzahl an benötigten Personeneinschätzungen liefern konnten.

10. *IM, die jeden denunzieren*

Der letzten Fallgruppe sollen all diejenigen IM zugeordnet werden, die ohne jede Rücksicht auf persönliche Beziehungen und ohne bestimmte Personen auszulassen, über einen langen Zeitraum konstant denunziatorische Informationen an das MfS lieferten. Sehr schnell drängt sich während der Analyse der IM-Akten der Gedanke auf, dass es solche IM möglicherweise gar nicht gab, sondern sie nach ihrer Charakteristik doch anderen Fallgruppen zugeordnet werden müssen – und sei es eben deswegen, weil sie gute Freunde oder enge Familienmitglieder nicht in ihre Berichte einschlossen. Deswegen bleibt diese Fallgruppe in gewisser Weise ein Konstrukt, das auf wirklich zutreffende Beispiele wartet. Aber da die Bandbreite der Klassifizierungen von IM nach der denunziatorischen Intensität ihrer Tätigkeit das Spektrum von denjenigen, die nie denunziert, bis hin zu denjenigen, die sehr offensiv und viel berichten, abbilden soll, darf die Gruppe derjenigen, die bereit waren, vollkommen skrupellos jeden zu denunzieren, nicht fehlen. Sie könnten für die Analyse als extremer Kontrastpunkt gelten.

Vielfach existiert eine Vorstellung von Inoffiziellen Mitarbeitern, die eine Zuordnung zu dieser Fallgruppe nahelegen würde. Aber auch nach der umfassenden Auswertung aller Berichte, aller Treffberichte und sämtlicher Materialien, die die Stasi über den IM gesammelt hat, sollte immer die Frage gestellt werden, ob sich in diesen Dokumenten die gesamte Realität widerspiegelt. Erst wenn alles darauf hindeutet, dass ein IM wirklich jeden schonungslos denunziert hat, sollte er dieser Gruppe zugerechnet werden.

Eine wichtige Voraussetzung für den IM dieser Fallgruppe wäre vermutlich auch ein hoher Professionalisierungsgrad, sodass die Grenzen zu einem hauptamtlichen Mitarbeiter stark aufgeweicht wären. Ein stark ausgeprägtes persönliches Bedürfnis, andere Personen im eigenen Umfeld zu denunzieren, musste somit auf eine quasi-berufliche Spitzel-Haltung treffen, um eine entsprechende denunziatorische Intensität zu erreichen. Am ehesten ließe sich dies bei der Kategorie der »hauptamtlichen Inoffiziellen Mitarbeitern« vermuten oder bei solchen IM, die das gesamte Leben der MfS-Verpflichtung unterordneten.

In einem Kapitel seines Buches »Die verdrängte Revolution« schildert Ilko-Sascha Kowalczuk die Geschichte des Invalidenrentners Harry Schlesing, der maßgeblich an der Überwachung des »Komitees 17. Juni« mitgewirkt hatte, aber auch sonst eine große Zahl an Berichten zu unterschiedlichsten Gruppierungen verfasste.[63] Nach dem Zweiten Weltkrieg hatte bereits die Kriminaldienststelle Weißenfeld gegen ihn ermittelt, weil er in Verdacht stand, der Gestapo und der Kriminalpolizei als Denunziant zugearbeitet und einen ausländischen Zwangsarbeiter geschlagen zu haben.[64] Ein Zeuge, der bei Gericht arbeitete, sagte 1947 aus, Schlesing habe dort ca. 2 000 Anzeigen vorgebracht. Zwar sind diese Vorwürfe nicht bewiesen worden, doch selbst wenn es deutlich weniger Anzeigen gewesen wären, so lässt sich hier ein auffälliges Verhalten erkennen, das er in der DDR nahtlos fortsetzte. 1945 war Schlesing der Kommunistischen Partei Deutschlands (KPD) beigetreten, bereits 1949/50 zeigte er einen Mann, dem er Spionage vorwarf, bei der K 5, dem Vorläufer des MfS, an. Darauf folgte 1950 die Anwerbung mit dem Decknamen »Rampa«. Unter sechs weiteren Decknamen, unter anderem »Roger-8« und »Löwe« war er bis 1971 für die Staatssicherheit tätig und berichtete gleichsam über alles, was ihm in die Quere kam. Ob er nun getarnt als Antikommunist an der Unterwanderung des Komitees des 17. Juni beteiligt war, ob er Nachbarn, Zeugen Jehovas oder fremde Personen, deren Gespräche er mitgehört hatte, denunzierte, nichts schien vor ihm sicher.[65] Zugleich war das Verhältnis zu seiner Frau zerrüttet, die Staatssicherheit unternahm nichts, als bekannt wurde, dass er sie geschlagen hatte. Aus den Quellen zu Harry Schlesing und zu dessen umtriebigem Wirken in diversen widerständigen Organisationen, die er sowohl überwachte als auch zersetzte, trat eine ganz besondere Qualität des Denunziantentums zutage, das bei ihm durchaus die Züge eines vollwertigen Berufs annahm. Als Invalidenrentner verwandte er seine ganze Zeit und Kraft auf seine Aufträge und die Staatssicherheit beglich seine Unkosten. Die allermeisten Informanten führten ein »normales« Leben, gingen einer Beschäftigung nach und waren zusätzlich inoffiziell für die Stasi tätig. Bei Schlesing, so wirkt es, drehte sich das ganze Leben ausschließlich um das Infiltrieren und Aushorchen von Personen und Personengruppen. Deswegen erscheint es auch nur folgerichtig, dass er erst als hauptamtlicher Geheimer Informator und später als einer der ersten Offiziere im besonderen Einsatz eingestuft wurde, womit er seine Spitzeltätigkeit endgültig als Beruf ausübte.[66]

Dies soll nicht heißen, dass die hauptamtlichen Inoffiziellen Mitarbeiter grundsätzlich auch zugleich der zehnten Fallgruppe zuzurechnen sind. Aber gleich-

---

63 Bernd Eisenfeld, Ilko-Sascha Kowalczuk, Erhard Neubert: Die verdrängte Revolution. Der Platz des 17. Juni 1953 in der deutschen Geschichte. Bremen 2004, S. 513–561.
64 Ebenda, S. 514.
65 Ebenda, S. 517.
66 Ebenda, S. 557.

wohl war es von Nöten, Denunziation und Spitzeldienst als Lebensaufgabe zu begreifen, damit die betreffenden IM ungeachtet aller sozialen Bindungen und Verbindlichkeiten ihre Aufträge erfüllen sowie belastende Informationen sammeln und weitergeben konnten. Außerdem musste eine solche Person in der Lage sein, bedeutsames Material zu besorgen, durfte also nicht sozial isoliert sein oder musste sich sogar, wie im Fall von Schlesing, so verstellen können, dass andere Personen zu ihm Vertrauen fassten. Diese spezielle Konstellation scheint doch außerordentlich selten gewesen zu sein.

Die zehn vorgestellten Fallgruppen zeigen verschiedene Grade des Denunziationsgehalts von IM-Berichterstattung. Je nach Bereitschaft zum Denunzieren, nach den Informationen, die die Zuträger besaßen, sowie nach den persönlichen Voraussetzungen, die die angeworbenen Personen mitbrachten, ergeben sich in der Analyse verschiedene Ausprägungen der Tätigkeit IM – von jenen, die gar nicht denunzierten, bis hin zu jenen, die »skrupellos« und mit hoher Intensität und Effektivität denunzierten. Diese aus verschiedenen Fallgruppen gewonnene Perspektive soll ein Vorschlag dafür sein, wie eine qualitative IM-Forschung jenseits der normativen Kategorien des MfS vorgehen kann. Einen Anspruch auf Vollständigkeit erhebt diese Darstellung der Fallgruppen jedoch nicht. Es ist nicht auszuschließen, dass es Mischformen gibt oder dass sich einzelne IM gar nicht einordnen lassen. Dieser Ansatz soll ein Plädoyer für das genaue Hinsehen sein. Über die Frage, ob und wie IM denunziert haben, kann ein neuer Blickwinkel entstehen. Langfristig wäre es wünschenswert, dass andere Historikerinnen und Historiker die vorgestellten Fallgruppen anhand der von ihnen verwendeten Quellen prüfen und ergänzen. Nur so ließe sich die hier vorgenommene Einteilung bezüglich des denunziatorischen Potenzials überprüfen.

6. Denunziation in verschiedenen sozialen Kontexten

Wenn man Denunziation in verschiedenen sozialen Kontexten untersucht, betrachtet man das Denunzieren als soziale Handlung, welche voraussetzt, dass die Person, die denunzierte und die Person, die denunziert wurde, miteinander in einem sozialen Verhältnis standen. Das bedeutet nicht zwingend, dass sie einander persönlich kennen mussten, befreundet waren oder der gleichen Familie angehörten, sondern dass innerhalb der Gesellschaft Beziehungen bestanden, aus denen heraus eine Denunziation stattfinden konnte. Diese Bindung – oder auch fehlende Bindung bei Fremden – wirkte sich auf mögliche Denunziationsabsichten aus, konnte sie verhindern oder begünstigte sie. Das soziale Gefüge, in dem abweichendes Verhalten wahrgenommen wurde, bestimmte maßgeblich, ob überhaupt denunziert wurde, wie die denunzierende Person die eigene Handlung bewertete und in welches Verhältnis sie sich zu den bestehenden Normen einordnete. Es ist unter anderem zu prüfen, ob eine enge soziale Bindung Denunziationen begünstigte und wie sich diese wiederum auf die DDR-Gesellschaft auswirkte.

Wie in jeder anderen Gesellschaft prägten sozialen Beziehungen die DDR. Kleinste Einheit war die Familie, hier herrschte eine besonders enge Bindung. (Ehe-)Partner, Eltern, Kinder, Großeltern, Enkelkinder, aber auch Onkel und Tanten gehören zum näheren und weiteren Umfeld der Familie. Zugleich ergab sich durch die Kollektive in den Betrieben eine – vom Staat auch gewünschte – enge Bindung an den Kollegenkreis. Zusätzlich entstand etwa durch eine Mitgliedschaft in der SED und die dazugehörigen Versammlungen sowie beispielsweise das übliche Duzen in der SED-Parteigruppe, das auch als Abgrenzung zu den nicht in Partei organisierten Kollegen dienen konnte, eine weitere enge Bindung. Die Organisation in den unterschiedlichen Massenorganisationen auf Betriebs- oder Wohngebietsebene sorgte für einen regelmäßigen Kontakt auch außerhalb der Arbeitszeit. Die Freizeit war außerdem von FDJ- und Kulturbundveranstaltungen und beispielsweise durch den mittels FDGB organisierten Urlaub geprägt.

Nicht alle Menschen in der DDR ließen sich auf die straffen Freizeitangebote ein, die durch den Staat engmaschig organisiert wurden. Trotzdem hatte das Kollektiv in der DDR einen hohen Stellenwert und der Rückzug ins Private war eine selbstgetroffene Entscheidung. Die DDR lässt sich aber nicht als homogene Gesellschaft beschreiben, denn neben den von Staat und Partei gewünschten Organisationen gab es individuelle Formen der Lebensgestaltung, die Freiräume schufen und im privaten Bereich ein selbstbestimmtes Zusammenleben ermöglichten. Nun lässt sich über Begrifflichkeiten wie dem der »Nischengesellschaft«

streiten. Dieser meint jedoch nicht, dass ein Rückzug ins Private ausschließlich in der DDR stattfand, sondern durchaus auch in westlichen Ländern. So formulierte es Günter Gaus in seiner erstmals 1983 erschienen Schrift »Wo Deutschland liegt«. Sein Begriff wurde aber in den Folgejahren immer wieder missinterpretiert und nur auf die DDR und als Reaktion auf die dortigen politischen Verhältnisse verstanden.[1]

Die Soziologie hat sich nach dem Transformationsprozess im Osten Deutschlands 1989/90 ausführlich mit den Familienstrukturen in der DDR beschäftigt. Die Rückzugsthese von Jutta Gysi vermutet dabei eine stärke Emotionalisierung in den Familienbeziehungen, um dem politisierten Alltag in der DDR zu entfliehen.[2] Dem widerspricht Norbert Schneider, indem er der Familie in der DDR eine Kontaminierung durch den politischen Einfluss zuschreibt und sie als »Versorgungs- und Erledigungsgemeinschaft« charakterisiert.[3] Gitta Scheller konstatiert, dass sowohl die eine als auch die andere These übertrieben seien und nicht als Beschreibungsmoment für die Familienrealität in der DDR dienen könnten.[4] Dennoch glaubt sie zu erkennen, dass die Institution der Familie in Ostdeutschland einer höheren »Versachlichung« als in der Bundesrepublik unterlag. Als Begründung dafür führt sie zum Beispiel das engmaschige Netz der Kinderbetreuung an. Es bleibt allerdings die Frage offen, ob dies auch wirklich zu einer weniger starken Familienbindung als in Westdeutschland führte. Sicherlich nahmen sehr viele Frauen in der DDR früh nach der Entbindung ihre Erwerbstätigkeit wieder auf, was auch nicht selten aufgrund des staatlichen oder sozialen Drucks geschah. Ob dies allerdings wirklich zu einer Versachlichung der Familienbeziehungen führte, darf bezweifelt werden. Als weiteres Argument für die Störung der Familienidentität führt Scheller die häufig beengte Wohnsituation in der DDR an, in der sich junge Familien teilweise mit den Eltern eine Wohnung teilen mussten, inklusive der gemeinsamen Nutzung von Sanitäranlagen durch mehrere Wohneinheiten oder die Hellhörigkeit im Plattenbau.[5] Dies könnte aber auch zum Zusammenrücken und zur Stärkung der Großfamilie geführt haben.

Es gilt zu bedenken, dass zwar durch die politische Steuerung versucht wurde, frühzeitig Erziehungsaufgaben auf den Staat zu verlagern, aber nicht pauschal davon ausgegangen werden kann, dass hierdurch eine Schwächung der Familienbindung entstand – vor allem im Vergleich zur Bundesrepublik. Diese mangelnde

---

1 Günter Gaus: Wo Deutschland liegt. Eine Ortsbestimmung. Hamburg 1983, S. 155 ff.
2 Jutta Gysi: Die Zukunft von Familie und Ehe. Familienpolitik und Familienforschung in der DDR. In: Günter Burkart (Hg.): Sozialisation und Sozialismus. Lebensbedingungen in der DDR im Umbruch. Weinheim 1990, S. 33–41.
3 Norbert Schneider: Familie und private Lebensführung in West- und Ostdeutschland. Stuttgart 1994, S. 292.
4 Gitta Scheller: Partner- und Eltern-Kind-Beziehung in der DDR und nach der Wende. In: ApuZ 19 (2004), S. 33–38, hier 33.
5 Ebenda.

Vergleichsbasis zu Westdeutschland kritisiert auch Eva Schäffler.[6] Auch erscheint die Annahme, eine frühe Erwerbstätigkeit der Mutter und damit der Krippenbesuch ab dem ersten Lebensjahr hätten zu einer Schwächung des Familienzusammenhalts beigetragen, reichlich unzeitgemäß und überzogen. Gleichwohl heirateten Paare in der DDR vergleichsweise früh[7], auch um eigenen Wohnraum und einen Ehekredit zu erhalten und bekamen durchschnittlich zwischen dem 22. und dem 24. Lebensjahr ihr erstes Kind.[8] Die Unterschiede im Bindungsverhalten und der Wohnsituation waren in den 1950er- und 1960er-Jahren zwischen der DDR und der Bundesrepublik aber gar nicht so stark. Auch in der Bundesrepublik war der Wohnraum knapp, was dazu führen konnte, schnell zu heiraten. Zugleich lassen sich familiäre Verhältnisse nicht pauschalisieren; in Ost- und Westdeutschland wird es Familien gegeben haben, die auf einer gefestigten Ehe beruhten und in Verbindung auch mit der Großelterngeneration gelebt haben, genauso wie dies eben nicht der Fall sein konnte. Der deutlichste Unterschied zur Bundesrepublik zeigte sich in der flächendeckenden Erwerbstätigkeit der Frau in der DDR, die staatlich erwünscht war und durch die umfassende Sicherstellung der Kinderbetreuung ermöglicht werden sollte. Dabei sollte aber nicht übersehen werden, dass in der DDR wie auch in der Bundesrepublik die berufliche Entwicklung der Frauen der Kindererziehung untergeordnet war.[9] Selten wird außerdem thematisiert, dass sowohl in Ost- als auch in Westdeutschland Kindererziehung größtenteils Frauensache war und dies bereits frühzeitig in Rollenbildern festgelegt wurde.[10] Die Paarbeziehung und die Eltern-Kind-Beziehung nahmen in der Rangfolge der persönlichen Kontakte den wichtigsten Platz ein, da dürfte sich die DDR nur wenig von anderen europäischen Ländern unterschieden haben.[11]

6 Eva Schäffler: Paarbeziehungen in Ostdeutschland. Auf dem Weg vom Real- zum Postsozialismus. Wiesbaden 2017, S. 27.
7 Männer heirateten im Schnitt das erste Mal zwischen dem 24. und dem 26. Lebensjahr, Frauen zwischen dem 21. und dem 24. Lebensjahr. Im Vergleich schlossen Männer in der alten Bundesrepublik im Schnitt zwischen dem 25. und dem 28. Lebensjahr und Frauen zwischen dem 23. und dem 26. Lebensjahr das erste Mal die Ehe. Bundesministerium für Familie, Senioren, Frauen und Jugend (Hg.): Die Familie im Spiegel der amtlichen Statistik. Berlin 2003, S. 63.
8 Ebenda, S. 77. Hier auch im Vergleich: In der alten Bundesrepublik lag der Altersdurchschnitt bei Frauen für das erste Kind zwischen 24 und 28 Jahren. Vgl. ebenda.
9 Hierzu u. a. Ulrike Nagel: Kontinuität und Erneuerung. Ländliche Familien im Transformationsprozess Ostdeutschlands. In: Bios 10 (1997) 1, S. 44–60; vgl. Schäffler: Paarbeziehungen, S. 54–62 und Anja Schröter: Ostdeutsche Ehen vor Gericht. Scheidungspraxis im Umbruch 1980–2000. Berlin 2018, S. 48.
10 Barbara Hille: Zum Stellenwert von Ehe und Familie für Jugendliche in beiden deutschen Staaten. In: dies., Walter Jaide (Hg.): DDR-Jugend. Politisches Bewusstsein und Lebensalltag. Opladen 1990, S. 17–36.
11 Martin Diewald: »Kollektiv«, »Vitamin B« oder »Nische«? Persönliche Netzwerke in der DDR. In: Johannes Huinink, Karl Ulrich Mayer u. a. (Hg.): Kollektiv und Eigensinn. Lebensverläufe in der DDR und danach. Berlin 1995, S. 223–260, hier 238.

Eine wichtige Funktion der gesellschaftlichen Bindung übernahm in der DDR das Arbeitskollektiv. Ein Großteil des Lebens, soweit der Staat dies steuern konnte, sollte sich im Kollektiv abspielen. So gab es eine enge Bindung zum Kollegenkreis, bedingt durch gemeinsame Feste, teilweise gemeinsame Urlaube in den entsprechenden Ferienanlagen und gesellschaftliche Aktivitäten zum Beispiel kultureller Art, die betrieblich organisiert waren. Die Arbeit war in der DDR noch stärker als in den westlichen Gesellschaften Teil der Identität. Schon während der Bildungsphase spielte die »Herkunft« eine wichtige Rolle, immerhin prägte bereits der Beruf der Eltern die eigene Verortung in der Gesellschaft und konnte darüber entscheiden, ob man besonders gefördert wurde (als Arbeiter- und Bauernkind) oder Hindernisse im Bildungsverlauf zu bewältigen hatte, beispielsweise, wenn die Eltern Ärzte, freie Handwerker oder Pastoren waren.

Die Grenze zwischen dem Freundes- und dem Kollegenkreis lässt sich somit nicht scharf ziehen, was aber auch in westlichen Gesellschaften der Fall ist. In der DDR war allerdings der Zusammenhalt, die enge Bindung, aber auch die Kontrolle durch das Kollektiv ausdrücklich vorgesehen und erwünscht. Die stringente gesellschaftliche Organisation nach Arbeits- und Betriebszugehörigkeit übernahm die DDR in den 1950er-Jahren aus der Sowjetunion.[12] Auch die gesellschaftliche Kontrolle sollte hauptsächlich im Kollektiv stattfinden, die SED-Parteigruppen waren in den Betriebsstrukturen organisiert, ebenso die Massenorganisationen und der FDGB. Hier ergab sich durch regelmäßige Versammlungen und »erzieherische« Einflussnahmen ein hohes Denunziationspotential, da Abweichungen recht schnell bekannt wurden und gemaßregelt werden konnten. Auch andere Konflikte konnten in diesem Rahmen ausgetragen werden, beispielsweise in Fällen von übermäßigem Alkoholkonsum oder Eheproblemen.[13]

Zumindest in der Theorie hatte auch die Hausgemeinschaft[14] eine wichtige Rolle in der DDR-Gesellschaft. Der private Bereich hatte zwar nach staatlicher Maxime einer ständigen Einflussnahme, Kontrolle und Aufsicht zu unterliegen.

---

12 Ebenda, S. 239.
13 Zum Arbeitsleben in der DDR bisher ausführlich Christoph Kleßmann: Arbeiter im »Arbeiterstaat« DDR. Deutsche Traditionen, sowjetisches Modell, westdeutsches Magnetfeld (1945–1971). Bonn 2017; Thomas Reichel: »Sozialistisch arbeiten, lernen und leben«. Die Brigadebewegung in der DDR (1959–1989). Köln u. a. 2001; Annegret Schüle: »Die Spinne«. Erfahrungsgeschichte weiblicher Industriearbeit im VEB Leipziger Baumwollspinnerei. Leipzig 2001; Juliane Schütterle: Kumpel, Kader und Genossen. Arbeiten und Leben im Uranbergbau der DDR. Paderborn 2010.
14 Zu den Hausgemeinschaften äußern sich bisher nicht viele Autoren; auf wissenschaftlichem Niveau eigentlich niemand. Einen groben Überblick, neben lediglich knappen Lexikonbeiträgen, bieten Simone Tippach-Schneider: »Blumen für die Hausgemeinschaft«. Kollektivformen in der DDR – ein Überblick. In: Dokumentationszentrum Alltagskultur der DDR (Hg.): Fortschritt, Norm und Eigensinn. Erkundungen im Alltag der DDR. Berlin 1999, S. 243–255 und Katrin Passens: Der Zugriff des SED-Herrschaftsapparates auf die Wohnviertel. [Berlin] 2003.

Es sollte einen Hausvertrauensmann[15] geben, meist in Personalunion mit dem Hausbuchführer, der gehalten war, der Polizei bei Bedarf Auskunft zu geben, wer im Haus gemeldet war oder ob es (West-)Besuch gab. In der Realität wurde dies allerdings nicht immer so umgesetzt. Viele Hausgemeinschaften trafen sich zum gemeinsamen Subbotnik, also zum gemeinschaftlichen ehrenamtlichen Arbeitseinsatz, und hielten gewöhnlichen nachbarschaftlichen Kontakt, andere wiederum machten gemeinsame Ausflüge, feierten gemeinsam und wiederum andere mussten sich der ständigen Kontrolle ihrer Hausvertrauensleute unterwerfen. Dies variierte von Hausgemeinschaft zu Hausgemeinschaft; in frisch bezogenen Plattenbauten lag der Organisationsgrad weitaus höher, als in den »wild gewachsenen« Nachbarschaften der Altbauviertel. Die Nachbarschaft bildet einen Ort, der in der DDR von sozialer Kontrolle geprägt sein konnte – gerade weil angesichts der Einflussnahme im Betrieb der private Bereich nicht selten zur Entfaltung eigener Freiräume genutzt wurde. Außerdem waren gewisse Formen des abweichenden Verhaltens (Westbesuch, private Treffen mit politischem Hintergrund usw.), wenn überhaupt, nur im nachbarschaftlichen Bereich realisierbar.

Zusätzlich zu den engeren Strukturen eines Lebensumfeldes lassen sich für die Untersuchung andere Lebensbereiche analysieren, in denen Menschen aufgrund devianten Verhaltens auffielen und beim Staats- bzw. Parteiapparat gemeldet werden konnten. Dazu zählen Umgebungen, in denen man beispielsweise lose miteinander bekannt sein konnte, also mit Besuchern oder Angestellten von Gaststätten, mit Kunden oder Mitarbeitern von Dienstleistungs- bzw. Handwerksbetrieben wie dem Konsum, der Fleischerei, dem Friseur und ähnliche Bereiche, in denen Menschen in ihrem privaten Alltag aufeinandertrafen. Hinzu kommen die Begegnungen, in denen Menschen in gar keiner persönlichen Beziehung zueinander standen, sich also beispielsweise in öffentlichen Verkehrsmitteln oder sonst zufällig im öffentlichen Raum trafen.

6.1 Denunziation in der Familie

Im folgenden Fall wird deutlich, wie sich eine Denunziation auf das soziale Gefüge einer Familie auswirken kann. In diesem eigentlich besonders geschützten Bereich[16] kann der familiäre Zusammenhalt und die damit verbundene Loyalität der Familienmitglieder untereinander in Gegensatz zu politischen Interessen geraten und in eine Denunziation münden. An einem Dienstag um 10 Uhr im Jahr 1964 ging ein Mann, der als Konstrukteur arbeitete und außerdem Mitglied der SED war, zur Kreisdienststelle der Staatssicherheit in Oschatz. Dort berichtete er,

---

15 Dieses Amt übten Frauen ebenso aus, sie wurden aber auch als Hausvertrauensmann bezeichnet. Vgl. Birgit Wolf: Sprache in der DDR. Ein Wörterbuch. Berlin 2000, S. 92.
16 Familiengesetzbuch der DDR v. 20.12.1965. § 1.

dass seine Schwester auf dem Turn- und Sportfest in Leipzig ein Ehepaar aus der Bundesrepublik kennengelernt habe und mit diesem nun in brieflicher Verbindung stehe. Sie würden aus Westdeutschland Pakete an seine Schwester und ihre Familie schicken, hauptsächlich Kleidung. In einem Brief hätten sie sich außerdem nach der Stimmung der Bevölkerung in Leipzig erkundigt. Zuletzt habe er erfahren, dass das westdeutsche Ehepaar zu Besuch bei seiner Schwester, deren Mann und Tochter gewesen sei und vor allem der Tochter größere Mengen Kleidung mitgebracht habe. Offenbar hatte der Mann, der seine Schwester anzeigte, gar nicht selbst mit seiner Schwester über den Kontakt geredet, jedenfalls nicht vor der Denunziation. Er war dennoch über den Inhalt einiger Briefe informiert. Es scheint so, als habe er seiner Schwester von weiteren Kontakten abgeraten, denn er sagte aus, dass seine Schwester »angeblich« den Kontakt eingestellt habe – so als habe sie dies ihm gegenüber behauptet. Von den in Wirklichkeit weiterlaufenden Beziehungen habe ihm seine Schwester auch nicht persönlich erzählt, sondern er habe es von seiner Mutter erfahren. Sein Onkel wisse ebenfalls von diesem Kontakt und dem Besuch seiner Schwester. Der Anzeigesteller hatte sich vor seinem Gang zum MfS mit seiner Mutter, seinem Onkel sowie dessen Ehefrau darüber verständigt, dass er der Staatssicherheit über die Verbindung seiner Schwester berichten werde. Gleichzeitig gab er aber zu Protokoll, dass er nicht möchte, dass seine Schwester davon in Kenntnis gesetzt werde, dass er die Stasi informiert habe, um sich nicht mit ihr zu »verfeinden«.[17]

Die familiäre Konstellation und auch die Beteiligung an der Denunziation waren somit komplex, vor allem, weil ein Teil der Familie – die Mutter und der Onkel sowie dessen Ehefrau – über die geplante Anzeige Bescheid wussten und dies billigten. Es ist außerdem davon auszugehen, dass auch die Frau des Anzeigenden über sein Vorhaben informiert war. In der Familie herrschte offenbar Konsens darüber, dass man durch die Meldung an die Staatssicherheit die Schwester vor einem Fehler bewahren würde. Interessanterweise scheint das Vertrauen, dass die Schwester ihrem Bruder entgegenbrachte, nicht besonders ausgeprägt gewesen zu sein. Berichtete sie ihm zunächst noch von der Bekanntschaft und dem Briefkontakt mit dem westdeutschen Ehepaar, so erzählte sie ihm später nur noch, sie habe den Kontakt beendet – und das, obwohl sie sich weiterhin schrieben und das Ehepaar sogar bei ihnen zu Besuch gewesen war. Darüber wusste zunächst nur die Mutter Bescheid, die es dem Bruder weitersagte. Bruder und Schwester nahmen eine ambivalente Haltung zur Familie ein. Zum einen waren sie sich ihrer Familienbande bewusst, die der Weitergabe solcher Informationen an staatliche Behörden eigentlich entgegenstanden. Zum anderen stand der Bruder dem Fehlverhalten, das seine Schwester seiner Ansicht nach beging, nicht nur ablehnend gegenüber, er war auch überzeugt, dass der Kontakt abgebrochen werden müsse und er »als Genosse« dies zu melden habe. Dass seine Schwester ihn

---

17 Bericht v. 2.9.1964; BArch, MfS, BV Leipzig, AP 79/65, Bl. 4 f., hier 5.

bezüglich des Kontakts angelogen hatte, dürfte der Bruder als Vertrauensbruch empfunden haben, zumal die Mutter durchaus informiert war. Das könnte ein Grund gewesen sein, dass sich der Bruder in Absprache mit dem Rest der Familie an das MfS wandte.

Der Bruder war zum einen bemüht, seine eigene politische Loyalität gegenüber dem Staat und seiner Partei zu demonstrieren, hatte zugleich aber seine Mutter und den Onkel davon in Kenntnis gesetzt und so versucht, sich im Familienkontext abzusichern. Lediglich die Betroffenen selbst – seine Schwester und ihren Ehemann – informierte er nicht und bat auch die Stasi, dies nicht zu tun. Zugleich versuchte der Bruder, seine Schwester gegenüber den Offizieren des MfS zu schützen. Er sagte, dass er verhindern wolle, dass »seine Schwester bzw. auch sein Schwager bewusst oder unbewusst zu Handlangern des Gegners werden.«[18] Somit versuchte er die Hauptverantwortung dem befreundeten Paar aus dem Westen zuzuschieben. Seine Schwester hätte zwar den Kontakt bestehen lassen, sei aber nur der Beeinflussung des Gegners unterlegen. Es handelte sich freilich um eine Rechtfertigungsstrategie, die zwar die Schwester in Schutz nahm, ihr aber zugleich unterstellte, sie sei gar nicht in der Lage zu erkennen, dass sie mit ihrer Freundschaft den »Gegner« unterstützen würde. Gegenüber der Staatssicherheit inszenierte sich der Bruder als fürsorgliches Familienoberhaupt. Er übernahm mit seinem Gang zum MfS scheinbar die Verantwortung für seine Familie und erfüllte gleichzeitig die Pflicht, die er als »wachsames« Parteimitglied zu haben glaubte.

Die Staatssicherheit überprüfte nun nicht nur die Schwester und ihren Ehemann, sondern auch den Anzeigesteller selbst, befragte aber zur Schwester auch Personen aus dem Umfeld, u. a. die Hausbuchführerin, die die Stasi als »zuverlässig«, aber »weiß wenig« einstufte. Sie gab dennoch an, dass das Paar und seine Kinder eher zurückhaltend auftraten, aber die Tochter häufig Westkleidung trug. Als Hausbuchführerin war sie aber auch über den Westbesuch informiert. Die Gäste hatten sich mit Adresse und Geburtsdatum ins Hausbuch eingetragen. Ebenso hatte die Frau darüber Kenntnis, dass häufig Pakete von dem befreundeten Paar aus der Bundesrepublik ankamen.[19] Zwei Briefe wurden in den folgenden drei Monaten durch die Abteilung M (Postkontrolle) der Staatssicherheit geöffnet und kopiert. Nachdem sich in dieser Zeit keine belastenden Momente hinsichtlich einer politischen Einflussnahme oder unerlaubter Informationsweitergabe fanden, suchte die Staatssicherheit eine Aussprache mit dem Onkel und der Tante der Verdächtigten, die zuvor in die Anzeigepläne eingeweiht worden waren. Beide schätzten die westdeutsche Familie als »harmlos« ein, sagten aber zugleich, dass ihnen die vielen Pakete »nicht ganz rein erscheinen«. Trotzdem teilte ihnen der zuständige MfS-Offizier mit, dass »die Angelegenheit harmlos [sei] und für

---

18 Ebenda.
19 Auskunftsbericht v. 12.10.1964; BArch, MfS, BV Leipzig, AP 79/65, Bl. 21 f.

uns als erledigt betrachtet wird.«[20] Noch am gleichen Tag wurde der Vorgang geschlossen.[21]

Grundsätzlich stellt die Denunziation innerhalb der Familie einen großen Vertrauensbruch dar. Für sogenannte »Staatsverbrechen« existierte eine Anzeigepflicht.[22] Dennoch waren auch DDR-Strafrechtler skeptisch, inwieweit man die Nichtanzeige von Verbrechen wirklich immer unter Strafe stellen konnte und ob die Gesellschaft der DDR dies auch als Norm beispielsweise für die Anzeige von Familienangehörigen akzeptieren würde. In seiner Promotionsschrift an der Akademie für Staats- und Rechtswissenschaft in Potsdam von 1957 zweifelte Gerhard Stiller die Praktikabilität rigoroser Strafverfolgung an, wenn Bürger eine ihnen bekannte Straftat von Familienangehörigen nicht zur Anzeige brächten. Als Beispiel beschrieb er einen Mann aus dem Bezirk Potsdam, der die Agententätigkeit seiner Tochter angezeigt hätte, und danach selbst von »fortschrittlichen Bürgern« seiner Gemeinde verachtet und gemieden wurde.[23] Stiller schrieb dazu: »Bevor aber staatlicher Zwang in Form von Strafe angewandt wird, müssen die Bürger in ihrer Mehrheit von der Richtigkeit dieser Maßnahme überzeugt sein.« Deswegen führte er aus: »Das Fehlen einer Ausnahme für Angehörige im geltenden Recht über die Nichtanzeige von Verbrechen wirkt sich m. E. zum Nachteil für unsere sozialistische Entwicklung aus.«[24] Ähnlich äußerten sich in einem Aufsatz in der Neuen Justiz aus dem Jahr 1956 Irmgard Eisermann (später Jendretzky) und Heinrich Löwenthal über die Anzeigepflicht.[25] Dort heißt es u. a.:

> Besondere Erwägungen müssen darüber angestellt werden, ob nicht die nächsten Angehörigen – Ehegatten, Eltern und Kinder, Geschwister – von der Anzeigepflicht auszunehmen sind. Gewiss werden manche Angehörige die Anzeige erstatten, weil sie den Täter vor einer noch schwereren Strafe schützen und die Begehung eines Verbrechens verhindern wollen. Aber diejenigen, die das beabsichtigen, werden es auch tun, wenn sie nicht durch eine Strafbestimmung dazu angehalten werden. Es muss nach den Erfahrungen in der Praxis bezweifelt werden, daß nahe Angehörige durch die Furcht, sonst selbst bestraft zu werden, zur Anzeige veranlaßt werden.[26]

---

20 Bericht v. 5.1.1965; ebenda, Bl. 50.
21 Schlussbericht v. 5.1.1965; ebenda, Bl. 51.
22 Vgl. Strafprozessordnung der DDR §§ 26 u. 27.
23 Stiller: Problem der Nichtanzeige, S. 114.
24 Ebenda.
25 Eisermann, Löwenthal: Neufassung der Staatsverbrechen. Irmgard Jendretzky, Witwe von Hans Jendretzky, wurde 1997 wegen ihrer Mitwirkung an den Waldheimer Prozessen verurteilt. Zum Prozess ausführlich: Klaus Marxen, Gerhard Werle (Hg.): Strafjustiz und DDR-Unrecht. Dokumentation. Bd. 5, 2. Berlin 2007, S. 791–884. Heinrich Löwenthal war u. a. am Urteil gegen Karl Wilhelm Fricke beteiligt. Vgl. Karl Wilhelm Fricke: Akten-Einsicht. Rekonstruktion einer politischen Verfolgung. Berlin 1997, S. 114.
26 Eisermann, Löwenthal: Neufassung der Staatsverbrechen, S. 554.

Das Strafgesetzbuch von 1968 sah im Gegensatz zum vorangegangenen Strafrechtsergänzungsgesetz mit dem § 226 die Möglichkeit vor, nahe Angehörige nach der Unterlassung einer Anzeige von der Strafverfolgung auszunehmen, ebenso wie Personen, die glaubhaft versucht hatten, die Straftat zu verhindern.[27] Zuvor war diese Einschränkung, wie schon beschrieben, Gegenstand langjähriger Debatten gewesen. Da § 226 StGB aber als Kann-Bestimmung formuliert war, gab es weiterhin Verurteilungen naher Angehöriger (der Ehefrau oder des Ehemanns oder der Eltern) nach § 225, weil sie keine Anzeige erstattet hatten bzw. Anwerbungen unter Druck als IM und Aussageerzwingungen wegen des angeblichen Unterlassens einer Anzeige bei einer Straftat eines engen Verwandten.[28] Selbst wenn einige dieser Verhaftungen zu keiner Anklage bzw. Verurteilung führten, so hatte doch die Angst vor der direkten oder indirekten Bestrafung eine nicht zu vernachlässigende Auswirkung auf das Verhalten der Gesellschaft. Die Strafrechtsnormen und deren tatsächliche Anwendung dürfte nur einer der Aspekte gewesen sein, über die nicht alle Bürger der DDR ausreichend informiert waren. Auch die Strafrechtspraxis war dem Normalbürger nicht im Einzelnen bekannt und die politische Strafverfolgung vermittelte ohnehin einen willkürlichen Eindruck.

Dieser Sachverhalt zeigt sich u. a. in Zeitzeugenberichten, beispielsweise des Journalisten Uwe Gerig. Im Jahr 1983 verließ er mit seiner Frau die DDR und war sich sicher, dass seine Tochter wegen Unterlassung einer Anzeige eingesperrt werden würde, wenn herauskäme, dass sie von den Plänen gewusst hatte. Deshalb bereitete er akribisch nicht nur seine eigene Flucht vor, sondern auch ein fiktives Schreiben an seine Tochter, in dem er sich entschuldigte, sie nicht eingeweiht zu haben.[29] Solche Annahmen dürften die Regel und nicht die Ausnahme gewesen sein. Aber auch jenseits der strafrechtlichen Verfolgung gab es die zum Teil berechtigte Sorge darüber, Nachteile im Bildungsweg und im Berufsleben in Kauf nehmen zu müssen, wenn sich eine Mitwisserschaft politischer Delikte in der Familie ergab. Zu den diffusen Ängsten zählten die Furcht, der Staat könne Eltern die Kinder wegnehmen, Karrierechancen verbauen, Aufstiegschancen verhindern oder Herabstufungen im Beruf veranlassen. Hinzu kam die Angst, die Kinder oder Geschwister könnten nicht zum Studium zugelassen werden oder schon zugesagten Einreisen von Verwandten oder Besuchsreisen zu Verwandten

---

27 Strafgesetzbuch der DDR 1968. Eine Stichprobe aus dem Jahr 1980 zeigt nur wenige Verurteilungen aufgrund der reinen Unterlassung einer Anzeige nach § 225 StGB. In den meisten Fällen, die deswegen verhandelt wurden, wurde auf eine Unterstützung des Vergehens abgezielt. Vgl. Einschätzung zur Unterlassung der Anzeige (§ 225 StGB) sowie zu Unterstützungs- und Beihilfehandlungen im Zusammenhang mit Straftaten gemäß §§ 213 und 105 StGB v. 9.5.1980; BArch, MfS, HA IX 9227, Bl. 5–12.
28 Vgl. z. B. BArch, MfS, BV Suhl, Tb 501 und BArch, MfS, HA IX/11, AK 2/81.
29 Uwe Gerig: Die Stasi nannte mich »Reporter«: Journalist in Ost + West. Eine merkwürdige Karriere im geteilten Deutschland. Norderstedt 2009, S. 224 ff.; ders.: Stiller Sieg nach neunzig Tagen. Protokoll einer Selbstbefreiung im geteilten Deutschland. Aachen 2013, S. 19 ff.

könnte die Genehmigung entzogen werden. Und teilweise war diese Angst vor Bestrafungen und Diskriminierungen auch berechtigt.

Die Rolle von Expartnern und -partnerinnen bei Denunziationen ist wohl anders zu beurteilen. Zum einen ist fraglich, ob sich diese überhaupt nach der Trennung noch zur Familie rechnen lassen. Manchmal hatten sie aber gemeinsame Kinder oder wohnten aufgrund der desolaten Wohnungslage noch zusammen.

Bei den spontanen Denunziationen im Familienbereich lässt sich eine gewisse Ambivalenz im Verhalten der zuständigen Staatssicherheitsoffiziere beobachten. Das wird schon dadurch deutlich, dass das familiäre Verhältnis zwischen Denunziant und Denunziertem auch explizit festgehalten wurde. Das sollte offenbar nicht nur die weitergegebenen Informationen beglaubigen, sondern auch Hinweise auf Motive für die Denunziation nahelegen. So steht beispielsweise auf einer Karteikarte der Eingaben, Besuche und Anrufe beim MfS in Leipzig »geschiedene Frau des A. beschimpft ihn politisch«.[30] Eine andere Karteikarte vermerkte, dass 1984 ein Mann zur Stasi in Leipzig kam, um seine Frau anzuzeigen, mit der er in Trennung lebte. Sie sollte mit einem Mann aus der Bundesrepublik zusammengekommen sein und der Ehemann vermutete nun, dass sie einen Ausreiseantrag stellen würde. Er wurde vom MfS weggeschickt, mit der Aufforderung, erst »bei wirklichen Verdachtsgründen« wiederzukommen. Er kam noch zweimal wieder, wurde aber erneut abgewiesen.[31] Hier wird offensichtlich, dass sich die MfS-Offiziere in die Ehestreitigkeiten nicht einmischen wollten, obwohl das Interesse, eine Ausreiseantragsstellung oder Kontakte zu Bundesbürgern zu verhindern, hätte überwiegen können. Da es sich hierbei nicht um Einzelfälle handelte, lässt sich daraus schließen, dass das Informationsbedürfnis der Stasi bei privaten familiären Konflikten zurückzutreten schien. Es wird zudem deutlich, dass die Reaktion des MfS stark von einzelnen Mitarbeitern abhing, genauso wie davon, wie sehr es die Personen, die denunzierten, schafften, die persönliche Konfliktsituation hinter der (vermeintlichen) Gefährdungslage zu verbergen. Ganz klar lässt sich erkennen, dass das MfS nicht selten vermeiden wollte, in familiäre Auseinandersetzungen involviert zu werden. In besonderer Weise betraf dies verheiratete und unverheiratete Paare. Einerseits animierte die Staatssicherheit zuweilen Inoffizielle Mitarbeiter mit den Zielpersonen ihres operativen Interesses intime Beziehungen einzugehen und zeigte dabei wenig Skrupel. Andererseits reagierten die Offiziere der Staatssicherheit skeptisch, wenn sich Partner, Partnerinnen, ehemalige Lebensgefährten oder Exfreundinnen aus eigenem Antrieb in denunziatorischer Absicht beim MfS meldeten.

Es war keineswegs eine Ausnahme, dass die Staatssicherheit keine oder nur sehr oberflächliche Ermittlungen vornahm, wenn die Mitarbeiter das Gefühl hatten, eine Beziehungsstreitigkeit sei Auslöser einer Denunziation. Dies zeigen

---

30 BArch, MfS, BV Leipzig, Kartei BdL 193.
31 Ebenda.

die oben erwähnten Beispiele von in Trennung lebenden Ehepartnern aus Leipzig sehr deutlich. Offensichtlich neigte die Staatssicherheit zuweilen regelrecht dazu, denunziatorische Hinweise weniger ernst zu nehmen, wenn im Hintergrund Familienstreitigkeiten vermutet wurden. So verhielt es sich zum Beispiel mit einem Anruf am 28.12.1981 bei der BV Berlin. In diesem Gespräch bezichtigte ein Mann, dessen Stimme sich anhörte, als sei er zwischen 50 und 60 Jahre alt, einen Westberliner Bürger: Er »missbraucht wohl die Transitwege. Der ist irgend so ein Mitglied von so einer Bande.«[32] Das Gespräch war zwar technisch gestört, beide Teilnehmer konnten sich nur schlecht verstehen, dennoch lässt sich die Verfassung des Anrufers daran sehr gut ablesen. Er behauptet zunächst, er habe ein »Gespräch mitbelauscht« und rufe deswegen bei dem Ministerium für Staatssicherheit an, aber viele Anhaltspunkte des kurzen Telefonats sprechen dagegen, u. a. dass er von dem Beschuldigten den Vor- und Nachnamen und den Wohnort kannte. Deswegen war sich das MfS auch sicher, dass es sich bei dem Anrufer zumindest um einen Bekannten handeln musste. Doch letztendlich wog der Verdacht nicht so schwer, dass über die Überprüfung des Mannes, dem der Anruf galt, hinaus weitere Schritte unternommen worden wären. Man stellte fest, dass er tatsächlich aus Westberlin stammte und häufig in den Osten eingereist war. Bei diesen knappen Nachforschungen beließ es aber die BV Berlin, obwohl der Mann sogar als Ziel seiner Einreise eine Frau in der DDR angegeben hatte, mit der er eine Liebesbeziehung führte. Erst als diese Frau über ein Jahr später über Ungarn und mithilfe ihres Freundes in die Bundesrepublik flüchtete, kamen Zweifel auf, ob die Offiziere der Staatssicherheit die Angelegenheit ernst genug genommen hatten.

Jetzt nahm die Stasi das gesamte Umfeld der Frau und des Mannes aus Westberlin unter die Lupe. Es gelang trotzdem nicht, den Fluchtweg zweifelsfrei aufzuklären und die zuständigen MfS-Offiziere gerieten in Erklärungsnot. Wie konnte es sein, dass über ein Jahr zuvor ein Anruf eingegangen war, der den Mann so eindeutig belastet hatte und die Fluchtvorbereitungen bei näherem Hinsehen hätten unterbunden werden können? Die Stasi hatte dafür eine einfache Erklärung: Der Exfreund der geflüchteten Frau sei aller Wahrscheinlichkeit nach der Anrufer gewesen und er habe dies offensichtlich aus Eifersucht getan. Dies konnte als Begründung für die Ermittlungsversäumnisse herhalten und schien zunächst plausibel,[33] war aber bei genauer Betrachtung wohl nur eine interne Rechtfertigungsstrategie. Der Anrufer war wohl nicht der akademisch hochgebildete 36-jährige ehemalige Partner der Frau, der sich mit der Trennung gut arrangiert hatte. Beide waren seit Längerem kein Paar mehr und erst einige

---

32 BArch, MfS, BV Berlin, Tb 128. Das gesamte Transkript findet sich bei: Krätzner: Politische Denunziation in der DDR, S. 199.
33 Übersichtsbogen zur operativen Personenkontrolle v. 25.2.1983; BArch, MfS, BV Dresden, AOPK 3305/87, Bl. 4–11.

Zeit später hatte sie den Westberliner Mann kennengelernt. Ungewöhnlich ist außerdem, dass man den Exfreund während der Zeugenvernehmung nicht mit seinem angeblichen Telefonat konfrontierte.[34] Der Mann am Telefon scheint deutlich älter und hatte zudem große Schwierigkeiten, sich auszudrücken. Mit dem Verweis auf den Expartner entledigten sich die MfS-Mitarbeiter der Frage, wer nun wirklich der Anrufer war und wie man dies hätte herausfinden können und kehrten gleichzeitig das eigene Versäumnis unter den Teppich.

Eine Familie besteht aus verschiedenen Mitgliedern, die in unterschiedlich engen Beziehungen zueinander stehen. Zur Kernfamilie können Eltern, Kinder und Geschwister gerechnet werden, zur größeren Familienkreis gehören Großeltern, Enkel, Nichten, Neffen, Onkel und Tanten. Sobald Kinder erwachsen werden, heiraten und selbst Kinder bekommen, gründen sie neue Familien, die in einem neuen Verhältnis zur ursprünglichen Kernfamilie stehen, vor allem dann, wenn auch eine räumliche Trennung durch eigene Wohnungen eintritt. Das größte natürliche Vertrauensverhältnis bestand gewöhnlich zwischen den Mitgliedern einer (Kern-)Familie, die sich eine Wohnung teilten; hier fanden Denunziationen selten statt. So es doch geschah, dominierte die Konstellation, dass vor allem Eltern ihre (jugendlichen oder jungen erwachsenen) Kinder anzeigten.[35] Fälle, die andersherum gelagert waren, traten nur ausnahmsweise auf – es sind nur wenige Beispiele überliefert, in denen Kinder ihre Eltern denunzierten.

Im Juni 1983 betrat beispielsweise eine 24-jährige Frau die Gebäude der BV Leipzig auf, um zu melden, dass ihre Mutter und ihre Geschwister die DDR mithilfe der Internationalen Gesellschaft für Menschenrechte[36] verlassen wollten. Offenbar war dies eine Reaktion darauf, dass ihre Mutter sie zuvor beim Jugendamt angezeigt hatte, weil sie angeblich ihre Kinder vernachlässigen würde.[37]

Häufig gelten die angezeigten Verfehlungen »unerwünschten Kontakten« im weiteren Sinne. Dazu gehören vor allen Dingen, wie auch im oben beschriebenen Fall, brieflicher oder persönlicher Kontakt mit Bürgern aus westlichen Staaten. Zugleich äußerten die Denunzianten häufig die Befürchtung, die Angehörigen

---

34 Zeugenvernehmung v. 16.11.1982; BArch, MfS, AKK 14870/83, Bl. 101–105.

35 So ergibt es die vollständige Auswertung der Kartei der Besucher und Eingaben beim MfS der BV Leipzig. Vgl. BArch, MfS, BV Leipzig, Kartei BdL 193.

36 Die Internationale Gesellschaft für Menschenrechte gründete sich 1972 nach dem Vorbild von Amnesty International und machte auf Menschenrechtsverletzungen in der DDR aufmerksam, u. a. veröffentlichte sie Fälle politisch Verfolgter in ihrer Zeitschrift »Menschenrechte«. Zur Internationalen Gesellschaft für Menschenrechte vgl. Jürgen Wüst: Menschenrechtsarbeit im Zwielicht. Zwischen Staatssicherheit und Antifaschismus. Bonn 1999; Ilko-Sascha Kowalczuk: Die Internationale Gesellschaft für Menschenrechte (IGFM) und das Ministerium für Staatssicherheit. In: Ole Giec, Frank Willmann (Hg.): Mauerkrieger. Aktionen gegen die Mauer in West-Berlin 1989. Berlin 2014, S. 113–118.

37 BArch, MfS, BV Leipzig, Kartei BdL 193; Besucherbericht v. 28.6.1983; BArch, MfS, BV Leipzig, BdL 2007, Bl. 51 f.

könnten durch die westlichen Kontakte zur Republikflucht verleitet werden oder Ausreiseanträge stellen.

Bei den von den Denunzierenden selbst geäußerten Gründen für die Anzeige von Familienmitgliedern dominierte der vermeintliche Schutzaspekt. Dieser richtete sich nach zwei Seiten: auf den Schutz des Anzeigenden selbst und den Schutz der Person, die angezeigt wurde, wie beim Eingangsbeispiel des Bruders, der seine Schwester wegen der Westkontakte anzeigte. Er sorgte sich – in welcher Form auch immer – um das Wohl seiner Schwester und gleichzeitig um sein eigenes Wohl, da ihm im Zusammenhang mit den Handlungen seiner Schwester seitens der SED »mangelnde Wachsamkeit« vorgeworfen werden konnte.

Um den Schutz ihrer Tochter sorgte sich auch eine Mutter, die im Jahr 1987 beim Rat des Kreises in Güstrow – zunächst anonym, aber später zweimal unter Preisgabe ihres Namens – anrief, um mitzuteilen, dass ihre Tochter mithilfe eines gefälschten Passes über die ČSSR flüchten wolle.[38] Die Tochter hatte auf ihrer eigenen Hochzeit einen entfernten Verwandten aus der Bundesrepublik kennengelernt und erwartete ein Kind von ihm. Aus diesem Grund wollte sich der Mann mit ihr in Prag treffen und sie planten, danach gemeinsam in die Bundesrepublik zu fahren. Von diesem Vorhaben erfuhr zunächst die Oma, die es dann der Mutter erzählte. Die Frauen hatten nun zum einen Angst, die Tochter bzw. Enkeltochter könne auf den Mann »hereinfallen« und zum anderen befürchteten sie, der hochschwangeren Frau (zu diesem Zeitpunkt bereits im siebten Monat) könne bei dem Vorhaben etwas zustoßen. Außerdem wollten sie verhindern, dass sie ihre Familie verließ. Der Rat des Kreises meldete die Anrufe sofort an das MfS. Die 22-jährige Frau wurde von der Volkspolizei verhaftet, gestand alles und ließ dabei sich – vor allem aus Sorge um ihr ungeborenes Kind – auf die ihr wohl durch das MfS suggerierte Begründung ein, ausschließlich deswegen die Flucht geplant zu haben, weil der Mann aus der Bundesrepublik sie dazu gedrängt habe.[39] Die Frau hatte Glück, das Ermittlungsverfahren lief ohne Haft ab und wurde letztendlich eingestellt, obwohl sie bereits konkret die Flucht vorbereitet hatte. Insofern war das Ziel ihrer Mutter und Großmutter erreicht worden: Die Frau ließ von dem Mann aus der Bunderepublik ab und unternahm keine weiteren Versuche, die DDR zu verlassen. Doch dieser sehr glimpfliche Ausgang war keineswegs abzusehen. Die Mutter und Großmutter hätten damit rechnen müssen, dass die Tochter bzw. Enkelin zu einer Haftstrafe verurteilt würde. Das Risiko hatten sie aber in Kauf genommen, um sie zu »beschützen«.[40]

Zu den hier beschriebenen Denunziationen kam es in familiären Konfliktfällen, bei denen die gemeinsame Existenz und das Fortführen der bisherigen Beziehungen gefährdet waren oder einzelne Familienmitglieder sich in ihrer

---

38 Aktenvermerk v. 23.2.1987; BArch, MfS, BV Schwerin, AOP 764/87, Bl. 12.
39 Stellungnahme v. 10.3.1987; ebenda, Bl. 25 f.
40 Aktenvermerk v. 27.4.1987; BArch, MfS, BV Schwerin, AU 1049/87, Bd. 1, Bl. 137.

Rolle in der Familie gefährdet oder bezüglich anderer wichtiger Interessen wie etwa der beruflichen Position beeinträchtigt sahen. Wenn der Status quo oder das Idealbild der Familie, die in ihren Ansichten und Handlungen zusammenstehen sollte, in Gefahr schien, dann wurde die Denunziation manchmal als Mittel der Konfliktbewältigung herangezogen. Sie bedeutete zunächst vor allem, private Krisensituationen mit Hilfe von außen einzudämmen oder in den Griff zu bekommen – vor allem dann, wenn scheinbar kein anderer Lösungsweg vorhanden war. Es ist zu beobachten, wenn die Quellenlage überhaupt größere Rückschlüsse auf die Fälle zulässt, dass das Familienmitglied, das denunzierte, vorher manchmal auf andere Weise versucht hatte, den Konflikt in seinem Sinne zu lösen bzw. ein (vermeintliches) Vergehen zu verhindern.[41] Der Mann, dessen Schwester in regem Briefkontakt mit dem Ehepaar aus der Bundesrepublik gestanden hatte, versuchte sie dazu zu bewegen, diese Verbindung abzubrechen – ohne Erfolg. Mutter und Großmutter der jungen Frau aus dem Bezirk Schwerin hatten auf unterschiedliche Weise versucht, die Beziehung und eine mögliche Republikflucht der Schwangeren zu dem Mann aus dem Westen zu verhindern. Die Großmutter versuchte offenbar eher behutsam, die Frau dazu zu bringen, sich wieder mit ihrem Ehemann zu versöhnen und sich so für ein Leben in der DDR zu entscheiden. Die Mutter der Frau hatte dagegen schon aufgrund der ursprünglichen Eheschließung einen Konflikt herbeigeführt, der zu einem starken Zerwürfnis führte, sodass Mutter und Tochter den Kontakt abbrachen. Als die Mutter davon erfuhr, dass ihre Tochter mit dem Mann aus der Bundesrepublik ein Verhältnis hatte und flüchten wollte, sah sie nur noch die Option, staatliche Stellen einzuschalten. Zuvor hatte sie allerdings schon mit dem Mann aus der Bundesrepublik selbst gesprochen und auch ihn zu überreden versucht, die Beziehung zu ihrer Tochter zu beenden.[42] Es wird aus dem Vernehmungsprotokoll sehr deutlich, dass die Mutter für sich in Anspruch nahm zu wissen, was das Beste für ihre Tochter sei. Schon in jüngeren Jahren hätte sie, so ihre eigene Aussage, »ihr immer etwas auf die Finger klopfen [müssen], damit sie nicht vom rechten Weg abwich.«[43] Auch später hatte die Tochter »einen Umgang, mit dem ich als Mutter nicht einverstanden war.« Vom Schwiegersohn hielt sie ebenfalls wenig: »Ich war von Beginn an gegen diese Ehe, da [Name] ein Mensch ist, der in den Tag hineinlebt und nicht viel vom Arbeiten hält.«[44] Da der Mutter nunmehr nicht nur den Umgang ihrer Tochter missfiel, sondern sie deren Leben und überhaupt die Existenz der

---

41 Diese Beobachtung beruht auf den ausgewerteten Fällen der Stichprobe aus der operativen Hauptablage der Abteilung XII, der Kartei BArch, MfS, BV Leipzig, BdL 193, den recherchierten Anrufen und Briefen sowie der nachgelagerten Recherche zu den auf diese Weise ermittelten Fällen. Vgl. Kapitel 2.
42 Vernehmungsprotokoll v. 25.3.1987; BArch, MfS, BV Schwerin, AU 1049/87, Bd. 1, Bl. 93–102.
43 Ebenda, Bl. 94.
44 Ebenda.

Familie gefährdet sah, entschied sie sich zum Anruf beim Rat des Kreises, um ihre Tochter an der Flucht zu hindern.

Auffällig ist bei diesen Denunziationsfällen innerhalb einer Familie, dass die denunzierende Person für sich beanspruchte, zum Wohle der gesamten Familie zu handeln, was das Wohl der Person, die denunziert wurde, gewissermaßen einschloss. Gleichzeitig glaubten sie auch im Namen der ganzen Familie zu handeln. Es ist bemerkenswert, dass die Konflikte manchmal innerhalb der Familie besprochen wurden und auch Absprachen darüber stattfanden, ein Delikt anzuzeigen. So wussten im Falle des postalischen Westkontaktes die Mutter und auch andere Verwandte davon, dass der Bruder die Schwester anzeigen würde. Im Falle der jungen schwangeren Frau hatte sich ihre Mutter vorher mit der Großmutter eingehend ausgetauscht, selbst wenn sich nicht zweifelsfrei belegen lässt, dass sie auch in ihre Pläne, den Rat des Kreises zu kontaktieren, eingeweiht war. Die Mutter suggerierte in ihrer Zeugenvernehmung zumindest, dass die vorbereitete Republikflucht ihrer Tochter in der gesamten Familie thematisiert wurde. Sie sprach von der »Straftat« der Tochter, »von der ich mich auch als [sic!] die ganze Familie sich distanzieren.«[45]

Zum Wohle der ganzen Familie gehandelt zu haben diente hier vor allem als Rechtfertigung für einen schweren Vertrauensbruch im privaten Bereich. Den Anzeigeerstattern war dennoch bewusst, dass ihre Denunziation zumindest von der Person, die denunziert wurde, nicht gutgeheißen würde. Deswegen bat, wie beschrieben, im Fall des Briefkontaktes der Bruder das MfS darum, seiner Schwester nichts von der Anzeige zu erzählen. Die Mutter der jungen Frau leugnete dagegen geradewegs, dass sie beim Rat des Kreises angerufen hatte, obwohl sie in der Zeugenvernehmung später bekundete, dass sie das Vorhaben ihrer Tochter auf das Schärfste verurteilte. Als eine Frau 1983 in der Berliner BV anrief, um zu melden, dass ihr Sohn an einer Demonstration am Alexanderplatz teilnehmen wolle, sprach sie extrem leise. Als der Offizier vom Dienst zu ihr sagte, dass sie schlecht zu verstehen sei, antwortete sie ihm: »Ich kann nicht so laut sprechen, weil mein Sohn zuhört. [...]. Aber ich muss melden, verstehen?«[46] Den denunzierten Familienmitgliedern gegenüber wurde versucht, die Anzeigen zu verheimlichen, aber auch vor sich selbst und gleichgesinnten Familienmitgliedern wurden die vermeintlich positiven Aspekte des Geheimnisverrats hervorgekehrt.

Über die weitergehenden Auswirkungen der Denunziation auf die Familie und dadurch entstehende Konflikte erfährt man in den Akten allerdings eher wenig, weil das die Sicherheitsbehörden kaum interessierte. Der Fall wurde zumeist abgeschlossen, wenn sich eine Anzeige bestätigte oder falsifizieren ließ bzw. die zugrunde liegende Handlung als nicht strafbar eingestuft wurde. In den geschilderten Fällen ist nicht überliefert, ob die Person, die denunziert wurde,

---

45 Ebenda, Bl. 95.
46 BArch, MfS, BV Berlin, Tb 149.

letztendlich davon Kenntnis erlangte und wie sich das auf das Beziehungsverhältnis zur anzeigenden Person und zur restlichen Familie auswirkte.

6.2 Denunziation am Arbeitsplatz

Für die Menschen, die in der DDR lebten, war die Arbeit einer der wichtigsten Identifikationsbereiche. Der Beruf der Eltern prägte die Kindheit, bereits in der Schulzeit kristallisierte sich heraus, welchen Lehrberuf oder welches Studium eine Schülerin oder ein Schüler wählen würde. Diese Absicht musste sich mit dem vorgesehenen Bedarf, mit der politischen Einschätzung durch die Verantwortlichen und den Fähigkeiten der jungen Menschen in Einklang bringen lassen.

Generell muss die Feststellung getroffen werden, dass in der DDR keine homogene Arbeitskultur herrschte. Die Veränderungen in der Arbeitspolitik wurden bereits in der einschlägigen Literatur beschrieben.[47] Zum einen gab es während der DDR-Zeit eine Entwicklung der Arbeitsstrukturen und -formen im Zusammenhang mit der Zuordnung zu großen übergeordneten Strukturen. Dieser Wandel vollzog sich in fast allen Bereichen – sei es durch die weitgehende Enteignung von bäuerlichen Betrieben durch die Kollektivierung[48], sei es durch die Einführung von Produktionsgenossenschaften des Handwerks (PGH) und die Expansion der Handelsorganisationen (HO) in Konkurrenz zu kleinen Privatbetrieben oder die Schaffung großer Volkseigener Betriebe (VEB) und Kombinate. Betriebliche Autonomie schaffte die DDR-Führung fast überall ab, auch wenn hier und da kleinere private Handwerksbetriebe oder Ähnliches überlebten. Die Arbeitsgesellschaft in der DDR war in weiten Teilen zentral durchorganisiert. In einigen Berufsgruppen war es durchaus möglich, sich als Individuum zu verwirklichen, insgesamt aber folgte die Arbeitswelt in der DDR weitgehend dem Kollektivgedanken.[49]

---

47 Besonders einschlägig hierfür Kleßmann: Arbeiter im »Arbeiterstaat« DDR; Peter Hübner: Arbeit, Arbeiter und Technik in der DDR 1971 bis 1989. Zwischen Fordismus und digitaler Revolution. Berlin 2014; Reichel: »Sozialistisch arbeiten, lernen und leben«.
48 Vgl. Jens Schöne: Frühling auf dem Land? Die Kollektivierung der DDR-Landwirtschaft. Berlin 2005.
49 Heike Solga unterscheidet zwischen vier verschiedenen Klassen: Klassenlagen des staatlichen Eigentums (und darin unterschieden zwischen Parteielite, administrativer Dienstklasse, operativer Dienstklasse und sozialistischer Arbeiterklasse), Klassenlagen des genossenschaftlichen Eigentums (und darin unterschieden zwischen Dienstklasse des genossenschaftlichen Eigentums, Genossenschaftsbauern und PGH-Handwerksmeistern), Klassenlagen des kleinen Privateigentums (Selbstständige und selbstständige Klein- und Mittelbauern) und privatkapitalistisches Eigentum (Betriebseigentümer und bürgerliche Dienstklasse); vgl. Heike Solga: Die Etablierung einer Klassengesellschaft in der DDR. Anspruch und Wirklichkeit des Postulats sozialer Gerechtigkeit. In: Johannes Huinink, Karl Ulrich Mayer (Hg.): Kollektiv und Eigensinn. Lebensverläufe in der DDR und danach. Berlin 1995, S. 45–88.

Die sozialistische Gesellschaft sollte sich auf das Produktionsprinzip gründen. SED, FDJ und FDGB waren demnach in Betriebsgruppen organisiert. Da fast jede und jeder Erwerbstätige in einer dieser Organisationen Mitglied war, waren auch fast alle organisatorisch erfasst. Hierdurch waren politische Zugriffe möglich, denen sich die Bevölkerung kaum entziehen konnte. Über die unterschiedlichen Betriebsorganisationen erfolgte eine durchaus effektive politische und soziale Kontrolle. Wenn Personen viele Stunden ihres Alltags miteinander verbrachten, lernten sie sich zwangsläufig näher kennen. Während man sich in der Nachbarschaft der Gemeinschaft eher entziehen konnte, war das im Betriebskollektiv schwierig.

Die Gesellschaft der DDR kann als »Arbeitsgesellschaft« beschrieben werden; es herrschte nicht nur weitestgehend Vollbeschäftigung, sondern es gab hier einen hohen Identifikationsgrad der Menschen mit ihrer Arbeit.[50] Diese starke Identifikation kam trotz des für den industriellen Bereich typischen Entfremdungsprozesses der Arbeitenden von den Produktionsmitteln zustande, vor allem wegen der ausgeprägten Immobilität, der daraus resultierenden häufig langen Betriebszugehörigkeit und zweifelsohne wegen der sozialen Abhängigkeit von betrieblichen Strukturen auch in der Freizeit.

In den Betrieben der DDR existierten ausgeprägte Hierarchien. Neben der Partei- und Betriebsleitung gab es BGLer[51], Arbeitsgruppenleiter, Meister, Brigadeleiter usw., die den »einfachen« Angestellten oder Arbeitern vorgesetzt waren, während die Lehrlinge und Ungelernten den Facharbeitern unterstellt waren. Es gelang der DDR-Führung, die Zahl der Selbstständigen und derjenigen, die ihren Erwerb aus Kapitalbesitz sicherten, erheblich zu verringern, die Parteielite stieg zur Führungsklasse auf.

Bei der Untersuchung der Denunziation im Betriebsumfeld stellt sich die Frage, ob jemand eher denunzierte, wenn er wenig im Kollektiv verankert war oder wenn er schon lange im Betrieb arbeitete. Außerdem ist zu untersuchen, welche Normabweichungen aus dem betrieblichen Bereich denunziert wurden und welche »Vergehen« Kollegen für besonders mitteilenswert oder für besonders verwerflich hielten. Außerdem scheint es lohnenswert zu untersuchen, ob das Denunziationsgeschehen weitgehend betriebliche Angelegenheiten oder Arbeitsvorkommnisse oder Verfehlungen betraf, die sich auf das Kollektiv auswirkten, oder ob auch persönliche, private Normverletzungen denunziert wurden. Die Forschung zum Nationalsozialismus hat herausgearbeitet, dass Denunziationen häufig von unten nach oben erfolgten – der Knecht zeigte den Bauern an; der Angestellte den Betriebsleiter usw.[52] Auch dieser Aspekt soll in den Blick genommen werden.

50 Martin Kohli: Die DDR als Arbeitsgesellschaft? Arbeit, Lebenslauf und soziale Differenzierung. In: Hartmut Kaelble, Jürgen Kocka, Hartmut Zwar (Hg.): Sozialgeschichte der DDR. Stuttgart 1994, S. 31–61.
51 Mitglieder der Betriebsgewerkschaftsleitung.
52 Vgl. Diewald-Kerkmann: Politische Denunziation im NS-Regime, S. 127; Paul, Mallmann: Die V-Leute der Gestapo, S. 233; Thonfeld, Sozialkontrolle und Eigensinn, S. 362.

Zugleich ist es von Interesse, welche Personen oder Institutionen Empfänger von Denunziationen über Kollegen wurden. Meldungen konnten innerhalb der betrieblichen Strukturen erfolgen und dort auch bearbeitet werden oder Polizei bzw. Stasi wurden hinzugezogen.

Ein Grundpfeiler gesellschaftlicher Überwachung in der DDR war der betriebliche Bereich. Dies bezog sich nicht nur auf die Einbindung in politische Organisationen, sondern auch auf das gesamte Berichtswesen. Über die Mitglieder des Kollektivs mussten sowohl zu bestimmten Anlässen (wie beispielsweise Delegierung zu Aus- und Weiterbildungen), bei der Bewerbung um Auszeichnungen (z. B. »Kollektiv der sozialistischen Arbeit«) oder für die Genehmigung von Dienst- und Privatreisen ins Ausland immer wieder Beurteilungen geschrieben werden. Sie wurden in der Kaderakte der jeweiligen Personen gesammelt und beim Ausscheiden aus dem Betrieb der neuen Arbeitsstelle übermittelt. Hierin bestand eine Grundstruktur des staatlichen Informationssystems der DDR. Denn auch Maßnahmen der Disziplinierung, negative Einschätzungen, die beispielsweise zum Versagen einer beantragten Reise führten, und ähnliche Zeugnisse, die Rückschlüsse auf abweichendes Verhalten ermöglichten, wurden in den Kaderakten eines Betriebes gesammelt. Diese Dokumente standen neben dem eigenständig ausgefüllten Kaderbogen und einem zumeist handgeschriebenen Lebenslauf mit Foto. Grundsätzlich war es für das Vorankommen in der DDR wichtig, eine »saubere« Kaderakte zu haben; Verfehlungen auf einer ehemaligen Arbeitsstelle konnten in einem neuen Betrieb nicht verschwiegen werden.

Im Februar 1990 verabschiedete die Regierung Modrow einen »Beschluß zur Verordnung über die Arbeit mit Personalunterlagen«[53], mit dem die Auflösung der vorhandenen Kaderakten und deren Neuordnung beschlossen wurde. Er gab Angestellten die Möglichkeit, Dokumente, die über die aktuellen Erforderlichkeiten (Lebenslauf, Arbeitsverträge, Zeugnisse) hinausgingen (Disziplinarmaßnahmen und andere Einträge), entfernen zu lassen. Obwohl eigentlich dazu gedacht, bisher politisch Benachteiligte zu entlasten, sodass »Verfehlungen« im Berufsleben nicht mehr zu ihrem Nachteil ausgelegt werden konnten, vermuteten nicht wenige, die Funktionäre würden diese Gelegenheit nutzen, um ihre Verstrickungen ins System unsichtbar zu machen.[54]

In der alltäglichen Überwachung der Staatssicherheit spielte die Befragung von offiziellen und inoffiziellen Quellen im Betrieb eine große Rolle – auch im MfS galt gewissermaßen das Produktionsprinzip. Gerade, wenn über die Person, die es zu überprüfen galt, kaum andere Auskünfte eingeholt werden konnten oder sie in der Nachbarschaft eher unauffällig lebten. Die Staatssicherheit nutzte aus, dass die Menschen hier notgedrungen viel Zeit verbrachten, dass sie in den Pau-

---

53 Verordnung zur Arbeit mit Personalakten v. 22.2.1990; Gesetzblatt der DDR 1990, Teil I, Nr. 11.
54 Kowalczuk: Endspiel, S. 487.

sen mit anderen Kollegen zusammenkamen und Privatgespräche führten. Wenn jemand einen Antrag auf Besuchsreise in die Bundesrepublik stellen wollte, waren Stellungnahmen des Betriebes vorgesehen, die zumeist der Parteisekretär und der Betriebsleiter bzw. der Abteilungsleiter oder der Kaderleiter schrieben. Das war ganz offiziell bekannt und hatte maßgeblichen Einfluss darauf, ob eine solche Reise genehmigt wurde – natürlich konnten auch noch Einwände anderer Stellen eine solche Reise verhindern. Die letztendliche Erlaubnis erteilte das zuständige Volkspolizeikreisamt, oft in Abstimmung mit dem MfS.

In größeren Betrieben legte die Staatssicherheit Wert darauf, immer zahlreiche IM zur Verfügung zu haben, die nicht nur turnusmäßig über Kollegen oder das Alltagsgeschehen berichteten, sondern auch angefragt werden konnten, wenn eine Person in irgendeiner Weise auffällig geworden war. Nicht selten kam es auch zu einer Dopplung im Informationsfluss, weil besonders engagierte SED-Mitglieder auch als Inoffizielle Mitarbeiter angeworben wurden oder Kollegen, die in »Schlüsselpositionen« arbeiteten, auch auf offiziellem Wege auskunftsbereit waren.

Die Gewinnung von IM an der »Basis« war weniger einfach und selbst nach erfolgreicher Anwerbung nicht immer zielführend, vor allem da auch die IM selbst nicht unbedingt wussten, welche Informationen für die Stasi wirklich relevant waren. Eine größere Effizienz erwartete die Geheimpolizei daher von Führungskadern. Es konnte sein, dass in einem Betrieb ein leitender Angestellter die Rolle eines Führungs-IM übernahm, der von anderen IM Berichte entgegennahm und sie anleitete. Die Staatssicherheit konnte so zwar einen gewissen Einblick in den betrieblichen Mikrokosmos gewinnen, hatte häufig aber einen eher schlechten Zugang zur Ebene der Arbeiter.[55] Wie sich konkret Denunziationen am Arbeitsplatz vollzogen, lässt sich in folgendem Beispiel beobachten.

Anfang August 1986 stellte ein stellvertretender Produktionsleiter eines größeren Schweriner Betriebes einen Antrag auf eine Besuchsreise in die Bunderepublik zu seiner Mutter, die 1968 legal nach Hamburg ausgereist war und dort einen runden Geburtstag feierte. Einige Tage später bestätigte der Betrieb (namentlich die Kaderleiterin) nach Rücksprache mit dem MfS diese Reise und brachte keine Einwände vor. Sie bescheinigte, dass der Mann, Mitglied der SED, einen »positiven Standpunkt zur politischen und gesellschaftlichen Entwicklung in der DDR hätte«, gute Arbeitsergebnisse zeigen würde, die Ehe mit seiner Frau, die als Sekretärin im Betrieb tätig sei, gut liefe und er in »gesicherten materiellen Verhältnissen« leben würde – konkret lebte er mit seiner Frau und drei Kindern in einem Eigenheim und besaß zwei Autos. Deswegen wurden nach der ersten Überprüfung im Betrieb keine Einwände gegen diese Reise geltend gemacht. Zugleich wurden Kopien des Personalbogens, eines handgeschriebenen Lebenslaufes und eines Leistungsgesprächs von 1984 sowie des Facharbeiterzeugnisses und des Meisterbriefes aus der Kaderakte angefertigt.

---

55 Hürtgen: »Stasi in der Produktion«, S. 300.

Die Abteilung XX/7 der MfS-Bezirksverwaltung leitete ihren Informationsstand, nachdem keine Einwände gegen die Reise vorlagen, an die Volkspolizei weiter.[56] Überraschenderweise befürwortete der zuständige ABV in seinem Bericht an die Abteilung Pass- und Meldewesen die Reise allerdings nicht. Der Mann werde in der Nachbarschaft zwar als unauffällig und höflich beschrieben, es gebe jedoch einen problematischen Hinweis: »In Gesprächen konnte herausgehört werden, dass das Verhältnis in der Ehe nicht besonders gut ist, es soll irgendwelche Probleme geben. Man sprach sich nicht konkret darüber aus.«[57] Ihm wurde ein »guter Leumund« beschieden, er sei beispielsweise Wahlhelfer gewesen. Der ABV war sich sicher: »Seine Einstellung zu unserem Staat wird als loyal bezeichnet, welches stets zum Ausdruck kommt.«[58] Dennoch wollte er keine Garantie geben, dass der Mann wirklich von der Reise zurückkehre, auch deshalb, weil die Verwandtschaft in der Bundesrepublik als äußerst vermögend galt.

Wenige Tage später ging ein Anruf bei der Stasi ein. Dabei äußerte ein männlicher Anrufer, dass der besagte Mann eine Reise in die Bundesrepublik beantragt habe und »mehrere Kollegen des Betriebes« der Meinung seien, dass er von der Reise nicht zurückkehren würde. »Seine Mutter lebt in der BRD mit einem Millionär zusammen. Von dort erhält er Autos, die er verkauft, um für seine vielen Kinder zu zahlen. Außerdem ist seine Frau Alkoholikerin.« Um seine Argumente zu untermauern, teilte der Anrufer mit, der Mann habe unter Alkoholeinfluss gesagt, dass er die DDR verlassen wolle.

Nur zwei Tage später hatte die Bezirksverwaltung den Anrufer und sein Verhältnis zur infragestehenden Person ermittelt. Er hatte eine Telefonzelle in unmittelbarer Nachbarschaft zu seiner Wohnung genutzt, um seinen Vorgesetzten anzuzeigen. Obwohl der Anrufer seinen Namen am Telefon nicht genannt hatte, konnte er identifiziert werden und er gab bei einer Befragung sofort zu, der anonyme Anrufer gewesen zu sein. Die Staatssicherheit misstraute ihm, weil sie vermutete, dass er sich wegen zweier Disziplinarstrafen rächen wollte, die er im Betrieb aufgrund von Alkoholmissbrauch erhalten hatte. Dies bestritt er bei seiner Befragung jedoch vehement. Er behauptete, er habe sich um die Familie des Beschuldigten Sorgen gemacht, da sie im Falle seines Verbleibs im Westen im Stich gelassen werde. Außerdem habe er Angst, dass durch eine mögliche Flucht anderen Kollegen die Chance »versaut« werde, auch Besuchsreisen in die Bundesrepublik zu unternehmen. Dennoch gab er zu, die angeblichen Fluchtabsichten des Vorgesetzten gar nicht aus dessen Munde gehört zu haben, sondern diese nur von einem anderen Kollegen erfahren habe, der dabei betrunken gewesen sei.[59]

---

56 Entscheidungsvorlage für Ausreisen in dringenden Familienangelegenheiten gem. DA 4/75 des Genossen Minister v. 4.8.1986; BArch, MfS, BV Schwerin, AKK 299/88, Bl. 22–24.
57 Ermittlungsbericht über [Name] v. 11.8.1986; ebenda, Bl. 25.
58 Ebenda.
59 Protokoll der Befragung v. 21.8.1986; ebenda, Bl. 38–46.

Die Denunziation war für die Staatssicherheit somit nicht sehr glaubwürdig. Der Anrufer hatte sich in Widersprüche verstrickt und stand in einem Abhängigkeitsverhältnis zu dem Mann, den er denunziert hatte. Die Offiziere vermuteten sachfremde Beweggründe und konnten ihm in der Vernehmung nachweisen, dass er am Telefon nicht die Wahrheit gesagt bzw. dass er sich lediglich auf Vermutungen und Gerüchte gestützt hatte.

Trotzdem leitete die Staatssicherheit eine umfangreiche Überwachung im Betrieb ein, die sich eben nicht nur auf das zwiespältige Urteil des ABV stützte, sondern auch auf die Aussage des Arbeiters. Zudem wurde zeitweilig das Telefon der Familie abgehört und der Postverkehr überwacht. Ein IM sowie fünf weitere Personen aus dem Arbeitsumfeld wurden befragt, sie durchleuchteten nicht nur das Verhalten der Eheleute im Betrieb, sondern auch die weiteren Familienverhältnisse und den Freizeitbereich. Diese vier Auskunftspersonen waren enger mit dem Mann bzw. dem Ehepaar befreundet und äußerten sich ausschließlich positiv zu deren politischer Haltung. Sie seien »fleißig und umsichtig«, »offen und ehrlich«, die Frau »häuslich, sauber und ordentlich«.[60] Die fünfte Auskunftsperson war der Vorgesetzte der Frau. Er bescheinigte beiden eine hohe Loyalität, wies aber darauf hin, dass es eheliche Probleme gebe. Dass das Paar viele Westwaren besitze und auch privat Westfernsehen schaue, wussten zwei Kolleginnen zu berichten. Die Frau verfüge außerdem über viel Goldschmuck, den sie oft in der Woche wechseln würde.[61]

Die negativste Einschätzung erhielt das MfS von einem Kollegen des Ehemannes, der eine gleichrangige Tätigkeit ausübte. Nicht nur den westlichen Lebenswandel des Ehepaares thematisierte der IM »Gerd Schneider« und dass beide häufig im Intershop einkaufen würden, sondern dass der Mann regelrecht davon schwärme und er voreingenommen und unrealistisch sei, »weil er zum Ausdruck bringt, dass alle Waren aus dem kapitalistischen Ausland sehr gut und die Waren aus sozialistischen Ländern schlecht sind und sie nicht taugen.«[62] Im Unterschied zu den anderen Auskunftspersonen negierte dieser IM, dass der Mann konstruktive Beiträge in Parteiversammlungen einbringen würde. Er kritisiere nur und bringe »niemals zum Ausdruck, dass er fest zu unserer Sache steht.«[63] Beide Ehepartner hätten nach seiner Aussage schon Verhältnisse mit Kolleginnen und Kollegen gehabt, sodass der IM zu der Einschätzung kam: »Ich persönlich halte den Koll. [Name] nicht würdig, unsere Republik im kapitalistischen Ausland zu vertreten, da er unrealistische Einschätzungen trifft, voreingenommen ist, materialistisch eingestellt ist und er über längere Zeit bereits Eheprobleme hat.«[64] In Folge des

---

60 Ermittlungsbericht v. 22.8.1986; ebenda, Bl. 49–51.
61 Ermittlungsbericht v. 26.8.1986; ebenda, Bl. 63 f.
62 Bericht IMS »Gerd Schneider« v. 27.8.1986; ebenda, Bl. 65 f.
63 Ebenda, Bl. 66.
64 Ebenda.

negativen Auskunftsberichtes des ABV, des Anrufes des unterstellten Arbeitskollegen und der geradezu vernichtenden Einschätzung des IM »Gerd Schneider« wurde der Antrag des Mannes, seine Mutter anlässlich ihres Geburtstags in Hamburg besuchen zu dürfen, abgelehnt. Die Gründe dafür erfuhr er nicht, ein weiterer IM aus dem Kollegenumfeld »Paul Lithograph« jedoch berichtete einen Monat später, dass dieser sehr aufgebracht gewesen sei, vor allem, weil schon zuvor andere Besuchsreisen abgelehnt worden seien. Ein Jahr zuvor hatten der Betriebsdirektor und der Parteisekretär eine negative Einschätzung abgegeben.[65]

Dieser Fall zeigt zum einen sehr deutlich, welche Themen in den Auskünften zur Sprache kamen: Es ging um politische Zuverlässigkeit, das Verhalten auf Versammlungen, um mögliche westliche Orientierungen, um das Verhältnis in der Ehe und eventuell auch um das Verhalten der Kinder. Alle Berichte, die die Staatssicherheit einholte, behandelten diese Themen. Untergeordnet bleibt hier die Tatsache, dass sich alle Berichtenden in ihren Einschätzungen darüber einig waren, dass der Kollege eine fachlich gute Arbeit leistete und von allen Mitarbeiterinnen und Mitarbeitern wegen dieser guten Arbeit große Wertschätzung erfuhr.

Es finden sich also keineswegs ausschließlich betriebliche Inhalte in den Auskünften, sondern sie decken das gesamte Spektrum des gesellschaftlichen Lebens der Personen ab. Auch dies ist ein Kennzeichen der DDR als Arbeitsgesellschaft, in der Identifikation, aber auch Orientierung hauptsächlich auf den Betrieb – und zwar weniger als Ort der Tätigkeit, sondern als sozialer Ort[66] – ausgerichtet war. Und hier setzte auch die Überwachung durch die Staatssicherheit an. In dem beschriebenen Fall ist dies dadurch besonders ausgeprägt, dass die Frau des stellvertretenden Produktionsleiters im selben Betrieb tätig war. Das Paar pflegte überdies auch freundschaftliche Kontakte zu anderen Kollegen und nahm an betrieblichen Feierlichkeiten teil. Die Eheleute waren also sowohl beruflich als auch privat eng mit dem Betrieb verbunden, während sie in der Nachbarschaft kaum tiefergehende Kontakte pflegten. Der Betrieb war eine Art kleine Öffentlichkeit und die betroffenen Personen wussten auch, dass sie unter Beobachtung standen. Sie identifizieren sich beide mit ihrer Arbeit und die engeren Vertrauten aus dem Betrieb verhielten sich auch bei ihren Auskünften nach außen ausgesprochen loyal. Sie sahen beispielsweise in den finanziellen Verhältnissen der Mutter des Mannes kein Hindernis für die Genehmigung einer Besuchsreise. Diejenigen, die belastende Aussagen über sie preisgaben, waren wie sie jahrelang im Betrieb tätig und dort auf gleicher Ebene bzw. als Vorgesetzte beschäftigt. Einzige Ausnahme stellte der Anrufer dar, der aber für Auskunftsberichte oder eine inoffizielle Tätigkeit nicht

---

65 Bericht v. 17.9.1986; ebenda, Bl. 76 f.
66 Ulrich Voskamp, Volker Wittke: »Fordismus in einem Land – Das Produktionsmodell der DDR«. In: Sozialwissenschaftliche Informationen 19 (1990) 3, S. 170–180, hier 177. Dazu vgl. Kohli: DDR als Arbeitsgesellschaft, S. 50.

ausgewählt worden wäre, weil die Staatssicherheit ihm kein Vertrauen schenkte. Trotzdem bestimmten seine Angaben die Stoßrichtung der weiteren Ermittlungen.

Ein weiteres Themenfeld bei Denunziationen im betrieblichen Umfeld bilden Anzeigen von Betrugshandlungen, Wirtschaftsdelikten, Unterschlagungen u. Ä. Hier verschwimmen die Grenzen zwischen kriminellen und politischen Delikten. Meist offenbart sich bei diesen Denunziationen die Absicht, Personen, die sich nach außen als zuverlässig präsentierten, zu »entlarven« und aufzuzeigen, dass ihre Betrugstaten das Gegenteil bewiesen. Der folgende Fall zeigt, dass die Anzeige von Betrugshandlungen zwar gemeinhin als gerechtfertigt wahrgenommen, aber dennoch mit politischen Argumenten verknüpft wurde.

Im September 1986 schrieb jemand oder möglicherweise eine ganze Gruppe von Kollegen bzw. Kolleginnen (genau lässt sich dies aufgrund der Anonymität nicht bestimmen) einen Brief sowohl an den Direktor des dem eigenen Betrieb übergeordneten Kombinats als auch an den Wirtschaftsrat des Bezirkes und an die SED-Kreisleitung. Letztere leitete das Schreiben zudem an die KD der Staatssicherheit weiter. In diesem Brief wurden die Leiterin der Abteilung Absatz und die Hauptbuchhalterin eines Baubetriebes, der Bungalows fertigte und verkaufte, beschuldigt, sich am Einsatz von sogenannten Feierabendbrigaden zu bereichern. Der Betrieb produzierte zwar die Teile für die Bungalows, das Aufstellen und Montieren allerdings war in der Leistung nicht inbegriffen. Deswegen, so der Brief, verkauften die beiden Frauen Adressen, auf die sie aufgrund ihrer exponierten Stellung Zugriff hatten, sodass sich sogenannte Feierabendbrigaden[67] mit den Erwerbern der Bungalows in Verbindung setzen konnten, um ihre Dienste anzubieten. Diesen Brigaden würden die Ehemänner der Frauen angehören, die gleichzeitig damit unzulässige Mehreinnahmen hätten. Der Brief vermittelt den Eindruck, für die gesamten Belegschaft zu sprechen und stand im Plural: »Seit längerer Zeit beschäftigen wir uns schon mit dem Gedanken, Sie über Unzulänglichkeiten in unserem Betrieb zu unterrichten, die uns sehr bewegen.«[68] Selbst wenn es sich nur um eine Schreiberin oder einen Schreiber handelte, erhöhte die Verwendung des Plurals die Bedeutung der beschriebenen »Verfehlungen«. Die Tätigkeit der Feierabendbrigaden selbst thematisierte der Brief nicht als regelwidrig, sondern die bevorzugte Zuteilung durch die beiden Frauen, die leichter an die Adressen für die Aufträge kämen: »Inzwischen überschreitet sie ihre Kompetenz und verkauft die Montagen für 150,00 M bis 200,00 M und neuerdings verlangt sie sogar DM-West.« Und an anderer Stelle steht: »Wir können keine Bungalowanschriften verkaufen.« Vor allem die moralische und parteiliche Integrität der Absatzleiterin stellte das Schreiben in Frage und verknüpfte auf diese Weise

---

67 Zu den Feierabendbrigaden, einem Zusammenschluss mehrerer arbeitender Personen, die nach dem eigentlichen Dienst Projekte im Feierabend erledigten, vgl. Wilhelm Rettler: Der strafrechtliche Schutz des sozialistischen Eigentums in der DDR. Berlin 2011, S. 115.
68 Brief v. 4.9.1986; BArch, MfS, BV Schwerin, AOPK 519/88, Bl. 19 f.

die wirtschaftlichen Vorwürfe mit einem politischen Statement: »Und das als Genossin!!!« oder »das widerspricht doch jeder sozialistischen Gesetzlichkeit.«[69] Es sollte deutlich werden, dass die betreffenden Personen nach außen hin als politisch zuverlässig galten, aber dies nicht der Wirklichkeit entspreche. Diese Vorwürfe trafen insbesondere Personen von der Leitungsebene, weil sie in ihrer Position zumeist auch politisch zuverlässig sein sollten.

Die zuständigen Stasi-Offiziere berieten sich mit dem Wirtschaftsrat des Bezirkes und erfuhren dort, dass sich der übergeordnete Kombinatsdirektor bereits mit diesen Vorwürfen befasste. Zugleich hatte die örtliche KD einen IM in dem Betrieb platziert, der auch schon einige Monate zuvor über Unregelmäßigkeiten bei den Feierabendbrigaden berichtet hatte – konkret auch schon wegen eines Streits um die besagten Adressen. Ein im Brief ungenannter Kollege hatte den Schreibtisch einer Kollegin aufgebrochen und das Kundenadressbuch – offenbar zwecks eigener Akquise – an sich genommen. Dieser Kollege hatte eine konkurrierende Feierabendbrigade aufgebaut und fühlte sich von den Kolleginnen, die im Brief genannt wurden, übervorteilt. Es handelte sich um den BGL-Vorsitzenden und Transportleiter des Betriebes.[70]

Kurz nach Eingang des Schreibens wurde von dem betreffenden IM ein weiterer Bericht angefordert, der sich konkret auf die Vorwürfe des Briefes bezog. Dieser Bericht bestätigte alle Vorwürfe und problematisierte darüber hinaus die Zusatzeinkünfte der Feierabendbrigaden, die dadurch in das Zentrum der Ermittlungen gerieten, sodass der Adressenverkauf, der im Brief als Hauptvorwurf thematisiert worden war, in den Hintergrund rückte. Die Einnahmen hätten pro Person im Jahr über 20 000 Mark gelegen – zusätzlich zum eigentlichen Einkommen. Außerdem würden die betreffenden Mitarbeiterinnen und Mitarbeiter erhebliche Teile ihrer eigentlichen Arbeitszeit auch für die Organisation dieser Feierabendbrigaden aufwenden. Die Leiterin der Absatzabteilung beschrieb der IM als »raffgierig, überheblich und unkollegial«.[71] Der IM hatte vom Parteisekretär des Betriebes die Information bekommen, dass es einen anonymen Brief gegeben habe, in dem die Absatzleiterin angeprangert würde. Der IM war in einer exponierten Stellung tätig und vermutlich auch Mitglied der SED. Darauf weisen andere Formulierungen des Berichts hin (»tritt politisch nicht in Erscheinung«[72]). Sogleich äußerte der IM eine Vermutung, wer den anonymen Brief verfasst haben könnte – seiner Meinung nach eine Sekretärin des ökonomischen Leiters, die mit der Absatzleiterin in einem persönlichen Konflikt stand.

Die KD der Staatssicherheit arbeitete während des Vorgangs eng mit der SED-Kreisleitung und dem Wirtschaftsrat des Bezirkes zusammen, die aber alle zunächst

---

69 Ebenda.
70 IM-Bericht »Monika Hahn« v. 7.2.1986; ebenda, Bl. 95.
71 Bericht IM »Monika Hahn« v. 6.10.1986; ebenda, Bl. 97–99.
72 Ebenda.

wenig Aktivität zeigten, vor allem, weil offenbar Uneinigkeit bestand, inwieweit es wirklich strafbare Handlungen innerhalb des Betriebes gab. Die Staatssicherheit legte den Fokus auf die Untersuchung des Betriebsklimas und hoffte so zugleich, den Schreiber oder die Schreiberin ausfindig machen zu können bzw. die Gruppe von Kollegen, die den Brief verfasst hatte. Bezüglich der nicht unerheblichen Zusatzeinnahmen der Feierabendbrigaden hielt sich die KD zurück und empfahl dem Wirtschaftsrat nur, die steuerliche Behandlung dieser Einnahmen zu prüfen. Ob das geschah, bleibt unklar. Bezüglich der Verfasser des Schreibens äußerten sowohl der damit befasste Offizier als auch die IM unterschiedliche Theorien, letztlich vermutete man die Austragung eines persönlichen Konflikts, sodass vor allem der BGL-Vorsitzende, der die konkurrierende Feierabendbrigade leitete, in Verdacht geriet, den Brief geschrieben zu haben. Ein Jahr später erreichte ein ähnlich lautender Brief, im Rahmen einer anonymen Eingabe, den Staatsrat der DDR.[73] Schon nach dem ersten Schreiben hatte sich das MfS bemüht, den Schreiber und die Schreibmaschine, mit der der Brief geschrieben worden war, durch eine Schriftprobenauswertung zu ermitteln. Dazu wurde das Schriftbild mit anderen dienstlichen Schreiben verglichen, allerdings ohne Ergebnis. Die Eingabe an den Staatsrat stammte von der gleichen Schreibmaschine wie das erste Schreiben, der Duktus war ähnlich, nur wurden hier noch mehr Kollegen eines Fehlverhaltens beschuldigt. Der eine Kollege sei ständig betrunken, andere würden sich nur um ihre Privatangelegenheiten kümmern und der Betriebsdirektor interessiere sich nicht für die Versäumnisse. Wieder war der Brief unterschrieben mit »Kollegen, die ungenannt bleiben möchten«. Schlussendlich ergab sich aber aus den Briefen und den IM-Berichten nicht die Konsequenz, dass die angeschuldigten Personen belangt oder abgelöst wurden. Nach Rücksprache mit der Abteilung XVIII und der Abteilung IX stellte die Kreisdienststelle zudem keine strafrechtliche Relevanz wegen Wirtschaftsvergehen fest. Steuerlich lagen die Feierabendbrigaden in einem Graubereich, sodass zwar dem Rat des Bezirkes die Prüfung einer Ordnungswidrigkeit nahegelegt wurde und er die Arbeitsversäumnisse durch Inspektionen überprüfen sollte, der Ausgangsvorwurf – nämlich der Adresshandel – blieb aber unberührt. Sollte tatsächlich der Vorsitzende der BGL und Mitglied der konkurrierenden Feierabendbrigade die Briefe geschrieben haben, könnte sich dies später zu seinem Nachteil ausgewirkt haben.

Die Sprache der beiden Schreiben zeigt typische Merkmale für Denunziationen am Arbeitsplatz, die ihren Niederschlag auch in IM-Berichten finden. Diejenigen, die die Informationen meldeten, versuchten im Namen des Kollektivs oder zumindest im Rahmen eines »sozialistischen« Gedankens zu sprechen, um den Empfängern als glaubwürdige Absender zu erscheinen. Sie stellten sich als Teil des Kollektivs dar, selbst wenn sie eher gemieden wurden oder abseitsstanden, und nahmen für sich in Anspruch, den Willen der Gemeinschaft zu repräsentieren.

---

73 Eingabe v. 2.7.1987; ebenda, Bl. 111–113.

Doch gerade wenn es betrieblich geduldet wurde, dass Werkstoffe und Arbeitsmittel zweckentfremdet wurden – die Disziplinierung also nicht auf dem üblichen Weg durch die Leiter der Betriebe oder die Parteiinstanzen erfolgte – so wurde diese Unregelmäßigkeit zum willkommenen Gegenstand von Denunziationen. Damit konnte sowohl das Fehlverhalten als auch die politische Unzuverlässigkeit der Vorgesetzten dokumentieren, das im Widerspruch zu deren Position stand.

6.3 Denunziation im Freundeskreis

»Freundschaft« war ein Wort, das in der DDR inflationär gebraucht wurde. Der Freundschaftsgruß hatte in der Arbeiterbewegung des 19. Jahrhunderts seinen Ursprung. In der DDR war der Begriff für die politische Bezugszuschreibung von Bedeutung – vor allem in der FDJ, die nicht nur mit »Freundschaft!« grüßte, sondern auch diverse »Freundschaftsgremien« besaß und aus »Jugendfreunden« bestand. Zugleich wurden die Bürger der Sowjetunion oder die Soldaten der Sowjetarmee als »die Freunde« bezeichnet.[74] Doch obgleich der Begriff »Freundschaft« als politisches Bekenntnis so häufig verwendet wurde, beschreibt er nicht eigentlich Freundschaft im sozialen Sinne.

Die Freundschaftsforschung hat keinen besonderen Stellenwert erlangt, vielleicht auch, weil sich Freundschaft nicht sehr leicht beschreiben lässt. In der Soziologie wird sie eher vage als »dynamischer multidimensionaler Beziehungsprozess in der Zeit« definiert.[75] Es besteht Konsens darüber, dass sie auf Freiwilligkeit beruht, auf einer intimen und gefühlmäßigen Nähe und auf dem Vertrauen der an der Freundschaft Beteiligten basiert.[76]

Freundschaften unterscheiden sich von den Verbindungen in der Familie und dem Kollegenkreis, auch wenn die Grenzen fließend sind. Abgrenzungen können nicht nur undeutlich sein, sie können sich sogar wandeln. Anders als aber die Beziehungen in der Familie oder beispielsweise im Kollegenkreis sind die Kriterien für eine Freundschaft durch objektive Parameter nicht zweifelsfrei zu bestimmen. So ist der Bereich der Familie durch Verwandtschaftsverhältnisse festgelegt und Kollegen müssen die gleiche Arbeitsstelle haben oder zumindest einen ähnlichen Beruf ausüben, um als Kollegen zu gelten. Im Gegensatz dazu sind Freundschaften in der Regel selbstgewählt – und hier liegt der entscheidende Unterschied und zwar auch im Hinblick auf die Denunziationspraxis im Freundeskreis.

In der DDR konnten, wie in anderen Ländern auch, Freundschaften auf ganz unterschiedliche Weise entstehen: Man konnte sich im Kollegenkreis kennenlernen

---

74 Wolf: Sprache in der DDR, S. 74.
75 Ursula Nötzoldt-Linden: Freundschaft. Zur Thematisierung einer vernachlässigten soziologischen Kategorie. Opladen 1994, S. 29.
76 Ebenda.

oder in unmittelbarer Nachbarschaft wohnen, auf dem gleichen Zeltplatz verkehren oder der gleichen Freizeitbeschäftigung nachgehen. Freundschaften dienten der sozialen Gestaltung des Alltags, sie zeichneten sich durch ein tiefergehendes Vertrauensverhältnis[77] und einen regelmäßigen Austausch aus. Die Intensität von Beziehungsverhältnisses hin zur Freundschaft konnte sich durchaus verändern; sie konnten sich von einem Bekanntschafts- oder Kollegenverhältnis hin zu einer engen Freundschaft entwickeln, ohne dass hierüber feste Regeln gelten würden. Es handelt sich um eine private Bindungsform, die auf gegenseitiger Hilfe und Einstandspflichten beruht. Gepflegt wurden diese Freundschaften in der DDR auf unterschiedliche Weise, ob man sich nun regelmäßig in Privaträumen oder in Gaststätten traf, ob man ein gemeinsames Hobby hatte oder sich beim Hausbau half oder sich regelmäßig Briefe schrieb, um beispielsweise Urlaubsfreundschaften aufrechtzuerhalten. Gerade die Individualität, aber auch die verschiedenen Formen, in denen Freundschaften bestehen konnten – ob nun in einem größeren Freundeskreis oder zwischen zwei oder drei Personen – macht es so schwer, diese Beziehungsform klar zu definieren. Leichter wäre es, persönliche Kontakte als Netzwerke abzubilden und so festzustellen, wer mit wem bekannt war und im Austausch stand.[78] Aber bei einem solchen Ansatz würde der Vertrauensaspekt, der für Freundschaften wesentlich ist, eine untergeordnete Rolle spielen – hier ginge es eher um Nützlichkeit, das schlichte Bekanntsein oder Interessensgemeinschaften.

Einige sozialhistorische Betrachtungen gingen soweit, Freundschaften in den sozialistischen Gesellschaften als weniger frei zu charakterisieren, da sie zum einen unter politischer Aufsicht gestanden hätten und zum anderen nach dem Kriterium der Nützlichkeit gewählt worden seien.[79] In der Gesellschaft der DDR waren jedoch durchaus tiefgreifende Freundschaften möglich, die im privaten Erleben frei, selbstgewählt und ohne Nützlichkeitserwägungen geschlossen werden konnten.[80] Die These, Freundschaften seien in der DDR lediglich nach Nützlichkeitserwägungen geschlossen worden ist wohl ebenso unzutreffend wie

---

77 Zum Stellenwert des Vertrauens in Freundschaftsbeziehungen vgl. Ute Frevert: Vertrauen – eine historische Spurensuche. In: dies. (Hg.): Vertrauen. Historische Annäherungen. Göttingen 2003, S. 7–66, hier 51.
78 Zu sozialen bzw. persönlichen Netzwerken in der DDR sind bisher einige Studien erschienen. Für gewöhnlich heben sie besonders auf die Hilfeleistungen im privaten Bereich ab. Vgl. Martin Diewald: »Kollektiv; Peter Hübner: Personale Netzwerke im lokalhistorischen Kontext. Überlegungen zur Sozialgeschichte der DDR. In: Annette Schuhmann (Hg.): Vernetzte Improvisationen. Gesellschaftliche Subsysteme in Ostmitteleuropa und in der DDR. Köln 2008, S. 193–216; Arnd Bauerkämper: Lokale Netzwerke und Betriebe in der DDR. Methodische Ansätze, Untersuchungsdimensionen und methodische Probleme der historischen Forschung. In: ebenda, S. 179–191.
79 Karl Ulrich Mayer: Vereinigung soziologisch. Die soziale Ordnung der DDR und ihre Folgen. In: Hansgert Peisert, Wolfgang Zapf (Hg.): Gesellschaft, Demokratie und Lebenschancen. Stuttgart 1994, S. 267–290.
80 Zu dieser These auch: Diewald: »Kollektiv«, S. 227 ff.

die Behauptung, in der DDR habe es aufgrund der Mangelgesellschaft einen stärkeren sozialen Zusammenhalt gegeben.[81] Jedoch wies die DDR-Gesellschaft einen hohen Organisationsgrad – auch im Versuch, Freizeitaktivitäten zu steuern – auf. Trotzdem hat dies Freundschaften nicht verhindert und auch nicht dazu geführt, dass nicht auch private Nähe jenseits der staatlich organisierten Zusammenhänge entstanden wäre.

Von entscheidender Bedeutung für die Analyse von Denunziationen im Freundeskreis ist, dass sich das Überwachungssystem der DDR, insbesondere die Staatssicherheit, sehr stark für Freundschaften, Bekanntschaften und überhaupt alle sozialen Netzwerke interessierte. Ausdruck findet dies u. a. in den IM-Akten und Operativen Vorgängen, in denen persönliche Verbindungen bereits während der 1950er- und 1960er-Jahre analysiert wurden, was Ende der 1960er-Jahre im »WKW-Schema« formalisiert wurde. Dieses »Wer-kennt-wen-Schema« sollte eine Übersicht darüber enthalten, wen der (potenzielle) IM kannte, mit wem er regelmäßigen Kontakt hielt oder aber welche Bekanntschaftsbeziehungen die in den Operativen Vorgängen überwachten Personen hatten.[82] Nicht in jedem Überwachungsvorgang war tatsächlich auch ein WKW-Schema enthalten, aber trotz allem zeugt eine Vielzahl dieser Netzwerkanalysen von einem hohen Interesse der Staatssicherheit auch für private Kontakte – wie bei anderen Nachrichtendiensten auch. Mit Akribie wurden diese Übersichtsschaubilder gezeichnet, um grafisch abzubilden, in welchem Umfeld sich die Zielperson bewegte. Natürlich bleiben diese Darstellungen deskriptiv an der Oberfläche und geben keine tiefgründige Auskunft über den Charakter der einzelnen Beziehungen. Das lag vor allem daran, dass zwar das Wissen über eine Freundschaft vorhanden sein konnte, sich aber die Ausgestaltung der privaten Beziehung auf eine Weise vollzog, über die Dritte nicht immer informiert waren.

Während der Analyse der Denunziationen im Freundeskreis muss sehr deutlich unterschieden werden zwischen a) dem eingeschleusten oder »umgedrehten« Spitzel, der im Auftrag der Staatssicherheit oder anderer Organisationen unter Vorspiegelung von Freundschaft Personen aushorchte und b) Personen, die ohne diese Vorgeschichte – aus welchen Gründen auch immer – enge Freunde oder ehemalige Freunde denunzierten. Bei der Sichtung der Akten drängt sich zunächst die Frage auf, ob sich Denunziation und Freundschaft nicht gegenseitig ausschließen. In der Auswertung der Kartei »Eingaben, Besuche und Anrufe beim MfS«

---

81 Diesem Argumentationsmuster spürt Pamela Heß in ihren Interviews mit Familien, die eine DDR-Vergangenheit haben, nach. Vgl. Pamela Heß: Geschichte als Politikum. Öffentliche und private Kontroversen um die Deutung der DDR-Vergangenheit. Baden-Baden 2014, S. 193 f.; dies.: Mehr Gemeinschaftsgefühl und ein stärkerer sozialer Zusammenhalt? Erinnerungen an die DDR als Potenzial für Generationenkonflikte. In: Deutschland Archiv, 26.3.2015, www.bpb.de/203625 (letzter Zugriff: 2.2.2023).

82 Siegfried Suckut (Hg.): Das Wörterbuch der Staatssicherheit. Definitionen zur »politisch-operativen Arbeit«. Berlin 1996, S. 417.

der Bezirksverwaltung Leipzig[83] – auch wenn an anderer Stelle schon darauf hingewiesen wurde, dass diese Kartei keine vollständige Statistik abbildet – gab es keinen Fall, in dem jemand zu Protokoll gab, einen guten Freund anzuzeigen zu wollen. Das dürfte daran liegen, dass eine Denunziation den Bruch des Vertrauensverhältnisses bedeutete. Das Offenbaren gemeinsamen Wissens galt als illegitimes Verhalten, mit dem die Basis der Beziehung und das Fundament der Freundschaft angegriffen wurde. Natürlich bestand die Möglichkeit, dass es schon vorher zu einem Bruch der Freundschaftsbeziehung gekommen war und es deshalb zur Denunziation kam.

In der Öffentlichkeit erntete der Verrat durch eingeschleuste Spitzel oder Personen, bei denen es die Staatssicherheit schaffte, eine große Vertrautheit zu initiieren, um intimste Geheimnisse zu erfahren, häufig große Aufmerksamkeit. Als solche Fälle nach der Öffnung der Stasiakten zutage gefördert wurden, zerbrachen die meisten dieser »Freundschaften«. Hierfür existieren prominente Beispiele, die ein breites Medienecho hervorgerufen haben. Zunächst ließe sich die Frage stellen, ob es sich denn überhaupt um Freundschaften gehandelt habe, wenn jemand die persönliche Bindung, die gemeinsame Beziehung und in den prominenten Fällen die gleiche politische Einstellung mutmaßlich nur vorgetäuscht hatte. Sowohl in den Akten als auch in den Interviews zeigt sich, dass sich dies nicht immer klar bestimmen lässt.

Ein besonderes Beispiel ist der Kontraste-Beitrag, in dem die Journalisten Roland Jahn und Peter Wensierski Monika Haeger nach ihrer IM-Tätigkeit befragten. Diese hatte sich bei der »Initiative Frieden und Menschenrechte« und den »Frauen für den Frieden« engagiert. Zu den meisten Mitgliedern hatte sie über die Jahre ein enges Vertrauensverhältnis aufgebaut.[84] Die Staatssicherheit hatte das ehemalige Heimkind angeworben und Haeger gezielt in die Gruppen eingeschleust. Monika Haeger legte zwar Wert darauf, ihre politische Überzeugung als Hauptmotiv für ihren Verrat anzuführen. Dennoch wird im Gespräch deutlich, dass sie eben nicht nur eine »Rolle« gespielt hat, sondern gleichsam eine Identifizierung mit der Gruppe notwendig wurde, um so tief in den Freundeskreis einzudringen. Dabei widersprach sie sich selbst, wenn sie bekannte, dass sie auch intimste Geheimnisse ausspionieren wollte, damit die Staatssicherheit diese gegen die überwachten Personen einsetzen konnte. Sie offenbarte sich schon vor dem Fall der Mauer gegenüber den ihr nahestehenden »Frauen für den Frieden« und stand eben auch für das besagte Interview und für Gespräche mit ihren (ehemaligen) Freunden zur Verfügung. An ihren Aussagen erkennt man, dass sie ein ambivalentes Verhältnis zu der Gruppe entwickelte, in der sie sich bewegt hatte,

---

83 Vgl. Kapitel 2.
84 Zu Monika Haeger ausführlich: Irena Kukutz, Katja Havemann: Geschützte Quelle. Gespräche mit Monika H. alias Karin Lenz. Berlin 1990.

und sich sehr wohl des Verrats (»Ich bin ein mieser kleiner Spitzel«[85]) bewusst war und Gefühle für ihre Freunde hegte. Im Interview antwortet sie auf die Frage Jahns, ob Gerd Poppe ein Feind gewesen sei, den sie ins Gefängnis bringen wollte, dass sie davon überzeugt gewesen sei. Doch schon in der nächsten Sekunde antwortete sie auf den vorwurfsvollen und ungläubigen Blick Roland Jahns (den die Zuschauer des Films nicht sehen können): »Wenn du mich jetzt so ansiehst, krieg ich ein immer schlechteres Gewissen. Aber ich kann's doch nicht ändern.«[86] Sie reagierte eben nicht mit Gleichgültigkeit oder unerschütterlicher Überzeugung, sondern war offenbar hin- und hergerissen zwischen der Freundschaft und ihrer Spitzeltätigkeit für die Staatssicherheit.

Hier zeigt sich ein deutlicher Unterschied zum Film »Verraten. Sechs Freunde und ein Spitzel«, in dem die Filmemacherin Inga Wolfram einen ehemaligen Mitstreiter eines oppositionellen Studentenzirkels, Arnold Schölzel, interviewt. Schölzel hatte seine mutmaßlichen Freunde an das MfS ausgeliefert. Auf die Frage nach seiner Motivation für den Verrat äußerte er: »Ihr habt siebzehn Millionen verraten.«[87] Sascha Anderson äußerte sich dagegen im Interview zum Film »Anderson« von Annekatrin Hendel dahingehend, dass die Freundschaften zum Teil durchaus echt und nicht vorgespielt waren. Er habe bestimmte Personen deswegen auch eher geschützt und andere wiederum nicht.[88] Diese Aspekte lassen sich aus den IM-Akten solcher »Top-IM« allerdings nur schlecht herauslesen, da sich hier vor allem die normativen Vorgaben des MfS und die Perspektive des Führungsoffiziers widerspiegeln. IM-Vorgänge sollten daher immer auch »gegen den Strich« gelesen werden,

Die Fälle von eingeschleusten Spitzeln in Freundeskreise gleichen sich auf auffällige Weise. Hier schaffte es die Staatssicherheit, isolierte oder kompromittierte Personen über einen langen Zeitraum davon zu überzeugen, ein Doppelleben zu führen, eine Nähe zu Dritten nicht nur vorzutäuschen, sondern auch tatsächlich zu erreichen. So ist auch das Verhalten einer jungen Frau aus Berlin zu deuten. Um die Evangelische Studentengemeinde (ESG) in Berlin zu unterwandern, suchte die SED 1959 nach einer Kandidatin, die sich in die Gruppe einschleusen ließ. Sie fanden sie in einer Studentin, die gerade begonnen hatte, an der Landwirtschaftlichen Fakultät der Humboldt-Universität zu Berlin zu studieren. Sie hatte ihre Hochschulreife an der ABF (Arbeiter- und Bauern-Fakultät[89]) erlangt

---

85 Kontraste: Sendung v. 16.10.1990; http://www.bpb.de/geschichte/deutsche-geschichte/kontraste/42480/bekenntnisse-einer-stasi-agentin (letzter Zugriff: 2.2.2023).
86 Ebenda.
87 Inga Wolfram (Regie): Verraten. Sechs Freunde und ein Spitzel. 2007. 45 Min.
88 Annekatrin Hendel (Regie): Anderson. 2014. 90 Min.
89 Die Arbeiter-und-Bauern-Fakultäten bestanden von 1949 bis 1963 an den Universitäten und einigen Hochschulen der DDR, um die Hochschulreife abzunehmen. Einschlägig dazu Ingrid Miethe, Martina Schiebel: Biografie, Bildung und Institution. Die Arbeiter-und-Bauern-Fakultäten in der DDR. Frankfurt/M. u. a. 2008.

und dort bereits einige Funktionen in der Seminargruppenleitung übernommen. Ihr Vater arbeitete als Funktionär der NDPD in Neubrandenburg. Die SED-Universitätsparteileitung hatte damit begonnen, einen Kreis von Informatoren zu rekrutieren, die besonders die kirchliche Arbeit in der Universität beobachten sollten. Geführt wurden sie von einem hauptamtlichen Mitarbeiter des Parteiapparates, der seit 1954 als Geheimer Hauptinformator »Manfred« (vergleichbar mit einem späteren Führungs-IM) mit der Staatssicherheit zusammenarbeitete. Er sprach junge Studentinnen und Studenten, die Mitglied oder Kandidaten der SED waren, an und erteilte ihnen Parteiaufträge, zu Versammlungen – beispielsweise der ESG – zu gehen und ihm hinterher Bericht zu erstatten. Bis 1960 lief dieses Verfahren eher informell, d. h. sie wurden nicht als GI geführt, sondern galten als »Parteiinformatoren«, bekamen aber auch schon Decknamen und verfassten schriftliche Berichte.[90] Nachdem zwei dieser Parteiinformatoren in den Westen geflüchtet waren und bekannt wurde, dass sie »Manfred« dekonspiriert hatten, erwog die Staatssicherheit, ihn als hauptamtlichen Kader für sich zu gewinnen. Nach Einspruch der SED-Bezirksleitung verzichtete sie jedoch darauf, so dass er im hauptamtlichen Parteiapparat tätig blieb. Die Informatoren übernahm jedoch die Staatssicherheit,[91] so auch die junge Frau mit dem Decknamen »Gertrud«. Sie war Einzelgängerin und hatte nur wenig Kontakt zu Kommilitoninnen und Kommilitonen, hatte aber einen Antrag auf Aufnahme in die SED gestellt. Die Partei erkannte ihr Potenzial, sie in eine neue Gruppe einzuschleusen. Bei nicht wenigen dieser von außen in die sozialen Gefüge eingebrachten Personen lässt sich die Tendenz erkennen, dass sie offenbar zuvor wenig Bekanntschaften hatten, Einzelgänger, teilweise auch Heimkinder ohne Familienanschluss waren.[92] Daraus ergaben sich deutlich mehr Möglichkeiten, das Leben nachhaltig zu verändern und in neuen Kreisen Fuß zu fassen, ohne dass ein Rechtfertigungsdruck gegenüber einem bereits bestehenden Freundeskreis entstanden wäre.

»Gertrud« schaffte es schnell, sich in die Evangelischen Studentengemeinde zu integrieren, auch ohne zunächst enge Freundschaften zu schließen. Sie stieß erst auf Misstrauen, als ihre Mitstreiterinnen und Mitstreiter herausfanden, dass sie Mitglied der SED war. Deswegen fingierte das MfS einen Parteiausschluss, führte sie aber intern weiterhin als Parteiangehörige. Dieser Schachzug führte zu einem starken Vertrauensschub, sodass die Studentin nun viel engere Freundschaften mit den anderen Mitgliedern der ESG eingehen konnte. Es war jetzt sogar explizit die Rede davon, dass man nun wüsste, dass man zu ihr Vertrauen haben könnte.[93]

90 Die Akten der Parteileitung der Humboldt-Universität geben über dieses Verfahren keinen Aufschluss, rekonstruieren lässt sich diese Verfahrensweise anhand der GHI-Akte »Manfred«, der die GI geführt hat, und anhand der Informanten, die später als GI übernommen wurden; BArch, MfS, AGI 919/61.
91 Sachstandsbericht v. 6.12.1960; ebenda, Bd. 1, Bl. 55–57.
92 Dies traf auch im oben geschilderten Fall von Monika Haeger zu.
93 Bericht v. 11.11.1961; BArch, MfS, AIM 3709/70, Bd. 1, Bl. 47.

Sie wurde enge Vertraute der regelmäßigen Besucher der ESG, der Vertrauensstudenten und des Studentenpfarrers und traf sich auch mit ihnen, wenn keine offiziellen Veranstaltungen stattfanden. Sie schrieb fast jede Woche ein ausführliches Protokoll, zum einen über die ESG-Veranstaltungen, aber zugleich auch darüber, was sie mit ihren Freunden privat besprochen hatte, über welche Kontakte diese wiederum verfügten und welche politische Haltung sie v. a. in Krisensituationen (z. B. während des Mauerbaus) einnahmen. Dies führte im Laufe der ersten Jahre sogar zu mehreren operativen Vorgängen und Festnahmen.[94] Die junge Frau tauchte immer tiefer in die Kreise ein und knüpfte ihre Kontakte enger. Mit Männern, die sie überwachen sollte, ging sie teilweise sogar Liebesverhältnisse ein, um mehr über sie zu erfahren. Zu vielen Frauen aus kirchlichen Kreisen hatte sie enge freundschaftliche Verbindungen. Nach dem Abschluss ihres Studiums blieb sie eng mit Mitgliedern ihrer Gemeinde verbunden, das MfS setzte sich sogar dafür ein, dass sie als Diplom-Landwirtin einen Arbeitsplatz in Berlin bekam, sodass die Absolventenlenkung nachfragte, ob sie Spitzensportlerin oder bei der Staatssicherheit sei.[95]

Als sie diese Tätigkeit aufnahm und nicht mehr Studentin war, eröffnete ihr die Staatssicherheit auch ein neues operatives Aufgabenfeld. Zunächst überwachte sie die Gossner Mission in Ostberlin und wurde sogar als Mitglied des Laienkonvents vorgeschlagen. Auch hier vertraute man ihr; sie schloss persönliche Freundschaften, über die sie im Wochentakt berichtete. Von besonders eng vertrauten Familien zeichnete sie auch die Grundrisse der Wohnungen auf und gab Schlüsselabdrücke an die Staatssicherheit weiter. Fast genau zehn Jahre dauerte das doppelte Spiel der Frau, in dem sie immer wieder auch unter starken äußeren Druck geriet, aber auch zunehmend selbstbewusster gegenüber ihren Führungsoffizieren und dem MfS auftrat, weil die Offiziere sie sehr lobten, wenn sie beispielsweise an der Verhaftung ihrer Freunde einen maßgeblichen Anteil gehabt hatte.

Ihre letzte größere Aktion war die Einschleusung in den Lyrikclub Pankow; auch dort hatte sie an der Verhaftung und Verurteilung eines zeitweilig engen Freundes einen entscheidenden Anteil. Ihr Führungsoffizier schrieb sogar: »Zu der öffentlichen Auswertung lieferte der IM den größten Teil des Materials. Die Verurteilung des Hauptangeklagten ist ihr alleiniges Verdienst.«[96]

Alle Berichte der Frau in den zehn Jahren spiegeln eine starke Nähe zu den Personen wider, die sie überwachen sollte. Sie fertigte über regelmäßige Treffen und private Gespräche Protokolle an, in denen sie dokumentierte, wer teilnahm. Dabei setzte sie sich aus Gründen der Konspiration selbst auf die Teilnehmerliste

---

94 Zum Beispiel der OV »Niederschlag«, bei dem 3 Personen verhaftet wurden; BArch, MfS, AOP 22131/62.
95 Aktenvermerk v. 29.4.1964; BArch, MfS, AIM 3709/70, Teil I, Bl. 83.
96 Einschätzung des IMV »Gertrud« v. 4.6.1970; BArch, MfS, AIM 3709/70, Teil I, Bl. 170. Zum Lyrikclub Pankow, aber ohne Bezug zu IM »Gertrud« zu nehmen vgl. Roland Berbig (Hg.): Der Lyrikclub Pankow. Literarische Zirkel in der DDR. Berlin 2000.

und führte eigene Redebeiträge in der dritten Person auf. Diese Berichtsform ist vor allem bei Protokollen kirchlicher Veranstaltungen nicht selten, weil die kirchlichen Treffen oft eine klare Struktur und regelmäßige Taktung aufwiesen. Die Frau dokumentierte auf diese Weise auch ihre privaten Begegnungen, die Berichte erwecken den Eindruck, als seien sie im unmittelbaren Anschluss niedergeschrieben worden. Ihr Doppelleben als Mitglied ihrer (Freundes-)kreise einerseits und der Spitzelfunktion andererseits wird auch durch die Selbstbeschreibung als dritte Person deutlich, die in IM-Berichten aus Gründen der Konspiration allerdings auch üblich war. Hiermit konnte sie sich selbst von ihrem (»negativen«) Handeln distanzieren und gleichzeitig unbefangener in die Rolle der verständnisvollen Freundin schlüpfen.

Ein besonderes Dokument verfasste die Frau am Ende ihrer IM-Tätigkeit, die sie aufgeben musste, als sie einen hauptamtlichen MfS-Mitarbeiter heiratete. Sie gab ihrem Abschlussresümee den Titel »Was ich weiß, macht mich auch heiß«[97] und beschrieb ihre 10-jährige Tätigkeit als eine Zeit voller »Herzklopfen« und »Selbstüberwindung«. Sie äußert zum einen ihre Abscheu vor »Miesmachern« und »Ratten«, betont aber auch, ihnen angeblich »auf den richtigen Weg« helfen zu wollen.[98] Es ist ein Dokument, das zwar auch nur wenig über die Motive der Frau aussagt, aber die nervliche Belastung widerspiegelt, die Einschleusungen in Freundeskreise und die damit verbundene permanente Verstellung mit sich bringen.

Ihren Ehemann hatte die Frau schon während ihrer Lehrzeit kennengelernt, sie wurden aber erst 15 Jahre später ein Paar. Nachdem sie sich zur Hochzeit entschlossen hatten, waren die Frau und ihr zukünftiger Ehemann auf die Hilfe des MfS angewiesen. Alle Kontakte und Freundschaften, die bisher bestanden hatten, mussten abgebrochen werden, Briefe sollten nicht mehr beantwortet werden. Der Mann wurde in die Bezirksverwaltung Rostock versetzt, die Frau nahm zunächst eine Tätigkeit bei der Vereinigung der gegenseitigen Bauernhilfe und später bei der SED-Kreisleitung Rostock-Land auf.[99] Nur weil die Frau alle privaten, freundschaftlichen Beziehungen beendete, war dieser Schritt möglich geworden. In Rostock wurde sie wieder offiziell als Parteimitglied geführt und durch den Namenswechsel gelang die Abkopplung von ihrer bisherigen Biografie vollständig.

Wie schon angedeutet, ist es sehr viel schwerer, Beispiele für Denunziationen im »echten« Freundeskreis zu finden. In der Einleitung wurde ein Anruf beschrieben, indem ein Mann eine Frau denunzierte, die angeblich während einer Besuchsreise in Westberlin bleiben wollte. Er gab an, sie hätte sich auf diese Weise im engen Freundeskreis geäußert. Gründe, warum er dies anzeigte, obwohl sie wohl eng befreundet waren, nannte er nicht. Die Staatssicherheit selbst konnte die Person,

---

97 »Was ich weiß, macht mich auch heiß«; BArch, MfS, AIM 3709/70, Teil I, Bl. 160–162.
98 Ebenda, Bl. 160.
99 Bericht v. 7.7.1977; BArch, MfS, BV Rostock, Abt. KuSch 723, Bl. 99 f.

die dies gemeldet hatte, nicht ausfindig machen, vermutete aber eher familiäre Streitigkeiten und hinter dieser Meldung einen Verwandten. Einige weitere denunziatorische Anrufe, die für diese Studie untersucht wurden, verweisen ebenfalls auf eine zumindest nominell freundschaftliche Beziehung, die einer Denunziation vorausgegangen war.

So berichtete beispielsweise im Oktober 1983 ein Anrufer aus Westberlin dem OvD der Berliner Bezirksverwaltung von einem Westberliner »Freund, mit dem ich nichts mehr zu tun haben will«[100], dass dieser seine Freundin und ihr Kind in einem umgebauten VW-Bus ausschleusen wolle. Tatsächlich hatte die Frau einen Ausreiseantrag gestellt, der im Sommer 1983 abgelehnt worden war. Der Anrufer, der 26 Minuten – und damit überdurchschnittlich lange – mit dem Offizier sprach, machte einen betrunkenen Eindruck und sprach auch über eigene private Probleme. Bezogen auf die Denunziation seines (ehemaligen) Freundes sagte er erst: »Ob das jetzt richtig ist, was ich mache, ganz ehrlich, das weiß ich nicht.«[101] Wenig später äußerte er: »Ich krieg von dem Mann 7 000 Mark West und Verschiedenes noch, ja. Und deswegen will ich ihn anscheißen.«[102] Die Staatssicherheit nahm die Anschuldigung trotzdem so ernst, dass sie den Mann und dessen Freundin fortan beobachtete. Sie observierte mehrere Besuche des Mannes bei seiner Freundin, fand aber keine Beweise für eine geplante Flucht. Deswegen entschied sich das MfS, wie in vielen dieser Fälle, für die »Warnschuss-Methode«. Zwei Mitarbeiter der Staatssicherheit suchten die Frau bei der Arbeit auf und konfrontierten sie mit den Anschuldigungen – ohne ihr allerdings das 26-minütige Telefonat vorzuspielen. Tatsächlich vermutete sie sofort, dass der ehemalige Freund und Arbeitskollege ihres Partners hinter der Denunziation stecke. Sie gab an, dass dieser seit Jahren arbeitslos sei und auf die Weigerung ihres Freundes, ihm Geld zu leihen, schon damit gedroht habe, sie anzuzeigen.[103] Sie versicherte dem MfS, sie habe nicht die Absicht, auf diese Weise die DDR zu verlassen – auch aus Sorge um ihr Kind und ihre familiären Beziehungen in der DDR. Im Februar des folgenden Jahres konnten Frau und Kind die DDR nach einem bewilligten Ausreiseantrag verlassen.[104]

Bei diesem Fall wird deutlich, dass eine Freundschaft zum Zeitpunkt des Anrufs schon nicht mehr bestand. Aus diesem Grund war es dem Anrufer möglich, das gegenseitige Verhältnis durch die Denunziation zu belasten und gleichzeitig vor dem MfS seine Identität preiszugeben. Was genau der Grund für den Bruch der Freundschaft war, wird weder aus dem Anruf, noch aus den gesammelten

100 BArch, MfS, BV Berlin, Tb 133.
101 Ebenda.
102 Ebenda.
103 Bericht v. 9.12.1983; BArch, MfS, AKK 5165/84, Bl. 115 f.
104 Abschlussvermerk v. 20.2.1984; ebenda, Bl. 119.

Unterlagen des MfS deutlich. Gleichwohl geben die Quellen Hinweise darauf, dass ein Zerwürfnis ausschlaggebend für die Denunziation war.

Ein Beispiel für eine Denunziation in einem echten Freundschaftsverhältnis bleibt dieses Kapitel schuldig, weil bei den untersuchten Fällen die freundschaftliche Verbindung schon vor der Denunziation zerbrochen war. Im Zuge der Denunziation anzugeben, man mache eine Mitteilung über eine Person aus dem Freundeskreis, konnte der Versuch sein, das MfS von der Zuverlässigkeit der Information zu überzeugen. Die Beispiele von Monika Haeger und Sascha Anderson zeigen, dass sich selbst bei eingeschleusten Spitzeln echte freundschaftliche Bindungen entwickeln konnten, was aber die Fortführung des denunziatorischen Verhaltens nicht verhinderte, sondern allenfalls abschwächte. In der öffentlichen Debatte um die Aufarbeitung der DDR-Vergangenheit wogen diese Fälle vom Verrat im Freundeskreis nachvollziehbarerweise schwer.

6.4 Denunziation in der Nachbarschaft

Das Wohnen, die Wohnung und die Nachbarschaft boten eines der größten Konfliktfelder im Alltag der DDR. Zeit ihrer Existenz schaffte es die DDR nicht, ausreichend angemessenen Wohnraum für die DDR-Bevölkerung zur Verfügung zu stellen. Auch wenn die SED in der Honecker-Ära den Wohnungsbau im Zuge der »Einheit von Wirtschafts- und Sozialpolitik«[105] umfangreich förderte und damit den Druck auf dem Wohnungsmarkt etwas dämpfte, blieb die anhaltend schlechte Wohnraumsituation bis zum Ende der DDR ein soziales Problem erster Ordnung.

Die Nachbarschaft für sich genommen bietet grundsätzlich immer Zündstoff für soziale Konflikte und Streitigkeiten, nicht nur in der DDR.[106] Hausgemeinschaften in Mehrfamilienhäusern sind immer auch Zweckgemeinschaften, die durchaus zu gegenseitiger Hilfe und zu Freundschaften führen können, in denen man aber immer auch gezwungen ist, sich mit Personen zu arrangieren, die möglicherweise andere Alltagsgewohnheiten als man selbst pflegen. Die Wohnformen in der DDR konnten sehr unterschiedlich sein. Unmittelbar nach dem Zweiten Weltkrieg gab es den größten Mangel an Wohnraum, weil auch

---

105 Zu der Programmatik der SED seit den 1970er-Jahren Andreas Malycha: Die SED in der Ära Honecker. Machtstrukturen, Entscheidungsmechanismen und Konfliktfelder in der Staatspartei. München 2014; Manfred G. Schmidt: Sozialpolitik in der DDR. Wiesbaden 2004; Beatrix Bouvier: Die DDR – ein Sozialstaat? Sozialpolitik in der Ära Honecker. Bonn 2002.
106 Vgl. u. a. die Forschungen zur Nachbarschaftssoziologie von Jürgen Manemann: Nachbarschaft und Feindschaft. Über die Gefahr der Nähe. In: fiph. Journal 26 (2015), S. 18–25; Ilya Utekhin: Privatsphäre, Nachbarschaft, Zusammenleben. (Post-)Sowjetische Kommunalwohnungen. In: Sandra Evans, Schamma Schahadat (Hg.): Nachbarschaft, Räume, Emotionen. Interdisziplinäre Beiträge zu einer sozialen Lebensform. Bielefeld 2011, S. 189–204.

diejenigen untergebracht werden mussten, die ausgebombt worden oder aus den ehemaligen Ostgebieten geflohen bzw. vertrieben waren. Noch bis in die späten 1960er-Jahre war es nicht ungewöhnlich, dass sich mehrere Familien eine Wohnung teilen mussten und gemeinsam die Küche benutzten. Die Toilette auf dem Hof oder auf halber Treppe war bei Altbauwohnungen eher der Standard als die Ausnahme.[107] In Städten wurden Alleinstehende häufig bei Wohnungsbesitzern untergebracht, die mehr Zimmer hatten als ihnen »zustanden«, und dann als Zimmerwirte oder Zimmerwirtinnen firmierten.[108] Hieraus entstanden keine gleichberechtigten Wohngemeinschaften, sondern meist legten die langjährigen Mieter fest, nach welchen Regeln der gemeinsame Wohnraum zu nutzen war. In ländlichen Gegenden wohnte man entweder im eigenen Haus, in Mehrfamilienhäusern oder beispielsweise in Lehrlingswohnheimen der LPG. Auch hier wurden Alleinstehende nicht selten bei Wohnungsinhabern- oder Hausbesitzern einquartiert. Eine eigene Wohnung zu bekommen war nicht immer leicht, die Chancen standen für Familien mit Kindern besser. Dies führte dazu, dass die langersehnte eigene Wohnung nicht selten der pragmatische Grund für Eheschließungen war. Trotzdem teilten sich Paare, teilweise auch mit Kindern, häufig mit ihren Eltern die Wohnung.[109]

Die Altbausubstanz in den Städten überließ die DDR zunehmend dem Verfall, der staatliche Wohnungsbau konzentrierte sich auf neu errichtete Plattenbauten, deren normierte kleine Wohnungen heiß begehrt waren. Zentralheizung statt Kohleschleppen und Innenbäder waren besonders für junge Familien attraktiv. Vor allem die räumliche Nähe zu fremden Personen barg das höchste Konfliktpotenzial. Und dies wurde in der DDR durch die reduzierten Möglichkeiten, einander auszuweichen, verschärft.

Natürlich gab es in der DDR wie in anderen Ländern auch, Hausgemeinschaften, in denen sich alle Mitglieder gut verstanden. Es gab Nachbarschaften, in denen man sich gegenseitig half, gemeinsame Feste feierte oder ehrenamtlich nach Feierabend oder am Wochenende bei sogenannten Subbotnik wichtige Arbeiten im Garten, Hof oder Haus erledigte. Humoristisch verarbeitete das Zusammenleben unterschiedlichster Personen in einer Hausgemeinschaft der Liedermacher Reinhold Andert in dem Stück »Blumen für die Hausgemeinschaft«. In diesem Lied hat der Erzähler um halb zehn abends seinen Schlüssel vergessen und überlegt, wen er stören könnte, damit er ihm die Tür öffne. So

---

107 Gitta Scheller: Die Wende als Individualisierungsschub? Umfang, Richtung und Verlauf des Individualisierungsprozesses in Ostdeutschland. Wiesbaden 2005, S. 103; Alphons Silbermann: Badezimmer in Ostdeutschland. Eine soziologische Studie. Köln 1993, S. 41.
108 Hartmut Häußermann, Walter Siebel: Soziologie des Wohnens. Eine Einführung in Wandel und Ausdifferenzierung des Wohnens. Weinheim 1996, S. 168.
109 Marlies Schulz: Wohnen und Fertilitätsverhalten in der DDR. In: Darja Reuschke (Hg.): Wohnen und Gender. Theoretische, politische, soziale und räumliche Aspekte. Wiesbaden 2010, S. 117–128.

sinniert er über den alleinstehenden Duzfreund, der zum Hausvertrauensmann gewählt wurde, den NVA-Offizier, der immer früh nach Hause kommt und über die Nachbarn, die offenbar Angst vor einer Denunziation haben, weil sie gern Krimis im Westfernsehen schauen und bei einer Störung gleich den Fernseher umschalten würden. Letzten Endes kommen seine Nachbarn gutgelaunt von einer gemeinsamen Feier zurück.[110]

Organisiert werden sollte die Nachbarschaft nach sowjetischem Vorbild über sogenannte Hausgemeinschaften, die wiederum eine Hausgemeinschaftsleitung wählen konnten.[111] Zugleich sollte – nach Meldeordnung der DDR – in Gemeinden ab 5 000 Einwohnern ein Hausbuch geführt werden, in das sich neben den Hausbewohnern Besucher eintragen sollten, die länger als drei Tage bleiben wollten.[112] In größeren Städten wie Berlin wurden diese Bestimmungen jedoch nicht immer strikt eingehalten. Vor allem in den 1950er- und 1960er-Jahren sollte auf Versammlungen dieser Hausgemeinschaften politisch Einfluss genommen, aber auch Kontrolle ausgeübt werden. Die Konfliktpotenziale von Nachbarschaften waren ähnlich wie in anderen Gesellschaften. Spielende Kinder auf dem Hof, die anderen Hausbewohnern zu laut erschienen, mutwillige oder unabsichtliche Zerstörung von Gemeinschaftseigentum, Missachtung von Ruhe- und Nachtzeiten, Haustiere, nicht eingehaltene Reinigungspläne oder Wäsche auf der Leine, an der sich Nachbarn störten.[113] Anita Maaß konnte in ihrer Studie zum Wohnen in der DDR, das sie am Beispiel des Neubaugebietes Dresden-Prohlis untersucht hat, durchaus ein Wir-Gefühl und ein Gemeinschaftshandeln erkennen, das sich aber vor allem auf die gemeinsamen Lösungen von baulichen Mängeln und Problemen am Wohnort bezog. Sie konnte in ihren Interviews, die sie mit den Bewohnern des Viertels geführt hatte, nur wenig politische Färbung des Zusammenlebens erkennen, räumte aber ein, dass dazu ein Projekt zur politischen Kultur im Wohngebiet von Nöten wäre – vor allem, weil sie ihre Interviewpartner nicht explizit

---

110 Reinhold Andert: Lieder aus dem fahrenden Zug. Berlin 1978, S. 57–59; Tippach-Schneider: »Blumen für die Hausgemeinschaft. Dazu: Holger Böning: Der Traum von einer Sache. Aufstieg und Fall der Utopien im politischen Lied der Bundesrepublik und der DDR. Bremen 2004, S. 222.
111 Rainer Schröder: Zivilrechtskultur der DDR. Bd. 4. Berlin 2008, S. 226; Passens: Der Zugriff des SED-Herrschaftsapparates.
112 Verordnung über das Meldewesen in der Deutschen Demokratischen Republik v. 15.7.1965.
113 Erstaunlicherweise sind bisher nicht sehr viele Studien erschienen, die sich mit dem Wohnen in der DDR beschäftigen. Die profundeste Darstellung bisher liefert Anita Maaß: Wohnen in der DDR. Dresden-Prohlis: Wohnungspolitik und Wohnungsbau 1975 bis 1981. München 2006. Daneben hat sich die Aufmerksamkeit in den letzten Jahren auf Bau- und Stadtplanungsgeschichte der DDR verlagert, z. B. Lena Kuhl: Zwischen Planungseuphorie und Zukunftsverlust. Städtebau in Ost und West am Beispiel von Halle-Neustadt und Wulfen, 1960–1983. In: Thomas Großbölting; Rüdiger Schmidt (Hg.): Gedachte Stadt – Gebaute Stadt. Urbanität in der deutsch-deutschen Systemkonkurrenz 1945–1990. Köln 2015, S. 86–118; Frank Betker: »Einsicht in die Notwendigkeit«. Kommunale Stadtplanung vor und nach der Wende (1945–1994). Stuttgart 2005.

dazu befragt hatte.[114] Politischen Zündstoff boten vor allem nicht angemeldeter (West-)Besuch oder abfällige Bemerkungen gegenüber Funktionären von Partei und Massenorganisationen.

Nachbarn spielen in der gesellschaftlichen Reflexion über Denunziation eine besondere Rolle – sie sind sogar zum Sinnbild der Denunzianten geworden, denjenigen, deren Gesellschaft man sich nicht aussuchen konnte, die missgünstig waren oder neugierig an Türen lauschten, um bei der erstbesten Gelegenheit unliebsame Hausbewohner anzuzeigen. Einen besonderen Ausdruck fand dieser Stereotyp in der Lithografie von A. Paul Weber »Der Denunziant«, die ein kleines Männchen mit gespitztem Bleistift und großen Ohren zeigt, das an fremden Türen lauscht.[115] Während die Überwachung durch Staatssicherheit, SED und Massenorganisationen im beruflichen Umfeld Priorität hatte, war die Kontrolle im privaten Bereich eher durch die Hausgemeinschaft, den ABV sowie die Wohngebietsausschüsse der Nationalen Front gegeben.

Zur Überprüfung von Personen, die beispielsweise eine Westreise beantragt hatten, gehörte standardmäßig auch eine »Wohngebietsermittlung«.[116] Für gewöhnlich sprach die Staatssicherheit dafür Personen an, die ihr aus anderen Kontexten bereits bekannt waren oder deren »fortschrittliche« Einstellung kein Geheimnis war. Dabei handelte es sich in der Regel um den ABV, dessen Personeneinschätzungen auch auf offiziellem Weg an die Staatssicherheit gingen, daneben auch um andere staatsnahe Bürger, wie etwa freiwillige Helfer der Volkspolizei, in ländlichen Gegenden nicht selten auch um den Bürgermeister selbst. Da eine direkte Ansprache von Hausbewohnern durch die Staatssicherheit hohes Misstrauen auf sich gezogen hätte, wurden zum Teil Ermittler mit legendierten Ausweisen, beispielsweise der Nationalen Front, in den Einsatz geschickt, die unter einem Vorwand versuchten, Nachbarn zu befragen. In den auf diese Weise erarbeiteten Berichten ging es vorrangig darum, wie sich die Person im Wohngebiet verhielt. Sie thematisierten häufig, wie sich die Mitglieder einer Familie kleideten, ob Streitigkeiten in der Familie bekannt waren oder ungewöhnlicher Besuch zu verzeichnen war. Nicht selten führten diese Berichte auch aus, ob der Betreffende beispielsweise grüßte oder sich an nachbarschaftlichen Pflichten beteiligte (Treppendienst etc.). Nachfolgend ein typischer Bericht, der allerdings beinahe ausschließlich Positives über den Betroffenen enthält:

> Am 16.8.1962 wurden im Hause [Adresse] Ermittlungen über die Person [Name] mit folgendem Ergebnis geführt: [Name] ist seit Februar 1961 in der [Straße] wohnhaft. Er ist bei [...] beschäftigt. Sein Tätigkeitsfeld im Betrieb ist nicht bekannt. Die Familie [Name] führt ein ordentliches Familienleben. Sie haben 2 Kinder. [...] Im Hause ist

---

114 Maaß: Wohnen in der DDR, S. 157.
115 Diese Lithografie ziert das Cover von Gisela Diewald-Kerkmanns Untersuchung zur Denunziation im NS-Regime.
116 Zu diesem Thema vgl. Schmole: Hauptabteilung VIII, S. 77.

die Familie als ordentlich und anständig bekannt. Sie sind gegenüber anderen Hausbewohnern immer höflich und anständig. An den Hausversammlungen beteiligen sie sich regelmäßig. [Name] stellt seine Wohnungen für Hausversammlungen zur Verfügung. In seinen Diskussionen kommt eine positive Haltung zu unserem Staat zum Ausdruck. Im Wohngebiet beteiligt sich [Name] an den NAW-Einsätzen und Sammlungen zur Nationalen Front. Verbindungen unterhält [Name] zu seinen Eltern, die in der [Straße] wohnhaft sind. Die Mutter des [Name] kommt desöfteren [sic!] auf Besuch. Von Arbeitskollegen hat [Name], soweit feststellbar noch keinen Besuch in der Wohnung empfangen. Über Westverbindungen ist im Haus nichts bekannt. Die Eltern der Frau [...] sollen in Westdeutschland wohnen. Aus dem Hausbuch ist ersichtlich, dass [Name] bisher keinen Besuch empfangen hat von Außerhalb. Die Auskunft erteilte Herr [Name 2], Hausvertrauensmann.[117]

Einzig der Verweis auf die Verwandtschaft der Frau in der Bundesrepublik hätte hier Anlass zu Verdächtigungen gegeben, während der Rest der Ermittlungen beim Hausvertrauensmann ein durch und durch angepasstes Leben der Familie im Haus vermittelt. Sprachlich und inhaltlich gleicht diese Form der Ermittlungsberichte aus dem Wohnumfeld sehr stark anderen Berichten dieser Art. Die normierten Abfrageschemata scheinen sich im Laufe der Zeit kaum verändert zu haben, sodass solch ein Bericht auch in jedem beliebigen Bezirk und durchaus auch in den 1970er- und 1980er-Jahren entstanden sein könnte. Sie erforderten ein Abfragen der Grunddaten (wer gehört zur Familie, wo wohnt die Familie, seit wann wohnt die Familie dort) sowie von Informationen über das äußere Auftreten im Haus und über Fragen der Ordnung und der Kleidung bis hin zu etwaigen Besuchen, einschließlich solcher aus dem Westen, sowie über das politische Verhalten, soweit sich dies beurteilen ließ (Versammlungen, politische Äußerungen, Arbeitseinsätze, Bereitschaft zu Spenden, teilweise ob am 1. Mai die Flagge der DDR ausgehängt wurde oder ob die Familie zur Wahl gegangen war). All diese Angaben nutzten die Offiziere des MfS, um sich ein Bild der Personen in ihrem Wohnumfeld zu verschaffen. Die schematische Abfrage gestaltete die Berichte sehr unflexibel und die Ermittler mussten durchaus auf die Mitteilungsbereitschaft der Befragten hoffen, die sie aber nicht immer vorfanden.

Nicht selten begegnete man diesen Ermittlern auch mit einer gewissen Skepsis, immer wieder erkundigten sich die auf diese Weise ausgefragten Nachbarn bei der Volkspolizei oder der Staatssicherheit, ob die Personen wirklich berechtigt seien, Fragen über die Hausbewohner zu stellen. Im Jahr 1982 meldete sich beispielsweise eine ältere Frau G. beim MfS: »Die G. machte Angaben über eine weibl[iche] Person, welche sich bei der G. als Gen[ossi]n der SED-Stadtbez[irks]l[ei]t[un]g vorstellte und Informationen über eine Fam[ilie] [...] im Wohngebiet einholte. Der G. waren solche Befragungen nicht bekannt, [sie] wurde verunsichert

---

117 Bericht v. 16.8.1962; BArch, MfS, BV Schwerin, AIM 637/85, Bl. 55.

und suchte deshalb unser Organ auf. Der G. wurde gesagt, daß wir der Sache nachgehen und [sic!] prüfen werden.«[118]

Sachverhalte, die in der Nachbarschaft ermittelt wurden, bezogen sich zumeist auf das Wohnumfeld. Häufig denunzierten Mitmieter Verfehlungen, die einen engen Bezug zum Wohnen und alltäglichen Miteinander hatten. Ein Fall aus Rostock im Jahr 1961 verdeutlicht dies: Im September 1961 schrieb der Geheime Hauptinformator »Walter Klausch«[119] einen Bericht über eine Hausversammlung, auf der ein Student der Schiffbautechnischen Fakultät gegen den Mauerbau und die damit verbundenen politischen Maßnahmen protestiert hatte. Nach dem 13. August 1961 fanden viele Versammlungen in Betrieben, Hochschulen, aber auch in Hausgemeinschaften statt, um zum einen die politische Stimmungslage einzufangen und zugleich die Diskussionen zu überwachen und in die »richtige Richtung« zu lenken. Zusammengefasst äußerte der Student offenbar, dass der Bau der Mauer gegen die deutsche Wiedervereinigung gerichtet und die DDR eine Diktatur sei, in der es keine Meinungsfreiheit gebe.[120] Aufgrund dieses Berichtes wurde die Staatssicherheit hellhörig – gerade in der Zeit unmittelbar nach dem Mauerbau, in der es zu einer Reihe von politischen Festnahmen und Urteilen kam.[121] Das MfS legte umgehend einen Vorlauf-Operativ-Vorgang an und leitete eine umfangreiche Postüberwachung[122] ein. Da die Äußerungen auch der Universitätsleitung bekannt gegeben wurden, musste der Student sich einem Disziplinarverfahren stellen, in dem er einen Verweis erhielt – mit der Folge, dass er sein Diplom (er befand sich bereits im 11. Semester) erst nach einem Jahr »Bewährung« erhielt.

Sein Nachbar, der den Bericht über ihn schrieb, fühlte sich aber offenbar berufen, auch sein sonstiges Verhalten im Haus zu kommentieren. Zum einen glaubte er, den Lebenswandel als unangemessen charakterisieren zu können; die Familie konnte sich offenbar hochwertige Möbel und Kleidung leisten. Ein »aufwendiger Lebensstil« wurde in der DDR in vielen Berichten über Nachbarn thematisiert. Das gilt auch für Auskunftsberichte, die aus unterschiedlichen Anlässen eingeholt wurden. Hier war häufig von teurer Kleidung oder Inneneinrichtung die Rede. Es ist nicht ganz klar, ob diese Dinge tatsächlich in der DDR von so herausragender Bedeutung waren oder ob sie speziell von der Staatssicherheit abgefragt wurden. In diesem Fall befand der Berichterstatter darüber hinaus, dass sich die Familie nicht in die Hausgemeinschaft eingefügt habe und nicht genügend Rücksicht auf die anderen Hausbewohner nehme. Er berichtete über einen schwelenden Streit wegen einer gemeinsamen Küchenbenutzung mit anderen Mietern des Hauses und

---

118 BArch, MfS, BV Leipzig, Kartei BdL 193.
119 In einigen Berichten wird er auch »Walter Klautsch« genannt. Er selbst unterschrieb in beiden Varianten.
120 Bericht v. 12.9.1961; BArch, MfS, BV Rostock, AOP 1365/62, Bl. 6–8.
121 Vgl. Krätzner: Die Universitäten der DDR und der Mauerbau 1961.
122 Postumleitung v. 15.9.1961; BArch, MfS, BV Rostock, AOP 1365/62, Bl. 31.

über das laute Spielen der Kinder auf dem Hof.[123] Obwohl der Verdacht nahelag, dass der Berichterstatter hier einen Nachbarschaftszwist austrug, indem er den Hausbewohner einer politischen Verfolgung aussetzte, ging die Staatssicherheit den Angaben zu den politisch anstößigen Äußerungen in besagter Versammlung nach. Sie ließ jedoch die Schilderungen der vorangegangenen – und ausschließlich persönlichen – Streitigkeiten außer Acht. Vielmehr bemühte sie sich darum, im Wohnumfeld andere Informanten zu finden, was offenbar misslang. Die Berichte, die das MfS aus der Universität einholte, beispielsweise vom Parteisekretär der ABF[124], an der der Mann Jahre zuvor seine Hochschulreife erworben hatte, enthielten fast alle viel Lob über den Studenten. Ein anderer Dozent der Universität wusste zu berichten, dass der Mann während der Kritik in einer Sitzung der Seminargruppe zerknirscht reagiert und sich beschwert habe, dass über die besagte Hausversammlung Protokoll geführt worden war. Der Berichterstatter aus der Hochschule charakterisierte die Äußerungen in der Wohnversammlung als Affekthandlung und prognostizierte, dass er zukünftig nicht mehr auf diese Weise auftreten werde.[125]

Der eifrig berichtende Nachbar hatte in diesem Fall durch seine Denunziation die Gelegenheit genutzt, nicht nur über politische Äußerungen des Mannes, sondern zugleich über die anderen Konflikte in der Nachbarschaft zu berichten. Der Informant war einige Jahre in Berlin SED-Parteisekretär eines Betriebes und arbeitete bis zum Sommer 1961 im Rat des Bezirkes in Rostock. 1963 wurde er erneut Parteisekretär eines Betriebes. Zum fraglichen Zeitpunkt war der Mann nicht als Parteisekretär tätig, dennoch galt für ihn als »Genosse« das Gebot der »Wachsamkeit«. Gleichzeitig führte er das Hausbuch, während der Student und spätere Ingenieur die Miete im Haus kassierte. Die Hausgemeinschaft scheint dem Informanten sein Verhalten auch noch Jahre später übel genommen haben, denn in einem Ermittlungsbericht von 1967 beschwerte sich ein Hausbewohner, dass bei dem Vorfall von 1961 nicht das offene Gespräch gesucht, sondern durch die schnelle Meldung an die Staatsorgane eine Intrige initiiert und der Konflikt politisch ausgetragen worden war.[126]

Das denunzierte »Delikt« war in diesem Fall nicht nachbarschaftsspezifisch, außer dass der junge Mann seine Meinung auf einer Hausversammlung kundgetan hatte. Dass er zumindest dem Urheber der Meldung schon seit längerer Zeit ein Dorn im Auge war, zeigt dessen ausführlicher Bericht über die unpolitischen »Verfehlungen« der Familie. Der Staatssicherheit blieb dieser Hintergrund allerdings nicht verborgen und sie verließ sich – angesichts des offensichtlich auch

---

123 Bericht v. 12.9.1961; ebenda, Bl. 6–8.
124 Ermittlungsbericht v. 14.9.1961; ebenda, Bl. 30.
125 Bericht v. 29.9.1961; ebenda, Bl. 32.
126 Ermittlungsbericht v. 3.5.1967; BArch, MfS, BV Rostock, AIM 1687/77, Teil I, Bl. 85.

persönlichen Konflikts – nicht auf den einen Informanten, sondern versuchte andere Quellen heranzuziehen.

Ein Blick in die schon mehrfach erwähnte Kartei der Anrufe, Eingaben und Besuche in der BV Leipzig zeigt einen Schwerpunkt nachbarschaftsspezifischer Themen: Nicht selten denunzieren hier Personen ihre Nachbarn, weil sie beispielsweise ihre Wohnungen unerlaubt an Messegäste aus der Bundesrepublik vermieteten oder privat mit ihnen verkehrten. Aus den Eintragungen auf den Karteikarten lässt sich jedoch meist nicht herauslesen, ob es wie im oben geschilderten Fall schon länger dauernde Konflikte zwischen den Hausbewohnern gab. In den Jahren 1982 bis 1984 beispielsweise besuchte ein Mann mehrfach die BV und meldete dort, dass seine Nachbarn ihre Wohnung nicht nur an westdeutsche Messebesucher vermieteten, sondern dort auch angeblich Orgien feiern würden. Auch diesen Hinweisen ging die Stasi zwar nach, strafrechtlich Relevantes fand sie aber nicht. Auch bei dieser Denunziation drängt sich unweigerlich die Vermutung auf, dass ein länger andauernder Konflikt bestand, der dazu führte, dass der Nachbar fortwährend bei der Staatssicherheit Meldungen vorbrachte.[127]

In einem anderen Fall schrieb eine Frau, selbst VP-Helferin, einen Brief an die Staatssicherheit, in dem sie eine Familie, die in ihrem Haus wohnte als »negativ auftretend« charakterisierte. Außerdem sei sie von ihr belästigt worden. In einem Ermittlungsbericht über eben diese VP-Helferin meinte das MfS herausgefunden zu haben, dass sie selbst auch schon illegal an Messegäste aus der Bundesrepublik vermietet hatte und im Haus für ihr intrigantes Verhalten bekannt sei.[128] Dies scheint dazu geführt zu haben, dass die Bezirksverwaltung der Staatssicherheit ihren Hinweisen nicht weiter nachging. Das Gleiche galt für eine Frau, die einen zerrissenen Brief aus dem Müll ihrer Nachbarn gefischt hatte. Dieses Schreiben kam aus der Bundesrepublik, weswegen sie einen Zusammenhang mit der Flucht eines Kollegen des Nachbarn in die USA vermutete. Für die Staatssicherheit schien das zusammengeklebte Schreiben harmlos zu sein, sie informierten sie, dies »lediglich zur Kenntnis zu nehmen«.[129]

Generell war das MfS sehr zurückhaltend, wenn die Gefahr bestand, in alltägliche Nachbarschaftsstreitigkeiten hineingezogen zu werden, da es vorrangig unter sicherheitspolitischen Aspekten ermittelte. Für gewöhnlich überprüfte es in diesen Fällen sowohl die Anzeigensteller als auch die Beschuldigten gründlich, um herauszufinden, ob die Anschuldigungen tatsächlich fundiert waren. Wohnungsbezogene Themen lassen sich bei Anzeigen von Nachbarn sehr viel häufiger feststellen als bei Denunziationen aus anderen sozialen Umfeldern, einfach auch, weil diese Angelegenheiten das tägliche Miteinander dominierten. Andererseits erhielten Nachbarn zuerst Kenntnis, wenn sich scheinbar abweichendes Verhalten

---

127 BArch, MfS, BV Leipzig, Kartei BdL 193.
128 BArch, MfS, BV Leipzig, KD Leipzig Stadt, ZMA 502, Bl. 20.
129 BArch, MfS, BV Leipzig, BdL 2024, Bl. 92.

im Wohnumfeld offenbarte. Trotzdem räumten Volkspolizei und Staatssicherheit, wie sich anhand der Ermittlungsberichte im Wohngebiet ablesen lässt, der Einschätzung der Nachbarschaft über Familien oder Personen durchaus ein gewisses Gewicht ein, einfach, weil sich hierdurch der private Bereich der betreffenden Personen besser erfassen ließ. Doch wenn sich Nachbarn wegen einer Alltagsauseinandersetzung bei der Stasi meldeten, mussten sie damit rechnen, dass sie zunächst an den zuständigen ABV, den Parteisekretär des Betriebes oder das Volkspolizeikreisamt verwiesen wurden, selbst wenn die Anzeige durchaus eine politische Dimension hatte. So erschien beispielsweise ein 48-jähriger Mann im Februar 1987 bei der BV Leipzig und beschuldigte seinen Grundstücksnachbarn, dass dieser ihn des Öfteren als »Kommunistenschwein« beleidigt habe. Auch hier empfahl die Staatssicherheit dem Mann, direkt beim ABV Anzeige wegen Beleidigung zu stellen oder, wenn der Nachbar dies nicht unterlassen würde, sich noch einmal schriftlich an das MfS zu wenden.[130] Dieses Beispiel zeigt deutlich, wie unterschiedlich bestimmte Handlungen im Verlauf der DDR-Zeit bewertet und verfolgt werden konnten. Hätte eine solche Anzeige in den 1950er-Jahren noch eine Verfolgung wegen »Boykotthetze« nach sich ziehen können, was in die Zuständigkeit des MfS gefallen wäre, so verwies das MfS den Mann 1987 an die Volkspolizei und bewertete die Handlung als Beleidigung, d. h. als einen Tatbestand außerhalb des politischen Strafrechts. Es ist allerdings bemerkenswert, dass der Anzeigesteller das MfS trotzdem als ersten Ansprechpartner für seine Denunziation sah.

Die häusliche Umgebung hatte in der DDR eine besondere Bedeutung, nicht nur, weil geeigneter Wohnraum schwer zu bekommen war, sondern auch, weil sich hier das Privatleben jenseits der Vorgaben der SED-Politik gestalten ließ. Energisch kämpften die Menschen darum, gute Wohnungen zu bekommen, genug Platz darin zu haben und sie nach ihren Wünschen einzurichten. So unterschiedlich dieser private Lebensraum ausgestaltet wurde, so wichtig war es, angesichts des knappen Wohnraums sein Refugium zu bewahren. Störfaktoren – ob nun tatsächliche oder vermeintliche – wurden von manchem daher offensiv bekämpft. Einige griffen dabei auch zum Mittel der politischen Denunziation. Nicht immer wird bei den Anzeigen ersichtlich, ob unterschwellige Konflikte bereits im Vorfeld existiert hatten. Vielfach unternahmen die Anzeigesteller jedoch kaum Anstrengungen, langjährige persönliche Auseinandersetzungen vor den Behörden zu verbergen, auch wenn der vorgebliche Grund der Denunziation ein politischer war. Staatssicherheit und Volkspolizei standen bei diesen Anzeigen vor der Aufgabe, Stichhaltigkeit und Gewicht der Anschuldigungen zu prüfen (so wurde beispielsweise dem Verdacht von »Republikflucht« oder deren Vorbereitung meistens nachgegangen), allerdings mit Blick darauf, dass sie die Folge

---

130 BArch, MfS, BV Leipzig, Kartei BdL 193.

nachbarschaftlicher Auseinandersetzungen gewesen sein konnten – beispielsweise bei Beschimpfungen und Beleidigungen politischer Art oder Westkontakten.

6.5 Denunziation von Fremden

Soziale Bindungskräfte wirkten in sozialen Zusammenhängen, das war zwischen Fremden anders. Fremde definieren sich hier als das Gegenteil von Bekannten oder Freunden. Im konkreten Fall soll das Fremde lediglich als soziologische Kategorie verwendet werden, Kategorien ethnologischer Art des »Fremdseins« und des »Andersseins« werden in dieser Studie ausgeklammert, obwohl sie in der Denunziationsforschung durchaus fruchtbare Ansätze bilden könnten.[131] Die Quellenlage gibt eine solche Untersuchung jedoch nicht her.[132] Fremde werden als außenstehend von bestimmten sozialen Strukturen definiert: Denunzierende und Denunzierte kannten sich nicht (näher) und standen in keiner engeren sozialen Beziehung.

Voraussetzung für die Denunziation unter Fremden war die Kenntnis über eine Person, die entweder eine deviante Handlung beging oder die Ausführung einer solchen ankündigte, durch eine andere Person. Es konnte verschiedene Situationen betreffen – ob nun als Ereignis auf der Straße, in der Kneipe oder Gaststätte, beim Einkauf, während der Wahrnehmung von Dienstleistungen (Friseur etc.) oder in öffentlichen Verkehrsmitteln. Die verschiedenen Orte beeinflussten maßgeblich auch das Verhalten der Personen in der Öffentlichkeit. So konnte beim Friseur ein durchaus privates Gespräch stattfinden, das dann wiederum belauscht werden konnte, ebenso ließen sich in der Kneipe beispielsweise unter Einfluss von Alkohol mehr Personen zu Aussagen hinreißen, die sie in einer anderen Öffentlichkeit nicht getätigt hätten, während abweichendes Verhalten beispielsweise auf der Straße oder in Verkehrsmitteln eher vermieden wurde oder im Verborgenen stattfand (beispielsweise im Falle von nächtlichem Anbringen von Flugblättern oder Losungen) – aus Angst, beobachtet und angezeigt zu werden. Die Orte unterscheiden sich durchaus im Grad der Privatheit, die sie ermöglichten, und der Auswahl anwesender Personen, denen man Vertrauen schenkte – oder eben auch nicht.

---

131 Einen guten Überblick über die verschiedenen Schwerpunktsetzungen in der Betrachtung des »Fremden« und des »Fremdseins« aufbauend auf die klassischen Schriften von Georg Simmel und Alfred Schütz gibt Rudolf Stichweh: Der Fremde. Studien zur Soziologie und Sozialgeschichte. Frankfurt/M. 2010.

132 Zur weiteren Lektüre: Jan C. Behrends, Thomas Lindenberger, Patrice G. Poutrus (Hg.): Fremde und Fremd-Sein in der DDR. Berlin 2003; Patrice G. Poutrus: Die DDR als »Hort der internationalen Solidarität«. Ausländer in der DDR. In: Thomas Großbölting (Hg.): Friedensstaat, Leseland, Sportnation? DDR-Legenden auf dem Prüfstand. Berlin 2009, S. 134–154.

Selbst wenn die Denunzianten die Denunzierten kannten, versuchten sie manchmal, wenn sie anonym blieben, als unbeteiligte Zeugen aufzutreten. In einem Fall rief ein Mann 1983 bei der BV Berlin an und gab dort zu Protokoll, er habe »da ein Gespräch mitbelauscht«[133], um dann trotzdem den Vor- und Zunamen und den Wohnort des Mannes preiszugeben, sodass sich daraus schließen ließ, dass er dem Beschuldigten näherstand, als es bei einem Fremden gewesen wäre, der zufällig eine Unterhaltung mitverfolgt hatte. Trotzdem gab sich der Anrufer als Fremder und Unbeteiligter aus, der ein Gespräch zufällig »mitbelauscht« habe. Dahinter mag die Absicht gestanden haben, eine Distanz zwischen sich und der denunzierten Person herzustellen. Er konnte damit eher als »wachsamer« Bürger gelten und nicht als ein »Verräter« aus dem Familien- oder Freundeskreis, der möglicherweise von persönlichen Motiven geleitet wurde.

Gleiches gilt auch für das im Kapitel 4.1 bereits vorgestellte Schreiben, in dem sich der oder die Verfasser(in) ebenfalls als fremd definierte und mit einem ähnlichen Argumentationsmuster arbeitete: »Vor zwei Tagen wurde ich ungewollter Zeuge eines Gesprächs zwischen [...]«[134]. Allerdings unterscheidet sich die Aktivität der beiden vorgeblichen Unbeteiligten deutlich, denn der Anrufer aus der oberen Episode stockte kurz vor dem Verb »mitbelauscht« und zeigte damit eine höhere Involviertheit als sie aus der distanzierenden Phrase spricht, nur ungewollt Zeuge einer Unterhaltung gewesen zu sein. Es ist jedenfalls unwahrscheinlich, dass es sich bei diesen anonymen Anzeigen wirklich um Fremde handelte, da immerhin in beiden Fällen Vor- und Nachnamen und Wohnorte der Beschuldigten angegeben wurden, sodass man zumindest von einem Bekanntschaftsverhältnis ausgehen kann.

Während bei der Überwachung durch IM nur selten auch Fremde denunziert wurden, weil diese eher auf bestimmte Gesellschaftsgruppen ausgerichtet war, überwogen bei Meldungen gegen nicht bekannte Personen die spontanen Anzeigen. Das lag zum einen wohl häufig an der Situation, in der dem Denunzianten schnelles Handeln von Nöten schien. Zum anderen scheint die Hemmschwelle, Fremde spontan anzuzeigen, niedriger gewesen zu sein.

Das MfS setzte zur Spionageabwehr häufig Inoffizielle Mitarbeiter ein, die in der Nähe von militärischen Objekten, zum Beispiel der Sowjetarmee, wohnten, um diese Orte unter Beobachtung zu halten. Sie sollten überprüfen, ob dort verdächtige Fahrzeuge oder Personen auftauchten und bei Bedarf die Sicherheitskräfte informieren. Gleiches galt beispielsweise für Anwohner von Fernstraßen, die Auffälliges melden sollten. Einige IM versuchten zusätzlich zu ihren eigentlichen Aufträgen besonders wachsam zu sein und berichteten etwa fortwährend über westliche Autos oder Kennzeichen.

---

133 BArch, MfS, BV Berlin, Tb 128. Interessant ist, dass er hier nicht die neutrale Formulierung »mitgehört«, sondern »mitbelauscht« benutzt.
134 Brief vom 14.5.1989; BArch, MfS, BV Schwerin, AU 744/89, GA 1, Bl. 4.

Im Kreis Perleberg beispielsweise war ein IM von 1975 bis 1985 für die Überwachung der Kirche zuständig, berichtete aber gleichzeitig immer wieder über »verdächtige« Autos oder Personen, die ihm auf der Straße auffielen. Er schrieb im Oktober 1978 einen Bericht über einen Pkw mit Münchner Kennzeichen, den er durch Zufall gesehen hatte. Er merkte sich nicht nur das Nummernschild, sondern fuhr dem Wagen in bester Hilfssheriffmanier hinterher, nachdem er »verdächtigerweise« gesehen hatte, wie ein Mann am Straßenrand in den Wagen eingestiegen war: »Ich fuhr dann hinter diesem Pkw – Audi hinterher, der mit einer Geschwindigkeit von ca. 100 km/h und mehr bis Wittenberge fuhr und an der ersten Abzweigung Bentwischer Weg mit ca. 60 km/h und mehr in das Stadtgebiet von Wittenberge einfuhr.«[135] Er sah den Mann wieder aussteigen, fuhr an ihm vorbei und wendete nochmal, um feststellen zu können, wohin er gegangen war. Eine wirklich verdächtige Handlung außer dem Ein- und Aussteigen konnte er jedoch nicht feststellen. Solche Berichte tauchen während der zehnjährigen Zusammenarbeit des IM mit der Staatssicherheit immer wieder auf, eine konkrete Verwertung durch das MfS lässt sich aber nicht ohne Weiteres feststellen.

Um die Beobachtung einer Situation auf der Straße handelte es sich bei einem Fall, der sich in Leipzig im Jahr 1985 ereignete. Eine Studentin erschien gemeinsam mit ihrem Freund in der lokalen Bezirksverwaltung des MfS. Beide studierten an der Sektion Marxismus-Leninismus und waren Mitglieder der SED. Die Studentin hatte einen Tag zuvor beobachtet, dass sich nach der Anlieferung von Tomaten und Erdbeeren an einem Gemüsestand eine lange Menschenschlange gebildet hatte, ein junger Mann diese Szene fotografierte und anschließend mit seinem Trabant davonfuhr. Einen Tag später zeigte die Studentin dies in Begleitung ihres Freundes beim MfS an. Sie beschrieb den Mann und konnte auch das Kennzeichen des Trabants angeben. Die Staatssicherheit nahm ihre Anzeige auf und dankte ihr für ihr Kommen. Dass sie in Begleitung erschienen war, war nicht ungewöhnlich, obwohl nur sie das Geschehen beobachtet hatte. Damit sie nicht allein in die Stasi-Dienststelle gehen musste, sollte ihr Freund wahrscheinlich als moralische Unterstützung mitkommen. Obwohl die Frau nach dem Credo der parteilichen Wachsamkeit handelte, wurde ihr dennoch gesagt, »daß sie sich bei derartigen Feststellungen über ihren Parteisekretär an den zuständigen Mitarbeiter unseres Organs wenden könne.«[136] Wieso in dieser Angelegenheit der Parteisekretär der Karl-Marx-Universität Leipzig der bessere Ansprechpartner gewesen wäre, erschließt sich aus dem Zusammenhang nicht. Gleichwohl ist es bemerkenswert, dass darauf hingewiesen wird, dass dieser dann den zuständigen Mitarbeiter des MfS verständigen würde – die enge Zusammenarbeit zwischen der Staatssicherheit und der SED wird hier als offenkundige und naheliegende

---

135 Bericht v. 3.10.1978; BArch, MfS, BV Schwerin, AIM 1168/85, Bd. 3, Bl. 109.
136 Bericht v. 23.6.1985; BArch, MfS, BV Leipzig, BdL 1884, Bl. 33.

Information verhandelt; der Parteisekretär konnte auf diese Weise Informationen vorfiltern und über ihre Weitergabe entscheiden.

Die Handlung erregte bei der Anzeigeerstatterin offensichtlich den Verdacht auf eine feindliche Tätigkeit – und tatsächlich wurden in der DDR Fotografen wegen solcher Aufnahmen politisch verfolgt.[137] Da das Auto ein Kennzeichen aus dem Bezirk Halle trug, erging nach der Anzeige eine Meldung an die dortige BV (genauer an ihre Auswertungs- und Kontrollgruppe) und an die Abteilung XX der Bezirksverwaltung Leipzig.[138] Ob und welche Auswirkungen die Information der Studentin für den Fotografen hatte, lässt sich aus den vorliegenden Quellen nicht beantworten. Die »Straße« als Beobachtungsort für abweichendes oder verdächtiges Verhalten hatte den am wenigsten privaten Charakter, was die Schwelle für eine Denunziation durchaus senken konnte. Obwohl sie sich offenbar die Autonummer merkte oder notierte, ging sie erst einen Tag später zum MfS, das deutet genauso wie die Begleitung durch einen Freund darauf hin, dass es sie Überwindung kostete, die Bezirksverwaltung zu betreten und den Fotografen anzuzeigen.

Anzeigen, die auf Beobachtungen des öffentlichen Raums beruhten, betrafen häufig Flugblätter und Aufkleber mit politischem Inhalt oder Losungen an Hauswänden, also politisch abweichendes Verhalten, bei dem zunächst keine verdächtige Person, sondern lediglich das Ergebnis ihrer Handlung zu sehen war. Während es sich bei einer Straße meist um einen leicht öffentlich beobachtbaren Raum handelte, stellte sich dies bei Denunziationen, die auf Beobachtungen in Geschäften oder etwa bei Friseuren beruhten, anders dar. Die Beziehung zwischen Kunden und Verkäufern oder Dienstleistern konnte durchaus einen gewissen Bekanntschaftsgrad mit sich bringen, teilweise kommunizierten die anwesenden Personen dort vertraulich miteinander und sahen sich in regelmäßigen Abständen, wenn nicht sogar täglich oder wöchentlich. Es konnte sich ein gewisses Vertrauensverhältnis entwickeln, sodass hier eine Art geschützter Raum entstand und sich abweichende Meinungen oder Handlungen eher als auf der Straße offenbarten. Trotz allem finden sich Beispiele spontaner Denunziationen in einer solchen Konstellation nur sehr vereinzelt.

Die Stasi schickte im Rahmen ihrer Ermittlungen manchmal fingierte Kunden in Geschäfte, um sich einen ersten Eindruck von Personen zu verschaffen. Dafür erhielten dann IM spezielle Aufträge, die aber nicht immer ohne Argwohn der Geschäftsbetreiber oder Kunden durchgeführt werden konnten. Je vertrauter die Atmosphäre und je geschlossener die Stammkundschaft war, desto schwieriger war es für Außenstehende, Informationen zu erhalten. Im Bezirk Frankfurt/Oder gelang dies einem Mann sehr gut. Er war als Mitarbeiter einer Bank vom MfS angeworben worden, hatte sich aber ausdrücklich gegen eine schriftliche

---

137 Vgl. Marc Thümmler (Regie): Radfahrer, 2007, 27 min.
138 Bericht v. 23.6.1985; BArch, MfS, BV Leipzig, BdL 1884, Bl. 31.

Verpflichtung gewehrt.[139] Ursprünglich hatte man ihn rekrutiert, um durch ihn schnelle Informationen über Kontodaten zu erhalten. Das MfS beauftragte ihn aber darüber hinaus, verschiedene Ziele auszukundschaften, u. a. einen Friseur in seiner Heimatstadt. Aus dem entsprechenden Bericht über den Besuch dort ist nicht ersichtlich, ob sich der Mann dort schon früher als Kunde aufgehalten hatte. Er konnte aber ein Vertrauensverhältnis aufbauen, sodass er ziemlich präzise Informationen über den Friseur, dessen beruflichen Werdegang, die politische Einstellung und dessen Familie erarbeitete. So wusste er beispielsweise zu berichten, dass der Friseur vor dem Mauerbau häufig in den Westen gefahren war und sich über Politik nur vorsichtig äußerte, seiner Meinung nach aber der DDR ablehnend gegenüberstand.[140]

Während die Verweildauer im Lebensmittelladen, beim Bäcker oder Fleischer in der Regel kurz ist und dabei in erster Linie die Abwicklung des Verkaufs stattfindet, hat ein Friseurbesuch häufig eine größere kommunikative Komponente. Das Frisieren selbst ist eine tendenziell persönliche Begegnung, einhergehend mit Berührungen und häufig mit einem persönlichen Gespräch verbunden.[141] Zugleich befinden sich in einem Friseursalon meist mehrere Kundinnen und Kunden, Friseurinnen oder Friseure gleichzeitig, sodass man zugleich an anderen privaten Unterhaltungen teilhaben kann. So berichtete beispielsweise eine Friseurin, dass eine ihrer Kundinnen ein Verhältnis mit einem Pastor gehabt haben soll. Da dieser von der Staatssicherheit überwacht wurde, ergab sich aus dieser Denunziation eine potenziell kompromittierende Situation.[142] Für mitgehörte Gespräche Dritter – ob nun im Lebensmittelgeschäft, in der Kaufhalle oder beim Bäcker galt zwar eine so enge Vertraulichkeit nicht, dennoch begab man sich mit dem Betreten immer auch in einen engeren Interaktionskontext, weil dort geführte private Gespräche naturgemäß weniger öffentlich waren als auf der Straße. Eine Besonderheit ergab sich zum Beispiel bei politisch heiklen Orten, wie dem Intershop[143], dessen Besuch selbst zum Gegenstand einer Denunziation werden konnte.

Kneipen oder Gaststätten waren seit jeher Orte, für die sich politische Polizeien und Geheimdienste in besonderer Weise interessierten. So veröffentlichte Richard Evans im Jahr 1989 eine Auswahledition von Kneipengesprächen Hamburger Arbeiter im Kaiserreich, die durch die politische Polizei überwacht worden waren. Er bezeichnete die Kneipe als »Salon des kleinen Mannes«, da der Arbeiter seine

---

139 Bericht v. 25.3.1963; BArch, MfS, BV Frankfurt, AIM 31/65, Teil I, unpag. (MF).
140 Bericht v. 9.10.1963; ebenda, Teil II, unpag. (MF).
141 Susanne Maaß: Abstimmungsarbeit, Beziehungsdefinition und Intimität. In: Wolfgang Dunkel, Kerstin Rieder (Hg.): Interaktion im Salon. Analysen interaktiver Arbeit anhand eines Dokumentarfilms zum Friseurhandwerk. München 2004, S. 125–134.
142 Bericht GI »Maria« v. 6.10.1958; BArch, MfS, BV Schwerin, AOP 1015/65, Bd. 3, Bl. 56.
143 Franka Schneider: Der Intershop. In: Martin Sabrow: Erinnerungsorte der DDR. München 2009, S. 376–388.

(politische) Meinung eher in diesen Räumen äußerte[144] – Frauen hingegen waren zu dieser Zeit in der Regel dort noch keine Kommunikationsteilnehmer.[145] Auch im Nationalsozialismus blieb die Kneipe ein beliebtes Zentrum politischer Diskussionen. Zwischen 1933 und 1945 beruhte offenbar ein nicht unerheblicher Anteil von Denunziationen auf mitgehörten Gesprächen im Gasthaus.[146] Gerhard Paul und Klaus-Michael Mallmann analysieren, dass vor allem andere anwesende Gäste und weniger das Personal für die Denunziationen verantwortlich waren.[147] Christoph Thonfeld beschreibt die Gaststätte gar als paradigmatischen Ort männlichen denunziatorischen Verhaltens.[148] Für die DDR reicht das hier untersuchte Sample nicht aus, um einen solchen Befund zu bestätigen oder zu falsifizieren.[149] Das soll jedoch nicht heißen, dass es die Denunziation nach einem Gaststättenbesuch nicht auch gegeben hätte, besonders weil, wie auch in anderen Kontexten, der Alkoholkonsum die Schwelle senkte, politisch abweichende Gedanken zu äußern.

Im Jahr 1970 tauchten in Boizenburg/Elbe mehrere Flugblätter auf, die sich gegen die Verhältnisse in der DDR wandten. Mit »Europäische Befreiungsfront«, die »Befreiung Deutschlands« und »Aktion Widerstand« waren die Flugblätter unterzeichnet. Einige Monate später, im März 1971, untersuchten Volkspolizei und Staatssicherheit mehrere Fälle von Brandstiftungen im ganzen Stadtgebiet. Am 23.3.1971 um 23.00 Uhr erreichte ein anonymer Anruf den Volkspolizei-Notruf. Ein Mann, dessen Stimme auf ein jugendliches Alter hindeutete, meldete sich und gab an, dass er in einer Gaststätte ein Gespräch mitgehört habe, bei dem mehrere Jugendliche sich darüber unterhalten hätten, dass es neue Brände geben solle. Sie hätten sich außerdem als Gruppe »Befreiung Deutschlands« bezeichnet. Den mutmaßlichen Anführer beschrieb der Hinweisgeber als groß und schlank, ca. 19 Jahre alt und mit vielen Pickeln mit Gesicht. Er weigerte sich auf Nachfrage, den genauen Ort der Kneipe anzugeben aus Angst vor Rache der Gruppe.[150]

---

144 Richard Evans: Kneipengespräche im Kaiserreich. Stimmungsberichte der Hamburger Politischen Polizei 1892–1914. Reinbek 1989, S. 21.
145 Armin Owzar: »Reden ist Silber, Schweigen ist Gold«. Konfliktmanagement im Alltag des wilhelminischen Obrigkeitsstaates. Konstanz 2006, S. 257.
146 Christiane Oehler: Die Rechtsprechung des Sondergerichts Mannheim 1933–1945. Berlin 1997, S. 141.
147 Mallmann, Paul: Herrschaft und Alltag, S. 242.
148 Thonfeld: Sozialkontrolle und Eigensinn, S. 130. Diese Annahme bestätigen weitere Forschungen, beispielsweise von Ela Hornung und Thomas Gebauer; vgl. Hornung: Denunziation als soziale Praxis, S. 138; Thomas Gebauer: Das KPD-Dezernat der Gestapo Düsseldorf. Hamburg 2011, S. 178.
149 So ergibt es jedenfalls die Auswertung der Kartei BArch, MfS, BV Leipzig, BdL 193. Auch wenn diese keine veritable Stichprobe darstellt, gibt sie dennoch einen Eindruck wieder. Vgl. Kapitel 2.
150 Bericht v. 23.3.1971; BArch, MfS, BV Schwerin, AOP 559/71, Bl. 58.

Diese Täterbeschreibung – vor allem die Pickel – blieb einige Wochen zentraler Bestandteil der Ermittlungen von Volkspolizei und Staatssicherheit; auch wenn im Nachhinein ein anderer Mann die Brandstiftungen gestand, aber abstritt, die Flugblätter zu kennen oder sie gar hergestellt zu haben. Gleich mehrere IM beauftragte die Staatssicherheit, in den Tagen nach dem Anruf systematisch Kneipen aufzusuchen, um sowohl die Gruppe als auch den Anrufer aufzuspüren.[151] Mehrere junge Männer, auf die die Beschreibung des Anrufs zutraf, wurden von der Polizei befragt, bevor sie den mutmaßlichen Brandstifter fasste: Der Anruf und ihr Inhalt hatten somit ein großes Gewicht in den Ermittlungen. Die Gaststätte stand als zentraler Ort des Geschehens im Mittelpunkt der Beobachtungen, Überprüfungen und Verdächtigungen, weil Polizei und Staatssicherheit davon ausgingen, dass sie für die Jugend einen wichtigen Kommunikationsort bildete. Die IM, die sie dorthin schickte, zeichneten sich dadurch aus, dass sie in den Kneipen regelmäßig verkehrten und deswegen als unauffällige Beobachter in das Milieu eintauchen konnten.

In Gaststätten und Kneipen entwickelten sich Elemente einer Gegenöffentlichkeit – umso wichtiger für die Sicherheitsorgane, diese umfassend zu überwachen. Die Personen, die gemeinsam das Lokal besuchten, konnten sich zwar fremd sein, aber akzeptierten Grundregeln des dortigen Umgangs. So genoss der Wirt die Position des Hausherrn[152] – auch wenn ihm die Gaststätte in der DDR nicht gehören musste[153] – und der lockere Umgang mit Alkohol sorgte für Gesprächsstoff, der nicht für jedermanns Ohren bestimmt war.

Die Angst, in der Kneipe überwacht zu werden, war zwar vorhanden, aber konkreten Gesprächspartnern vertrauten die Gäste offenbar oftmals trotzdem. Während eines Gesprächs, das ein Besucher einer Gaststätte 1964 meldete, betonte derjenige, der sein Geheimnis preisgab, vorher ausdrücklich die Vertraulichkeit: »[Name 1] bestellte eine Runde Bier. Der [Name 1] wandte sich dann im Verlauf der Unterhaltung an den [Name 2] und stellte diesem die Frage, ob er schweigen könne und die Schnauze halten könne. Dieses wurde bejaht und daraufhin begann [Name 1] von der gemeinsamen Absicht zwischen ihn und [Name 3] zu einem gewaltsamen Grenzdurchbruch zu erzählen.«[154] Mit dem Verweis auf die Vertraulichkeit durchbrach der Redner die Fremdheit, weswegen der Denunziant nicht mehr nur »lauschte«, sondern aktiv am Gespräch teilnahm, nachdem er versprochen hatte, über das Gespräch zu schweigen. Der weitere Gast am Tisch, der eingeweiht wurde, ging mit dieser heiklen Information anders um: »[Name 4]

---

151 Maßnahmeplan v. 30.3.1971; ebenda, Bl. 94–96.
152 Zur Tradition der Gaststätte als geschützte Öffentlichkeit vgl. Sabine Rau: Das Wirtshaus. Zur Konstitution eines öffentlichen Raums in der Frühen Neuzeit. In: Caroline Emmelius u. a. (Hg.): Offen und Verborgen. Vorstellungen und Praktiken des Öffentlichen und Privaten im Mittelalter und Früher Neuzeit. Göttingen 2004, S. 211–227.
153 Die meisten Gaststätten gehörten zur HO.
154 Bericht v. 27.10.1964; BArch, MfS, BV Frankfurt, AOG 4/65, Bl. 8–10.

verließ kurz darauf den Tisch und begab sich zur Toilette. Von hieraus kam er nicht mehr an den Tisch zurück und verschwand ungesehen von beiden. Er müsste das Anfangsgespräch noch gehört haben, jedoch hatte es den Anschein, als ob ihm der Inhalt des Gesprächs zu brisant war und er dieser Angelegenheit aus dem Weg gehen wollte. Das bestellte Bier musste deshalb der [Name 2] austrinken.«[155]

Nach dieser Begegnung in der Kneipe rief der Mann, der am Tisch sitzen geblieben war, die Volkspolizei in Strausberg an und informierte sie über das, was er gehört hatte. Das VPKA Strausberg, Abteilung K, bearbeitete den Fall ohne Hilfe des MfS. Wenige Tage später erschien dort die Pflegemutter des Verdächtigen und zeigte ihn ebenfalls wegen mutmaßlicher Fluchtvorbereitungen an. Ihr Pflegesohn hatte ihr gegenüber sehr viel konkreter als in der Kneipe erzählt, an welcher Stelle er in den Westen fliehen wollte. Nachdem die Volkspolizei ihn verhaftet hatte, gestand er zwar, mit einem Kumpel eine mögliche Flucht besprochen zu haben, beteuerte aber, dass er eigentlich gar nicht habe fliehen wollen. Die Volkspolizei verwarnte ihn eindringlich, da sie aber keine anderen Beweise als die vorliegenden Zeugenaussagen hatte, ließ sie ihn wieder laufen – obwohl er sogar vorbestraft war, weil er einige Monate zuvor eine Fahne abgerissen hatte.[156] Den Denunzianten hingegen, der seine Gaststättenbekanntschaft angezeigt hatte, schlug die Volkspolizei der Kreisdienststelle des MfS zur Anwerbung als IM vor. Allerdings zeigte der Mann daran kein Interesse.[157]

Wenn Personen über Fremde berichten, dann nimmt der Ort der Beobachtung eine Schlüsselrolle ein. Wo sich ein Geschehen abgespielt hat und welche Rolle Beobachter und Beobachteter eingenommen haben, erweist sich als wesentlicher Parameter der Denunziation. Blieben beide Personen einander völlig fremd und gingen sie keine Interaktion ein, so lag die Schwelle zu einer Denunziation niedriger. Entwickelte sich ein unmittelbarer Kontakt, wie beispielsweise während eines Gespräches in der Kneipe, so konnte eine größere Vertrauensbasis angenommen werden. Zudem lässt sich beobachten, dass vor allem Abweichungen vom Alltag oder der gewohnten Umgebung das Potenzial aufweisen, angezeigt zu werden.

Denunziationen, die aus Beobachtungen im öffentlichen Raum entstehen, funktionieren unabhängig von sozialen Bindungsgefügen – weil es sie für diese besondere Situation nicht gibt. Gegenseitige Zu- und Abneigungen sowie soziale Beziehungen existieren bis zum Zeitpunkt des Geschehens nicht, sodass sie einer Anzeige weder im Wege stehen noch sie begünstigen können. Kam jemandem etwas Verbotenes zu Ohren, konnte er wie der dritte Mann beim oben beschriebenen Kneipengespräch reagieren und einfach weggehen. Die Anzeigen durch Fremde zeichnen sich – im Gegensatz zu denen innerhalb anderer sozialer Konstellationen – dadurch aus, dass sie fast immer unmittelbar auf die Beobachtung

---

155 Ebenda.
156 Bericht v. 7.11.1964; ebenda, Bl. 28 f.
157 Aktenvermerk v. 5.11.1964; ebenda, Bl. 21 f.

erfolgen, selbst wenn es für einen Denunzianten eine größere Überwindung bedeutete, direkt zum MfS oder zur Volkspolizei zu gehen. Meist vergingen nur wenige Stunden, manchmal ein Tag, bis sie das (vermeintliche) Delikt anzeigten. Die IM, die glaubten, besondere Dinge in der Öffentlichkeit wahrgenommen zu haben, riefen meist eine Kontaktnummer an, die sie bei dringenden Beobachtungen wählen sollten. Ansonsten nutzen sie den normalen Treffrhythmus, um davon zu berichten.

6.6 Denunzianten aus der Bundesrepublik

Die Menschen, die in der DDR lebten, waren der Herrschaftspraxis des Staates unterworfen und standen unter dem Einfluss der offiziell propagierten Ideologie. So erfuhren sie eine mehr oder wenige starke Prägung durch das System – wie auch immer sie damit in ihrem Alltag umgingen. Für die Bundesbürger galten andere Bedingungen. Sie lebten in einer Demokratie, genossen Meinungsfreiheit und Freizügigkeit. Und egal, wie stark sie sich für den anderen deutschen Staat interessierten, sie wussten, dass diese demokratischen Grundrechte auf der anderen Seite der Grenze nicht existierten.

Eine Reihe von Briefen und auch Aufzeichnungen von Anrufen, die die DDR-Behörden aus der Bundesrepublik erreichten, wurden vom MfS aufbewahrt und sind überliefert. Vieles deutet darauf hin, dass es sich bei der Kontaktaufnahme nicht nur um ein vereinzeltes Phänomen handelte. Es war ein erheblicher Unterschied, ob jemand aus Dortmund oder aus Leipzig bei der Stasi anrief oder einen Brief dorthin schrieb. Im Gegensatz zu DDR-Bürgern mussten Bundesbürger nicht befürchten, Repressionen wegen »Mitwisserschaft« zu erleiden. Diese Rechtsnorm dürfte das Denunziationsverhalten in der DDR beeinflusst haben. Das galt für die Bundesrepublik nicht. Niemand konnte dort verurteilt werden, weil er beispielsweise von einer »Republikflucht« wusste, ohne sie zu anzuzeigen. Außerdem sah die Bundesrepublik die politischen Straftatbestände der DDR als illegitim an. Sicherlich teilten nicht alle Bürger diese Sicht, aber sie waren von der politischen Strafjustiz erstmal nicht bedroht. Das konnte sich nur ändern, wenn sie sich selbst auf DDR-Gebiet begaben, sei es um Verwandte zu besuchen oder die Transitstrecke zu benutzen. Da bei einer Denunziation kein Belohnungseffekt vorhanden war und auch das Postulat der Wachsamkeit nur bei den wenigen westdeutschen DDR-Anhängern greifen konnte, hatten Bundesbürger zumeist andere Motive, sich an die DDR-Behörden zu wenden. Ihre Denunziationen haben zuweilen eine sehr ähnliche Form wie die Denunziationen aus der DDR, funktionieren jedoch häufig anders.

Den größten Unterschied in den denunziatorischen Briefen aus dem Westen bildeten die Adressaten. Nur die wenigsten Schreiben aus der Bundesrepublik wandten sich direkt an die Staatssicherheit, bei den Anrufen sah es etwas anders aus; sie richteten sich häufig an die Volkspolizei und die Stasi. Die Ansprache der Mitarbeiter der Sicherheitsbehörden wirkt in den meisten Fällen deutlich selbstbewusster, die unterschwellige Angst, die sich bei Schreibern und Anrufern aus der DDR zeigt, lässt sich bei denen aus der Bundesrepublik kaum wahrnehmen. Den Briefen verliehen sie sehr häufig einen formellen Anstrich, wählten Anreden wie beispielsweise »sehr geehrte Herren«, die Anrufe erscheinen häufig fordernd – als wollten sie eine Dienstleistung in Anspruch nehmen. Die Denunziationen bezogen sich sehr häufig auf Bekannte und Verwandte, aber selbstverständlich kaum auf Kollegen, da berufliche Verbindungen seltener vorkamen.

Die Denunziationen galten hauptsächlich auf zwei »Vergehen«: der »Republikflucht« und Zoll- bzw. Wirtschaftsvergehen im weiteren Sinne. Der Grund dafür liegt nahe, denn dies waren die größten »Schnittstellen«, die sich zwischen der Bevölkerung beider Länder ergaben. Außerdem war auch in der Bundesrepublik allgemein bekannt, dass diese »Delikte« in der DDR strafbar waren, auch wenn das eigene Land nicht die gleiche Rechtsauffassung vertrat. DDR-Flüchtlinge waren längst nicht bei jedem in der Bundesrepublik willkommen, da sie von Teilen der Bevölkerung eher als soziale Belastung und nicht als eine Bereicherung angesehen wurden.[158] Dies berichteten immer wieder auch diejenigen, die nach einer Flucht aus der DDR wieder zurückkehrten.[159] Sie beschwerten sich darüber, dass die Bürger der Bundesrepublik sie nicht mit offenen Armen aufgenommen hatten, dass sie trotz gleicher Sprache und Kultur als Außenseiter behandelt wurden und die Alteingesessenen ihnen vorwarfen, vor allem aus wirtschaftlichen Gründen gekommen zu sein. Deswegen erstaunt es nur auf den ersten Blick, dass Bundesbürger DDR-Bürger wegen angeblicher oder realer Republikfluchtabsichten denunzierten.

Im Frühjahr 1989 erreichte ein Brief das VPKA Güstrow. Der Absender verwendete das Kürzel »E. K. in Dortmund« und hielt sich mit weiteren Angaben über seine Person zurück.

Dortmund, den 16.4.89

Herr Leiter des Polizeiamtes Güstrow

Ich wende mich an Sie mit einem besonderen Anliegen, das mich berührt und ich hoffe, daß sie das[,] was ich Ihnen schreibe[,] richtig verwenden werden.
Mir ist bekannt, daß bei euch in der DDR noch nicht alles so ist, wie es bei uns ist. Aber auch bei uns gibt es viele Probleme und ich selbst kenne in meiner Verwandtschaft und in meinem Bekanntenkreis viele Arbeitslose. Viele unserer Menschen sehen es nicht gern, daß von Ausländern, aber auch von DDR-Leuten[,] die zu uns kommen, uns die Arbeit weggenommen wird. Durch Verwandte in Hamm, die ich neulich besuchte,

---

158 van Melis, Bispinck: »Republikflucht«, S. 25.
159 Vgl. z. B. Ulrich Stoll: Einmal Freiheit und zurück. Die Geschichte der DDR-Rückkehrer. Berlin 2009.

weiß ich, daß aus Ihrer Stadt oder dem Landkreis eine Familie im Mai zum Besuch der Mutter nach Hamm kommen will. Dann wollen sie nicht mehr in ihre Heimat zurück. Ihre Kinder sollen bei Ihnen in Güstrow bleiben. Für so etwas habe ich auch kein Verständnis. Zu der alten Dame in Hamm soll auch noch der Sohn aus der DDR kommen und auch der soll hierbleiben. Auch er will Frau und Kinder in der DDR zurücklassen. Der Sohn war im Januar schon einmal in Hamm. Eine Frau [Name] aus Hamm hat sich schon um Arbeit für ihre Verwandten bemüht. Selbst nicht alle Verwandten in Hamm sind darüber erfreut, daß die Leute aus der DDR bei ihnen bleiben, weil sie fürchten, daß diese ihnen dann auf der Tasche liegen.
Ob die Familie aus Güstrow auch [Name] heißt[,] weiß ich nicht. Verstehen sie bitte, daß ich meinen Namen nicht nenne und auch den meiner Verwandten. Wir würden wegen des Briefes in der Bundesrepublik Schwierigkeiten bekommen.[160]

Der Einleitungssatz bezieht sich bereits auf die räumliche, aber auch kulturelle Distanz des Schreibers zum Adressaten. Nicht charakterisieren Briefe das eigene Vorgehen als »ungewöhnlich«, »besonders« oder »überraschend«. Die Grenzüberschreitung, die sowohl durch den Brief selbst als auch durch die Kontaktierung von Strafverfolgungsinstanzen eines fremden Staates gegeben war, empfanden selbst die Denunzianten aus der Bundesrepublik als ungewöhnlich. Sie räumten damit die eigene Normenverletzung ein und setzten sich somit – auch dies ist am Inhalt vieler Briefe erkennbar – einem Rechtfertigungszwang aus. Die in der DDR verwendeten »positiven« Legitimationsmuster – wie Wachsamkeit oder die soziale Zugehörigkeit bzw. der Systemtreue[161] – griffen hier nicht, deswegen wählten sie, wenn sie ihre Denunziation begründeten, andere Rechtfertigungsstrategien. In diesem Fall berief sich der Schreiber oder die Schreiberin auf die hohe Arbeitslosigkeit, die sozialen Schwierigkeiten in der Bundesrepublik und das Unverständnis darüber, dass Kinder allein in der DDR zurückgelassen würden. Die Verwandte im Westen – so der Tenor des Schreibens – sei lediglich ein Opfer (deswegen die Wortwahl »alte Dame«) und werde durch die Fluchtwilligen ausgenutzt. Eventuelle persönliche Verbindungen zu den Denunzierten verschleierte die schreibende Person. Sie ließ zwar erkennen, dass ihr diese nicht völlig fremd gewesen sein können (Kenntnis des Nachnamens der Mutter, eventuell eben auch ihrer Kinder, sowie des Wohnorts der Fluchtwilligen), kennzeichnete sich aber als Außenstehender (»Ob die Familie aus Güstrow auch [Name] heißt[,] weiß ich nicht«). Ob dies wirklich zutraf, muss offenbleiben. Wie bereits im Kapitel 6.5 erläutert, war dies ein Argumentationsmuster, das die Anzeigenden oft wählten.
Der Brief erreichte sein Ziel – die VP in Güstrow – am 25.4.1989. Am gleichen Tag begann die Kriminalpolizei mit den Ermittlungen in Zusammenarbeit mit dem MfS. Der stellvertretende Leiter Operativ der Stasi BV Schwerin ersuchte die Kriminalpolizei und das Pass- und Meldewesen, die Vorwürfe zu überprü-

---

160 Brief v. 16.4.1989; BArch, MfS, BV Schwerin, AU 743/89, Bl. 4 f.
161 Vgl. Kapitel 7.

fen. Der Leiter der Kriminalpolizei stimmte sich daraufhin mit dem Leiter des Kommissariats I (mit inoffiziellen Mitarbeitern arbeitender Zweig der Kriminalpolizei) und der KD des MfS in Güstrow ab, um die weiteren Ermittlungen an den Grenzoffizier und den Dienstzweig Pass- und Meldewesen weiterzugeben. Die Mitarbeiter des Pass- und Meldewesens prüften alle Anträge auf Besuchsreisen des entsprechenden Namens und wurden sowohl bei der Schwester als auch bei dem Bruder fündig, die ihre Mutter zum 85. Geburtstag in der Nähe von Hamm besuchen wollten.[162] Am darauffolgenden Tag nahm man die Schwester fest und verhörte sie. Zur gleichen Zeit befragte die Polizei ihren Mann und ihre Schwiegereltern. An diesem Tag vernahm die Polizei sie mehrfach und auch ihre Familienmitglieder in Nachbarräumen, um eventuelle Widersprüche aufzudecken. Ihre Schwiegereltern belasteten sie, indem sie beide aussagten, dass die Frau geäußert hatte, im Westen bleiben zu wollen. Das stritt diese zunächst vehement ab, räumte irgendwann aber ein, dies eventuell im Scherz, aber keinesfalls ernsthaft gesagt zu haben. Der Vernehmer zeigte ihr auch den Brief, der sie beschuldigte. Sie konnte sich nicht erklären, wer ihn verfasst haben könnte. Zwei ihrer Brüder lebten aber schon im Westen und hatten sich gegen Flüchtlinge aus der DDR ausgesprochen. Sie vermutete den Briefschreiber aus deren Umfeld[163], weder Staatssicherheit noch Volkspolizei gingen diesen Vermutungen nach. Die Ausreisegenehmigung für den Besuch der Mutter zu deren Geburtstag war ohnehin hinfällig, bei einer solchen Sachlage ging der Staat kein Risiko ein. Die Untersuchungen gegen die Familie stellten Stasi und Polizei allerdings ein, weil der Brief und die Aussagen der Schwiegereltern für eine Anklage offenbar nicht ausreichend beweiskräftig waren.[164] Doch das Schreiben aus dem Westen hatte seine Wirkung nicht verfehlt, denn die Verwandten konnten nicht in die Bundesrepublik reisen, unabhängig davon, ob sie dort geblieben wären oder nicht. Ob wirklich das Ressentiment gegenüber den Flüchtlingen, die den Einheimischen angeblich die Arbeitsplätze wegnehmen würden, hier den Ausschlag gab, wie der Denunziationsbrief nahelegt, kann nur schwer beurteilt werden.

Weniger Mühe machte sich ein Anrufer – ebenfalls im Jahr 1989, als er kurz vor der Herbstmesse in Leipzig in der dortigen BV anrief. Dem Dialekt nach zu urteilen kam er aus dem Raum Nordrhein-Westfalen. Er denunzierte am Telefon einen ehemaligen Geschäftspartner und dessen Kollegen, der zuvor aus der DDR ausgereist war. Dieser Anrufer gab sich sehr selbstsicher und forderte den Offizier am Telefon sofort auf: »Nehmen Sie einen Bleistift oder einen Kugelschreiber in die Hand und notieren folgende Sachen!«[165] Dann legte er die Herkunft des

---

162 Aktenvermerk v. 26.4.1989; BArch, MfS, BV Schwerin, AU 743/89, Bl. 7 f.
163 Befragungsprotokoll v. 27.4.1989; ebenda, Bl. 14–20.
164 Untersuchungsbericht v. 6.6.1989; ebenda, Bl. 54–58.
165 BArch, MfS, BV Leipzig, Tb 193.

Telefonates offen: »Das ist ein Anruf aus der BRD.«[166] Und nannte sogleich den Vorwurf: »Ich möchte einen Hinweis geben über Schmuggel von Pornographie in die DDR.«[167] Im weiteren Verlauf des Gesprächs erweiterte er die Anschuldigung: »Und nicht nur Kassetten, auch Devisen schmuggelt der rüber. Der führt also auch DDR-Geld ein, in größeren Mengen, 10 000 Mark und so weiter, und beschäftigt dort DDR-Bürger, die für ihn die Stände aufbauen.« Laut seiner Aussage schmuggle der Besitzer einer westdeutschen Messefirma Pornokassetten und Videorekorder im Messegut nach Leipzig, woraufhin sich die ehemaligen Kollegen des Ausgereisten alle krankschreiben ließen und gemeinsam Pornos ansehen würden. Der MfS-Offizier ließ sich auf ein längeres Gespräch mit dem Anrufer ein, um von ihm die Namen der Beteiligten und weitere Hinweise zu erfahren. Der Frage nach seiner Identität wich der Anrufer immer wieder aus und wollte zunächst auch nicht seine Beziehungen zu den Beschuldigten offenlegen. Erst im Laufe des Telefonats erzählte er freimütig: »Da ist noch eine kleine Rechnung offengeblieben, weil der mich da so gepiesackt hat, und er hat euer Land auch ganz schön miesgemacht. Und das ist eine kleine Revanche.« Der oben beschriebene Brief aus der Bundesrepublik hatte ähnlich argumentiert: »Mir ist bekannt, daß bei euch in der DDR noch nicht alles so ist, wie es bei uns ist.« Zugleich lieferte der Anrufer unverblümt sein Motiv, nämlich dass er sich rächen wolle für eine frühere Auseinandersetzung, die er nicht weiter spezifizierte. Ein Revanchemotiv in dieser Deutlichkeit zu benennen, kann als Ausnahme angesehen werden.

Polizeiliche Maßnahmen, die mit diesem Anruf zusammenhängen, lassen sich nicht nachweisen. Das mag u. a. daran liegen, dass die Herbstmesse mitten in die Zeit der Demonstrationen in Leipzig im Herbst 1989 fiel. Der erste Montag während der Herbstmesse war der 4. September 1989, der Tag, an dem die erste Montagsdemonstration nach dem Friedensgebet in der Nikolaikirche stattfand, auf der einige Bürgerrechtlerinnen und Bürgerrechtler verhaftet wurden.[168] Die Staatssicherheit in Leipzig kümmerte sich in diesen Tagen nicht nur um die Überwachung der Messe, sondern auch noch um die Demonstrationen Oppositioneller

---

166 Er benutzte tatsächlich diese Abkürzung. Dies ist offenbar der Empfängerorientierung geschuldet, denn in der Bundesrepublik wurde die Abkürzung in der Regel nicht benutzt.

167 Pornografie war in der DDR strafbar: »Wer pornografische Schriften oder andere pornografische Aufzeichnungen, Abbildungen, Filme oder Darstellungen verbreitet oder sonst der Öffentlichkeit zugänglich macht, sie zu diesem Zwecke herstellt, einführt oder sich verschafft, wird mit öffentlichem Tadel, Geldstrafe, Verurteilung auf Bewährung oder mit Freiheitsstrafe bis zu zwei Jahren bestraft.« (§ 125 StGB, Verbreitung pornografischer Schriften). Privatpersonen in der DDR handelten durchaus im privaten Kreis mit pornografischem Material. Zu diesem Thema erschien 2006 ein Film von Lutz Rentner und Frank Otto Sperlich: Pornografie made in GDR? 45 min.

168 Kowalczuk: Endspiel, S. 362.

und Ausreisewilliger. Gut möglich, dass die sicherheitspolizeilichen »Baustellen« dermaßen groß waren, dass ein Handel mit Pornografie in den Hintergrund trat.[169]

Im November 1983 rief eine Frau bei der BV Berlin an und denunzierte entfernte Bekannte, die nach ihrer Aussage aus West- nach Ostberlin einreisen und einer befreundeten Familie zur »Republikflucht« verhelfen wollten. Das Gespräch mit dem Offizier vom Dienst gestaltete sich sehr schwierig, zum einen kämpften beide Teilnehmer mit technischen Problemen, zum anderen hatte die Anruferin fortwährende Verständnisschwierigkeiten, sodass die Unterhaltung mehrfach stockte und der Stasi-Mitarbeiter bestimmte Details immer wieder abfragte. Da sie nicht genau wusste, wo die beschuldigten Personen in Ostberlin wohnten und sie die Namen nur ungenau angeben konnte, verlief das Gespräch sehr schleppend. Deswegen versuchte der MfS-Mitarbeiter die Frau zu überreden, nach Ostberlin einzureisen, um bei der Dienststelle persönlich vorzusprechen. Dies verstand sie falsch und nutzte das Telefonat, um ihr zusätzliches Anliegen vorzubringen. Ihr läge viel daran, mal in die DDR einzureisen, auch mit ihren Kindern. Das wiederum verstand ihr Gesprächspartner nicht und glaubte, sie wolle in der Bezirksverwaltung vorbeikommen. Die Frau fragte ihn, ob er ihr ein Visum besorgen könnte, wofür er aber keine Möglichkeiten sah – außerdem wollte sie trotz allem anonym bleiben. Das Telefonat endete nicht mit der gewünschten Zusage für eine Einreisegenehmigung in die DDR, die wahrscheinlich Anlass für den Anruf war.[170] Ihre Angaben reichten offenbar nicht, um einen Verdacht gegen konkrete Personen zu überprüfen. Denn die Frau nannte lediglich ungefähr eine Straßenbahnhaltestelle und den Vornamen eines Verdächtigen. Zudem war beim MfS möglicherweise der Verdacht entstanden, die Frau habe sich vor allem für die Möglichkeiten einer eigenen Einreise interessiert und das Telefonat als Vorwand verwendet, um dieses Anliegen vorzubringen.

Spontanen Denunziationen aus der Bundesrepublik misstrauten Staatssicherheit und Volkspolizei mehr als denen aus der DDR. Noch viel weniger sahen sie sich imstande, das Mitgeteilte zu überprüfen und vor allem Absender und Anrufer ein weiteres Mal zu kontaktieren. Die unterschwellige Annahme, mit einer solchen Anzeige trügen die Denunzianten persönliche Konflikte aus, war in diesen Fällen offenbar noch ausgeprägter. Dennoch prüften MfS und VP vor allem Hinweise auf möglicherweise beabsichtigte »Republikfluchten«, besonders im Zusammenhang mit Genehmigungen von Westreisen, um im Zweifelsfall Reisegenehmigungen zu versagen oder zurückzuziehen. Politisch argumentierten die Personen, die sich aus dem Westen an die Sicherheitsinstitutionen in der DDR

---

169 Die Anrufe an die Staatssicherheit im Herbst 1989 dokumentierten Elke Kimmel und Marcus Heumann (Hg.): Abgesang der Stasi. Die letzten Monate der Staatssicherheit im Originalton. CD. 55 Min. Berlin 2015.
170 BArch, MfS, BV Berlin, Tb 73.

wandten, nur selten, versuchten aber trotzdem wenigstens den Anschein einer gewissen politischen Nähe zur DDR zu erzeugen.

In dieser Hinsicht eine Ausnahme stellt ein Brief aus dem Jahr 1959 »An die Paßabteilung Schwerin Mecklenburg«. Der Verfasser schrieb offen seinen Namen als Absender auf den Brief und unterschrieb diesen auch. Das Schreiben war mit »Achtung – Achtung« überschrieben und beschuldigte zwei Schwestern aus der Bundesrepublik gemeinsam mit ihren Geschwistern in der DDR der Spionage. Der Verfasser forderte die Polizei auf, »die Aufenthaltsgenehmigung [...] nicht zu erteilen« und »den Namen im Fahndungsbuch [zu] vermerken, damit die Berlinfahrten unterbleiben.«[171] Er berief sich auf seine kommunistische Gesinnung und konkretisierte dies im letzten Absatz des Briefes: »Als alter Genosse fühle ich mich verpflichtet dieses zu melden, um unsere Partei nicht zu schädigen. Ich bitte Euch aber über meine Benachrichtigung zu schweigen, da ich gewillt bin, Euch auch weiterhin Meldung über so schmutzige Geschäfte zu erteilen. In alter Freundschaft: Eurer alter Kp.-Freund«[172] Die Staatssicherheit nahm sich dieser Vorwürfe an und befragte die denunzierten Schwestern während einer Einreise ausführlich, konnte aber keine Anhaltspunkte für diese Beschuldigungen feststellen.[173]

Diese Art politischer Argumentation ist bei Denunzianten aus dem Westen jedoch selten. Für gewöhnlich zeigte sich, wie bereits angesprochen, eher eine Distanz zum System der DDR. Zugleich wählten sie naturgemäß Kommunikationsformen, die sie auf Abstand zu ihren Adressaten hielten, zum Beispiel sind kaum Informationen über persönliche Besuche von westdeutschen Denunzianten in MfS- oder Polizeidienststellen überliefert. In der erwähnten Kartei aus Leipzig liegen die Besuche von Bundesbürgern mit denunziatorischer Absicht im niedrigen einstelligen Bereich.[174] Die Bundesbürger lebten in einem anderen politischen System und standen außerhalb des Normengefüges der DDR. Umso mehr galten moralische Gesichtspunkte auch für sie, zumal sie beispielsweise wussten, dass der SED-Staat »Republikfluchten« streng ahndete. Der Volkspolizei und der Staatssicherheit kamen diese Denunziationen gelegen. Zwar misstrauten sie den Meldungen aus dem Westen, weil in diesen Fällen persönliche Motive wahrscheinlich erschienen und die Zuverlässigkeit der Informationen somit zweifelhaft war – überprüften sie aber natürlich, sofern sie konkret genug waren. Auch die Quellen der Informationen hielten sie nicht unbedingt geheim, weil damit keine eigenen konspirativen Ermittlungsmethoden offengelegt wurden. Dass dies Akteure aus dem Westen moralisch schlecht aussehen ließ, war aus Sicht der DDR-Sicherheitsorgane nicht unbedingt ein Nachteil.

---

171 Brief v. 15.8.1959; BArch, MfS, BV Schwerin, AP 77/61, Bl. 2.
172 Ebenda.
173 Beschluss v. 1.3.1961; ebenda, Bl. 80 f.
174 BArch, MfS, BV Leipzig, Kartei BdL 193.

6.7 Zwischenfazit: Gesellschaftliche Bedingungen für das soziale Gefüge der Denunziation

Die Loyalitäten und Bindungen, die sich in Familien und Freundschaften in der DDR bildeten, besaßen einen hohen Stellenwert – nicht nur im sozialen Gefüge selbst, sondern durchaus auch in der Wahrnehmung der Sicherheitsinstanzen. Diese vermieden es in der Regel, in persönliche Zwistigkeiten hineingezogen zu werden. Möglichen politischen Delikten oder sicherheitsrelevanten Verfehlungen gingen sie jedoch nach, sofern sie sich verifizieren ließen. Bei der Überprüfung der Anzeigen auf ihren Wahrheitsgehalt nahmen die Sicherheitsorgane persönliche Beziehungen und Probleme zwischen Denunzierenden und Denunzierten in den Blick, soweit es möglich war.

Die Angst von Nahestehenden, etwa bei Republikfluchtabsichten, wegen Mitwisserschaft Strafen oder zumindest Nachteile in Kauf nehmen zu müssen, war in weiten Teilen der DDR-Gesellschaft verbreitet. Hierdurch wurde wohl die Neigung zur Denunziation gefördert oder zumindest ein Ansatzpunkt für ihre Rechtfertigung geliefert. Hohe Parteifunktionäre und Geheimnisträger verpflichteten sich außerdem, keine Kontakte in die Bundesrepublik zu pflegen – was auch die eigene Familie einschloss. Solche unerlaubten Westkontakte waren ein gängiger Anlass für Denunziationen. Verwandte, die eigene Angehörige anzeigten, waren sich in der Regel ihres Tabubruchs bewusst. Umso nachdrücklicher bekundeten sie manchmal, dass sie das Wohl der Beschuldigten im Blick haben würden, auch wenn andere Motive für ihr Handeln den Ausschlag gaben.

Ein zentraler Ort der Überwachung in der DDR und damit auch für Denunziationen war der Arbeitsplatz. Das lag vor allem daran, dass hier ein dichtes Berichts- und Kontrollsystem bestand und auch regelmäßige Personenüberprüfungen realisiert wurden. In den Arbeitskollektiven entwickelten sich vielfältige Beziehungen, auch Abhängigkeitsverhältnisse und Freundschaften. Natürlich vollzogen sich im beruflichen Umfeld auch politische und soziale Disziplinierung, dort entschied sich, ob Aufstiegschancen ermöglicht oder verwehrt blieben, und teilweise auch, ob Dienstreisen und Westbesuche abgelehnt oder genehmigt wurden. Aus der personellen und örtlichen Nähe der betrieblichen Strukturen erwuchs ein großes Denunziationspotenzial, auf dem auch weite Teile des IM-Netzes der Staatssicherheit aufbauten. Selbst wenn Kollegen nur zusammenarbeiteten und ihre Freizeit nicht miteinander verbrachten, konnten sie sich einem gegenseitigen Kontakt nur schwer entziehen. Das schuf nicht nur Gelegenheiten, mögliches abweichendes Verhalten zu erkennen und zu melden, sondern führte zu Zweckgemeinschaften, die nicht zwingend auf Zuneigung und Loyalität beruhten. Arbeiter denunzierten ihre Vorgesetzten und andersherum, Denunziationen gab es auch innerhalb der gleichen Hierarchie. Um Inoffizielle Mitarbeiter zu platzieren, suchte das MfS Personen, die möglichst über viele Kontakte im Betrieb verfügten. Das traf generell auf Führungskader und bestimmte Funktionsinhaber zu. Werbungen in der einfachen Arbeiterschaft wurden (in geringerem Umfang) trotzdem vorgenommen, um auch dort Stimmungen, Meinungen und abweichendes Verhalten einzufangen. Denunziationen im beruflichen Umfeld beinhalteten nicht nur Arbeitsangelegenheiten, sondern zielten ebenfalls auf das Privatleben der Beschuldigten ab.

Freundschaften sind starke soziale Bindungen, die man sich selbst wählt, freiwillig eingeht und eigenständig gestaltet. In der DDR kam es innerhalb dieses engen und vertrauten Gefüges gelegentlich durch eingeschleuste oder angeworbene Spitzel der Staatssicherheit zu Denunziationen, aber nur sehr selten innerhalb eines wirklich engen gegenseitigen Vertrauensverhältnisses. Die Staatssicherheit schaffte es in einigen Fällen, die in den 1990er-Jahren bekannt wurden, neue »Freundschaften« zu initiieren und Gruppen, die sie beobachten wollte, auf diese Weise zu unterwandern. Zuweilen bauten aber selbst in diese Gruppen eingeschleuste IM sehr reale feste Bindungen auf, die durchaus einen freundschaftlichen Charakter haben konnten, aber mit der Hypothek des unterschwelligen Verrats belastet waren und damit in gewisser Hinsicht auf Einseitigkeit beruhten. In Freundeskreisen vertrauten sich die Personen einander an und erwarteten dafür Loyalität, Nähe und gegenseitige Hilfe. Der Vertrauensbruch, so er sich dann zeigte, zerstörte meistens genau diese Grundbedingungen der Freundschaft. Die nach Öffnung der Stasiunterlagen bekannt gewordenen Beispiele dieser Art lösten in der Öffentlichkeit eine tiefe Betroffenheit aus.

Nachbarschaften bargen klassische Konfliktpotenziale, sodass diese in der Regel nicht frei gewählten Gemeinschaften in der DDR (wie auch anderswo) zum Nährboden von Denunziationen werden konnten. Ein Stück weit zwang die Nähe dazu, das Privatleben anderer miterleben zu müssen, andererseits verbrachten hier die meisten DDR-Bürger ihre Zeit, wenn sie nicht an ihrer Arbeitsstelle waren. Die Überwachung im SED-Staat vollzog sich überdies neben der Arbeitsumgebung auch im Wohnumfeld, da für sogenannte Personeneinschätzungen, die von Volkspolizei und Staatssicherheit im Falle von Reiseanträgen und Sicherheitsüberprüfungen erstellt wurden, häufig auch Nachbarn befragt wurden. Denunziationen aus der Nachbarschaft hatten ihren Ursprung häufig im Wohnumfeld und seinem sozialen Gefüge. Sie zogen ihre Motivation nicht selten aus dortigen Konflikten.

Anders verhielt es sich bei Verfehlungen oder verdächtigen Verhaltensweisen, die von Fremden, ob nun auf der Straße, in der Gaststätte oder während des Einkaufs, wahrgenommen wurden. Denunziationen entstanden hier häufig aus einer Situation, in der etwas Auffälliges passierte. Zu fremden Personen existierten keinerlei Bindungen, umso leichter fiel es hier den Denunzierenden, ihre Anschuldigungen zu erheben.

Die Orte der Beobachtungen, aus denen sich Denunziationen ergaben, spiegeln soziale Nähe oder Ferne wider. Da die DDR-Gesellschaft stark in Arbeitszusammenhängen organisiert war, waren dort auch Kontroll- und Überwachungsstrukturen konzentriert, was wiederum Denunziationen im Kollegenkreis förderte.

Die Neigung zur Denunziation hing stark von Bindungen und Loyalitäten zwischen den Akteuren ab. Je intakter das Beziehungsgefüge war, umso unwahrscheinlicher waren dort Denunziationen. Der innere Zusammenhalt war in der Familie und im Freundeskreis am größten; diese ließen sich entsprechend weniger politisch instrumentalisieren. Im Kollegenkreis, der Nachbarschaft und vor allem unter Fremden waren die sozialen Bindungskräfte und somit die Loyalität deutlich schwächer ausgeprägt.

7. Selbstgeäußerte Motive für eine Denunziation

Die Frage nach der Motivation von Denunziationen ist vor allem in der öffentlichen Auseinandersetzung zentral. Die ausgeprägt moralischen Gesichtspunkte bei der Bewertung von Denunziationen implizieren immer auch, dass dem Anzeigeerstatter ein bestimmtes Motiv unterstellt wird. Zugleich wird gemeinhin angenommen, hier sei der »böse Mensch« schlechthin am Werk gewesen. Nach Motiven für dessen Handlungsweisen zu forschen, bedeutet demnach vermeintlich einen Blick in den Abgrund. Ganz so moralisch eindimensional sind die Hintergründe dieses Tuns allerdings bei näherer Betrachtung nicht. Die Ergründung der Motive eines Denunzianten spiegelt ein weitaus komplexeres Spektrum wider, als vorschnelle Vermutungen erahnen lassen.[1]

Thematisch einschlägige Forschungsarbeiten problematisieren teilweise die Bewertung der Motive und weisen darauf hin, dass einfache Erklärungsmuster eine nur begrenzte Reichweite aufweisen. Die frühen Arbeiten zum Nationalsozialismus trennen häufig zwischen privaten und politischen Motiven und ordnen ihre Samples entsprechend. Dabei zeigt sich jedoch deutlich, dass die Quellen nur begrenzt Auskunft über die Beweggründe für Denunziationen geben, wie zum Beispiel die Statistik von Reinhard Mann deutlich macht. Er kennzeichnet in seinen Fallbeispielen 37 % als privat motivierte Anzeigen, während 24 % aus der systemloyalen Einstellung hervorgegangen seien. Dabei stellt sich die Frage, ob die Zuordnung zu den Motiven »privat« und »systemloyal« so eindeutig überhaupt möglich ist. Bei 39 % seines Samples konnte er gar keine Motive feststellen, was die Bedeutung der anderen Befunde entwertet. Stephanie Abke wies bereits darauf hin, dass in den meisten Fällen Motivbündel vorlägen und es nur schwer sei, zwischen privaten und politischen Motiven zu unterscheiden.[2] Schon die Gerichtsprozesse in der Nachkriegszeit förderten selten den begeisterten reinen Überzeugungstäter oder den ausschließlich privat Motivierten zu Tage, sondern vielmehr »ganz normale Menschen«, die sich auf diese Weise die staatlichen Machtmittel zunutze machten, an der Macht partizipierten, sich wichtigtun wollten oder auf die Einhaltung der Ordnung pochten.[3] Robert Gellately konstatierte, dass

---

1 Diese Kategorisierung wurde bereits in folgendem Aufsatz anhand ausgewählter Beispiele dargestellt: Anita Krätzner-Ebert: Die Akten zur politischen Denunziation in der DDR – ein sozialpsychologisches Lehrstück. In: Andreas Maercker, Jens Gieseke (Hg.): Psychologie als Instrument der SED-Diktatur. Theorien – Praktiken – Akteure – Opfer. Bern 2021, S. 185–201.
2 Mann: Protest und Kontrolle, S. 295; Abke: Sichtbare Zeichen, S. 347–350.
3 Diewald-Kerkmann: Politische Denunziation im NS-Regime, S. 128.

viele Denunzianten in der NS-Zeit zwar vordergründig systemloyal erschienen, sich aber häufig private Motive, die für das Handeln ursächlich waren, hinter der Denunziation verbargen.[4] Dass die Quellen oft keine eindeutigen Befunde zulassen, bemerkt auch Holger Zaunstöck, der sich in seiner Untersuchung zu Denunziationen in den Universitätsstädten des 18. Jahrhunderts auf vorrangig anonyme Anzeigen stützt. Diese ermöglichten es kaum, Beweggründe für Denunziationen zu verifizieren und zu überprüfen.[5]

Antriebsgründe für soziales Handeln lassen sich aus historischen Quellen häufig nur schwer ermitteln. Das Motiv spielt in der Kriminologie und der Strafjustiz zwar eine große Rolle und wirkt sich sowohl auf die Einordnung von Straftaten als auch auf das Strafmaß aus. Trotzdem nimmt die kriminologische und psychologisch-psychiatrische Begutachtung häufig auch eine sozialpsychologische Einordnung des Tatkontextes vor und versucht so, die Wirkungskräfte eines strafbaren Verhaltens offenzulegen.[6] Die Motivationspsychologie beschäftigt sich als eigene Disziplin mit den Beweggründen für (menschliches) Verhalten; sie vermag komplexe Faktoren zu definieren, die eine Handlung beeinflussen.[7] Die Methodik beider Disziplinen lässt sich in dieser Arbeit nicht anwenden, denn es liegen keine detaillierten Zeugenaussagen zusätzlich zu den schriftlichen Quellen vor, die hierfür verwendet werden könnten. Der zeitliche Abstand verunmöglicht weitgehend die Erhebung zusätzlicher Daten, die für eine solch komplexe Analyse notwendig wären. Das vorliegende Forschungsprojekt muss sich daher mit einer gründlichen Quellenanalyse begnügen, die Spekulationen zu vermeiden sucht. Das folgende Kapitel analysiert demnach ausschließlich die Inhalte der Quellentexte, die allerdings zumeist keinen präzisen Aufschluss darüber bieten, welche Motivationsgefüge tatsächlich vorlagen. Angaben und Hinweise auf Motive können zwar zutreffen, lassen sich jedoch aus heutiger Perspektive nicht überprüfen. Sofern Selbstäußerungen der Denunzierenden zu ihrer Motivation vorliegen, werden sie entsprechend wiedergegeben.

Grundsätzlich lassen sich die Quellen in zwei Gruppen unterteilen: diejenigen, in denen die Motive für die Anzeige in irgendeiner Form reflektiert werden, und diejenigen, bei denen das nicht der Fall ist. Anonyme Denunziationen liefern häufig nur sehr bruchstückhafte Hinweise auf das (vorgebliche) Motiv. Wie auch schon in anderen Forschungen betont wurde, lässt die Äußerung des Denunzianten, wenn überhaupt, Rückschlüsse auf Selbstrechtfertigungsmuster zu, nicht

---

4 Gellately: Die Gestapo und die deutsche Gesellschaft, S. 169.
5 Zaunstöck: Das Milieu des Verdachts, S. 187.
6 Hans-Dieter Schwind: Kriminologie und Kriminalpolitik. Eine praxisorientierte Einführung mit Beispielen. Heidelberg 2016, S. 205 ff; Andreas Frei, Marc Graf, Volker Dittmann: Die Akzeptanz forensisch-psychiatrischer Gutachten vor Gericht – eine Studie über angeklagte Tötungsdelikte in Basel. In: Jörg-Martin Jehle, Klaus Beier (Hg.): Kriminologie zwischen Grundlagenwissenschaften und Praxis. Godesberg 2003, S. 127–148, hier 135.
7 Als Einführung vgl. Bernhard Weiner: Motivationspsychologie. Weinheim 2009.

aber ohne weiteres auf das wirkliche Motiv (was nicht heißt, dass beides nicht übereinstimmen könnte). Die dabei verwendeten Topoi lassen sich somit eher mit den Kategorien der Textlinguistik[8] und weniger mit denen der psychologischen Analyse fassen. Es lässt sich dadurch eher ablesen, wie sich die Denunzierenden verhielten, um glaubhaft zu erscheinen und vor sich selbst im Zweifel »gut« dazustehen. Deswegen überwiegen bei den Angaben zu den eigenen Motiven für die Anzeigen die politischen Begründungen.

Kurze anonyme Denunziationen liefern dafür nur wenige Anhaltspunkte. Ein Anrufer beispielsweise, der sich an die BV Berlin wandte, um einen Westdeutschen anzuzeigen, äußerte zusätzlich zu seinen Anschuldigungen lediglich den Satz: »Muss ich doch mitteilen!«[9] – ein kryptischer Verweis auf eine Art Pflichterfüllung. Das Telefonat selbst blieb außerordentlich kurz. Die Briefe und Anrufe, die lediglich den angezeigten Sachverhalt beschreiben, enthalten gar keine Reflexionen über vorgebliche Gründe. Ein Beispiel dafür bietet ein Anruf, der 1989 die Bezirksverwaltung Leipzig erreichte:

OvD: Staatssicherheit, guten Abend.
A: N'Abend. Ich würde Sie bitten den [Name, Vorname], [PLZ Ort], Ortsteil [Ort], [Straße Hausnummer], Geburtsdatum [Datum], festzunehmen. Danke.[10]

Nach dieser kurzen Meldung legte der Anrufer auf. Er übermittelte keinerlei Anhaltspunkte darüber, wer er war, noch über ein Motiv, das ihn dazu bewog, die Person anzuzeigen. Nicht einmal ein (vermeintliches) Fehlverhalten benannte er, lediglich eine Aufforderung zur Festnahme enthielt sein Anruf. Aus dieser sehr knappen Mitteilung lässt sich unmöglich über ein Motiv spekulieren. Im vorliegenden Fall veranlasste der OvD sofort eine Fangschaltung, die aber auch nur offenlegte, dass der Anruf von einem Münzfernsprecher im Leipziger Hauptbahnhof erfolgt war. Der Tonbandmitschnitt dokumentiert eine klare und bestimmte Forderung, die weder die Tat eines Betrunkenen noch einen Scherzanrufer vermuten lässt. Die Angaben – Name, Vorname, genaue Adresse und Geburtsdatum – sollten eine problemlose Identifizierung des Beschuldigten ermöglichen.

Die Schreiber der knappen Briefe und die Anrufer, die sich auf nur wenige Informationen beschränkten, vermieden alle Hinweise auf ihre eigene Person und ihr Motiv und gaben keinerlei Erklärungen preis.

Die Gründe für Denunziationen liegen nur in Ausnahmefällen offen. Personen handelten aus verschiedenen Beweggründen heraus. Das soziale Umfeld, Beziehungen, Sozialisation und lokale Bedingungen beeinflussten ihr Handeln. Denunziationen sind daher zumeist nicht monokausal begründet. Doch bei

---

8 Vgl. Bock: »Blindes« Schreiben.
9 BArch, MfS, BV Berlin, Tb 128.
10 BArch, MfS, BV Leipzig, Tb 49.

einigen Denunziationshandlungen zeigen sich Hinweise auf die Motivationen der Akteure. Sie sahen sich zu Rechtfertigungen veranlasst und reproduzierten dabei bestimmte Topoi, um sich sowohl vor der Institution, die sie kontaktierten, als auch vor sich selbst zu legitimieren. Auf diese Weise kristallisieren sich verschiedene typische Erklärungslinien für die Denunziationen heraus.

Politische Notwendigkeit

Genauso wie der Anrufer, der sich bei der BV Berlin meldete und knapp darauf hinwies, er müsse dies doch mitteilen, so unterstellen die meisten Telefonate und Briefe die politische Notwendigkeit der Anzeige. In den meisten Fällen geschah dies nicht verklausuliert, sondern explizit mit einer dezidierten Argumentation. Ähnlich wie bei den Eingaben arbeitet dieses Begründungsmuster mit einem Übereinstimmungstopos.[11] Die Person möchte etwas melden, weil sie auf der Seite der DDR – und damit auf der »richtigen« Seite – stehe. Wie die Eingaben, die sich auf eine solche legitimierende Einrahmung stützten, versuchten die Denunziationen bei der angesprochenen Institution auch die eigene Person in ein gutes Licht zu rücken und präsentierten sie als rechtschaffene Bürger, die politisch davon überzeugt seien, dass Gesetze eingehalten werden müssten. So bekannten sie sich nicht nur zu den herrschenden Normen, sie erklärten gleichzeitig implizit, keine persönlichen Interessen an dem Fall zu haben und gleichsam dem Allgemeinwohl zu dienen. Dabei beriefen sie sich auf die viel beschworene »sozialistische Pflicht«. So argumentierte der Verfasser eines Briefes von 1989, der zwei Personen beschuldigte, in den Westen fliehen zu wollen: »Ich halte es für meine soz[ialistische] Pflicht, Sie davon zu informieren [sic!]«.[12] Die Grußformel des Schreibens lautete: »Mit sozialistischem Gruß«[13] – ein typischer Abschluss eines Briefes, der auf die politische Gesinnung verweisen sollte.

Den »sozialistischen Gruß« verwendete auch ein Mann, der sich in einem Schreiben an einen Kompaniechef der NVA über einen Soldaten beschwerte, der sich mit seiner Tochter verlobt hatte, was er als »Drückebergertum« vor der Armee deutete. Er betonte nachdrücklich seine politischen Überzeugungen, die den Ausschlag für den Brief gegeben hätten: »Ich möchte ganz klar werden, Genosse Kompaniechef: ich als ehemaliger Spanienkämpfer der Internationalen Brigade (meine Frau ist ehem. Widerstandskämpferin und KZ-lerin [Inhaftierte eines Konzentrationslagers]) weise auf das Entschiedenste jede Verbindung mit

---

11 Bock: »Blindes« Schreiben, S. 203.
12 Brief vom 14.5.1989 (Poststempel); BArch, MfS, BV Schwerin, AU 744/89, GA 1, Bl. 4 f.
13 Siehe Eingangsbeispiel Kapitel 4.1.

einem Menschen ab, der offensichtlich Gegner der DDR ist und der sich mit allen Mitteln [...] vom Dienst in der NVA zu drücken versucht.«[14]

In Eingaben ist diese Form der Argumentation noch stärker ausgeprägt, in Denunziationen war sie eine gängige Strategie, um die Legitimität der Handlung zu bekräftigen und die eigene (vorgebliche) Motivation für die Anzeige zu demonstrieren. Sie sollte das Positive – nämlich die politische Überzeugung und die Treue zur DDR – hervorheben und alle Verdachtsmomente bezüglich möglicher »negativer« Motive (Rache, Neid, Eifersucht) zerstreuen, selbst wenn diese ursächlich gewesen waren. In Telefonaten griffen die Anrufer vor allem dann auf diese Strategie zurück, wenn ein Gespräch länger dauerte und eventuell ins Stocken geriet. So betonte ein Anrufer, der die Bezirksverwaltung Berlin im Jahr 1988 kontaktierte, gleich mehrmals in seinem Telefonat: »Ich nehm an, dass es meine staatsbürgerliche Pflicht ist« und später »[...] und Sie sind der Meinung, ich würde damit meine staatsbürgerliche Pflicht tun in vollem Umfang [...]?«[15]

Ina Merkel und Felix Mühlberg konstatierten in Bezug auf die Eingaben: »Die Formen der Selbstdarstellung laufen, bei allen individuellen Unterschieden, darauf hinaus, sich als nützliches und loyales Mitglied der Gesellschaft zu präsentieren. [...] In jedem Falle nimmt die Selbstdarstellung den Charakter einer Zugehörigkeitserklärung zu diesem, sie umgebenden Staatswesen, an und wird von den Eingabeschreibern als entscheidender Türöffner angesehen.«[16] Dies gilt ganz ähnlich auch für Denunziationen in der DDR. Die IM-Berichte können ähnliche Passagen enthalten[17], aufgrund des gewohnten engen Kontakts zur Staatssicherheit tauchen diese Pflicht- und Treuebekundungen aber sehr viel seltener auf.

Empörungstopos

»Einige Kollegen von VEB [...] möchten sich heute mit einigen Fragen an Sie wenden. Wie ist es möglich, dass unser Kollege [...], als Kraftfahrer tätig, sich fast täglich damit rühmt, trotz Ausreiseantrag Neubauwohnungen angeboten zu bekommen? Wir sind empört, denn wir kennen zu Genüge die negative Einstellung zu unserem Staat.«[18]

Der oder die Verfasser dieses Briefes unterschrieben ihn mit »4 Kollegen des VEB [...]«, blieben also halb-anonym. Sie bezogen sich in ihrer Argumentation nicht

---

14 Brief v. 5.1.1974; BArch, MfS, AOP 10533/75, Bl. 37.
15 BArch, MfS, BV Berlin, Ka 39 a.
16 Ina Merkel, Felix Mühlberg: Eingaben und Öffentlichkeit. In: Ina Merkel (Hg.): »Wir sind doch nicht die Mecker-Ecke der Nation.« Briefe an das DDR-Fernsehen. Köln u. a. 1998, S. 9–32, hier 24.
17 Bock: »Blindes« Schreiben, S. 220–222.
18 Brief v. 27.8.1985; BArch, MfS, BV Leipzig, BdL 1884, Bl. 90.

explizit auf ihre Staatstreue, sondern bekannten sich implizit zur DDR – durch die bekundete Empörung über die Bevorzugung eines Staatsfeindes, wodurch sie die Aufmerksamkeit des Empfängers zu erreichen suchten. Außerdem gaben sie vor, nicht nur für sich selbst zu sprechen, sondern nahmen für sich in Anspruch, im Namen einer größeren Gruppe zu handeln. Die Empörung zielte in eine ähnliche Richtung wie das Bekenntnis zu einer staatstreuen politischen Überzeugung, bewegte sich aber in einem emotionalen Feld. Das vorgebliche Motiv bestimmte sich eher durch Emotion als durch ein politisches Bekenntnis. Verbunden wurde der Empörungstopos manchmal mit einer direkten oder versteckten Kritik daran, dass die Beschuldigten nicht längst bestraft worden waren. Die Denunzierenden bewegten sich auf einem schmalen Grat, wenn sie den staatlichen Organen Untätigkeit vorwarfen: »Es ist unerhört, daß oft ehrliche bestraft werden und diese [die Beschuldigten] Narrenfreiheit haben oder werden die Mitarbeiter gespickt [d. i. »bestochen« – AKE]?«[19] Diese Vorhaltung wog ziemlich schwer, immerhin warf die Briefeschreiberin Funktionsträgern Bestechlichkeit vor. Ihr anonymer Brief wurde ausführlich untersucht, die Staatssicherheit ließ Schriftproben, Fingerabdrücke und Speichelproben nehmen, um die Verfasserin zu ermitteln, die wegen dieses Briefes zwar keine Strafe, aber immerhin ein Verhör über sich ergehen lassen musste.

Empörung wurde häufig dann zum Ausdruck gebracht, wenn Repräsentanten von Staat und Partei beschuldigt wurden: »Sollte man von einem Parteisekretär nicht mehr Bewusstsein verlangen? Das ist für die Bevölkerung bestimmt nicht vorbildlich […].«[20] Oder in einem anderen Beispiel: »Es ist unvorstellbar und nicht zu verstehen, was sich einige Leiter heute im Sozialismus erlauben können.«[21] Letzterer Verfasser zeigte seinen Vorgesetzten an, weil er sich bereichern und einen zu hohen Lebensstandard pflegen würde. Der Brief ist durchzogen von Empörungsfloskeln: »Ist das vielleicht Vorbildwirkung?«, »Wie lange soll das noch weitergehen? Oder sollen wir alle mitmachen?«, »Warum duldet er [der Betriebsdirektor] das? Das fragen sich sehr viele Leute und ich auch.«[22]

Solche Empörungstopoi dienten als rhetorisches Mittel, das vor allem auf die moralische Dimension der angezeigten Verfehlung und die Dringlichkeit einer Anzeige hinweisen sollte. Auf diese Weise konnte auch der Unmut mehrerer Personen thematisiert werden, wenn stellvertretend für eine Gruppe gesprochen wurde. Häufig äußerten die Denunzianten, dass sie das verwerfliche Verhalten schon länger beobachtet hätten, aber nun die Grenze überschritten sei, bei der man dies noch weiterhin dulden könne. So auch ein Anrufer, der sich 1976 bei der BV Leipzig meldete. Er denunzierte einen Mann, der nach seiner Beobachtung

---

19 Brief [undatiert, 1986]; BArch, MfS, BV Schwerin, AU 494/87, GA, Bl. 4.
20 Brief v. 16.4.1956; BArch, MfS, BV Schwerin, AP 590/56, Bl. 2.
21 Brief v. 10.5.1978; BArch, MfS, BV Magdeburg, KD Senftenberg, 15404, Bl. 104 f.
22 Ebenda.

seit einem Jahr keiner Arbeit nachgehen würde. »Der ist gesund, alles ok und wie gesagt, geht nicht arbeiten. Das ist jetzt kein Quatsch, den ich hier erzähle, das ist die Wahrheit. Da haben sich schon andere drüber beschwert.«²³ Auch hier suggerierte der Denunziant, nicht nur für sich, sondern für die Gemeinschaft zu sprechen. Über den angezeigten Mann beschwerten sich angeblich auch andere Leute und er sei nur derjenige, der es nun endlich zur Anzeige bringe. Seine persönlichen Motive traten hinter dem vorgeblichen Gemeinschaftsinteresse zurück. Dass die Staatsmacht nun endlich zum Handeln aufgefordert wurde, war für ihn ein unausweichlicher letzter Schritt.

Ähnlich agierte auch ein anonymer Anrufer, der ebenfalls in der BV Leipzig anrief, diesmal im Jahr 1988. Er erklärte, regelmäßig eine katholische Kirche in Leipzig zu besuchen und dort einen Aushang gesehen zu haben, mit dem ein ehemaliger Strafgefangener jemanden suche, der ihm 1 000 Mark leihen wolle, da der Staat ihm offenbar seinen Ausreiseantrag erst genehmige, wenn er seine Gerichtskosten bezahlt habe. Die 1 000 Mark wolle er nach erfolgreichem Umzug in die Bundesrepublik in Westmark zurückzahlen. Dazu bemerkte der Anrufer: »Das haben nun einige Leute gehört, die haben sich darüber sehr empört.« Sich selbst schloss er aus dieser Empörung aus, obwohl er doch anrief. Zugleich wiegelte er ab: »Also der Zettel müsste doch wenigstens entfernt werden.«²⁴

Die Personen, die mit dem Empörungstopos arbeiteten, ordneten persönliche Motive (die dennoch ausschlaggebend gewesen sein könnten) häufig einem vermeintlichen kollektiven Anliegen unter. Sie argumentierten damit im vermeintlichen Interesse der Allgemeinheit und hofften sich auf diese Weise Gehör zu verschaffen. Dabei ähnelt der Empörungstopos dem Topos der »politischen Überzeugung«, auch hier nahmen die Denunzianten das scheinbare Wohl der Gemeinschaft in den Blick.

Schutz des Angezeigten

Einige Denunzianten betonten, sie beabsichtigten ausschließlich, die angezeigten Personen vor eigenem Schaden zu bewahren. Sie nahmen für sich in Anspruch, besser zu wissen, was für die von ihnen Beschuldigten gut sei als diese selbst. Sehr häufig verwenden Nahestehende – also Verwandte oder Bekannte – diese Argumentation, nicht zuletzt, um sich vor sich selbst und der staatlichen Institution zu rechtfertigen. Sie betonten, verhindern zu wollen, dass die betreffenden Personen körperlichen oder psychischen Schaden nehmen, wenn sie eine Tat begehen. Dabei handelte es sich vor allem um beabsichtigte oder bereits geplante »Delikte«, meist um »Republikflucht«. Und sie wussten natürlich, dass sie diejenigen, die

---

23 BArch, MfS, BV Leipzig, Tb 139.
24 BArch, MfS, BV Leipzig, Tb 586.

sie denunzierten, einer möglichen Repression oder Strafverfolgung aussetzten. Obwohl auch dieser Topos zweifellos exkulpierende Funktion hatte, ist nicht von der Hand zu weisen, dass es nahen Angehörigen bei der Denunziation darum gehen konnte, die Denunzierten vor Schaden zu bewahren. Dies galt beispielsweise für die Mutter, die ihre schwangere Tochter an der »Republikflucht« hindern wollte, indem sie ihre Fluchtabsichten dem Rat des Kreises mitteilte. Obwohl noch andere Motive den Ausschlag gaben, sie anzuzeigen (z. B. die Konflikte sowohl mit ihrem Schwiegersohn als auch mit der Affäre ihrer Tochter), so verabredeten die Mutter und die Großmutter die Meldung beim Rat des Kreises auch, um Tochter bzw. Enkelin und deren ungeborenes Kind zu schützen.[25] Ähnlich verhielt es sich bei der Mutter, die telefonisch ihren Sohn anzeigte, als er an einer Demonstration teilnehmen wollte.[26]

Die Argumentation, die Angezeigten lediglich schützen zu wollen, bestärkte die Denunzianten in ihrem eigenen Handeln. Sie distanzierten sich so stark wie möglich von etwaigen »negativen« Motiven – also beispielsweise Rache, Neid und Eifersucht. Das bedeutet, dass sie sich die Tragweite ihres Verrats durchaus vor Augen führten und daher das Bedürfnis hatten, ihrem Tun einen möglichst positiven Anstrich zu geben, in diesem Fall ausschließlich Gutes für die Person im Sinn zu haben.

Im Jahr 1986 meldete sich beispielsweise ein Anrufer bei der Volkspolizei in Leipzig und zeigte dort einen Bekannten an, dem er mögliche Westverbindungen unterstellte. Er bezichtigte ihn, sich mit einem Bundesbürger in einem Hotel treffen zu wollen, um diesem »Material« zu übergeben. Um welche Art Material es sich dabei handeln solle, führte der Anrufer nicht aus. Über sich selbst verriet der Gesprächsteilnehmer nur, dass er den Beschuldigten »kenne«. Zweimal betonte er im Telefonat seine ausschließlich guten Absichten: »Ich will bloß verhindern, dass er keinen [sic!] Mist macht«. Und an anderer Stelle: »Ich wünsch dem Bürger nur das Beste«[27] – gleichwohl wissend, dass die schwerwiegende Anschuldigung harte Konsequenzen, bis hin zur Verhaftung oder Verurteilung, nach sich ziehen konnte.

In eine ähnliche Kategorie fällt eine Mitteilung, die die BV Frankfurt/Oder erhielt.[28] Ein Mann zeigte am Telefon seine Schwester an, da diese mutmaßlich zu ihrem neuen Freund nach Westberlin flüchten wollte. Dabei gab er sehr persönliche Informationen zu seiner Person und zu seiner Schwester weiter. Sie habe mehrere unglückliche Beziehungen hinter sich und sei nun entschlossen, mit dem neuen Mann im Westen ein neues Leben anzufangen. Dazu äußerte sich

---

25 BArch, MfS, BV Schwerin, AOPK 764/87. Vgl. Kapitel 6.1.
26 BArch, MfS, BV Berlin, Tb 149. Vgl. Kapitel 6.1.
27 BArch, MfS, BV Leipzig, Tb 142.
28 Aus der Überlieferung wird nicht ersichtlich, aus welchem Jahr sie stammt.

der Bruder: »Ich möchte sie vor Unglück bewahren [...] Denn meine Schwester hat wahrscheinlich 'ne Torschlusspanik.«[29]

Zusammenfassend kann gesagt werden, dass der »Schutz-Topos« sich weniger auf die Gemeinschaft oder den Staat bezog, sondern sich auf einer persönlichen Ebene bewegte. Die gemeinhin als moralisch verwerflich geltende Denunziation sollte durch das persönlich-positive Schutzmotiv gleichsam legitimiert werden. Nur am Wohl der Angezeigten sei ihnen gelegen gewesen, die ethische Problematik ihrer Verratshandlung und mögliche schwerwiegende Auswirkungen für die denunzierte Person wurden in diesem Zusammenhang verdrängt.

Angst vor eigener Bestrafung

Die Befürchtung, wegen »Nichtanzeige« oder Mitwisserschaft bestraft zu werden sowie berufliche oder private Nachteile erfahren zu müssen, war in der DDR allgegenwärtig.[30] Tatsächlich stellte § 225 StGB der DDR die Nichtanzeige zahlreicher Delikte unter Strafe, neben den Kapitaldelikten und einigen gemeingefährlichen Straftaten (was auch in freiheitlich-demokratischen Staaten üblich ist)[31] handelte es sich um die meisten sogenannten »Staatsverbrechen«, also die schwerwiegenderen politischen Straftaten, die schweren Fälle von »Ungesetzlichem Grenzübertritt« und die Fahnenflucht. Dies wirkte sich maßgeblich auf das Denunziationsverhalten und die Argumentationsstrategie der Denunzierenden aus. Bei Zeugenbefragungen und auch bei der Werbung von Inoffiziellen Mitarbeitern warnten MfS- und Volkspolizeimitarbeiter häufig, dass es Konsequenzen haben würde, etwas zu verheimlichen oder gar die Unwahrheit zu sagen. Die diffuse Angst vor einer Bestrafung bei »Mitwisserschaft« war somit gegenwärtig und sie trug ihren Teil dazu bei, dass Personen denunziert bzw. verdächtige Briefe, Gegenstände oder Flugblätter an das MfS und die Volkspolizei abgegeben wurden. Einige Denunzianten äußerten vor allem dieses selbstbezogene Motiv. Weder ihr Verhältnis zu den Beschuldigten noch die eigene politische Haltung oder Staatstreue wurden thematisiert, sondern nur die Absicht, nicht selbst sanktioniert werden zu wollen. Ein Brief, der 1956 die Staatssicherheit in Schwerin erreichte, bedient diesen Topos. Er eröffnete mit den Worten: »Man hört und liest heute so oft von Bestrafungen wegen Begünstigung von Republikflüchtigen.«[32] Hier nahm der Denunziant Bezug auf die SED-Propaganda. Im weiteren Verlauf beschuldigte

---

29 BArch, MfS, BV Frankfurt/Oder, Tb 102.
30 Vgl. Kapitel 6.1.
31 Entsprechende Regelungen im bundesdeutschen Recht finden sich in § 138 StGB.
32 Brief v. 16.4.1956; BArch, MfS, BV Schwerin, AP 590/56, Bl. 2.

der Verfasser zwei Familien der beabsichtigten Republikflucht und zeigte er an, wer diesen Familien geholfen habe, vorher Gepäck nach Westberlin zu bringen.[33]

Ein anderer Brief griff eine ähnliche Argumentation auf, allerdings in einem völlig anderen Deliktbereich. Wieder stand der »Angst-Topos« am Beginn und führte in das Schreiben ein: »Ich möchte Ihnen heute einen Fall aus dem Heizhaus schildern. Es grenzt fast an Wirtschaftsverbrechen. Ich kann es mit meinem Gewissen nicht mehr vereinbaren bzw. möchte nicht als Mitwisser auf der Anklagebank sitzen.«[34] Danach folgte ein fünfseitiger Brief mit Tabellen von Betrugshandlungen, der genau auflistete, wann die Beschuldigten etwas entwendet hätten. Der Verfasser führte sogar aus: »Seit über einem Jahr führe ich Buch«. Er plante also seine Anzeige bereits lange im Voraus. Seine ausführlichen Anschuldigungen überprüfte die Volkspolizei und sah sie als bestätigt an.

Dass die Furcht vor Strafverfolgung in beiden Beispielen thematisiert wird, verschaffte den Briefen offenbar eine höhere Glaubwürdigkeit – jedenfalls nahmen die Institutionen sie sehr ernst. Es wird deutlich, dass die Angst vor Bestrafung wegen Mitwisserschaft nachhaltig in die Gesellschaft hineinwirkte. Allerdings diente das Argument, man habe zum eigenen Schutz so handeln oder Angst vor der eigenen Bestrafung haben müssen, auch als Entlastungsargument. *Ex post* kommt es häufig zur Anwendung und spielte etwa auch in Entnazifizierungsverfahren eine Rolle, darauf verweisen die Untersuchungen zum Nationalsozialismus.[35]

Rache, Neid, Eifersucht

Sogenannte »negative«, »private« Motive äußerten nur die wenigsten Denunzianten – vor allem deshalb, weil es ihnen ein Glaubwürdigkeitsproblem verschaffte und sie die Denunziation so nicht vor sich selbst rechtfertigen konnten. Ab und zu aber lassen sich aber tatsächlich solche Bemerkungen finden, die auf private Konflikte, Neid und Eifersucht verweisen.

Der Mann, der 1989 bei der Staatssicherheit in Leipzig anrief, um einen Handel mit Pornokassetten anzuzeigen, äußerte, wie schon erwähnt: »Da ist noch eine kleine Rechnung offengeblieben, weil der mich da so gepiesackt hat, und er hat euer Land auch ganz schön miesgemacht. Und das ist eine kleine Revanche.«[36] Ein anderes Motiv brachte er nicht vor, auch wenn er damit das Risiko einging, sich selbst in einem schlechten Licht zu präsentieren. Eine solche Äußerung wirkt, weil sie den Anzeigeerstatter in einem unguten Licht stehen lässt, erst einmal authentisch, aber auch sie muss nicht der einzige Beweggrund gewesen sein.

---

33 Konsequenzen für die angeblichen Helfer sind aus der Akte nicht ersichtlich.
34 Brief v. 30.5.1985; BArch, MfS, BV Schwerin, AOG 327/87, Bl. 41–45.
35 Diewald-Kerkmann: Politische Denunziation im NS-Regime, S. 158 ff.
36 BArch, MfS, BV Leipzig, Tb 193.

Rache, Neid und Eifersucht als Antrieb für eine private Konfliktregulierung tauchen in der Denunziationskommunikation eher am Rande auf, meist sogar unbeabsichtigt. So leitete ein Mann einen Brief, in dem er seine geschiedene Frau beschuldigte, Westkontakte zu haben, damit ein, dass sie nur »Schlechtigkeiten« über ihn verbreite und sein Schreiben lediglich Reaktion darauf sei. Vielleicht war ihm nicht bewusst, wie offen er seine Racheabsichten damit offenlegte. Die geschiedene Ehefrau arbeitete im Wehrbezirkskommando und besaß keine Genehmigung für ihre Westkontakte, sodass sie tatsächlich entlassen wurde. Der private Beweggrund ihres Exmannes spielte für die Staatssicherheit natürlich keine Rolle, wenn die angezeigte Regelverletzung nach ihren Maßstäben sicherheitsrelevant war. Als Geheimnisträgerin musste sie nach dieser Verfehlung ihren Arbeitsplatz verlassen.[37]

Weniger unterschwellig formulierte ein Briefeschreiber seine Abneigung gegen einen ehemaligen Polizisten, den er 1954 in einem Brief beschuldigte, der Kampfgruppe gegen Unmenschlichkeit (KgU) zuzuarbeiten und gleichzeitig seine Flucht vorzubereiten: »Auf Befragen, warum er nicht mehr bei der Polizei ist, sagt er immer die können mir [sic!] mal am Arsch lecken. Hoffentlich wird er mal gehörig geleckt, bevor ihm seine Flucht gelingt.«[38] Die Stasi verhörte den ehemaligen Polizisten, sah die Vorwürfe aber nicht in dieser Weise bestätigt.

In einem anderen Brief, der Anschuldigungen gegen Mitarbeiter eines Notariats wegen mutmaßlicher privater Bereicherung vorbrachte, gab der Schreiber trotz seiner Anonymität etwas von seinen persönlichen Beweggründen preis: »Als Rentner kann man sich sowas nicht leisten!«[39] Er gab also an, selbst Rente zu beziehen und nicht vermögend zu sein. Die Argumentation lässt Neidgefühle erkennen.

Vor allem Personeneinschätzungen im privaten Umfeld, die sich in entsprechenden Auskunftsberichten widerspiegeln, thematisieren häufig Lebensstil und Kleidung, besonders, wenn sie auffällig und teuer waren. Hier schwingt unterschwellig ein Neidmotiv mit, auch wenn solche Merkmale ausdrücklich abgefragt wurden oder von den Befragten nicht mit der Absicht mitgeteilt wurden, den Betroffen zu schaden. Der offene Konsum westlicher Waren oder eine auffällige Garderobe, wertvolle Inneneinrichtung oder Schmuck[40] – all dies taucht auffällig häufig in Berichten auf, die die Staatssicherheit bei Personenüberprüfungen einholte. Obwohl es nicht beabsichtigt war, ist hier häufig eine latente Missgunst erkennbar.

---

37 Abschlussbericht v. 12.10.1988; BArch, MfS, BV Schwerin, AP 1147/88, Bl. 76.
38 Brief v. 20.1.1953; BArch, MfS, BV Schwerin, AOP 148/54, Bl. 7.
39 Brief v. 4.10.1983; BArch, MfS, BV Schwerin, AOPK 669/87, Bl. 34 f.
40 Ermittlungsbericht v. 26.8.1986; BArch, MfS, BV Schwerin, AKK 299/88, Bl. 63 f.

Negierung eines negativen Motivs

In den meisten Fällen vermieden die Denunzianten es, negative Motive offen zu benennen. Einige von ihnen negierten solche Motive ausdrücklich, um einen solchen Verdacht vorsorglich abzuwehren. So sagte der Mann, der seine Schwester an einer Übersiedlung nach Westberlin hindern wollte (»Torschlusspanik«), dass er nicht »als böser Bruder dastehen« wolle[41] – wohl wissend, dass dies der Fall gewesen wäre, wenn sie sein Verhalten mitbekommen hätte. Die Denunzianten setzten sich mit ihrem Verrat und dessen Konsequenzen auseinander, was durchaus dazu führen konnte, dass sie mit ihrem Handeln haderten und umso mehr eine negative Absicht von sich wiesen. So sagte ein Anrufer, der seinen Nachbarn wegen dessen immer neuen Autos bei der Staatssicherheit in Berlin anzeigte, gleich dreimal während des Telefonats: »Ich will nun wirklich keinen anscheißen«[42] – und tat es aber doch. Außerdem betonte er: »Das ist jetzt kein Neid oder sowas.«[43] Er kämpfte sichtlich mit seinem Verrat und konnte keine andere »positive« Argumentation vorbringen, außer »Neid« und »Anscheißen« zu verneinen.

Gleiches galt auch für einen Brief, der mutmaßlich aus dem Kollegenkreis eines Ökonomen stammte. Dieser nahm als leidenschaftlicher Fußballfan an mehreren Spielen westdeutscher Fußballvereine teil und prahlte damit offenbar bei der Arbeit. Damit zog er den Unmut seiner Kollegen auf sich, die ihm in dem denunziatorischen Schreiben sogar gleich »westliche Propaganda« unterstellten. Auch sie beteuerten: »Es ist kein Neid auf diese ›Bekanntschaften‹ [...] es ist die Art und Weise eines durch und durch egoistischen Menschen«.[44] Ähnliches findet sich in einem Brief, den eine Person anonym an die Staatssicherheit schrieb. Sie beschuldigte einen Mann, betriebliche Unterlagen zu sammeln und sie an westdeutsche Zeitungen weiterzugeben. Der letzte Absatz betonte: »ich schreibe das nicht aus persönlichem haß, sondern weil ich mit diesen metoden [sic!] des herrn [Name] nicht einverstanden bin.«[45]

Die Beispiele, bei denen ein negatives Motiv dezidiert abgestritten wird, verweisen auf die begrenzte Aussagekraft selbstgeäußerter Motive. Häufig handelte es sich dabei um eine Argumentationsstrategie, die der Selbstrechtfertigung diente und die eigene Glaubwürdigkeit gegenüber der angesprochenen Institution erhöhen sowie dem möglichen Verdacht entgegentreten sollte, man wäre von niederen Beweggründen geleitet.

---

41 BArch, MfS, BV Frankfurt/Oder, Tb 102.
42 BArch, MfS, BV Berlin, Ka 43 a.
43 Ebenda.
44 BArch, MfS, BV Karl-Marx-Stadt, Abt. XVIII 1387, Bl. 89 f.
45 Brief undatiert [1973]; BArch, MfS, BV Leipzig, AOP 98/75, Bl. 102.

Reflexion über Denunziation statt über Motive

Die Beispiele zeigen, dass die selbstgeäußerten »Motive« oftmals als Rechtfertigungen zu werten sind und so nur begrenzte Hinweise auf die »wirklichen« Beweggründe für eine Denunziation liefern. Das schließt aber nicht aus, dass sie manchmal ganz oder in Teilen zutreffen konnten. Wie bereits mehrere Forschungen zur Denunziationspraxis ausführen, bestand bei einigen Denunzianten wahrscheinlich ein Bedürfnis, an der Macht zu partizipieren. Dieser Ansatz unterteilt das gesellschaftliche Gefüge in Herrschende und Beherrschte und interpretiert die Denunziation als Hinwendung der Beherrschten zu den Herrschenden.[46] Doch auch dieser Ansatz erfasst nicht das zugrundeliegende Motivgeflecht, auch wenn das Interesse an der Machtpartizipation durchaus bestehen konnte. Zudem kann die Frage nach dem »Warum« den Blick für die Quellen und die darin enthaltenen Aussagen verstellen. Einige Denunzianten reflektieren ihr Handeln und den Verrat, den sie begingen, und dies kann sich für die Einordnung der Denunziation als hilfreich erweisen. Sie setzen sich in ihren Briefen, Berichten und bei den Anrufen mit der Person, über die sie berichten, und deren Verhältnis zu ihnen selbst auseinander. Sofern aus der Überlieferung ihre Argumentationsmuster hervorgehen, zeigen sich in ihren Äußerungen die oben dargelegten sechs Motivtopoi, was aber noch keinen gültigen Schluss darüber zulässt, warum die Personen wirklich denunzierten. Die in den Quellen vorhandenen Anhaltspunkte sind in der Regel nicht ausreichend, um eine sichere Bestimmung der wahren Motive zu gewährleisten. Das liegt auch daran, dass die Motive für die Stasi in der Regel von nachrangigem Interesse waren und sie deshalb hierzu zumeist keine Ermittlungsanstrengungen unternahm. Ausschlaggebend waren für die Sicherheitsorgane vor allem der Wahrheitsgehalt der Denunziation und die »sicherheitspolitische« Relevanz der angezeigten Handlungen und Sachverhalte.

Es bleibt zu überlegen, ob man für die Erforschung dieses Themenfeldes Zeitzeuginnen und Zeitzeugen befragen sollte. Doch ohne den Wert von Erinnerungsinterviews generell in Frage stellen zu wollen, ist es fraglich, welche Aussagekraft Befragungen hinsichtlich eines Motivs über dreißig Jahre nach dem Fall der Mauer wohl hätten. Außerdem ergibt sich die Schwierigkeit, dass Denunziantinnen und Denunzianten befragt werden müssten, also ein Personenkreis, dessen Bereitschaft für die Teilnahme an einer solchen Erhebung wahrscheinlich eher gering ausfallen würde. Doch selbst wenn sich solche Interviews realisieren ließen, würden hier vermutlich eher nachträgliche, von Rechtfertigungsbemühungen geprägte Reinterpretationen des eigenen Handelns zu Tage treten als die damaligen Motivationen selbst. Mit einer methodisch qualifizierten Befragung und einem motivationspsychologischen Analyseinstrumentarium wäre es wahr-

---

46 Alf Lüdtke: Denunziation – Politik aus Liebe? In: Hohkamp, Ulbrich: Staatsbürger als Spitzel, S. 397–407, hier 400 ff.

scheinlich trotzdem möglich, aus Interviews spannende Erkenntnisse zu gewinnen, aber im Rahmen dieses Projekts war das nicht zu leisten. Die vorliegende Arbeit konzentriert sich deshalb auf eine kritische Auswertung der historischen Quellenüberlieferung. Die Analyse von Kommunikations- und Argumentationsmustern birgt Erkenntnisse, die weiterführend verwendet werden können. Die Quellen der Denunziation sind ursprünglicher Ausdruck des Kommunikationshandelns der Denunzierenden. Sie ermöglichen die Analyse ihrer Selbstreflexion und ihrer Rechtfertigungsstrategien und darüber hinaus die Einordnung des Geschehens in den gesellschaftlichen Interaktionskontext.

8. Strafrechtliche Konsequenzen denunziatorischen Handelns nach der Wiedervereinigung

Schon früh nach dem Revolutionsherbst 1989 und den ersten spektakulären Enthüllungen über SED-Unrechtsfälle begann die gesellschaftliche, aber auch die juristische Aufarbeitung. 1996 initiierte die Humboldt-Universität zu Berlin ein von der Volkswagenstiftung gefördertes Projekt »Strafjustiz und DDR-Vergangenheit«, das Gerhard Werle und Klaus Marxen leiteten.[1] Diese beiden Rechtswissenschaftler lieferten ebenfalls einen Beitrag zur Enquete-Kommission »Überwindung der Folgen der SED-Diktatur im Prozeß der deutschen Einheit« im Jahr 1997.[2] Die Projektgruppe erarbeitete eine mehrbändige, ausführlich kommentierte Dokumentation über die Rechtsprechung zum DDR-Unrecht. Vor allem die Bände 6 und 7 dieser Dokumentation »MfS-Straftaten« und »Gefangenenmisshandlung, Doping und sonstiges DDR-Unrecht«[3] greifen Fälle auf, in denen auch Denunziationen verhandelt wurden. Die Dissertation von Roland Schißau[4] zu den Verfahren gegen MfS-Mitarbeiter und die von Heiko Wingenfeld[5] zur öffentlichen Debatte über die Strafverfahren wegen DDR-Unrechts schaffen zusätzlich eine analytische Grundlage für diese Themenfelder. Diese Arbeiten entstanden in der besagten Projektgruppe, nachdem das letzte Verfahren zu diesem Komplex im Jahr 2005 abgeschlossen wurde.[6]

Die Möglichkeiten und Grenzen der Strafverfahren wurden in den juristischen Fachzeitschriften kontrovers diskutiert. Die betreffende Rechtsprechung – auch wenn immer wieder gegenteilige Meinungen geäußert wurden – ist mit dem Etikett »Siegerjustiz« nicht adäquat beschrieben. Die justizielle Aufarbeitung war vielmehr ein komplexer Prozess, in dem sich über die Instanzen und Jahre hinweg eine Rechtsprechung etablierte, die im Hinblick sowohl auf die Frage der

1 Marxen, Werle: Die strafrechtliche Aufarbeitung.
2 dies.: Erfolge, Defizite und Möglichkeiten der strafrechtlichen Aufarbeitung des SED-Unrechts in vorwiegend empirischer Hinsicht. In: Deutscher Bundestag (Hg.): Materialien der Enquete-Kommission »Überwindung der Folgen der SED-Diktatur im Prozeß der deutschen Einheit.« Bd. II.1. Frankfurt/M. 1999, S. 1064–1303.
3 dies. (Hg.): Strafjustiz und DDR-Unrecht. Dokumentation. Bd. 6. Berlin 2006; dies. (Hg.): Strafjustiz und DDR-Unrecht. Dokumentation. Bd. 7. Berlin 2009.
4 Roland Schißau: Strafverfahren wegen MfS-Unrechts. Die Strafprozesse bundesdeutscher Gerichte gegen ehemalige Mitarbeiter des Ministeriums für Staatssicherheit der DDR. Berlin 2006.
5 Heiko Wingenfeld: Die öffentliche Debatte über die Strafverfahren wegen DDR-Unrechts. Vergangenheitsaufarbeitung in der bundesdeutschen Öffentlichkeit der 90er Jahre. Berlin 2006.
6 Klaus Marxen, Gerhard Werle, Petra Schäfter: Die Strafverfolgung von DDR-Unrecht. Fakten und Zahlen. Berlin 2007, S. 3.

Strafbarkeit und als auch auf die Strafmaße im Ganzen eher mild ausgefallen ist. Trotzdem schienen alle unzufrieden. Bärbel Bohley wurden die Worte in den Mund gelegt: »Wir wollten Gerechtigkeit und bekamen den Rechtsstaat.«[7] Gesagt hat sie dies so wahrscheinlich nicht, jedoch hatte sie auf einer Veranstaltung des Bundesministers für Justiz am 9. Juli 1991 in Bonn zum Thema »40 Jahre SED-Unrecht. Eine Herausforderung für den Rechtsstaat« in der Diskussion Folgendes angemerkt:

> Mein Problem ist nicht so sehr ein juristisches, sondern eins, das mit den Menschen bei uns zu tun hat. Und deshalb wollte ich gern noch einmal auf ein paar Gedanken hinweisen, die ich in der letzten Zeit hatte. Ich glaube auch nicht, daß die Strafjustiz in der Lage sein wird, Gerechtigkeit herzustellen. Die Schwierigkeiten zeigen sich an allen Ecken und Enden. Recht, so erscheint es manchmal, kommt als Ungerechtigkeit in den neuen Ländern an. Und darin sehe ich ein großes Problem. Unser Problem war ja nicht, den westlichen Rechtsstaat zu übernehmen, unser Problem war, daß wir Gerechtigkeit wollten. Und insofern haben wir natürlich dem Westen unsere Probleme vor die Füße gekippt in der Hoffnung, daß mit dem westlichen Rechtsstaat auch Gerechtigkeit in die neuen Länder kommt. Aber es sieht ja so aus, als ließe die Gerechtigkeit lange auf sich warten. [...][8]

Diesen Ausschnitt verkürzte die »FAZ« zu besagtem Satz.[9] Welche Art von Gerechtigkeit Bärbel Bohley im Sinn hatte, wird auch aus dem vollständigen Zitat nicht deutlich.

Vor allem in den 1990er-Jahren gab es viele verschiedene Rechtsgegenstände, die die bundesdeutsche Justiz aufzuarbeiten hatte. Das größte Problem, mit dem sie konfrontiert war, stellten die verschiedenen Rechtsnormen und deren Zusammenführung in der Rechtsprechung dar. Gleichzeitig barg die Einhaltung der Verjährungsfristen eine große Herausforderung. Die Mauerschützenprozesse wurden in der Öffentlichkeit am stärksten wahrgenommen, die Denunziationsfälle, obwohl über dieses Thema gesellschaftlich breit diskutiert wurde, so gut wie gar nicht.[10]

---

7 Die Rekonstruktion des Zitats greift auch Ilko-Sascha Kowalczuk auf: Die Übernahme. Wie Ostdeutschland Teil der Bundesrepublik wurde. München 2019, S. 163. Ob es sich nun um ein authentisches Zitat handele oder nicht, wurde jüngst in der FAZ diskutiert. Die Autorin zweifelt die Authentizität des Dokumentationsbandes ebenso wie Kowalczuk und Heitmann nicht an und vermutet eine Zuspitzung, die in den geflügelten Worten endete. Vgl. Patrick Bahners: Gerechtigkeit und Rechtsstaat. Eine quellenkritische Untersuchung. In: FAZ v. 12.10.2020, S. 9.
8 Diskussionsbeitrag Bärbel Bohley. In: 40 Jahre SED-Unrecht. Eine Herausforderung für den Rechtsstaat. Erstes Forum des Bundesministers für Justiz am 9.7.1991 in Bonn. München 1991, S. 31–33. Zu der Entstehungsgeschichte dieses Zitates außerdem: Steffen Heitmann: Rechtsstaat und Gerechtigkeit – Zehn Jahre Herrschaft des Rechts in Ostdeutschland. In: NJW (1999) 51, S. 3761–3763.
9 Andreas Zielcke: Der Kälteschock des Rechtsstaats, FAZ v. 9.11.1991.
10 Wingenfeld: Die öffentliche Debatte, S. 31 f.

Die rückwirkende Bestrafung von Denunziationen, die in der SBZ/DDR zwischen 1945 und 1989 stattfanden, erwies sich als juristisch außerordentlich kompliziert. Die »Aufarbeitung«, die nach der Einheit stattfinden sollte, teilte sich deswegen in die juristische und in die öffentliche-moralische Auseinandersetzung, die wiederum sehr verschiedene Schwerpunkte herausbildete. Grundlage für eine gewünschte ausführliche »Abrechnung« mit der Vergangenheit bildete die Erfahrung, die man in der Bundesrepublik nach dem Ende der nationalsozialistischen Herrschaft gesammelt hatte und deren Fehler man nicht wiederholen wollte. Nach 1945 konnten Denunziationen unter Anwendung des Kontrollratsgesetzes Nr. 10 geahndet werden – galten also als »Verbrechen gegen die Menschlichkeit«. Doch die junge Bundesrepublik tat sich schwer mit der (rückwirkenden) Anwendung dieser Rechtsnorm. Sie schuf allerdings im Jahr 1951 mit dem § 241 a des Strafgesetzesbuches erstmals eine Rechtsgrundlage für die Ahndung einer »Anzeige« oder »Verdächtigung«, die das Opfer »der Gefahr aussetzt, aus politischen Gründen verfolgt zu werden und hierbei im Widerspruch zu rechtsstaatlichen Grundsätzen durch Gewalt- oder Willkürmaßnahmen Schaden an Leib oder Leben zu erleiden, der Freiheit beraubt oder in seiner beruflichen oder wirtschaftlichen Stellung empfindlich beeinträchtigt zu werden«. Die Strafbarkeit war auch dann gegeben, wenn die Anzeige auf wahren Informationen basierte und in dem staatlichen Kontext, in dem sie erfolgte, als legitim galt. Dieser Straftatbestand zielte damals ausschließlich auf die DDR und den kommunistischen Machtbereich. Anzeigen an die Behörden der Bundesrepublik waren nicht gemeint, weil es hier als sichergestellt galt, dass die rechtstaatlichen Grundsätze gewahrt würden.

Bis zum Mauerfall wurde diese Rechtsnorm nur in 40 Urteilen herangezogen. Die meisten Urteile sprachen die Gerichte in den 1950er- und 1960er-Jahren; sie bezogen sich nur auf die Personen, die sich auf dem Boden der Bundesrepublik befanden.[11]

Im Jahr 1978 erfolgte auf dieser Grundlage zum Beispiel die Verurteilung einer Frau aus der DDR, die 1973 von der Staatssicherheit als IM verpflichtet worden war und im Rahmen dieser Zusammenarbeit die Fluchtpläne eines Ärzteehepaares preisgegeben hatte. Dieses wurde daraufhin wegen Vorbereitung eines »Ungesetzlichen Grenzübertritts« verurteilt und später freigekauft. Und obwohl im Jahr 1978 nicht zweifelsfrei bewiesen war, dass das Paar aufgrund der Denunziation der Frau verhaftet worden war, genügte ihr späteres Geständnis, die Staatssicherheit über die Fluchtpläne in Kenntnis gesetzt zu haben, für eine Verurteilung nach § 241 a.[12] Hierbei berücksichtigte das Oberlandesgericht Düsseldorf, dass die Frau von sich aus der Stasi von den Fluchtplänen erzählt habe, was es anders bewertete, als wenn sie die belastenden Aussagen in einer Zeugenvernehmung

---

11 Ausführlich bisher zum § 241 a Koch: Denunciatio, S. 14–21; ders.: Die »fahrlässige Falschanzeige« – oder: Strafrechtliche Risiken der Anzeigeerstattung. In: NJW 14 (2005), S. 943–945.
12 Beschluss des OLG Düsseldorf v. 21.8.1978. In: NJW (1979) 1, S. 59–63.

getätigt hätte. Auch diese »Freiwilligkeit« ihrer Denunziation hatte sie in ihrer Befragung eingeräumt, denn sonst wäre die Beweisführung schwierig gewesen. Das Gericht ging, natürlich ohne die Ermittlungsschritte der Staatssicherheit zu kennen, davon aus, »[d]aß es aber überhaupt zu einer solchen – möglicherweise richterlichen – Befragung [des Ehepaares und des besagten Mannes] gekommen ist, beruht allein auf den von der Angeklagten aus eigenem Antrieb gegenüber dem Staatssicherheitsdienst gemachten Angaben, aufgrund derer bereits mit weiteren, auch richterlichen Vernehmungen zu rechnen war.«[13] Die Staatssicherheit hätte aber durchaus zusätzliche Inoffizielle Mitarbeiter auf das Ehepaar angesetzt haben können oder dessen Post oder Telefon überwacht haben, um an Informationen zu gelangen und das Ehepaar zu belasten. Die bei einem »schweren Fall« von »Ungesetzlichem Grenzübertritt« bestehende Anzeigepflicht berücksichtigte das Oberlandesgericht ebenfalls nicht. Letzten Endes wurde die Frau nicht nur nach § 241a angeklagt, sondern zudem wegen Freiheitsberaubung (§ 239 I und II StGB). Das Verfahren hatte Signalwirkung für den weiteren Umgang mit der Denunziation, die in der DDR verübt worden war.[14]

Die Rechtsprechung tat sich schon vor 1989 schwer, der politischen Zielsetzung des § 241a zu folgen. In den ostdeutschen Bundesländern kam es nach 1990, obwohl es nach dem Mauerfall deutlich mehr Anzeigen als Verhandlungen in dieser Deliktgruppe gab, nach Marxen/Werle nur zu insgesamt elf Verfahren wegen Denunziationen.[15] Diese Fälle bezogen sich nicht nur auf den Straftatbestand der politischen Verdächtigung, die sehr häufig schon verjährt war, sondern zusätzlich auf § 239 StGB, also Freiheitsberaubung. Hier musste wegen der Verjährung des Tatbestandes in der Bundesrepublik teilweise auf § 131 StGB der DDR zurückgegriffen werden. Der Straftatbestand der politischen Verdächtigung verjährt bereits nach fünf Jahren, daher konnte fast niemand mehr dafür belangt werden.

Ein anderer Paragraf, der unter anderem bei Denunziationsfällen zum Tragen kam, die im Zusammenhang mit der Fluchthilfe standen, war § 234a des StGB – die Verschleppung. Hier handelte es sich vor allem um Bundesbürger, die durch das Agieren Inoffizieller oder hauptamtlicher Mitarbeiter der Staatssicherheit dazu veranlasst wurden, in die DDR einzureisen, um Fluchthilfe zu leisten, und dann festgenommen wurden. Diese Strafnorm wandten die Gerichte sowohl auf Bundesbürger als auch auf DDR-Bürger an.[16]

Im Dezember 1993 wurde der Fall von Sabine O. vor dem Landgericht Hildesheim verhandelt. Sie und ihr Mann hegten seit dem Ende der 1970er-Jahre gemeinsam den Wunsch, die DDR zu verlassen, obwohl es mehrfach Gewalt in der

---

13 Ebenda, S. 59.
14 Das Strafmaß war auch nach intensiver Recherche nicht ersichtlich.
15 Marxen, Werle, Schäfter: Die Strafverfolgung von DDR-Unrecht, S. 28. In der früheren Veröffentlichung ist von 13 Verfahren die Rede. Vgl. Marxen, Werle: Die strafrechtliche Aufarbeitung, S. 67.
16 Roland Schißau: Strafverfahren wegen MfS-Unrechts, S. 192.

Ehe gegeben hatte; der Mann hatte seine Frau geschlagen. Zunächst überlegten sie, Ausreiseanträge zu stellen, verwarfen diesen Gedanken aus Angst vor möglichen beruflichen und privaten Konsequenzen wieder. Ab 1981 versuchte der Mann konkrete Fluchtpläne in die Tat umzusetzen. Zunächst schrieb er einer Tante in der Bundesrepublik mehrere Briefe, damit sie Kontakt zur »Internationalen Gesellschaft für Menschenrechte« aufnehme, die ihm bei einer Ausreise helfen sollte. Die Tante sah sich aber nicht in der Lage, seine Bitten weiterzuleiten. Auch andere Bemühungen, mit westdeutschen Hilfsorganisationen in Kontakt zu kommen, um eine Ausreise zu erwirken, scheiterten.

Gemeinsam mit dem Cousin des Mannes, der ebenfalls die DDR verlassen wollte, beschloss das Ehepaar daraufhin, nach Bratislava zu fliegen und dort mithilfe von Kartenmaterial auf eigene Faust die Grenze von der Tschechoslowakei nach Österreich zu überqueren. Die Ehefrau war in all diese Pläne über Jahre hinweg eingeweiht. Sie hatte sich zwischenzeitlich entschlossen, doch nicht in den Westen zu gehen, ihrem Mann aber davon nichts erzählt. Da sie sich scheute, direkt an die Stasi heranzutreten, erzählte sie dem Leiter ihrer Arbeitsstelle von dem Fluchtvorhaben ihres Mannes und dessen Cousin. Der Leiter alarmierte sofort das MfS. Die Frau wurde noch am selben Tag verhört und berichtete ausführlich über die Pläne. Während der Vernehmung erläuterte sie nicht nur umfassend die Absichten und die Vorgeschichte ihres Mannes, sondern versprach auch, die Stasi über die weiteren Vorgänge sofort zu informieren. Einige Tage später nahm die Staatssicherheit den Mann fest, wenig später den Cousin, nachdem er die Flugtickets für die Reise nach Bratislava bestellt hatte. Im Juni 1982 wurden die beiden Männer verurteilt; der Ehemann erhielt wegen »landesverräterischer Agententätigkeit und Vorbereitung zum Grenzübertritt im schweren Fall« eine Gefängnisstrafe von zwei Jahren und acht Monaten, der Cousin wegen »landesverräterischer Agententätigkeit und Vorbereitung zum Grenzübertritt« zwei Jahre und vier Monate Gefängnis. Die Scheidung des Ehepaares erfolgte einen Monat nach der Verurteilung. Im Jahr 1983 wurden beide Männer von der Bundesrepublik freigekauft und zeigten die Frau bei der Zentralen Erfassungsstelle der Landesjustizverwaltungen an.[17] 1989 stellte der Ehemann dann Strafanzeige. In der ersten Instanz sprach das Landgericht Hildesheim die Frau wegen schwerer Freiheitsberaubung schuldig und verurteilte sie zu einer Freiheitsstrafe von sechs Monaten auf Bewährung.[18] Allerdings ging die Frau in Revision. Der Bundes-

---

17 Die Akten der Zentralen Erfassungsstelle Salzgitter, die die Aufgabe hatte, alle Gewaltverbrechen der DDR zu registrieren, werden derzeit digitalisiert. Eine umfassende historische Beschäftigung mit dieser Einrichtung wäre sicher lohnenswert. Zur Arbeit der Zentralen Erfassungsstelle vgl. Hans-Jürgen Grasemann: Die Zentrale Erfassungsstelle Salzgitter. Entstehung, Arbeit, Abwicklung. In: Michael Gehler, Andreas Pudlat (Hg.): Grenzen in Europa. Hildesheim u. a. 2009, S. 185–194.

18 Urteil und Urteilsbegründung wurden abgedruckt in: Marxen, Wehrle: Strafjustiz und DDR-Unrecht. Bd. 7, S. 345–381.

gerichtshof sprach sie am 8. Februar 1995 frei. Er urteilte, dass die Frau nicht wegen Freiheitsberaubung verurteilt werden konnte, solange ihr nicht nachgewiesen werden könne, dass sie bei ihrer Denunziation schwere und offensichtliche Menschenrechtsverletzungen in Kauf genommen habe.[19]

Dieser Fall wirft mehrere Fragen auf, sowohl bezüglich des konkreten Denunziationsgeschehens als auch hinsichtlich der rechtlichen Beurteilung des Falles. Immerhin stufte der Bundesgerichtshof die Tat der Frau als »verwerflich«[20] ein. Die Frau hatte sich nicht direkt an das MfS gewandt, sondern mit ihrem Vorgesetzten auf der Arbeitsstelle gesprochen; dieser jedoch wurde in dem Verfahren nicht angeklagt, weil er in Erfüllung seiner Dienstpflichten gehandelt habe. Die Einschaltung der Strafverfolgungsbehörden wertete das Gericht als Pflicht, die Frau habe sich jedoch als Privatperson der Denunziation schuldig gemacht. Auch eine Rechtsbeugung seitens der DDR-Strafverfolgungsbehörden wurde in den Urteilen nicht festgestellt. Die Motive der Frau, ihren Mann anzuzeigen (vor allem dessen körperliche Gewaltausübung), spielten im Gericht eine erhebliche Rolle und wurden in die Urteilsbegründung ausführlich besprochen. Das Gericht erkannte in ihrer Motivlage mildernde Umstände angesichts der erlittenen Schläge durch ihren Mann. Dass die Denunziation in diesem Fall nicht ohne Weiteres zu bestrafen war, blieb die letztendliche Konsequenz der juristischen Auseinandersetzung.

Fast alle Denunziationsfälle, die nach 1989 juristisch verhandelt wurden, betrafen verratene Fluchtpläne, in denen die Fluchtwilligen eine Freiheitsstrafe zu verbüßen hatten. Von großem Belang für die Entscheidungen der Gerichte waren dabei zwei Kriterien: ob die Anzeigesteller/Informanten aus der Bundesrepublik oder der DDR stammten und welches (vor Gericht ermittelte) Motiv die Beklagten für ihre Tat hatten. Obwohl diese Beweggründe im Nachhinein schwer zu rekonstruieren waren, hatten sie eine nicht unerhebliche Bedeutung und wurde sehr verschieden gewichtet. Ob sich nun, wie im oben geschilderten Fall die Ehefrau aus den Zwängen einer gewalttätigen Ehe befreien wollte oder aber jemand mutmaßlich aus reiner Habgier zur Denunziation entschloss, wirkte sich auf das Urteil aus. Dabei wurden die Gerichte der Vielschichtigkeit von Motivlagen durchaus gerecht. Generell bedachten die Urteile Denunzianten, die zur Zeit der Anzeige in der DDR lebten, milder als die aus der Bundesrepublik. Zum einen wurde den Denunzianten meistens die Anzeigepflicht von Republikfluchten in der DDR »zugutegehalten«, zum anderen sollten sie oft nicht schlechter gestellt werden als die Personen, die von Amts wegen die Strafverfolgung geleitet oder durchgeführt hatten. In den elf Verfahren nach 1989 wegen Denunziationen wurden zehn gegen ehemalige DDR-Bürger und eines gegen einen ehemaligen

---

19 Ebenda, S. 359–362.
20 Ebenda, S. 360.

Bundesbürger geführt.[21] Fünf Personen wurden rechtskräftig verurteilt, sechs freigesprochen.[22] Die Strafen reichten von 6 Monaten bis zu zwei Jahren Gefängnis auf Bewährung.[23] Nach § 241 a wurde nach 1989 gar kein ehemaliger DDR-Bürger rechtskräftig verurteilt.[24] Arnd Koch analysiert den fehlenden Zugriff auf Denunziationen über den § 241 a folgendermaßen:

›DDR-Denunziationen‹ sind nur dann gemäß § 241 a StGB strafbar, wenn hinsichtlich des ausgelösten Verfahrens oder der Bestrafung mit einem schweren Verstoß gegen die Menschenrechte zu rechnen war. Insbesondere soll die Anzeige einer geplanten ›Republikflucht‹ nach dem gewendeten Verständnis der Rechtsprechung lediglich ›rechtsstaatswidrige‹ Maßnahmen auslösen, nicht aber die strafbarkeitsbegründende Gefahr ›schwerer Menschenrechtsverletzungen‹. Angesichts solcher Anforderungen verwundert es nicht, daß der Bundesgerichtshof, soweit ersichtlich, in keinem Verfahren gegen ›DDR-Denunzianten‹ zu einer Strafe aus § 241 a StGB gelangte.[25]

---

21 Marxen, Werle: Die Strafverfolgung von DDR-Unrecht, S. 35.
22 Ebenda, S. 41.
23 Ebenda. Leider führen Marxen und Werle nicht auf, ob sich unter den Verurteilten auch der Bürger der Bundesrepublik befand.
24 Koch: Denunciatio, S. 18.
25 Ebenda.

9. Zusammenfassung

Im September 1984 siedelte eine Frau aus Ostberlin nach Westberlin über. Im November des gleichen Jahres zeigte sie ihren bereits 1981 ausgereisten Ehemann beim Westberliner Staatsschutz an, weil dieser inoffiziell mit der Staatssicherheit zusammengearbeitet habe. Daraufhin leitete das MfS die operative Personenkontrolle »Denunziant« ein. Im Verständnis der Stasi handelte es sich bei der Frau, die ihren Ehemann angezeigt hatte, um eine Denunziantin. Der Ehemann war tatsächlich vor seiner Ausreise IM gewesen. Die Staatssicherheit befürchtete, dass der Mann bzw. die Frau von westlichen Geheimdiensten angeworben werden könnten; dieser Verdacht bestätigte sich aber nicht. Trotzdem überwachte das MfS die Frau in Westberlin intensiv und versuchte Gerüchte zu streuen, auch sie hätte mit der Stasi kooperiert – im Wissen, dass dies in ihrem Bekanntenkreis missbilligt werden würde. Dieses Beispiel zeigt, dass auch ein staatliches Organ, das sich Denunziationen systematisch zunutze machte, eine Denunziation als einen »verwerflichen« Kommunikationsakt betrachten konnte, weswegen es der Frau den pejorativen OPK-Decknamen »Denunziant« gab. Damit sollte zum Ausdruck gebracht werden, dass der DDR und dem MfS durch ihre Anzeige Schaden zugefügt worden sei. Die Frau habe diese Verratshandlung aus Hass auf die DDR und deren Geheimpolizei begangen.[1]

Die Schwierigkeit, den Begriff »Denunziation« wertneutral zu definieren, wurde im Einleitungsteil bereits ausführlich beschrieben. Wie zum Beispiel von Arnd Koch und Michael Schröter vorgeschlagen, erwies es sich als zielführend, sich der Definition über das angezeigte »Delikt« zu nähern. Wenn die vorherrschenden gesellschaftlichen Vorstellungen eine Anzeige als ungerechtfertigt einstufen, ist es sinnvoll, den Begriff der Denunziation zu verwenden, der eine negative Konnotation hat und daher zum Ausdruck bringt, dass es um eine illegitime, moralisch anstößige Handlung geht.

Diese Definition ist insbesondere notwendig, um die Denunziation von einer legitimen Anzeige beispielsweise wegen Mordes oder Diebstahls abzugrenzen. Um den Begriff für die vorliegende Studie zu konkretisieren, wurde hier vor allem die politische Denunziation untersucht, also die Meldung solcher Delikte oder »Verfehlungen«, die aus politischen Gründen verfolgt wurden oder Anlass für Diskriminierungen oder Disziplinierungen geben konnten (beispielsweise Westkontakte, die nicht per se strafbar waren). Für die Institutionen der DDR galten solche Denunziationen natürlich als legitime Anzeigen, da sie sich an den offiziellen, von Staat und Partei gesetzten und propagierten Normen orientierten.

---

1 Einstellung der OPK »Denunziant« v. 30.6.1986; BArch, MfS, AOPK 970/88, Bl. 438–446.

Doch die Staatsmacht wertete nicht jede dieser eingehenden Informationen als Anzeige im strafverfahrensrechtlichen Sinne. Obwohl Volkspolizei und Staatssicherheit eindeutig vorsahen, den Großteil der zugetragenen Hinweise formal als Anzeigen zu behandeln, wurde vermutlich nur ein Bruchteil dieser Mitteilungen auch als Anzeige klassifiziert. Dies ist insofern relevant, als Denunziationen in den Akten der DDR-Institutionen unter verschiedenen Begriffen auftauchen: als Meldungen, als Mitteilungen, als Informationen, als Hinweise, als Eingaben oder Anliegen. Dies bedeutet für die entgegennehmende Einrichtung, dass sie in unterschiedlichen Dokumententypen festgehalten wurden und der Empfang und die Weiterverarbeitung der Denunziation nicht immer in den klassischen strafverfahrensrechtlichen Bahnen erfolgte, für die es strenge Vorgaben hinsichtlich der Formulare und Dienstwege gab. Für die Rekonstruktion des Denunziationsgeschehens in der DDR ergibt sich hieraus eine weite Streuung der empirisch auftretenden Fälle über unterschiedliche Archivbestände.

Zugleich sind mündliche Denunziationen, vor allem, wenn sie nicht an die Stasi oder die VP gerichtet waren, nur vereinzelt überliefert. Ebenso ist eine systematische Ermittlung aller Denunziationsfälle in der DDR auch im Stasiunterlagenarchiv nicht möglich, da große Überlieferungslücken zutage treten. Deswegen lässt sich eine Statistik über das Denunziationsverhalten in der DDR nicht erstellen, quantitative Aussagen sind nur sehr selten möglich und geben dann häufig nur einen kleinen Ausschnitt oder lediglich einen Eindruck aus der intensiven Recherche und Analyse wieder. Die Bildung systematischer Samples erscheint weitgehend unmöglich, weil die Überprüfung auch scheinbar guter Überlieferungen Lücken ersichtlich macht.

Die Denunziation war entscheidend von der Wahl des Kommunikationsmediums der Denunzierenden geprägt. Vier Kommunikationswege ließen sich dabei feststellen: der Brief, das Telefon, das persönliche Vorsprechen und die institutionalisierte Denunziation, deren wichtigste Variante die Informationsweitergabe durch Inoffizielle Mitarbeiter ist. Der Brief als Übertragungsmedium ist besonders gekennzeichnet durch den für ihn typischen Phasenverzug. Die Kommunikationsteilnehmer kommunizierten nicht von Angesicht zu Angesicht und der Denunzierende hatte die freie Wahl hinsichtlich der Gestaltung seines Denunziationsbriefes, des Adressaten und darüber, wieviel er über sich selbst und seine Absichten preisgab oder verschleierte. Die Denunziation mittels Brief war ein relativ sicherer Kommunikationsakt, denn der Briefumschlag schützte vor dem Zugriff Unbeteiligter. Die Kommunikation verlief zunächst einseitig und war nicht auf eine unmittelbare Reaktion durch den Empfänger ausgelegt.

Die denunziatorischen Briefe zeugen allgemein von planvollem Handeln der Denunzierenden und ließen ihnen in der Gestaltung große Spielräume. Stasi und VP interessierten sich vornehmlich für den Wahrheitsgehalt der Informationen, die in den Briefen standen. Die Ermittlung der Schreiberin oder des Schreibers, wenn sie anonym blieben, stand hingegen nur an nachgeordneter Stelle. Nur in

Ausnahmefällen sind umfangreiche kriminaltechnische Untersuchungen zu erkennen, die den Absender bestimmen sollten. Die Staatssicherheit nutze die Briefe manchmal in ihren Vernehmungen, um die Denunzierten mit den Vorwürfen zu konfrontieren. Dies konnte zum einen der Ermittlung der Schreiberin oder des Schreibers dienen, wenn sich die Person nicht offen bekannt hatte, und hatte zugleich einen Einschüchterungseffekt, der vernehmungstaktisch bedeutsam sein konnte. Eigene Maßnahmen, wie beispielsweise den Einsatz von IM, brauchte die Staatssicherheit in diesen Fällen nicht preiszugeben. Auch die Konfrontation von Beschuldigten mit denunziatorischen Anrufen während der Vernehmungen lässt sich nachweisen.

Bei der Denunziation am Telefon konnten die Denunzierenden nicht auf diese Weise planvoll vorgehen. Der diensthabende Offizier bemühte sich in der Regel darum, die Gesprächsführung zu übernehmen. Zwar existierten bei VP und MfS hierfür Vorgaben, aber davon wichen die Offiziere in der Regel ab, weil sie auf die Gesprächsteilnehmer reagieren mussten. Zudem beeinflussten Hintergrundgeräusche oder technische Störungen die Kommunikation. Sowohl die Vertreter der Sicherheitsorgane als auch die Anrufenden verfolgten ihre eigenen Absichten während des Telefonats, die Anrufe spiegeln diesen Aushandlungsprozess wider. Während die Anrufenden entweder die Strategie verfolgten, so schnell wie möglich ihre Informationen zu übermitteln oder ein »offenes Ohr« für ihr Anliegen zu finden, bemühten sich die Offiziere um eine Gesprächstaktik gemäß ihren Vorgaben und Erfahrungen. Die Frage nach der Identität des Anrufenden entwickelte sich oft zur Schlüsselfrage des Gesprächs, weil die Sicherheitsorgane mit anonymen Anrufern nicht gut zurechtkamen oder ihnen misstrauten. Die Offiziere fragten in der Regel nach Details zum angezeigten Sachverhalt, sie notierten Namen und wichtige Daten wie Adressen oder Beobachtungszusammenhänge (also wie und wo ein abweichendes Verhalten wahrgenommen wurde). Flüssige Gespräche ergaben sich dennoch nicht, so jedenfalls der Eindruck nach der Auswertung der vorliegenden Quellen. Es bestand, wie beschrieben, eine ausgeprägte Diskrepanz zwischen den Absichten der Anrufenden und der staatlichen Empfänger, was Kommunikation erheblich erschwerte.

Die Denunzierenden befanden sich zumeist in einer Ausnahmesituation. Hastiges und aufgeregtes Sprechen war für diese Telefonate charakteristisch, denn der denunziatorische Anruf war auch in der DDR kein Alltagshandeln, sondern durchbrach die gewohnte Kommunikation. Hier traf das gewohnheitsmäßige Sprachhandeln offizieller Stellen überwiegend auf ein Sprachhandeln, das für die private Kommunikation charakteristisch ist. Wenn nun eine Person eine Dienststelle persönlich aufsuchte, um einen Mitmenschen zu denunzieren, verschob sich die Kommunikation weiter zugunsten der Vertreter des jeweiligen Amtes, die jetzt den Ablauf des Gespräches noch leichter steuern konnten. Nicht nur, dass in jedem Fall Ausweispflicht bestand, die Offiziere übernahmen hier unweigerlich die Gesprächsführung und die Dienstvorschriften regelten das Vorgehen genau.

Die Denunzierenden mussten ihre Identität preisgeben und hatten sich gegebenenfalls für ihr Ansinnen zu rechtfertigen und die Hintergründe ihrer Anzeige offenzulegen. Gestaltungs- und Maskierungsmöglichkeiten hatten die Personen hier kaum, auch wenn sie dennoch ihre Motive verbergen und das angezeigten Geschehens entsprechend schildern konnten.

Obwohl die Gespräche auf den Dienststellen aufgrund der Art und Weise, wie sie sich in den Quellen widerspiegeln, nicht im Detail nachvollzogen werden können, so wird doch deutlich, dass hier die Möglichkeiten seitens der Denunzierenden, den Gesprächsinhalt zu bestimmen, deutlich geringer waren als beim Telefonat oder beim Brief. Dies lag in der fehlenden Distanz und in der unmittelbaren Face-to-Face-Kommunikation begründet. Nicht nur die eigene Identität musste preisgegeben werden, auch Mimik und Gestik ließen sich lesen und es konnten Zusatzinformationen zu Hintergründen, Motivationen und Beziehungsverhältnissen abgefragt werden. Eine unilaterale Kommunikation, wie sie für die Informationsübermittlung per Brief typisch ist und auch bei Telefonaten vorkommt, war hier schlicht nicht möglich. Somit konnte der Akt des Denunzierens beim Aufsuchen einer Dienststelle von den Akteuren nicht mehr vollständig kontrolliert werden. Die Denunzierenden mussten sich in der Lage sehen, ihr Anliegen auf eine Art und Weise zu übermitteln, bei der sie nicht riskierten, selbst in den Fokus der Ermittlungen zu geraten (beispielsweise durch eine Falschaussage), und mögliche eigennützige Beweggründe zu verbergen oder zumindest zu erklären. Die schriftlichen Zeugnisse mündlicher Denunziationen verweisen aber darauf, dass auch in diesem Falle die Anzeigen aufgenommen wurden, weil für die Dienststellen vor allem der mutmaßliche Wahrheitsgehalt der Information zählte.

Eine Sonderstellung im Denunziationsgeschehen nehmen die Inoffiziellen Mitarbeiter ein. Durch die Initiative, die das MfS in Bezug auf Auswahl, Vorbereitung und Kommunikation übernahm, und durch die Regelmäßigkeit der Treffen und die Auftragserteilung ergab sich hier eine deutlich andere Phänomenologie und Kommunikationssituation als bei den anderen Formen der Denunziation. Die Staatssicherheit formalisierte das Prozedere bei der Anwerbung und der Zusammenarbeit mit den IM, verteilte Aufträge und versuchte Beobachtungs- und Berichtsinhalte zu steuern. Die Normen und Statistiken der Staatssicherheit erfassen das Denunziationsgeschehen kaum. Beide Seiten – sowohl der IM als auch das MfS – konnten ihre eigene Strategie verfolgen und hatten in Bezug auf Kommunikation und Berichtsinhalte Steuerungsmöglichkeiten. Während die Staatssicherheit hierzu systematisch Anreize, Druck oder Gesprächsstrategien einsetzen konnte, hatte der IM seinerseits zumeist die Möglichkeit, denunziatorische Aussagen zu vermeiden oder Belastendes zu berichten. Das Denunziationsergebnis fiel von Fall zu Fall unterschiedlich aus, weswegen das »Label«, als IM verpflichtet zu sein, erst einmal noch nichts über das tatsächliche Denunziationsverhalten aussagt. In dieser Studie wird dafür plädiert, jeden Einzelfall für sich zu betrachten und die einzelnen mündlich und schriftlich durch den IM abgegebenen Berichte auf den darin eventuell vorhandenen denunziatorischen Gehalt zu prüfen. Anhand dieses Kriteriums wurden in der vorliegenden Studie Fallgruppen definiert.

Dieser Analyseansatz basiert auf einem induktiven Vorgehen, bei dem vier Parameter entwickelt wurden, die für die Einordnung in die verschiedenen Fallgruppen maßgebend waren:
1. die Bereitschaft zur Denunziation und Zusammenarbeit,
2. die Qualität der Informationen, die ein IM besaß und beschaffen konnte,
3. die Intensität der beiderseitigen Kommunikation und
4. die persönlichen Voraussetzungen, die der IM einbringen konnte.

Auf dieser Grundlage wurden zehn Fallgruppen Inoffizieller Mitarbeiter nach Maßgabe ihres denunziatorischen Ertrags zur Diskussion gestellt. In der ersten Fallgruppe (IM, die nicht denunzierten) gab es keinerlei denunziatorischen Bericht, sowohl mündlich als auch schriftlich, auch nicht während der Anwerbungsphase. Die zehnte Fallgruppe (IM, die jeden denunzierten) kann wahrscheinlich nur als theoretisches Konstrukt angesehen werden, weil hier von einem Extremfall ausgegangen wird, nämlich dem IM, der bereit ist, jede ihm bekannte Person zu jeder Zeit mit denunziatorischen Berichten zu belasten.

Hiermit soll ein Diskussionsangebot gemacht werden, das den Blick für das historische Phänomen der Zusammenarbeit mit einer Geheimpolizei anhand des Kriteriums der Denunziation schärft. Sicherlich wären diese Fallgruppen modifizierbar und mit mehr Fallbeispielen zu unterlegen. Doch die Studie unternimmt vor allem den Versuch, sich von MfS-immanenten Kategorien zu lösen und angesichts des schier unüberschaubaren Quellenmaterials das Phänomen der inoffiziellen Zusammenarbeit mit dem MfS unter dem Blickwinkel des denunziatorischen Ertrags zu beschreiben. Die Beschreibung der Fallgruppen geht nicht einher mit statistischen Feststellungen über ihre Verteilung auf die Gesamtheit der IM; sie kann nur qualitative Schlaglichter werfen.

Im Kapitel 6 wurde jenseits der kommunikationswissenschaftlichen Perspektive eine Einordnung des Denunziationsgeschehens in verschiedene soziale Kontexten vorgenommen. Gegenstand der Betrachtung war das soziale Umfeld, in dem abweichendes Verhalten wahrgenommen und gemeldet wurde. Dazu ist ein Blick auf das soziale Gefüge der DDR-Gesellschaft notwendig. Denunziationen im Familienumfeld wurden in der DDR kritisch gesehen, sowohl von der Gesellschaft selbst als auch teilweise von den sanktionierenden Instanzen, was ein überraschender Befund ist. Dies widerspricht teilweise in soziologischer Forschung geäußerten Mutmaßungen über die scheinbar staatlich gewünschten Aufweichungen der Familienzusammengehörigkeit in der DDR. Ehepartner denunzierten sich nur im Ausnahmefall untereinander, auch die Bindungen zwischen Kindern und Eltern wirkte in der Regel stark und nachhaltig und wurde für gewöhnlich auch durch staatliche Instanzen nicht angetastet.

Die DDR war eine Arbeitsgesellschaft. Das gesellschaftliche Leben fand in hohem Maße in betrieblichen Kontexten statt und dies wirkte sich auch auf das Denunziationsgeschehen aus. Die Inoffiziellen Mitarbeiter wurden vorzugsweise im betrieblichen Umfeld rekrutiert und auch das spontane Denunziationsgeschehen entfaltete sich vielfach in der Arbeitsumgebung. Das fortwährende Berichtsaufkommen in dienstlichen Zusammenhängen sorgte für einen direkten Zugriff des Staates auf seine arbeitende Bevölkerung und auch für zahlreiche Möglichkeiten der Denunziation, die sich aufgrund der Quellenlage (beispielsweise wegen der mangelnden Überlieferung und der weitestgehenden Unzugänglichkeit der Kaderakten) nicht mehr in Gänze nachvollziehen lassen. Bei den vielen in der DDR durchgeführten Sicherheitsüberprüfungen spielten mitnichten nur betriebliche Belange eine Rolle, sondern gleichermaßen die politische Zuverlässigkeit, das Engagement bei der »gesellschaftlichen Tätigkeit«, die familiären Verhältnisse und vor allem etwaige Westkontakte. Der Betrieb war gleichwohl für viele DDR-Bürger ein für das gesellschaftliche Leben zentraler Ort und deshalb auch ein bevorzugter Ausgangspunkt für Denunziationen. Hinzu kommt, dass auch bei den routinemäßig eingeforderten Informationsberichten und Auskünften die Betriebsleitungen und SED-Leitungen sowie die Staatssicherheit und andere berichterstattende Instanzen in hohem Maße auf Informationen aus dem Arbeitsumfeld zurückgriffen.

Freundschaften sind enge, freiwillig eingegangene und regelmäßig gepflegte Verbindungen. Selbstverständlich konnten Personen aus dem Kollegenkreis oder aus der Nachbarschaft auch Freundschaften eingehen, sie unterscheiden sich dann von der reinen Kollegen- oder Nachbarschaft durch die erwähnte Selbstgewähltheit. Aufgrund der besonderen Verbindung, die Freundschaft ausmacht, scheint Denunziation in einem »echten« Freundschaftsverhältnis kaum denkbar zu sein. Selbst bei den in Freundesgruppen eingeschleusten Spitzeln ließen sich spätere Identifizierungsprozesse mit diesen Gruppen und ihren einzelnen Mitgliedern nicht immer vermeiden und das Entstehen von »echten« Freundschaften war hier durchaus möglich. Die Offiziere der Staatssicherheit, die mit solchen IM zusammenarbeiteten, waren in besonderem Maße gefordert, diese Personen zu stabilisieren und sie in ihrem Auftrag zu bestärken. In den teilweise nachträglich angefertigten Selbstauskünften spiegelt sich die Zerrissenheit dieser Spitzel wider, die Freundschaft und geteilte Werte oft jahrelang vortäuschten, zum Teil aber auch wirklich empfanden.

Die Nachbarschaft gilt landläufig als klassischer Ort des Denunzierens, doch in DDR scheint dieses Denunziationsumfeld nicht herauszuragen. Die systematische Überwachung durch die Stasi und die SED zielte zwar stärker auf den Arbeitsplatz, aber im Zuge von Personenüberprüfungen wurde auch immer das Wohnumfeld ins Visier genommen. Hierbei gaben der ABV der Volkspolizei, die

Hausbuchführer oder freiwillige VP-Helfer regelmäßig Auskunft, teilweise befragte das MfS unter Legende auch Nachbarn, die sie zumeist als Auskunftspersonen erfasst hatte. Auf diesem Weg wurde nicht nur Denunziatorisches weitergegeben, sondern auch ganz unverfängliche Informationen über die Familienverhältnisse und die Wohnumstände. Denunziationen im Nachbarschaftsumfeld nährten sich häufig aus Beobachtungen im Wohnalltag – stärker als in anderen sozialen Zusammenhängen –, konnten aber auch politische Abweichungen zum Inhalt haben. Dabei fällt auf, dass insbesondere (unerwünschte) Westkontakte in der Nachbarschaft stärker thematisiert wurden.

Als weitere Kategorie wurde die Denunziation durch Fremde behandelt, bei der abweichendes Verhalten, das sich im öffentlichen Raum vollzog, denunziert wurde. Orte des Geschehens waren hier zum Beispiel Verkehrsmittel, Geschäfte und Dienstleistungsbetriebe wie der Friseur sowie Kneipen oder Gaststätten. Selbst in Fällen, bei denen die Denunzierenden mit den Denunzierten bekannt waren, versuchten sie bei einer anonymen Denunziation manchmal als Fremde zu erscheinen, weil der Vertrauensbruch hier weniger tabuisiert war. Wenn von mitgehörten Gesprächen die Rede ist oder davon, dass man »durch Zufall Zeuge geworden« sei, sind die Aussagen daher quellenkritisch zu hinterfragen, besonders, wenn in der Denunziation genauere Angaben zu den Beschuldigten gemacht wurden. Abhängig vom Ort der Begegnung konnten auch unter Fremden unterschiedliche Vertrauenssituationen bestehen. Auf der Straße oder in öffentlichen Verkehrsmitteln stand man sich tatsächlich als völlig fremd gegenüber, während beispielsweise das Friseurgeschäft oder die Kneipe eher als partiell geschützte Räume galten, die denen, die sich dort aufhielten, ein Gefühl der Vertraulichkeit vermitteln konnten. Vor allem »Alltagsstörungen« begünstigten Denunziationen von Fremden, beispielsweise Autos mit westdeutschen Kennzeichen, Flugblätter oder ähnliches. Auffällig ist, dass die Meldung solcher Beobachtungen vergleichsweise spontan erfolgten und nur eine kurze Zeit zwischen der Wahrnehmung und der Denunziation verging.

Denunzianten aus der Bundesrepublik bilden Sonderfälle in der Analyse, sowohl bezüglich der Kommunikation mit den staatlichen Stellen der DDR, als auch hinsichtlich des sozialen Gefüges, da sie selbst nicht Teil der Gesellschaft waren und somit beispielsweise auch keine Strafverfolgung wegen »Mitwisserschaft« zu befürchten hatten. Außerdem wurde in der Bundesrepublik die politische Strafjustiz der DDR allgemein abgelehnt, Denunziationen an die Adresse von DDR-Behörden waren als »politische Verdächtigung« sogar strafbar. Aus Westdeutschland wurden vorrangig »Republikflucht« und Zoll- bzw. Wirtschaftsdelikte denunziert. Sehr viel stärker herrschte bei Denunzianten aus der Bundesrepublik offenbar ein Rechtfertigungszwang für eine solche Anzeige, da vorgetäuschte oder tatsächliche Systemtreue nicht als Argumentation verwendet werden konnte. Die Kommunikation der bundesdeutschen Anrufer und Briefeschreiber offenbarte eine große Distanz zwischen den Denunzierenden und den angesprochenen staatlichen Instanzen und weckte so immer auch das Misstrauen von Volkspolizei und Staatssicherheit, die aber die Hinweise trotzdem dankbar annahmen und überprüften. Von Bedeutung war dabei auch, dass die Konfrontation der Beschuldigten mit einer Denunziation aus dem Westen für die DDR-Strafverfolgungsorgane deutlich einfacher war als mit Hinweisen von DDR-Bürgern. Bei Informationen von Inoffiziellen Mitarbeitern war dies vollkommen unmöglich.

Die Analyse der Denunziation in verschiedenen sozialen Kontexten verweist auf die Bedeutung unterschiedlicher Loyalitäten innerhalb der Gesellschaft, die durch die Meldung abweichenden Verhaltens durchbrochen wurden. Es ist zu erkennen, dass die Stärke der gesellschaftlichen Bindungen einen erheblichen Einfluss auf das Denunziationsverhalten hatte, aber auch darauf, wie MfS und Volkspolizei mit den jeweiligen Informationen umgingen.

Die vorliegende Studie geht davon aus, dass Gründe für Denunziationshandeln vielschichtig sein konnten und wahrscheinlich in den meisten Fällen verschiedene Motive vorlagen. Motivationspsychologische Methoden wurden in der Analyse nicht angewandt, vor allem deswegen, weil die Quellen dies in der Breite nicht zuließen. Stattdessen wurde der Versuch unternommen, Argumentationstopoi zu identifizieren, die insbesondere aus Selbstrechtfertigungen und auch aus Hinweisen auf die Selbstreflexion der Denunzierenden in den Quellen gewonnen wurden. Diese Herangehensweise berücksichtigt nicht die Einschätzungen beispielsweise der staatlichen Instanzen, an die die Denunziation gerichtet war. Die Analyse der Kommunikationsaspekte und des sozialen Gefüges hat ohnehin zeigen können, dass die Denunziationsempfänger die Motive für Denunziationen nicht vorrangig zu ermitteln versuchten. Die Darstellung der verschiedenen Argumentationstopoi folgt der generellen Intention der vorliegenden Untersuchung, sehr nah an den Quellen zu arbeiten und wiederkehrende Muster aufzuzeigen. Gleichwohl ist darauf hinzuweisen, dass die Quellen die Motive oftmals nicht unverstellt erkennen lassen. Zudem können, wie für andere Aspekte der Darstellung auch, keine Aussagen über die statistische Verteilung von Motiven getroffen werden.

Bei einer Vielzahl anonymer Denunziationen lässt sich gar kein Argumentationstopos erkennen. Sechs hauptsächliche Erklärungsmuster verwendeten die Denunzierenden, um ihr Handeln zu begründen. Sie argumentierten mit der politischen Notwendigkeit und ihrer Pflicht, Verfehlungen zu melden. Dies ging einher mit der Verwendung typischer Schlagworte wie »sozialistische Pflicht« oder mit Treuebekenntnissen zur DDR bzw. mit der Aufzählung eigener Verdienste für den Staat. Außerdem sind Denunziationen nicht selten von Empörungstopoi gekennzeichnet. Nicht die eigene Person wird in den Vordergrund gestellt, sondern die Empörung über das angezeigte Fehlverhalten, verbunden mit der Aufforderung an die staatliche Instanz, dieses zu unterbinden. Ein weiteres Begründungsmuster zielt auf den Schutz des Angezeigten. Durch die Anzeige, so erklärten die Denunzierenden, wollten sie die Angezeigten nur vor schlimmen

Fehlern und einer härteren Bestrafung bewahren. Zudem äußerten einige die Angst vor eigener Bestrafung, besonders in Verbindung mit dem Verweis auf die mögliche Strafverfolgung wegen Mitwisserschaft. Gleichwohl gibt es Quellen, die auf sogenannte »niedere« Motive verweisen wie Rache, Neid oder Eifersucht. Einige Denunzianten gaben sie sogar selbst als Grund für ihre Anzeige an, während ein anderes Argumentationsmuster auf die Negierung eines solchen Motivs abzielt. Die Hinweisgeber fühlten sich veranlasst, gleichsam vorsorglich darauf hinzuweisen, dass sie eben gerade nicht aus Missgunst oder wegen Streitigkeiten denunzierten. Insgesamt lässt sich feststellen, dass selbst aus scheinbar aussagekräftigen Quellen kaum gesicherte Erkenntnisse über die tatsächlichen Beweggründe der Denunzierenden gewonnen werden können, sondern vor allem Rechtfertigungen von Personen reflektiert werden, denen bewusst war, dass sie mit dieser Handlung die Grenze der gesellschaftlichen Akzeptanz überschritten hatten.

Während die strafverfolgenden Instanzen der DDR wie die Staatssicherheit und die Volkspolizei in den untersuchten und dargelegten Beispielen nur wenig Mühe aufwandten, die Motive von Denunzierenden zu ermitteln, spielten diese in der Strafverfolgung der Bundesrepublik in den Prozessen gegen Denunzianten eine nicht unbeträchtliche Rolle. Es sind nur wenige Urteile gefällt worden, die sich auf Denunziationen in der DDR-Zeit bezogen. Sie betreffen vor allem verhinderte Fluchtversuche und die Denunzianten von einst wurden nach 1989 in diesen Fällen nicht nur wegen »politischer Verdächtigung« (§ 241 a StGB der Bundesrepublik), sondern auch wegen »Freiheitsberaubung« angeklagt. Insbesondere die Frage, ob die Denunzianten bei ihren Handlungen bewusst »schwere und offensichtliche Menschenrechtsverletzungen« in Kauf genommen hätten, spielte für eine Verurteilung eine entscheidende Rolle.

Denunziationen unter wissenschaftlichen Gesichtspunkten und unter den beschriebenen Aspekten zu betrachten, ermöglicht eine analytische Annäherung an das Thema. Dies soll die Bedeutung des Unrechts, das diejenigen erfahren haben, die Opfer einer Denunziation geworden sind, jedoch nicht schmälern. Nicht immer sind die Auswirkungen klar messbar, beispielsweise anhand von Haftstrafen oder ähnlich offensichtlichen Repressionen und Diskriminierungen. Das Repressionssystem der DDR funktionierte, vor allem in den späteren Phasen, zuweilen recht subtil, sodass sich entstandenes Unrecht teilweise nur schwer nachweisen lässt. Eine versagte Reisegenehmigung zur Beerdigung der Mutter in der Bundesrepublik konnte zum Beispiel für einen Betroffenen im Extremfall schwerer gewogen haben als ein Aufenthalt im Gefängnis. Auch verhinderte Zugänge zu einem Studienplatz oder verbaute Karrierechancen bilden sich in den Akten des Herrschaftssystems nicht immer ab. Sie wurden auch nicht immer von der Stasi veranlasst, sondern durch offizielle Instanzen in Schule, Universität, Betrieb und den verschiedenen Systemorganisationen vollzogen. Die Überlieferung ermöglicht den Nachweis solcher Diskriminierungen nur unvollständig. Denunziationen konnten in der DDR den Lebensweg von Personen nachhaltig beeinflussen, das war vielen bewusst. Zugleich war der Mythos einer allgegenwärtigen Überwachung in der DDR-Gesellschaft weit verbreitet. Es herrschte zwar nicht unbedingt immer gegenseitiges Misstrauen, aber viele Menschen vermieden es grundsätzlich, am Telefon oder im Brief ihre volle Meinung zu sagen.

Denunziationswillige Bürger unterstützten die diktatorische Herrschaftsausübung, auch wenn sie für ihr Handeln ganz verschiedene Motive haben konnten. Und das Risiko von Denunziationen erhöhte zwangsläufig die Anpassungsneigung, weil offen abweichendes Verhalten einschneidende Konsequenzen nach sich ziehen konnte. Eine »Deutsche Denunzianten Republik«[2], wie der »Spiegel«-Autor Peter Wensierski vor einigen Jahren schrieb, war die DDR trotzdem wohl eher nicht. Obwohl der SED-Staat das Denunzieren vielfach förderte und ermutigte und auch wenn ein engmaschiges Berichtssystem die Gesellschaft durchzog, blieb die Denunziation dennoch überwiegend verpönt. Sogar die Denunzianten selbst waren sich dessen bewusst, wie sich aus ihren Selbstrechtfertigungen und den von ihnen geäußerten Motiven ablesen lässt.

Es lässt sich kaum leugnen, dass die Berichterstattung über Inoffiziellen Mitarbeiter des MfS die gesellschaftliche Aufarbeitungsdebatte dominiert hat; auch in dieser Studie nimmt die Auseinandersetzung mit ihnen einen breiten Raum ein. Und natürlich vollzog sich ein wesentlicher Teil des Denunziationsgeschehens in der DDR im Rahmen der Berichterstattung der IM – das hat das MfS auch so beabsichtigt, um das Informationsaufkommen zielgerichtet zu steuern, abweichendes Verhalten frühzeitig zu erkennen und die Bürger zu überwachen. Aber auch in anderen Konstellationen konnten Denunziationen auftreten. Allen ist gemein, dass sie für gewöhnlich im Verborgenen stattfanden und dass sie gesellschaftliche Ächtung erfuhren und bis heute erfahren. Aber es ist auch klar: Politische Denunziationen sind eine zwangsläufige Begleiterscheinung politischer Verfolgung, bei der die gesetzten Normen oder die bei ihrer Verletzung zu erwartenden Sanktionen oder beides nach freiheitlichen Maßstäben illegitim oder unangemessen waren.

In der DDR gab es natürlich echte Freundschaften, es bestanden durchaus starke Familienstrukturen, die zuweilen auch der innerdeutschen Grenze trotzten, es gab Liebe ohne Verrat und ein oftmals freundschaftliches, kollegiales Berufsumfeld oder eine intensive Nachbarschaftshilfe. Aber es war ebenso möglich, dass das gesellschaftliche Gefüge durch Verrat und Denunziation zersetzt wurde, auch ohne dass die Betroffenen erfuhren, wer sie denunziert hatte. Der Überwachungsstaat DDR war dafür anfällig.

Die vorliegende Studie plädiert dafür, den Einzelfall zu prüfen und nicht aus Perspektiven und Kategorien der Sicherheitsbürokratien, beispielsweise der Einstufung als IM, ein automatisches moralisches Verdammungsurteil abzuleiten. Es lohnt sich, genau zu analysieren, in welchem sozialen Kontext welche Art von

---

2 Wensierski: Deutsche Denunzianten Republik, S. 40–42.

Berichten entstanden und ob und in welchem Grad sie denunziatorisch waren. Auch wenn quantitative Vergleiche zu anderen Gesellschaften aufgrund der Aktenlagen schwirig sind, erscheint doch ein Blick auf Denunziationsphänomene verschiedener Systeme lohnenswert. In Bezug auf die sozialen Kontexte der Denunziation in der NS-Zeit legten Hornung und Thonfeld bereits Studien vor, die allerdings noch keine Vergleichsperspektive für die hier vorliegende Analyse bieten. Denn Hornung konzentriert sich in ihrer Quellenauswahl auf Fälle der NS-Militärjustiz und hat somit einen deutlich anderen Schwerpunkt.[3] Thonfeld wertet exemplarisch an einigen Fällen aus dem Familienumfeld, dem Gasthaus oder der Nachbarschaft Denunziationsorte aus, stellt sie aber nicht vergleichend gegenüber.[4] Im Hinblick auf die Kommunikationsperspektive der Denunziation hat die bisherige Forschung, die sich vor allem auf die Normenebene sowie gesellschaftliche und psychologische Erklärungsmuster konzentrierte, bislang nur selten den Schwerpunkt auf das Medium der Informationsübermittlung gelegt. Auch wäre ein Vergleich beispielsweise von Argumentationsmustern lohnenswert. So ließe sich nachvollziehen, welchen Wandlungen die Kommunikation der Denunzierenden mit dem Staat und der Umgang der staatlichen Institutionen mit den Anzeigewilligen unterworfen waren und welche Konstanten es in diesem Geschehen gab. Die anonymen Denunziationszettel aus dem akademischen Milieu des 18. Jahrhunderts weisen eine bestechende Ähnlichkeit mit den denunziatorischen Briefen in der DDR auf. Beispielsweise inszenierten sich hier Denunzianten ebenfalls als zufällige Zeugen abweichenden Handelns oder legen schriftlich nieder, dass sie aus Angst vor negativen Folgen auf ihr Privatleben ihren Namen nicht nennen wollen.[5]

Eine Beschäftigung mit dem Denunziationsthema ist darüber hinaus geeignet, den Blick für Repressions- und Ausgrenzungsstrukturen auch außerhalb von diktatorischen und autoritären Systemen zu schärfen. Auch in freiheitlichen Demokratien werden Personen, die bestimmten Weltanschauungen, Lebensformen oder sexuellen Orientierungen folgen, zuweilen diskriminiert, in ihrer Entfaltung eingeschränkt oder gar verfolgt, was ein entsprechendes Denunziationspotenzial erzeugt. Eine solche Perspektive zeigt sich etwa bei der Studie von Stieglitz über Denunziation in den USA der McCarthy-Ära.[6] Aber auch in der Bundesrepublik gäbe es solche Untersuchungsfelder. Man denke an das Thema Denunziation im Zusammenhang mit der Verfolgung homosexueller Männer nach dem Strafrechtsparagrafen 175 bis in die 1960er-Jahre hinein.[7]

3 Hornung: Denunziation als soziale Praxis, S. 94 ff.
4 Thonfeld: Sozialkontrolle und Eigensinn.
5 Zaunstöck: Das Milieu des Verdachts, S. 329.
6 Olaf Stieglitz: Undercover – Die Kultur der Denunziation in den USA. Frankfurt/M. 2013.
7 Antidiskriminierungsstelle des Bundes (Hg.): Rechtsgutachten zur Frage der Rehabilitierung der nach § 175 StGB verurteilten homosexuellen Männer. Auftrag, Optionen und verfassungsrechtlicher Rahmen. Berlin 2016.

Das Sprechen über Verrat, Denunziation und Loyalität hat den Erinnerungsdiskurs zur DDR nachhaltig beeinflusst. Dies war neben Rehabilitierungsfragen einer der entscheidenden Beweggründe, ein Amt des Bundesbeauftragten für die Unterlagen des Staatssicherheitsdienstes der ehemaligen DDR einzurichten und private Akteneinsicht sowie die Nutzung der Bestände für Forschungs- und Medienzwecke zu ermöglichen. Allerdings blieben die Forschung und die Aufarbeitung generell oft zu sehr den Perspektiven und Kategorien der Repressionsapparate verhaftet, die die Akten produziert hatten. Die Vielfältigkeit der Denunziationen, aber auch die Zufälligkeit der Überlieferung erschweren den Zugriff über ein repräsentatives Sample. Aber die Quellenüberlieferung bietet in ihrer Vielfältigkeit die Chance, sich über andere methodische Zugriffe dem Phänomen zu nähern. Jenseits einer eindimensionalen Betrachtung staatlicher oder geheimpolizeilicher Strategien lässt sich hier ein Phänomen, das sich in konkreten sozialen Kontexten vollzog, beobachten und analysieren. Und hierbei tritt eine große Bandbreite denunziatorischer Machtpartizipation sozialer Akteure zutage, die mit plakativen Begriffen wie »Spitzelstaat« oder Ähnlichem nur unzureichend beschrieben ist. Inoffizielle Mitarbeiter der Staatssicherheit spielten eine wichtige Rolle im Denunziationsgeschehen der DDR, aber eine differenzierte Bewertung ihres denunziatorischen Handelns und die Gegenüberstellung mit anderen Erscheinungsformen der Denunziation helfen bei ihrer historischen Einordnung. Ein Phänomen wie die Denunziation gesondert in den Blick zu nehmen, kann somit helfen, Herrschaftsmechanismen, Kommunikationsstrukturen und soziale Zusammenhänge im SED-Staat genauer zu beschreiben und besser zu begreifen.

Anhang

Abkürzungsverzeichnis

A	Anrufer/Anruferin
ABF	Arbeiter- und Bauernfakultät
Abt.	Abteilung
ABV	Abschnittbevollmächtigter
AG	Arbeitsgruppe
AIM	Archivierter IM-Vorgang
AKK	Archiviertes Material zu einer auf einer Kerblochkartei erfassten Person
AKP	Auskunftsperson
AOG	Archivierte Akten der Operativgruppe
AOP	Archivierter Operativer Vorgang
AOPK	Archivierte Operative Personenkontrolle
AP	Allgemeine Personenablage
AS	Allgemeine Sachablage
AU	Archivierter Untersuchungsvorgang
BArch	Bundesarchiv
BdL	Büro der Leitung
BGL	Betriebsgewerkschaftsleitung
BL	Bezirksleitung
BPO	Betriebsparteiorganisation
BRD	Bundesrepublik Deutschland
BStU	Der/Die Bundesbeauftragte für die Unterlagen des Staatssicherheitsdienstes der ehemaligen DDR
BV	Bezirksverwaltung des MfS
DBD	Demokratische Bauernpartei Deutschlands
DDR	Deutsche Demokratische Republik
DFG	Deutsche Forschungsgemeinschaft
DM	Deutsche Mark
ESG	Evangelische Studentengemeinde
FAZ	Frankfurter Allgemeine Zeitung
FDGB	Freier deutscher Gewerkschaftsbund
FDJ	Freie Deutsche Jugend
GA	Gerichtsakte
Gen.	Genosse/Genossin
GI	Geheimer Informator
GM	Geheimer Mitarbeiter
GMS	Gesellschaftlicher Mitarbeiter für Sicherheit
HO	Handelsorganisation
IGFM	Internationale Gesellschaft für Menschenrechte
IM	Inoffizieller Mitarbeiter
IMK	Inoffizieller Mitarbeiter zu Sicherung der Konspiration und des Verbindungswesens
JHS	Juristische Hochschule
Ka	Kassette
KD	Kreisdienststelle des MfS
KgU	Kampfgruppe gegen Unmenschlichkeit
KL	Kreisleitung
KP	Kriminalpolizei

KPD	Kommunistische Partei Deutschlands
KW	Konspirative Wohnung
KZ	Konzentrationslager
LHAS	Landeshauptarchiv Schwerin
LPG	Landwirtschaftliche Produktionsgenossenschaft
M	Mark
MdI	Ministerium des Innern
MDR	Mitteldeutscher Rundfunk
MEZ	Mitteleuropäische Zeit
MF	Mikrofilm/Mikrofiche
MfS	Ministerium für Staatssicherheit
NAW	Nationales Aufbauwerk
NDPD	National-Demokratische Partei Deutschlands
NS	Nationalsozialismus
NVA	Nationale Volksarmee
OdH	Offizier des Hauses
OibE	Offizier im besonderen Einsatz
OPK	Operative Personenkontrolle
OvD	Offizier vom Dienst
P-Akte	Personalakte
PGH	Produktionsgenossenschaften des Handwerks
PKZ	Personenkennzahl
PLZ	Postleitzahl
PR	Public Relations
RFT	Rundfunk- und Fernmelde-Technik
SAE	Sachaktenerschließung
SBZ	Sowjetische Besatzungszone
SED	Sozialistische Einheitspartei Deutschlands
SMAD	Sowjetische Militäradministration Deutschlands
StGB	Strafgesetzbuch
StUG	Stasiunterlagengesetz
Tb	Tonband
VEB	Volkseigener Betrieb
V-Leute	Vertrauensleute
VP	Volkspolizei
VPKA	Volkspolizeikreisamt
VSH	Vorverdichtungs-, Such- und Hinweiskartei
VVS	Vertrauliche Verschlusssache
WKW	Wer-kennt-wen-Schema
wohn.	wohnhaft
ZAIG	Zentrale Auswertungs- und Informationsgruppe

Literaturverzeichnis

40 Jahre SED-Unrecht. Eine Herausforderung für den Rechtsstaat. Erstes Forum des Bundesministers für Justiz am 9. Juli 1991 in Bonn. München 1991.
Abke, Stephanie: Sichtbare Zeichen unsichtbarer Kräfte. Denunziationsmuster und Denunziationsverhalten 1933–1949. Tübingen 2003.
Adam, Christian: »ischschwöre Berlin« oder Geschichte rund um den »Bindestrich der Freiheit«. In: Heidemeyer, Helge (Hg.): »Akten-Einsichten«. Beiträge zum historischen Ort der Staatssicherheit. Berlin 2016, S. 65–69.
Altendorf, Gabriele: Denunziation im Hochschulbereich der ehemaligen DDR. In: Jerouschek, Günter; Marßolek, Inge; Röckelein, Hedwig (Hg.): Denunziation. Historische, juristische und psychologische Aspekte. Tübingen 1997, S. 183–206.
Altenhöner, Florian: Kommunikation und Kontrolle. Gerüchte und städtische Öffentlichkeiten in Berlin und London 1914/1918. München 2008.
Amos, Heike: Justizverwaltung in der SBZ/DDR. Personalpolitik 1945 bis Anfang der 50er Jahre. Köln 1996.
Andert, Reinhold: Lieder aus dem fahrenden Zug. Berlin 1978.
Anhalt, Markus: Die Macht der Kirchen brechen. Die Mitwirkung der Staatssicherheit bei der Durchsetzung der Jugendweihe in der DDR. Göttingen 2016.
Antenhofer, Christina; Müller, Mario: Briefe in politischer Kommunikation vom Alten Orient bis ins 20. Jahrhundert. Göttingen 2008.
Antidiskriminierungsstelle des Bundes (Hg.): Rechtsgutachten zur Frage der Rehabilitierung der nach § 175 StGB verurteilten homosexuellen Männer. Auftrag, Optionen und verfassungsrechtlicher Rahmen. Berlin 2016.
Baasner, Rainer: Briefkultur im 19. Jahrhundert. Kommunikation, Konvention, Postpraxis. In: ders. (Hg.): Briefkultur im 19. Jahrhundert. Tübingen 1999, S. 1–36.
Bade, Claudia: »Die Mitarbeit der gesamten Bevölkerung ist erforderlich!« Denunziation und Instanzen sozialer Kontrolle am Beispiel des Regierungsbezirkes Osnabrück 1933–1949. Osnabrück 2009.
dies.: Die Osnabrücker Gestapo-Kartei. In: Historical Social Research 26 (2001) 2/3, S. 235–238.
Bahr, Andrea: Parteiherrschaft vor Ort. Die SED-Kreisleitung Brandenburg 1961–1989. Berlin 2016.
Bauerkämper, Arnd: Lokale Netzwerke und Betriebe in der DDR. Methodische Ansätze, Untersuchungsdimensionen und methodische Probleme der historischen Forschung. In: Schuhmann, Annette (Hg.): Vernetzte Improvisationen. Gesellschaftliche Subsysteme in Ostmitteleuropa und in der DDR. Köln 2008, S. 179–191.
Baumann, Christiane: Manfred »Ibrahim« Böhme. Das Prinzip Verrat. Berlin 2015.
Beger, Katrin: Bestandsbildung des Bezirksparteiarchivs der SED Gera. In: Merker, Reiner (Hg.): Archiv, Forschung, Bildung. Fünfzehn Jahre Thüringer Archiv für Zeitgeschichte »Matthias Domaschk«. Berlin 2009, S. 39–49.
Behrends, Jan C.; Lindenberger, Thomas; Poutrus, Patrice G. (Hg.): Fremde und Fremd-Sein in der DDR. Berlin 2003.
Bennewitz, Inge; Potratz, Rainer: Zwangsaussiedlungen an der innerdeutschen Grenze. Analysen und Dokumente. Berlin 1994.
Berbig, Roland (Hg.): Der Lyrikclub Pankow. Literarische Zirkel in der DDR. Berlin 2000.
Bergmann, Christian: Die Sprache der Stasi. Ein Beitrag zur Sprachkritik. Göttingen 1999.
Bergmann, Jörg R.: Alarmiertes Verstehen. Kommunikation in Feuerwehrnotrufen. In: Jung, Thomas; Müller-Doohn, Stefan (Hg.): »Wirklichkeit« im Deutungsprozess. Verstehen und Methoden in den Kultur- und Sozialwissenschaften. Frankfurt/M. 1993.

Berlin-Brandenburgische Geschichtswerkstatt: Prenzlauer, Ecke Fröbelstraße. Hospital der Reichshauptstadt, Haftort der Geheimdienste, Bezirksamt Prenzlauer Berg 1889–1989. Berlin 2006.
Best, Heinrich; Heinrich, Joachim; Mestrup, Heinz (Hg.): Geheime Trefforte des MfS in Erfurt. Erfurt 2006.
Betker, Frank: »Einsicht in die Notwendigkeit«. Kommunale Stadtplanung vor und nach der Wende (1945–1994). Stuttgart 2005.
Bijsterveld, Karin: Slicing Sound: Speaker Identification and Sonic Skills at the Stasi, 1966–1989. In: Isis 112 (2021) 2, S. 215–241.
Blickle, Renate: Denunziation. Das Wort und sein historisch-semantisches Umfeld: Delation, Rüge, Anzeige. In: Hohkamp, Michaela; Ulbrich, Claudia (Hg.): Der Staatsbürger als Spitzel. Denunziation während des 18. und 19. Jahrhunderts aus europäischer Perspektive. Leipzig 2001, S. 25–59.
Bock, Bettina: »Blindes« Schreiben im Dienste der DDR-Staatssicherheit. Eine text- und diskursanalytische Untersuchung von Texten der inoffiziellen Mitarbeiter. Bremen 2013.
Böning, Holger: Der Traum von einer Sache. Aufstieg und Fall der Utopien im politischen Lied der Bundesrepublik und der DDR. Bremen 2004.
Bouvier, Beatrix: Die DDR – ein Sozialstaat? Sozialpolitik in der Ära Honecker. Bonn 2002.
Bräunlein, Jürgen; Flessner, Bernd (Hg.): Der sprechende Knochen. Perspektiven von Telefonkulturen. Würzburg 2000.
Bredthauer, Stefanie: Verstellungen in inkriminierten Schreiben. Eine linguistische Analyse verstellten Sprachverhaltens in Erpresserschreiben und anderen inkriminierten Texten. Köln 2013.
Broszat, Martin: Politische Denunziation in der NS-Zeit. Aus Forschungserfahrungen im Staatsarchiv München. In: Archivalische Zeitschrift 73 (1977), S. 221–238.
Budde, Heidrun: Der Spitzelapparat der Deutschen Volkspolizei. In: Verwaltungsrundschau 4 (2010), S. 123–126.
dies.: Ein Appell an das Böse und seine Folgen. In: Deutschland Archiv 43 (2010) 4, S. 640–650.
Bundesministerium für Familie, Senioren, Frauen und Jugend (Hg.): Die Familie im Spiegel der amtlichen Statistik. Berlin 2003.
Büro des Politbüros (Hg.): Arbeitsrichtlinien für die Parteiarchive der SED. Berlin 1978.
Buß, Gregor: Katholische Priester und Staatssicherheit. Historischer Hintergrund und ethische Reflexion. Münster 2017.
Clause, Lars; Dombrowsky, Wolf R.: Warnpraxis und Warnlogik. In: Zeitschrift für Soziologie 13 (1984) 4, S. 293–307.
Dern, Christa: Autorenerkennung. Theorie und Praxis der linguistischen Tatschreibenanalyse. Stuttgart u. a. 2009.
Dietrich, Christopher: Schild, Schwert und Satire. Das Kabarett Rohrstock und die Staatssicherheit. Rostock 2006.
Dietrich, Gerd: Kulturgeschichte der DDR. Göttingen 2018.
Dietzsch, Ina: Grenzen überschreiben. Deutsch-deutsche Briefwechsel 1948–1989. Köln 2004.
Diewald, Martin: »Kollektiv«, »Vitamin B« oder »Nische«? Persönliche Netzwerke in der DDR. In: Huinink, Johannes; Mayer, Karl Ulrich u. a. (Hg.): Kollektiv und Eigensinn. Lebensverläufe in der DDR und danach. Berlin 1995, S. 223–260.
Diewald-Kerkmann, Gisela: Denunziant ist nicht gleich Denunziant. Zum Vergleich des Denunzianten während der nationalsozialistischen Herrschaft und dem Inoffiziellen Mitarbeiter des Ministeriums für Staatssicherheit der DDR. In: Behnke, Klaus; Wolf, Jürgen (Hg.): Stasi auf dem Schulhof. Der Missbrauch von Kindern und Jugendlichen durch das Ministerium für Staatssicherheit. Hamburg 2012, S. 63–73.
dies.: Politische Denunziation im NS-Regime oder Die kleine Macht der Volksgenossen. Bonn 1995.
Dördelmann, Katrin: Die Macht der Worte. Denunziationen im nationalsozialistischen Köln. Köln 1997.

Dörner, Bernward: »Heimtücke«. Das Gesetz als Waffe. Kontrolle, Abschreckung und Verfolgung in Deutschland 1933–1945. Paderborn 1998.
ders.: NS-Herrschaft und Denunziation. Anmerkungen zu Defiziten in der Denunziationsforschung. In: Historical Social Research 26 (2001) 2/3, S. 55–69.
Duden. Deutsches Universalwörterbuch. Mannheim u. a. 2007.
Ebert, Jens: Feldpostbriefe aus Stalingrad. November 1942 bis Januar 1943. Göttingen 2003.
Eckert, Rainer: »Flächendeckende Überwachung«. Gestapo und Stasi – ein Vergleich. In: Der Spiegel Spezial 1 (1993), S. 165–167.
Eisenfeld, Bernd; Kowalczuk, Ilko-Sascha; Neubert, Erhard: Die verdrängte Revolution. Der Platz des 17. Juni 1953 in der deutschen Geschichte. Bremen 2004.
Eisenhut, Stefanie; Sabrow, Martin: »West-Berlin«. Eine historiographische Herausforderung. In: Zeithistorische Forschungen 11 (2014) 2, S. 165–187.
Eisermann, Irmgard; Löwenthal, Heinrich: Gedanken zur tatbestandsmäßigen Neufassung der Staatsverbrechen. In: Neue Justiz 10 (1956) 18, S. 552–554.
Emert, Karl: Briefsorten. Untersuchungen zur Theorie und Empirie der Textklassifikation. Tübingen 1979.
Engel, Albert: Rechtsprechung und Kommentierung. In: Dagmar Unverhau (Hg.): Das Stasi-Unterlagen-Gesetz im Lichte von Datenschutz und Archivgesetzgebung. Münster 1998, S. 83–94.
Engelmann, Roger u. a. (Hg.): Das MfS-Lexikon. Begriffe, Personen und Strukturen der Staatssicherheit der DDR. Berlin [4]2021.
ders.: Eine Regionalstudie zu Herrschaft und Alltag im Staatssozialismus. In: Gieseke, Jens (Hg.): Staatssicherheit und Gesellschaft. Studien zum Herrschaftsalltag in der DDR. Göttingen 2007, S. 167–186.
ders.; Halbrock, Christian; Joestel, Frank: Vernichtung von Stasi-Akten. Eine Untersuchung zu den Verlusten 1989/90. Berlin 2020.
Evans, Richard: Kneipengespräche im Kaiserreich. Stimmungsberichte der Hamburger Politischen Polizei 1892–1914. Reinbek 1989.
Fiedler, Anke; Meyen, Michael (Hg.): Fiktionen für das Volk. DDR-Zeitungen als PR-Instrument. Berlin 2011.
Fitzpatrick, Sheila: Signals from Below. Soviet Letters of Denunciation of the 1930s. In: dies.; Gellately, Robert (Hg.): Accusatory Practices. Denunciation in Modern European History 1789–1989, S. 85–120.
dies.; Gellately, Robert: Introduction to the Practices of Denunciation in Modern European History. In: dies. (Hg.): Accusatory Practices. Denunciation in Modern European History 1789–1989. Chicago 1997, S. 1–21.
Fix, Ulla: Rituelle Kommunikation im öffentlichen Sprachgebrauch der DDR und ihre Begleitumstände. In: Lerchner, Gotthard (Hg.): Sprachgebrauch im Wandel. Anmerkungen zur Kommunikationskultur in der DDR vor und nach der Wende. Frankfurt/M. 1992, S. 11–16.
Forschungsgruppe Telefonkommunikation (Hg.): Telefon und Gesellschaft. Bd. 1: Beiträge zu einer Soziologie der Telefonkommunikation. Berlin 1989. Bd. 2: Internationaler Vergleich – Sprache und Telefon – Telefonseelsorge und Beratungsdienste – Telefoninterviews. Berlin 1990. Bd. 3: Ergebnisse einer Berliner Telefonstudie, kommentierte Auswahlbibliographie. Berlin 1990. Bd. 4: Telefon und Kultur. Das Telefon im Spielfilm. Berlin 1991.
Frank, Irmgard: Konspirative Namengebung (am Beispiel der ehemaligen DDR). In: Tiefenbach, Heinrich (Hg.): Personenname und Ortsname. Heidelberg 2000, S. 279–310.
Frei, Andreas; Graf, Marc; Dittmann, Volker: Die Akzeptanz forensisch-psychiatrischer Gutachten vor Gericht – eine Studie über angeklagte Tötungsdelikte in Basel. In: Jehle, Jörg-Martin; Beier, Klaus (Hg.): Kriminologie zwischen Grundlagenwissenschaften und Praxis. Godesberg 2003, S. 127–148.

Frevert, Ute: Vertrauen – eine historische Spurensuche. In: dies. (Hg.): Vertrauen. Historische Annäherungen. Göttingen 2003, S. 7–66.
Fricke, Caroline: Politisch bedingte Konflikte von Jugendlichen im Bezirk Schwerin 1971–1989. Potsdam 2012 (Hochschulschrift).
Fricke, Karl Wilhelm: Akten-Einsicht. Rekonstruktion einer politischen Verfolgung. Berlin 1997.
ders.: Politik und Justiz in der DDR. Zur Geschichte der politischen Verfolgung 1945–1968. Köln 1979.
ders.; Engelmann, Roger: »Konzentrierte Schläge«. Staatssicherheit und politische Prozesse in der DDR 1953–1956. Berlin 1998.
Fulbrook, Mary: Ein ganz normales Leben. Alltag und Gesellschaft in der DDR. Darmstadt 2008.
Galanova, Olga: Anrufe von Bürgern beim Ministerium für Staatssicherheit. Zu kommunikativen Strukturen und situativer Realisierung der Denunziation. In: Krätzner, Anita: Hinter vorgehaltener Hand. Studien zur historischen Denunziationsforschung. Göttingen 2015, S. 111–126.
Gaus, Günter: Wo Deutschland liegt. Eine Ortsbestimmung. Hamburg 1983.
Gebauer, Thomas: Das KPD-Dezernat der Gestapo Düsseldorf. Hamburg 2011.
Gehler, Michael; Pudlat, Andreas (Hg.): Grenzen in Europa. Hildesheim u. a. 2009.
Geiger, Hansjörg: Stasi-Unterlagen-Gesetz. Mit Erläuterungen für die Praxis. Köln 1993.
Gellately, Robert: Die Gestapo und die deutsche Gesellschaft. Die Durchsetzung der Rassenpolitik 1933–1945. Paderborn 1993.
ders.: Gestapo und Terror. Perspektiv auf die Sozialgeschichte des nationalsozialistischen Herrschaftssystems. In: Lüdtke, Alf (Hg.): »Sicherheit« und »Wohlfahrt«. Polizei, Gesellschaft und Herrschaft im 19. und 20. Jahrhundert. Frankfurt/M. 1992, S. 371–392.
Gerhardt, Uta: Idealtypus. Zur methodischen Begründung der modernen Soziologie. Frankfurt/M. 2001.
Gerig, Uwe: Die Stasi nannte mich »Reporter«. Journalist in Ost + West. Eine merkwürdige Karriere im geteilten Deutschland. Norderstedt 2009.
ders.: Stiller Sieg nach neunzig Tagen. Protokoll einer Selbstbefreiung im geteilten Deutschland. Aachen 2013.
Gieseke, Jens: Die hauptamtlichen Mitarbeiter der Staatssicherheit. Personalstruktur und Lebenswelt 1950–1989/90. Berlin 2000.
ders.: Die Stasi und ihr IM. In: Sabrow, Martin (Hg.): Erinnerungsorte der DDR. München 2009, S. 98–108.
Göbel, Ann-Marie: Krisen-PR im »Schatten der Mauer«. Der 13. August 1961 in den DDR-Zentralorganen. In: Fiedler, Anke; Meyen, Michael (Hg.): Fiktionen für das Volk. DDR-Zeitungen als PR-Instrument. Berlin 2011, S. 165–193.
Grasemann, Hans-Jürgen: Die Zentrale Erfassungsstelle Salzgitter. Entstehung, Arbeit, Abwicklung. In: Gehler, Michael; Pudlat, Andreas (Hg.): Grenzen in Europa. Hildesheim u. a. 2009, S. 185–194.
Grashoff, Udo: Schwarzwohnen. Die Unterwanderung der staatlichen Wohnraumlenkung in der DDR. Göttingen 2011.
Grusa, Johannes; Griep, Kurt; Ruchatz, Gottfried: Die Anzeigenaufnahme und die Prüfung des Sachverhalts. Berlin 1966.
Gysi, Jutta: Die Zukunft von Familie und Ehe. Familienpolitik und Familienforschung in der DDR. In: Burkart, Günter (Hg.): Sozialisation und Sozialismus. Lebensbedingungen in der DDR im Umbruch. Weinheim 1990, S. 33–41.
Hacke, Gerald: Die Zeugen Jehovas im Dritten Reich und in der DDR. Feindbild und Verfolgungspraxis. Göttingen 2011.
Halbrock, Christian: »Freiheit heißt, die Angst verlieren«. Verweigerung, Widerstand und Opposition in der DDR: Der Ostseebezirk Rostock. Göttingen 2015.
Halbrock, Christian: »Mit einmaliger Dreistigkeit den Geheimdienst geschröpft.« Anmerkungen zu Manfred »Kiste« Rinke, dem IM »Raffelt«. In: Horch und Guck 45 (2004), S. 46–51.

Hanak, Gerd: Polizeinotruf. Intervention über Aufforderung. Ergebnisse einer empirischen Untersuchung zum Polizeinotruf in Wien. Holzkirchen/Obb 1991.

Häußermann, Hartmut; Siebel, Walter: Soziologie des Wohnens. Eine Einführung in Wandel und Ausdifferenzierung des Wohnens. Weinheim 1996.

Hecht, Marco; Praschl, Gerald: Ich habe »Nein« gesagt. Über Zivilcourage in der DDR. Berlin 2002.

Heiden, Gregor von der: Gespräche in einer Krise. Analyse von Telefonaten mit einem RAF-Mitglied während der Okkupation der westdeutschen Botschaft in Stockholm 1975. Umeå 2009.

Heidenreich, Ronny; Münkel, Daniela; Stadelmann-Wenz, Elke: Geheimdienstkrieg in Deutschland. Die Konfrontation von DDR-Staatssicherheit und Organisation Gehlen 1953. Berlin 2016.

Heitmann, Steffen: Rechtsstaat und Gerechtigkeit – Zehn Jahre Herrschaft des Rechts in Ostdeutschland. In: Neue Juristische Wochenschau (1999) 51, S. 3761–3763.

Heller, Mikhail: Cogs in the Wheel. The Formation of Soviet Man. New York 1988.

Herbstritt, Georg: Fundstück. Bereinigung der DDR-Kriminalakten in Mecklenburg-Vorpommern abgeschlossen. In: Horch und Guck 10 (2001) 4, S. 34 f.

Heß, Pamela: Geschichte als Politikum. Öffentliche und private Kontroversen um die Deutung der DDR-Vergangenheit. Baden-Baden 2014.

dies.: Mehr Gemeinschaftsgefühl und ein stärkerer sozialer Zusammenhalt? Erinnerungen an die DDR als Potenzial für Generationenkonflikte. In: Deutschland Archiv, 26.3.2015, www.bpb.de/203625 (letzter Zugriff: 2.2.2023).

Hille, Barbara: Zum Stellenwert von Ehe und Familie für Jugendliche in beiden deutschen Staaten. In: dies.; Jaide, Walter (Hg.): DDR-Jugend. Politisches Bewusstsein und Lebensalltag. Opladen 1990, S. 17–36.

Höflich, Joachim R.; Gebhardt, Julian (Hg.): Mobile Kommunikation. Perspektiven und Forschungsfelder. Frankfurt/M. 2005.

Hohkamp, Michaela; Kohser-Spohn, Christiane: Die Anonymisierung des Konflikts. Denunziationen und Rechtfertigungen als kommunikativer Akt. In: Eriksson, Magnus; Krug-Richter, Barbara (Hg.): Streitkulturen. Gewalt, Konflikt und Kommunikation in der ländlichen Gesellschaft (16.–19. Jahrhundert). Köln u. a. 2003, S. 389–415.

dies.; Ulbrich, Claudia (Hg.): Der Staatsbürger als Spitzel. Denunziation während des 18. und 19. Jahrhunderts aus europäischer Perspektive. Leipzig 2001.

dies.: Wege zu einer inter- und intrakulturellen Denunziationsforschung. In: dies. (Hg.): Der Staatsbürger als Spitzel. Denunziation während des 18. und 19. Jahrhunderts aus europäischer Perspektive. Leipzig 2001, S. 9–23.

Hornung, Ela: Denunziation als soziale Praxis. Fälle aus der NS-Militärjustiz. Wien u. a. 2010.

Hübner, Peter: Arbeit, Arbeiter und Technik in der DDR 1971 bis 1989. Zwischen Fordismus und digitaler Revolution. Bonn 2014.

des.: Personale Netzwerke im lokalhistorischen Kontext. Überlegungen zur Sozialgeschichte der DDR. In: Schuhmann, Annette (Hg.): Vernetzte Improvisationen. Gesellschaftliche Subsysteme in Ostmitteleuropa und in der DDR. Köln 2008, S. 193–216.

Hüchtker, Dietlind: »Da hier zu vernehmen gekommen …«. Gerüchte und Anzeigen am badischen Oberrhein im Ancien Régime. In: Sowi 27 (1998), S. 93–99.

Huinink, Johannes; Mayer, Karl Ulrich u. a. (Hg.): Kollektiv und Eigensinn. Lebensverläufe in der DDR und danach. Berlin 1995.

Hürtgen, Renate: Ausreise per Antrag. Der lange Weg nach drüben. Eine Studie über Herrschaft und Alltag in der DDR-Provinz. Göttingen 2014.

dies.: Denunziation als allgemeine Selbstverständlichkeit. In: Deutschland Archiv 44 (2010) 5, S. 873 f.

dies.: »Stasi in der Produktion« – Umfang, Ausmaß und Wirkung geheimpolizeilicher Kontrolle im DDR-Betrieb. In: Gieseke, Jens (Hg.): Staatssicherheit und Gesellschaft. Studien zum Herrschaftsalltag in der DDR. Göttingen 2007, S. 295–317.

dies.: Zwischen Disziplinierung und Partizipation. Vertrauensleute des FDGB im DDR-Betrieb. Köln 2005.
Hüttenberger, Peter: Heimtückefälle vor dem Sondergericht München 1933–1939. In: Broszat, Martin; Fröhlich, Elke; Grossmann, Anton (Hg.): Bayern in der NS-Zeit. Bd. IV: Herrschaft und Gesellschaft in Konflikt. München u. a. 1981, S. 435–526.
Jessen, Ralph: Die Gesellschaft im Staatssozialismus. Probleme einer Sozialgeschichte der DDR. In: Geschichte und Gesellschaft 21 (1995) 1, S. 96–110.
ders.: Diktatorische Herrschaft als kommunikative Praxis. Überlegungen zum Zusammenhang von »Bürokratie« und Sprachnormierung in der DDR-Geschichte. In: Lüdtke, Alf; Becker, Peter (Hg.): Akten. Eingaben. Schaufenster. Die DDR und ihre Texte. Erkundungen zu Herrschaft und Alltag. Berlin 1997, S. 57–75.
Kaiser, Paul; Petzold, Claudia: Boheme und Diktatur in der DDR. Gruppen, Konflikte, Quartiere 1970–1989. Berlin 1997.
Kaschka, Ralph: Leistungssport im Visier der Stasi. Das MfS und der SC Traktor Schwerin. Berlin 2017.
Kelle, Udo; Kluge, Susann: Vom Einzelfall zum Typus. Fallvergleich und Fallkontrastierung in der qualitativen Sozialforschung. Wiesbaden 2010.
Kerz-Rühling, Ingrid; Plänkers, Tomas: Verräter oder Verführte. Eine psychoanalytische Untersuchung Inoffizieller Mitarbeiter der Stasi. Berlin 2004.
Kimmel, Elke; Heumann, Marcus (Hg.): Abgesang der Stasi. Die letzten Monate der Staatssicherheit im Originalton. CD. 55 Min. Berlin 2015.
Klein, Thomas: »Für die Einheit und Reinheit der Partei«. Die innerparteilichen Kontrollorgane der SED in der Ära Ulbricht. Köln u. a. 2002.
Kleßmann, Christoph: Arbeiter im »Arbeiterstaat« DDR. Deutsche Traditionen, sowjetisches Modell, westdeutsches Magnetfeld (1945–1971). Bonn 2017.
Koch, Arnd: Denunciatio. Zur Geschichte eines strafprozessualen Rechtsinstituts. Frankfurt/M. 2006.
ders.: Die »fahrlässige Falschanzeige« – oder: Strafrechtliche Risiken der Anzeigeerstattung. In: Neue Juristische Wochenschau 14 (2005), S. 943–945.
Kohli, Martin: Die DDR als Arbeitsgesellschaft? Arbeit, Lebenslauf und soziale Differenzierung. In: Kaelble, Hartmut; Kocka, Jürgen; Zwar, Hartmut (Hg.): Sozialgeschichte der DDR. Stuttgart 1994, S. 31–61.
Kohser-Spohn, Christiane: Das Private wird politisch. Denunziationen in Straßburg in der Frühphase der Französischen Revolution. In: Hohkamp, Michaela; Ulbrich, Claudia (Hg.): Der Staatsbürger als Spitzel. Denunziation während des 18. und 19. Jahrhunderts aus europäischer Perspektive. Leipzig 2001, S. 213–269.
Kowalczuk, Ilko-Sascha: Die Internationale Gesellschaft für Menschenrechte (IGFM) und das Ministerium für Staatssicherheit. In: Giec, Ole; Willmann, Frank (Hg.): Mauerkrieger. Aktionen gegen die Mauer in West-Berlin 1989. Berlin 2014, S. 113–118.
ders.: Die Übernahme. Wie Ostdeutschland Teil der Bundesrepublik wurde. München 2019.
ders.: Endspiel. Die Revolution von 1989 in der DDR. München 2009.
ders.: Stasi konkret. Überwachung und Repression in der DDR. München 2013.
ders.: Telefongeschichten. Grenzüberschreitende Telefonüberwachung der Opposition durch den SED-Staat – eine Einleitung. In: ders., Polzin, Arno (Hg.): Fasse dich kurz! Der grenzüberschreitende Telefonverkehr der Opposition in den 1980er Jahren und das Ministerium für Staatssicherheit. Göttingen 2015, S. 17–172.
Krähnke, Uwe; Finster, Matthias; Reimann, Philipp; Zwschirpe, Anja: Im Dienst der Staatssicherheit. Eine soziologische Studie über die hauptamtlichen Mitarbeiter des DDR-Geheimdienstes. Frankfurt/M. 2017.
Krätzner, Anita: Die Universitäten der DDR und der Mauerbau 1961. Leipzig 2014.

Krätzner, Anita: Einleitung. In: dies. (Hg.): Hinter vorgehaltener Hand. Studien zur historischen Denunziationsforschung. Göttingen 2015, S. 7–20.

dies. (Hg.): Hinter vorgehaltener Hand. Studien zur historischen Denunziationsforschung. Göttingen 2015.

dies.: Politische Denunziation in der DDR – Strategien kommunikativer Interaktion mit den Herrschaftsträgern. In: Totalitarismus und Demokratie 11 (2014), S. 191–206.

dies.: Zur Anwendbarkeit des Denunziationsbegriffs für die DDR-Forschung. In: dies. (Hg.): Hinter vorgehaltener Hand. Studien zur historischen Denunziationsforschung. Göttingen 2015, S. 153–164.

Krätzner-Ebert, Anita: Denunziatorische Briefe in der DDR. Form, Intention, Kommunikationsstrategien. In: Fürholzer, Katharina; Mevissen, Yulia (Hg.): Briefkultur und Briefästhetik. Heidelberg 2017, S. 207–230.

dies.: Denunziatorische Briefe in der DDR – Form, Intention, Kommunikationsstrategien. In: Depkat, Volker; Pyta, Wolfram (Hg.): Briefe und Tagebücher zwischen Text und Quelle. Berlin 2021, S. 183–201.

dies.: Die Akten zur politischen Denunziation in der DDR: ein sozialpsychologisches Lehrstück. In: Maercker, Andreas; Gieseke, Jens (Hg.): Psychologie als Instrument der SED-Diktatur. Theorien – Praktiken – Akteure – Opfer. Bern 2021, S. 185–201.

Kuhl, Lena: Zwischen Planungseuphorie und Zukunftsverlust. Städtebau in Ost und West am Beispiel von Halle-Neustadt und Wulfen, 1960–1983. In: Großbölting, Thomas; Schmidt, Rüdiger (Hg.): Gedachte Stadt – Gebaute Stadt. Urbanität in der deutsch-deutschen Systemkonkurrenz 1945–1990. Köln 2015, S. 86–118.

Kühn, Ingrid: Decknamen – eine Gruppe inoffizieller Personennamen. In: Beiträge zur Namenforschung 98 (1993) 2, S. 163–176.

Kukutz, Irena; Havemann, Katja: Geschützte Quelle. Gespräche mit Monika H. alias Karin Lenz. Berlin 1990.

Kunze, Rolf: Die Anzeigenaufnahme. Berlin 1978.

Kurzweg, Christian: Parteiherrschaft und Staatsapparat. Der Bezirk Leipzig 1945/52–1990. In: Grohmann, Ingrid (Hg.): Bewegte sächsische Region. Vom Leipziger Kreis zum Regierungsbezirk Leipzig. Eine Ausstellung des Sächsischen Staatsarchivs Leipzig und des Regierungspräsidiums Leipzig 2001. Halle/Saale 2001, S. 255–276.

Kuschel, Franziska: Schwarzhörer, Schwarzseher und heimliche Leser. Die DDR und die Westmedien. Göttingen 2016.

Kwiatkowski-Celofiga, Tina: Verfolgte Schüler. Ursachen und Folgen von Diskriminierung im Schulwesen der DDR. Göttingen 2014.

Lamnek, Siegfried: Theorien abweichenden Verhaltens I. »Klassische« Ansätze. Paderborn [8]2007.

Ley, Thomas: Notrufkommunikation. Sequenzanalytische Fallrekonstruktion. Frankfurt/M. 2011.

Lindenberger, Thomas: Die Diktatur der Grenzen. Zur Einleitung. In: ders. (Hg.): Herrschaft und Eigen-Sinn in der Diktatur. Studien zur Gesellschaftsgeschichte der DDR. Köln u. a. 1999, S. 13–44.

ders. (Hg.): Herrschaft und Eigen-Sinn in der Diktatur. Studien zur Gesellschaftsgeschichte der DDR. Köln u. a. 1999.

ders.: Volkspolizei. Herrschaftspraxis und öffentliche Ordnung im SED-Staat 1952–1968. Köln u. a. 2003.

Lucht, Roland (Hg.): Das Archiv der Stasi. Begriffe. Göttingen 2015.

Lüdtke, Alf: Denunziation – Politik aus Liebe? In: Hohkamp, Michaela; Ulbrich, Claudia (Hg.): Der Staatsbürger als Spitzel. Denunziation während des 18. und 19. Jahrhunderts aus europäischer Perspektive. Leipzig 2001, S. 397–407.

ders.: Herrschaft als soziale Praxis. In: ders. (Hg.): Herrschaft als soziale Praxis. Historische und sozial-anthropologische Studien. Göttingen 1991, S. 9–63.

Maaß, Anita: Wohnen in der DDR. Dresden-Prohlis: Wohnungspolitik und Wohnungsbau 1975 bis 1981. München 2006.
Maaß, Susanne: Abstimmungsarbeit, Beziehungsdefinition und Intimität. In: Wolfgang Dunkel, Kerstin Rieder (Hg.): Interaktion im Salon. Analysen interaktiver Arbeit anhand eines Dokumentarfilms zum Friseurhandwerk. München 2004, S. 125–134.
Maaz, Hans-Joachim: Das verhängnisvolle Zusammenspiel intrapsychischer, interpersoneller und gesellschaftlicher Dynamik – am Beispiel der Denunziation in der DDR. In: Jerouschek, Günter; Marßolek, Inge; Röckelein, Hedwig (Hg.): Denunziation. Historische, juristische und psychologische Aspekte. Tübingen 1997, S. 241–257.
Major, Patrick: Vor und nach dem 13. August 1961. Reaktionen der DDR-Bevölkerung auf den Bau der Berliner Mauer. In: Archiv für Sozialgeschichte 39 (1999), S. 325–354.
Mallmann, Klaus-Michael: Die V-Leute der Gestapo. Umrisse einer kollektiven Biographie. In: Paul, Gerhard; Mallmann, Klaus-Michael (Hg.): Die Gestapo – Mythos und Realität. Darmstadt 1995, S. 268–287.
ders.; Paul, Gerhard: Herrschaft und Alltag. Ein Industrierevier im Dritten Reich. Bonn 1991.
Malycha, Andreas: Die SED in der Ära Honecker. Machtstrukturen, Entscheidungsmechanismen und Konfliktfelder in der Staatspartei. München 2014.
Manemann, Jürgen: Nachbarschaft und Feindschaft. Über die Gefahr der Nähe. In: fiph. Journal 26 (2015), S. 18–25.
Mann, Reinhard: Protest und Kontrolle im Dritten Reich. Nationalsozialistische Herrschaft im Alltag einer rheinischen Großstadt. Frankfurt/M. 1987.
Marßolek, Inge: Die Denunziantin. Helene Schwärzel 1944–47. Bremen 1993.
dies.; Ott, René: Bremen im 3. Reich. Anpassung – Widerstand – Verfolgung. Bremen 1986.
dies.; Stieglitz, Olaf (Hg.): Denunziation im 20. Jahrhundert: Zwischen Komparatistik und Interdisziplinarität. Köln 2001.
Marxen, Klaus; Werle, Gerhard: Die strafrechtliche Aufarbeitung von DDR-Unrecht. Eine Bilanz. Berlin u. a. 1999.
dies.: Erfolge, Defizite und Möglichkeiten der strafrechtlichen Aufarbeitung des SED-Unrechts in vorwiegend empirischer Hinsicht. In: Deutscher Bundestag (Hg.): Materialien der Enquete-Kommission »Überwindung der Folgen der SED-Diktatur im Prozeß der deutschen Einheit.« Bd. II.1.: Opfer, Elitenwechsel, justitielle Aufarbeitung. Frankfurt/M. 1999, S. 1064–1303.
dies. (Hg.): Strafjustiz und DDR-Unrecht. Dokumentation. Bd. 5, 2. Teilband: Rechtsbeugung. Berlin 2007. Bd. 6: MfS-Straftaten. Berlin 2006. Bd. 7: Gefangenenmisshandlung, Doping und sonstiges DDR-Unrecht. Berlin 2009.
dies.; Schäfter, Petra: Die Strafverfolgung von DDR-Unrecht. Fakten und Zahlen. Berlin 2007.
Mayer, Karl Ulrich: Vereinigung soziologisch. Die soziale Ordnung der DDR und ihre Folgen. In: Peisert, Hansgert; Zapf, Wolfgang (Hg.): Gesellschaft, Demokratie und Lebenschancen. Stuttgart 1994, S. 267–290.
Meier, Jörg: Kommunikationsformen im Wandel. Brief – Email – SMS. In: Werkstatt Geschichte 60 (2012), S. 58–75.
Melis, Damian van; Bispinck, Henrik (Hg.): »Republikflucht«. Flucht und Abwanderung aus der SBZ/DDR 1945 bis 1961. München 2006.
Merkel, Ina: »… in Hoyerswerda leben jedenfalls keine so kleinen viereckigen Menschen.« Briefe an das Fernsehen der DDR. In: Lüdtke, Alf; Becker, Peter (Hg.): Akten. Eingaben. Schaufenster. Die DDR und ihre Texte. Berlin 1997, S. 279–310.
dies. (Hg.): »Wir sind doch nicht die Mecker-Ecke der Nation.« Briefe an das DDR-Fernsehen. Köln u. a. 1998.
dies.; Mühlberg, Felix: Eingaben und Öffentlichkeit. In: Merkel, Ina (Hg.): »Wir sind doch nicht die Mecker-Ecke der Nation.« Briefe an das DDR-Fernsehen. Köln u. a. 1998, S. 9–32.
Merl, Stephan: Politische Kommunikation in der Diktatur. Deutschland und die Sowjetunion im Vergleich. Göttingen 2012.

Meyen, Michael: Denver Clan und Neues Deutschland. Mediennutzung in der DDR. Berlin 2003.
ders.; Fiedler, Anke: Fiktionen für das Volk. DDR-Zeitungen als PR-Instrument. Fallstudien zu den Zentralorganen Neues Deutschland, Junge Welt, Neue Zeit und Der Morgen. Münster 2011.
Miethe, Ingrid; Schiebel, Martina: Biografie, Bildung und Institution. Die Arbeiter-und-Bauern-Fakultäten in der DDR. Frankfurt/M. u. a. 2008.
Ministerium des Innern: Die Anzeigenaufnahme. Berlin 1972.
Ministerium des Innern (Hg.): Die Vernehmung von Zeugen und Beschuldigten. Berlin 1971.
Mühlberg, Felix: Bürger, Bitten und Behörden. Geschichte der Eingabe in der DDR. Berlin 2004.
Müller, Klaus: Die Lenkung der Strafjustiz durch die SED-Staats- und Parteiführung der DDR am Beispiel der Aktion Rose. Frankfurt/M. 1995.
Müller-Enbergs, Helmut: Inoffizielle Mitarbeiter des Ministeriums für Staatssicherheit. Teil 1. Richtlinien und Durchführungsbestimmungen. Berlin 2001. Teil 3. Statistiken. Berlin 2008.
ders.: Zur Kunst der Verweigerung. Warum Bürger nicht mit dem Ministerium für Staatssicherheit kooperieren wollten. In: Kerz-Rühling, Ingrid; Plänkers, Tomas (Hg.): Sozialistische Diktatur und psychische Folgen. Psychoanalytisch-psychologische Untersuchungen in Ostdeutschland und Tschechien. Tübingen 2000, S. 165–195.
Münker, Stefan; Roesler, Alexander (Hg.): Telefonbuch. Beiträge zur Kulturgeschichte des Telefons. Frankfurt/M. 2000.
Nagel, Ulrike: Kontinuität und Erneuerung. Ländliche Familien im Transformationsprozess Ostdeutschlands. In: Bios 10 (1997) 1, S. 44–60.
Niederhut, Jens: Stimmen der Diktatur. Tonaufnahmen von politischen Prozessen im Stasi-Unterlagen-Archiv. In: Zeithistorische Forschungen 15 (2018) 1, S. 128–142.
Niemann, Mario: »Schönfärberei und Schwarzmalerei«. Die Parteiinformationen der SED. In: Brunner, Detlev; ders. (Hg.): Die DDR – eine deutsche Geschichte. Wirkung und Wahrnehmung. Paderborn u. a. 2011, S. 159–185.
Nikisch, Rainer: Brief. Stuttgart 1991.
Nolte, Jakob: Demagogen und Denunzianten. Denunziation und Verrat als Methode polizeilicher Informationserhebung bei den politischen Verfolgungen im Vormärz. Berlin 2007.
Nötzoldt-Linden, Ursula: Freundschaft. Zur Thematisierung einer vernachlässigten soziologischen Kategorie. Opladen 1994.
Oberhack, Silvia; Jurichs, Katri; Steinbach, Elke: Die Töne der Staatssicherheit – die Audioüberlieferung des MfS. In: Info 7 25 (2010) 2, S. 10–14.
Oehler, Christiane: Die Rechtsprechung des Sondergerichts Mannheim 1933–1945. Berlin 1997.
Owzar, Armin: »Reden ist Silber, Schweigen ist Gold«. Konfliktmanagement im Alltag des wilhelminischen Obrigkeitsstaates. Konstanz 2006.
Pappert, Steffen: Formulierungsarbeit und ihre »Folgen«. Ein Vergleich zwischen öffentlicher und geheimer Kommunikation in der DDR. In: Off the Wall 1 (2010), S. 24–34.
ders.: Verschlüsseln und Verbergen durch Fachsprache? Zur Transformation von Alltagssprache in die Sprache des MfS. In: ders.; Schröter, Melani; Fix, Ulla (Hg.): Verschlüsseln, Verbergen, Verdecken in öffentlicher und institutioneller Kommunikation. Berlin 2008, S. 291–313.
Passens, Katrin: Der Zugriff des SED-Herrschaftsapparates auf die Wohnviertel. [Berlin] 2003.
Paul, Gerhard: Private Konfliktregulierung, gesellschaftliche Selbstüberwachung, politische Teilhabe? Neuere Forschungen zur Denunziation im Dritten Reich. In: Archiv für Sozialgeschichte 42 (2002), S. 380–402.
Pingel-Schliemann, Sandra: »Ihr könnt doch nicht auf mich schießen!« Die Grenze zwischen Lübecker Bucht und Elbe 1945 bis 1989. Schwerin 2013.
Port, Andrew I.: Die rätselhafte Stabilität der DDR. Berlin 2010.
Poutrus, Patrice G.: Die DDR als »Hort der internationalen Solidarität«. Ausländer in der DDR. In: Großbölting, Thomas (Hg.): Friedensstaat, Leseland, Sportnation? DDR-Legenden auf dem Prüfstand. Berlin 2009, S. 134–154.

Raschka, Johannes: Justizpolitik im SED-Staat. Anpassung und Wandel des Strafrechts während der Amtszeit Honeckers. Köln 2000.
Rau, Christian: Stadtverwaltung im Staatssozialismus. Kommunalpolitik und Wohnungswesen in der DDR am Beispiel Leipzigs (1957–1989). Stuttgart 2017.
Rau, Sabine: Das Wirtshaus. Zur Konstitution eines öffentlichen Raums in der Frühen Neuzeit. In: Emmelius, Caroline u. a. (Hg.): Offen und Verborgen. Vorstellungen und Praktiken des Öffentlichen und Privaten im Mittelalter und Früher Neuzeit. Göttingen 2004, S. 211–227.
Reichel, Thomas: »Sozialistisch Arbeiten, Lernen und Leben«. Die Brigadebewegung in der DDR (1959–1989). Köln u. a. 2001.
Reiher, Ruth: Der »Brief« im DDR-Corpus. In: Keinästö, Kari u. a. (Hg.): Herausforderung Sprache und Kultur. Helsinki 2012, S. 77–94.
dies.; Baumann, Antje (Hg.): Vorwärts und nichts vergessen. Sprache in der DDR. Was war, was ist, was bleibt. Berlin 2004.
Rettler, Wilhelm: Der strafrechtliche Schutz des sozialistischen Eigentums in der DDR. Berlin 2011.
Reuband, Karl-Heinz: Denunziation im Dritten Reich. Die Bedeutung von Systemunterstützung und Gelegenheitsstrukturen. In: Historical Social Research 16 (2001) 2/3, S. 219–234.
Richter, Hedwig: Die Effizienz bürokratischer Normalität. Das ostdeutsche Berichtswesen in Verwaltung, Parteien und Wirtschaft. In: Krätzner, Anita (Hg.): Hinter vorgehaltener Hand. Studien zur historischen Denunziationsforschung. Göttingen 2015, S. 127–135.
dies.: Mass Obedience. Practices and Functions of Elections in the German Democratic Republic. In: Jessen, Ralph; dies. (Hg.): Voting for Hitler and Stalin. Elections under 20th Century Dictatorships. Frankfurt/M. 2011, S. 103–124.
Ross, Friso: Justiz im Verhör. Kontrolle, Karriere und Kultur während der Diktatur von Primo de Rivera (1923–1930). Frankfurt/M. 2006.
Sächsisches Staatsministerium des Innern (Hg.): Bewertung, Erschließung und Benutzung von SED-Beständen in den Archiven der Neuen Bundesländer. Dresden 2002.
Sälter, Gerhard: Denunziation – Staatliche Verfolgungspraxis und Anzeigeverhalten der Bevölkerung. In: Zeitschrift für Geschichtswissenschaft 47 (1999) 2, S. 153–165.
ders.: Loyalität und Denunziation in der ländlichen Gesellschaft der DDR. Die freiwilligen Helfer der Grenzpolizei im Jahr 1952. In: Schröter, Michael (Hg.): Der willkommene Verrat. Beiträge zur Denunziationsforschung. Weilerswist 2007, S. 159–184.
Schädlich, Susanne: Briefe ohne Unterschrift. Wie eine BBC-Sendung die DDR herausforderte. München 2017.
Schäffler, Eva: Paarbeziehungen in Ostdeutschland. Auf dem Weg vom Real- zum Postsozialismus. Wiesbaden 2017.
Schall, Sabine: Anonyme inkriminierte Schreiben – Das Verbergen der Identität eines Autors. In: Pappert, Steffen; Schröter, Melani; Fix, Ulla (Hg.): Verschlüsseln, Verbergen, Verdecken in öffentlicher und institutioneller Kommunikation. Berlin 2008, S. 315–348.
Scheller, Gitta: Die Wende als Individualisierungsschub? Umfang, Richtung und Verlauf des Individualisierungsprozesses in Ostdeutschland. Wiesbaden 2005.
dies.: Partner- und Eltern-Kind-Beziehung in der DDR und nach der Wende. In: Aus Politik und Zeitgeschichte 19 (2004), S. 33–38.
Schißau, Roland: Strafverfahren wegen MfS-Unrechts. Die Strafprozesse bundesdeutscher Gerichte gegen ehemalige Mitarbeiter des Ministeriums für Staatssicherheit der DDR. Berlin 2006.
Schlink, Bernhard: Der Verrat. In: Schröter, Michael (Hg.): Der willkommene Verrat. Beiträge zur Denunziationsforschung. Weilerswist 2007, S. 13–31.
Schlosser, Horst Dieter: Die deutsche Sprache in der DDR zwischen Stalinismus und Demokratie. Historische, politische und kommunikative Bedingungen. Köln 1999.
Schmidt, Manfred G.: Sozialpolitik in der DDR. Wiesbaden 2004.
Schmole, Angela: Abteilung 26. Telefonkontrolle, Abhörmaßnahmen und Videoüberwachung. Berlin 2009.

dies.: Hauptabteilung VIII. Beobachtung, Ermittlung, Durchsuchung, Festnahme. Berlin 2011.
Schneider, Franka: Der Intershop. In: Sabrow, Martin (Hg.): Erinnerungsorte der DDR. München 2009, S. 376–388.
Schneider, Norbert: Familie und private Lebensführung in West- und Ostdeutschland. Stuttgart 1994.
Schöne, Jens: Frühling auf dem Land? Die Kollektivierung der DDR-Landwirtschaft. Berlin 2005.
Schröder, Rainer: Zivilrechtskultur der DDR. Bd. 4: Vom Inkasso- zum Feierabendprozess. Der DDR-Zivilprozess. Berlin 2008.
Schröder, Richard: Vom Gebrauch der Freiheit. Gedanken über Deutschland nach der Vereinigung. Stuttgart 1996.
Schröter, Anja: Ostdeutsche Ehen vor Gericht. Scheidungspraxis im Umbruch 1980–2000. Berlin 2018.
Schröter, Michael (Hg.): Der willkommene Verrat. Beiträge zur Denunziationsforschung. Weilerswist 2007.
ders.: Wandlungen des Denunziationsbegriffs. In: ders. (Hg.): Der willkommene Verrat. Beiträge zur Denunziationsforschung. Weilerswist 2007, S. 33–70.
Schubert, Volker: Die Grundorganisationen als Organisationsbasis der SED – ihre Entwicklung und der Umgang mit der Überlieferung im Sächsischen Hauptstaatsarchiv Dresden. In: Sächsisches Staatsministerium des Innern (Hg.): Bewertung, Erschließung und Benutzung von SED-Beständen in den Archiven der Neuen Bundesländer. Dresden 2002, S. 17–31.
Schuhmann, Annette (Hg.): Vernetzte Improvisationen. Gesellschaftliche Subsysteme in Ostmitteleuropa und in der DDR. Köln 2008.
Schumann, Wolfgang: Friedrichstadtpalast – Europas größtes Revuetheater. Vom Palast-Varieté zum Friedrichstadtpalast 1945–1995. Berlin 1995.
Schüle, Annegret: »Die Spinne«. Erfahrungsgeschichte weiblicher Industriearbeit im VEB Leipziger Baumwollspinnerei. Leipzig 2001.
Schuller, Wolfgang: Geschichte und Struktur des politischen Strafrechts in der DDR bis 1968. Ebelsbach 1980.
Schulz, Marlies: Wohnen und Fertilitätsverhalten in der DDR. In: Reuschke, Darja (Hg.): Wohnen und Gender. Theoretische, politische, soziale und räumliche Aspekte. Wiesbaden 2010, S. 117–128.
Schulz, Ulrike: Simson. Vom unwahrscheinlichen Überleben eines Unternehmens 1856–1993. Göttingen 2013.
Schurig, Andrea: »Republikflucht« (§ 213, 214 StGB/DDR). Gesetzgeberische Entwicklung, Einfluss des MfS und Gerichtspraxis am Beispiel von Sachsen. Berlin u. a. 2016.
Schütterle, Juliane: Kumpel, Kader und Genossen. Arbeiten und Leben im Uranbergbau der DDR. Die Wismut AG. Paderborn 2010.
Schützeichel, Rainer: Soziologische Kommunikationstheorien. Konstanz u. a. ²2015.
Schwind, Hans-Dieter: Kriminologie und Kriminalpolitik. Eine praxisorientierte Einführung mit Beispielen. Heidelberg 2016.
Selbin, Eric: Gerücht und Revolution. Von der Macht des Weitererzählens. Darmstadt 2010.
Shearing, Clifford D.: Dial a cop. A study of police mobilization. In: Akers, Ronald L.; Sagarin, Edward (Hg.): Crime Prevention and Social Control. New York 1974, S. 77–88.
Silbermann, Alphons: Badezimmer in Ostdeutschland. Eine soziologische Studie. Köln 1993.
Solga, Heike: Die Etablierung einer Klassengesellschaft in der DDR. Anspruch und Wirklichkeit des Postulats sozialer Gerechtigkeit. In: Huinink, Johannes; Mayer, Karl Ulrich (Hg.): Kollektiv und Eigensinn. Lebensverläufe in der DDR und danach. Berlin 1995, S. 45–88.
Staadt, Jochen: Das Beste von Freunden. Denunziation als Rezension. H-Soz-u-Kult setzt Cyber-Mobbing fort. In: Zeitschrift des Forschungsverbundes SED Staat 31 (2012), S. 188–197.
Stamm, Christoph: Wem gehören die Akten der SED? Die Auseinandersetzung um das Zentral Parteiarchiv der Sozialistischen Einheitspartei Deutschlands nach 1990. Düsseldorf 2019.

Stichweh, Rudolf: Der Fremde. Studien zur Soziologie und Sozialgeschichte. Frankfurt/M. 2010.
Stieglitz, Olaf: Undercover – Die Kultur der Denunziation in den USA. Frankfurt/M. 2013.
Stiller, Gerhard: Das Problem der Nichtanzeige von Verbrechen. Potsdam 1957. Ms.
Stoll, Ulrich: Einmal Freiheit und zurück. Die Geschichte der DDR-Rückkehrer. Berlin 2009.
Stoltenberg, Klaus: Die historische Entscheidung für die Öffnung der Stasi-Akten – Anmerkungen zum Stasi-Unterlagen-Gesetz. In: Deutsch-Deutsche Rechtszeitschrift 3 (1992) 3, S. 65–72.
Stötzel, Georg; Wengeler, Martin: Kontroverse Begriffe. Geschichte des öffentlichen Sprachgebrauchs in der Bundesrepublik Deutschland. Berlin 1995.
Suckut, Siegfried (Hg.): Das Wörterbuch der Staatssicherheit. Definitionen zur »politischoperativen Arbeit«. Berlin 1996.
Thonfeld, Christoph: Sozialkontrolle und Eigensinn. Denunziation am Beispiel Thüringens 1933 bis 1949. Köln u. a. 2003.
Tippach-Schneider, Simone: »Blumen für die Hausgemeinschaft«. Kollektivformen in der DDR – ein Überblick. In: Dokumentationszentrum Alltagskultur der DDR (Hg.): Fortschritt, Norm und Eigensinn. Erkundungen im Alltag der DDR. Berlin 1999, S. 243–255.
Trute, Hans-Heinrich: Die Regelungen des Umgangs mit den Stasi-Unterlagen im Spannungsfeld zwischen allgemeinem Persönlichkeitsrecht und legitimen Verwendungszweck. In: Juristenzeitung 21 (1992), S. 1043–1054.
Utekhin, Ilya: Privatsphäre, Nachbarschaft, Zusammenleben. (Post-)Sowjetische Kommunalwohnungen. In: Evans, Sandra; Schahadat, Schamma (Hg.): Nachbarschaft, Räume, Emotionen. Interdisziplinäre Beiträge zu einer sozialen Lebensform. Bielefeld 2011, S. 189–204.
Vollnhals, Clemens: Denunziation und Strafverfolgung im Auftrag der »Partei«. Das Ministerium für Staatssicherheit in der DDR. In: Ross, Friso; Landwehr, Achim (Hg.): Denunziation und Justiz. Historische Dimensionen eines sozialen Problems. Tübingen 2000, S. 247–281.
Vormbaum, Moritz: Das Strafrecht der Deutschen Demokratischen Republik. Tübingen 2015.
Voskamp, Ulrich; Wittke, Volker: »Fordismus in einem Land – Das Produktionsmodell der DDR«. In: Sozialwissenschaftliche Informationen 19 (1990) 3, S. 170–180.
Weber, Max: Die Objektivität sozialwissenschaftlicher und sozialpolitischer Erkenntnis. In: ders.: Schriften zur Wissenschaftslehre. Stuttgart 2002.
Weber, Petra: Justiz und Diktatur. Justizverwaltung und politische Strafjustiz in Thüringen 1945–1961. München 2000.
Weil, Francesca: Ärzte als inoffizielle Mitarbeiter: Ich habe doch niemandem geschadet. In: Deutsches Ärzteblatt 102 (2005) 39, S. 2618–2621.
dies.: Zielgruppe Ärzteschaft. Ärzte als inoffizielle Mitarbeiter des Ministeriums für Staatssicherheit. Göttingen 2008.
Weiner, Bernhard: Motivationspsychologie. Weinheim 2009.
Weinreich, Bettina: Strafjustiz und ihre Politisierung in der SBZ und DDR bis 1961. Frankfurt/M. 2005.
Wensierski, Peter: Deutsche Denunzianten Republik. In: Der Spiegel 28 (2015), S. 40–42.
Werkentin, Falco: Politische Strafjustiz in der Ära Ulbricht. Berlin 1995.
Werner, Oliver: Die Etablierung der staatlichen Bezirksverwaltungen in Brandenburg und der übrigen DDR. Forschungsstand und Forschungsperspektiven. In: ders.; Kotsch, Detlef; Engler, Harald (Hg.): Bildung und Etablierung der DDR-Bezirke in Brandenburg. Verwaltung und Parteien in den Bezirken Potsdam, Frankfurt/Oder und Cottbus 1952–1960. Berlin 2017, S. 57–64.
Whalen, Marilyn R.; Zimmermann, Don H.: Describing Trouble. Practical epistemology in citizen calls to the police. Language in Society 19 (1990) 4, S. 465–492.
Wilkens, Erwin: Kirchliche und theologische Situation in der DDR nach dem 13. August 1961. In: Mitteilungen zur kirchlichen Zeitgeschichte 5 (2011), S. 129–158.
Wingenfeld, Heiko: Die öffentliche Debatte über die Strafverfahren wegen DDR-Unrechts. Vergangenheitsaufarbeitung in der bundesdeutschen Öffentlichkeit der 90er Jahre. Berlin 2006.

Wittich, Ursula: »Dann schreibe ich eben an Erich Honecker!«. »Eingaben« und »Stellungnahmen« im Alltag der DDR. In: Reiher, Ruth; Baumann, Antje (Hg.): Vorwärts und nichts vergessen. Sprache in der DDR. Was war, was ist, was bleibt. Berlin 2004, S. 195–214.

Wolf, Birgit: Sprache in der DDR. Ein Wörterbuch. Berlin 2000.

Wörterbuch der deutschen Gegenwartssprache. Bd. 1. Berlin 1980.

Wüst, Jürgen: Menschenrechtsarbeit im Zwielicht. Zwischen Staatssicherheit und Antifaschismus. Bonn 1999.

Zatlin, Jonathan R.: Ausgaben und Eingaben. Das Petitionsrecht und der Untergang der DDR. In: Zeitschrift für Geschichtswissenschaft 45 (1997) 10, S. 902–917.

Zaunstöck, Holger: Das Milieu des Verdachts. Akademische Freiheit, Politikgestaltung und die Emergenz der Denunziation in Universitätsstädten des 18. Jahrhunderts. Berlin 2010.

Quellenverzeichnis zu den Abbildungen

Abb. 1	MdI: Die Anzeigenaufnahme. Berlin ²1972, S. 72
Abb. 2	BArch, MfS, ZOS 544, Bl. 32
Abb. 3	Der große Duden. Wörterbuch und Leitfaden der deutschen Rechtschreibung. Leipzig ¹⁶1975, S. 730, zur Hervorhebung bearbeitet
Abb. 4	Brief v. 11.7.1989; BArch, MfS, BV Schwerin, AOPK 839/89, Bl. 158
Abb. 5	BArch, MfS, BV Schwerin, AOP 193/54, Bl. 8 und 13
Abb. 6	Amtliches Fernsprechbuch für den Bezirk Leipzig. Berlin 1980, S. 273
Abb. 7 a/b	BArch, MfS, BV Leipzig, Kartei BdL 193
Abb. 8 a/b	BArch, MfS, AIM Nr. 8228/91, Bl. 7 f.

Ortsregister

Berlin (s. auch Ost- bzw. Westberlin)   27, 33,
    39 f., 82 f., 86, 88–90, 93, 131, 150, 168,
    183, 187, 202, 204, 206, 209, 213, 217, 229,
    237–239, 246, 249
Berlin-Friedrichshagen   103
Berlin-Lichtenberg   90
Berlin-Mitte   49
Berlin-Pankow   204
Boizenburg   221
Borna   100–102
Bratislava   253
Bremen   111
Bundesrepublik/BRD   12, 51, 53, 57 f., 73–78,
    80, 82 f., 85 f., 96, 102 f., 121, 143, 162, 167,
    174 f., 178 f., 182 f., 185 f., 191 f., 211, 214,
    224–231, 241, 251, 253–255, 263, 265, 267
ČSSR   151, 185
Döbeln   7 f., 85
Dortmund   224 f.
Dresden   82, 209
Düsseldorf   251
Eisenhüttenstadt   33, 102
Frankfurt/Oder   33 f., 38, 82, 110, 112, 130,
    142, 219, 242
Güstrow   69, 185, 225–227
Hagenow   69
Halle   99, 219
Hamburg   191, 194
Hamm   225–227
Hildesheim   252 f.
Karl-Marx-Stadt (Chemnitz)   68
Kassel   104
Leipzig   7, 33–35, 38–40, 47, 49, 57 f., 68, 82,
    86 f., 91–93, 96, 98 f., 109 f., 112, 142 f.,
    164, 178, 182–184, 186, 201, 214 f., 218 f.,
    221, 224, 227 f., 230, 237, 240–242, 244

Lippe   17
Mecklenburg-Vorpommern   37
Neubrandenburg   203
Nordrhein-Westfalen   86, 227
Oschatz   177
Ostberlin   34, 83, 88 f., 204, 229, 257
Osterode   26
Österreich   88, 253
Perleberg   77, 218
Potsdam   35, 180
Prag   185
Rostock   205, 212 f.
Sachsen   37
Schwedt   33
Schwerin   33–35, 38 f., 68 f., 71, 76, 82, 110,
    112, 142, 186, 191, 226, 230, 243
Sowjetunion   198
Stade   18
Sternberg   68, 70
Stockholm   79
Strausberg   223
Suhl   39
Tschechoslowakei   253
Ungarn   69, 74, 183
USA   106, 214, 267
Weißenfeld   171
Westberlin   7 f., 51, 57, 85, 147, 183 f., 205 f.,
    229, 242, 244, 246, 257
Wittenberge   77, 218

Danksagung

Diese Studie entstand während eines Beschäftigungsverhältnisses in der Abteilung »Bildung und Forschung« des damaligen Bundesbeauftragten für die Unterlagen des Staatssicherheitsdienstes der ehemaligen DDR, anfangs unter dem Arbeitstitel »Denunziation. Alltag und Verrat in der DDR«. Ich danke zunächst meinem damaligen Projektleiter Ilko-Sascha Kowalczuk und meinem damaligen Abteilungsleiter Helge Heidemeyer für die Betreuung dieses Projekts.

Für die kollegialen Gespräche und Beratungen über dieses Projekt danke ich meinen ehemaligen Kolleginnen und Kollegen, insbesondere Christian Halbrock, Tobias Wunschik, Ann-Kathrin Reichardt, Andrea Bahr, Henrik Bispinck, Elke Stadelmann-Wenz, Arno Polzin, Michael Heinz und Henry Leide. Zudem danke ich Roger Engelmann für die Begutachtung des Manuskripts und die Zusammenarbeit während der Endredaktion und Ralf Trinks für das Lektorat. Außerdem, und das geschieht sicher viel zu selten, danke ich all denjenigen, die die intensive Arbeit an solch einem Vorhaben überhaupt möglich machen, den ehemaligen Kolleginnen und Kollegen der Kopierstelle, der Aktenstelle, der Bibliothek und den Außenstellen in Schwerin, Frankfurt/Oder und Leipzig.

Für die persönliche Unterstützung danke ich insbesondere meinem Mann Frank Ebert und meinen Freundinnen Anja Schröter und Annika Bostelmann.

Ein ganz besonderer Dank gilt meinem ehemaligen Kollegen Ralph Kaschka, der durch seinen Rat und seine konstruktiven Rückmeldungen einen nicht unerheblichen Anteil daran hat, dass dieses Buch überhaupt erscheinen konnte.